Legislation Initiated by the Diet Members

議員立法の実際

―議員立法はどのように行われてきたか―

茅野千江子 著

第一法規

発刊に寄せて

　近年、我が国において、「政治主導」の一つの表れとして、国会議員が主体的に立法活動を行う議員立法が活発になっています。それは、単に、議員立法の数が増えているのみならず、内容面においても、大きな変化がみられ、我が国の立法の中で果たす役割も増大しています。このような状況の中で、このたび、最近の我が国の議員立法の全体像を明らかにする書として、本書が刊行されたことは、まことに時宜を得た出版であり、立法学の発展のみならず、国民が、立法の分野に関心と理解を深める上で、大きな意義を有するものと思います。

　本書は、余り知られていない議員立法の立法過程について、内閣立法と対比しながら説明し、我が国の立法過程の全体を俯瞰するとともに、近年の議員立法の数、内容、国会審議の上でみられる変化を分析し、議員立法が我が国の立法の中で果たしている役割を明らかにしています。また、これまで報じられることが少なかった議員立法について、多くの立法例を基に叙述しており、国民生活との関わりを具体的に知ることを通じて、読者が議員立法を身近に感じていただくことができる内容になっています。

　このような本書は、我が国の立法に関わりのある方はもとより、これから立法や行政に携わろうとする学生の皆さん、地方分権が進む中で、条例の活用を考えている地方議会の関係者にとっても、有益で示唆に富むものであると思います。

　著者の茅野千江子さんは、長年、議員立法の補佐機関である衆議院法制局において、議員立法の立案・審査の実務に携わってきた方であり、この分野について執筆する上でまさに適任といえる方であります。また、本書の原稿は、茅野さんが国会図書館に在職していた時期に、同図書館の刊行物で発表された論稿が基になっているとのことです。本書の刊行に当たって、そうした論稿の発表にご助力いただいた同図書館の皆様のお力添えを忘れることはできません。

　本書が広く国民の皆様に読まれ、多くの方に議員立法を含めて我が国の立法に関心を持っていただく契機となることを願ってやみません。

　　平成 29 年 10 月

衆議院法制局長

鈴　木　正　典

議員立法の実際 —議員立法はどのように行われてきたか—　**目次**

発刊に寄せて ……………………………………………………………… i

はじめに ………………………………………………………………… 1

第 1 章　議員立法序説

第 1 節　我が国の立法過程　　　5

Ⅰ　法律案の国会への提出まで —立案過程— ……………………… 7

　1　内閣提出法律案について ……………………………… 7

　2　議員提出法律案について ……………………………… 18

Ⅱ　法律案の国会への提出後 —審議過程— ……………………… 39

　1　委員会における審査と採決 ……………………… 40

　2　本会議における審議と採決 ……………………… 54

　3　他院への送付と他院における審議 …………………… 58

参考　憲法改正手続について　　　63

第 2 節　議員立法をめぐる状況　　　72

Ⅰ　「国会改革」と議員立法 ……………………………………… 72

　1　審議の形骸化の要因と活性化への提言等 ………………… 72

　2　議員立法が審議の活性化に果たす役割 ………………… 76

Ⅱ　「政治主導」と議員立法 ……………………………………… 78

　1　「政治主導」が目指される背景 ………………………… 78

　2　政策決定における「政治主導」の意味 ………………… 79

　3　「議員主導」の議員立法への積極的な取組 ……………… 89

第2章　議員立法の変遷と近年の変化

第1節　法律案の提出・成立の状況　　　95

- **I** 概観 ……………………………………………………………… 95
  - 1　閣法、衆法及び参法の提出・成立の概況 ………………… 95
  - 2　議員立法をめぐる動向 …………………………………… 98
  - 3　閣法及び閣法に対する修正の動向 …………………… 116
- **II** 近年の法律案の提出・成立の状況の変化 ……………… 118
  - 1　政治状況等による時期区分ごとの変化 ……………… 118
  - 2　数量的な変化の意味 …………………………………… 128

第2節　議員立法の類型と変化　　　133

- **I** 類型化の切り口 …………………………………………… 134
- **II** 類型の内容と変化 ………………………………………… 134
  - 1　分野・政策内容に着目した類型 ……………………… 134
  - 2　政策実現型と政策表明型 ……………………………… 143
  - 3　超党派型と市民立法型 ………………………………… 145
  - 4　政府依頼型 ……………………………………………… 146
  - 5　総括 ……………………………………………………… 146

第3節　国会における合意形成と議員立法の役割　　　153

- **I** ねじれ国会における合意形成のプロセス ……………… 154
  - 1　「被災者生活再建支援法の一部を改正する法律」
    （H19法114）の場合 …………………………………… 154
  - 2　「東日本大震災復興基本法」（H23法76）の場合……… 157

目次

　　　　3　「平成二十三年原子力事故による被害に係る緊急措置に
　　　　　　関する法律」（H23 法 91）の場合 ················· 159

　　　　4　「東日本大震災により生じた災害廃棄物の処理に関する
　　　　　　特別措置法」（H23 法 99）の場合 ·················· 159

　　　　5　「復興庁設置法」（H23 法 125）の場合 ············· 160

　　Ⅱ　合意形成のプロセスから見る変化と限界 ·················· 160

第 **4** 節　**委員会提出法律案の審査形態の変化**　　　　　　　166

　　Ⅰ　委員会提出法律案の提出・成立状況の変遷 ·············· 166

　　Ⅱ　委員会提出法律案のこれまでの審査形態 ················· 168

　　Ⅲ　近年における審査形態の多様化 ························· 170

　　　　1　「確認的質疑」・「意見表明」を行う例の増加 ·············· 170

　　　　2　起草案又は草案が議題になる前の実質的な質疑
　　　　　　【対政府】 ·· 173

　　　　3　起草案又は草案が議題となった後の実質的な質疑
　　　　　　【対提出者＋対政府】 ······························ 173

　　　　4　その他 ·· 174

第 **3** 章　　**議員立法と内閣立法の諸相**

　第 **1** 節　**対案と修正案**　　　　　　　　　　　179

　　Ⅰ　概説 ·· 179

　　Ⅱ　対案等を契機とする大幅な修正 ························· 181

　　　　1　閣法を全部修正した例 ····························· 181

　　　　2　閣法に野党提出法律案の内容を大幅に取り入れる
　　　　　　修正が行われた例 ······························· 184

3　野党提出法律案に対して修正が行われ成立した例 …… 186

　Ⅲ　2本の法律案の一本化を行う修正 …………………………… 188

　　　1　2本の法律案を接続した例 ………………………………… 188

　　　2　併合修正 …………………………………………………………… 190

　Ⅳ　検討条項を設ける修正 ………………………………………… 192

　　　1　概説 …………………………………………………………………… 192

　　　2　検討条項の規定の仕方……………………………………………… 193

第2節　議員立法と内閣立法の役割分担　　　　　　　　200

　Ⅰ　両者があいまって法整備が行われる場合 ………………… 200

　　　1　アスベスト問題に関する政策形成……………………………… 200

　　　2　児童虐待の防止に関する政策形成 …………………………… 205

　　　3　家庭と同様の環境における養育の
　　　　　推進のための政策形成……………………………………………… 209

　　　4　選挙関係の法律の整備……………………………………………… 210

　　　5　「基本法」と「実施法」………………………………………… 212

　Ⅱ　内閣立法による対応が困難な場合 ………………………… 213

　　　1　カネミ油症事件関係仮払金返還問題 ………………………… 214

　　　2　証券取引法一部改正法案の修正 ……………………………… 217

　　　3　いわゆる年金記録問題への対応 ……………………………… 218

　Ⅲ　各行政庁間の「狭間」の問題への対応の場合 …………… 220

　　　1　鳥獣被害防止特措法の場合 …………………………………… 221

　　　2　海岸漂着物処理推進法の場合 ………………………………… 223

　　　3　放射性物質汚染対処特措法の場合……………………………… 224

目次

| 第3節 | 議員立法から内閣立法へ | 226 |

Ⅰ　特別措置法から恒久法へ …………………………………… 226

　　1　口蹄疫対策特措法から家伝法改正へ ………………… 226

　　2　災害廃棄物処理特措法から災害対策基本法等の改正へ… 229

Ⅱ　政権交代に伴う内閣立法への転換 …………………………… 231

　　1　概説 ……………………………………………………… 231

　　2　高校の授業料無償化のための法律 …………………… 232

　　3　農業分野の立法例 ……………………………………… 233

　　4　財務金融分野の立法例 ………………………………… 235

　　5　交通に関する基本法 …………………………………… 236

第4章　基本法に見る議員立法の役割

| 第1節 | 基本法制定の状況 | 239 |

Ⅰ　基本法制定の概況 …………………………………………… 239

Ⅱ　平成以降の基本法の特徴 …………………………………… 242

Ⅲ　類型から見る変化 …………………………………………… 244

| 第2節 | 基本法に求められる役割 | 249 |

Ⅰ　基本法に見る議員立法と内閣立法の役割 ………………… 249

Ⅱ　行政国家化という視点から見る基本法の役割 …………… 251

Ⅲ　求められる議員立法の基本法の在り方 …………………… 253

おわりに ………………………………………………………………… 258

参考資料··· 261

　別表 1　国会回次別の法律案提出件数及び法律の成立件数・成立率 … 262

　別図 1　通常国会ごとの法律案提出件数及び議員提出法律案の割合 … 268

　別図 2　通常国会ごとの法律の成立件数及び議員立法の割合 ············· 269

　別図 3　通常国会ごとの閣法・衆法・参法別の成立件数・成立率········ 270

　別表 2　新規制定議員立法一覧（第 1 回国会〜第 193 回国会）

　　　　　〔制定順〕·· 271

　別図 4　議員提出・委員会提出別の新規制定議員立法の件数及び新規

　　　　　制定議員立法に占める委員会提出の新規制定議員立法の割合… 288

　別図 5　通常国会ごとの議員立法の成立件数に占める委員会提出の議

　　　　　員立法の成立件数の割合·· 289

　別図 6　通常国会ごとの議員提出・委員会提出別の議員立法の成立件

　　　　　数及び委員会提出の議員立法の成立件数に占める新規制定議

　　　　　員立法の件数の割合·· 290

　別表 3　衆議院法制局立案取扱件数一覧 ······································· 291

　別表 4　基本法一覧 ··· 296

あとがき ··· 301

参考文献 ··· 303

索　引 ··· 304

vii

目次

COLUMN 一覧

01 「議員立法」と「内閣立法」………………………………………………… 9

02 事前審査制の定着の経緯と特徴……………………………………… 13

03 地方議会の「議員立法」………………………………………………… 23

04 議院法制局は「強い味方」か「立法の壁」か …………………… 27

05 議員立法における政府関係部局との調整についての変化 ……… 31

06 議員立法の賛成者要件が規定された経緯 ………………………… 37

07 立法過程における国会と内閣の新たな「協働」
　　―天皇の退位等に関する皇室典範特例法の立法過程― ………… 41

08 審議・審査の公開…………………………………………………………… 49

09 「対案」か「修正案」か………………………………………………… 53

10 いわゆる「廃案」について ……………………………………………… 55

11 「中間報告」の使われ方………………………………………………… 59

12 縦割り行政と総合調整権限……………………………………………… 81

13 「首相主導」・「内閣主導」に関する官僚の認識の変化………… 85

14 「議員主導」の意味するところ ……………………………………… 91

15 国会をめぐる議論の変遷………………………………………………… 97

16 平成以降のねじれ国会…………………………………………………… 103

17 臓器移植法の立法過程…………………………………………………… 107

18 NPO 法の立法過程………………………………………………………… 110

19 地方自治特別法の取扱いの変遷……………………………………… 139

20 野党提出法律案の提出から立法化の実現までのタイムラグの変化 ……… 147

21 過労死等防止対策推進法の立法過程
　　―市民立法型＋超党派型（議員連盟型）― ……………………… 151

22 非公開の場での各党間協議と委員会の非公開 ………………… 163

23 委員会提出法律案の成立までのプロセス ………………………… 171

24 小さく産んで大きく育てる―法制度は社会の変化とともに成長する― … 198

25 内閣立法の基本法の立法過程―今昔― …………………………… 245

26 「基本法」と「推進法」………………………………………………… 255

【初出一覧】

〈第1章〉 「議員立法序説」国立国会図書館『レファレンス』776号、2015.9、pp. 1-30.

〈第2章〉 「議員立法はどのように行われてきたか」国立国会図書館『レファレンス』780号、2016.1、pp. 31-62.

〈第3章〉 「議員立法と内閣立法の諸相－農林・環境分野の立法例を中心に－」国立国会図書館『レファレンス』786号、2016.7、pp. 1-23.

〈第4章〉 同上、pp. 23-30.

【凡例】

　本書において用いている、政党の名称、省庁の名称、役職等については、当時のものとし、「(当時)」を省略する。また、本書において頻出する以下の4種のものについては次のように省略し記述することとした。

　　①法律番号　例：{昭和・平成} ○○年法律第△号　→　{S・H} ○法△

　　②国会回次の召集日　例：平成○年△月□日召集　→　H○.△.□召

　　③議案種類・番号　例：第○○回国会 {閣法・衆法・参法} 第△号　→　○○回 {閣・衆・参} △

　　④国会会議録　例：第○○回国会 {衆議院・参議院} □□委員 (会) 会議録平成●年▲月■日　→○○回 {衆・参}・□□委・H●.▲.■

はじめに

　私たちの毎日の生活は、様々な法律との関わりの中で営まれているが、そのことが意識される機会はそう多くはない。また、どのように法律案が作られ、それが国会においてどのように審議されて法律の制定に至るのか、という「立法過程」についても、注目されるのは、マスコミに大きく報じられる、ほんの一部の法律案に関するものに過ぎない。

　近年、新聞報道などで「議員立法」という言葉が使われることが多くなっている。

　我が国の立法過程においては、内閣（＝政府）が法律案を提出する「内閣立法」が優位の状態が続いており、国会議員自らが法律案を作り国会に提出する「議員立法」は、必ずしも多くはなかった。しかし、1990年代後半から、議員立法は活性化したといわれており、国民生活に身近な数々の法律が議員立法により制定されている。

　本書は、議員立法について、これまでどのように行われてきたか、そして、議員立法が我が国の立法過程においてどのような役割を果たしてきたのか、ということを、できるだけ具体的な立法例を基に紹介し、「議員立法の実際」、更には、「議員立法から見た我が国の立法過程の実際」について、知っていただくことを目指すものである。

　本書の構成を簡単に述べると、まず、第1章においては、議員が法律案を提出する「議員立法」の場合の立法過程について、内閣が法律案を提出する「内閣立法」の場合の立法過程と対比させて記述している。また、「国会改革」及び「政治主導」と議員立法の関係についても整理しており、議員立法をめぐる基本的な情報を取りまとめた内容となっている。

　第2章では、議員立法が、政治・経済・社会情勢が変化する中で、数量的にも、内容的にも、審議の面においても、変化してきたことについて記述

している。そして、それらの変化が、第1章で述べた「国会改革」及び「政治主導」の視点からどのような意味を持つか、という点についての分析も試みている。

第3章では、「議員立法」と「内閣立法」の様々な関わり方を紹介することにより、我が国の立法の現場で議員立法が実際にどのような役割を果たしてきたか、その一端を明らかにしようとしている。

第4章では、近年増加している議員立法の「基本法」に関する情報を整理し、議員立法の基本法に期待される役割と今後求められる在り方について記述している。

これらによって、議員立法や我が国の立法過程について、少しでも具体的なイメージを持っていただくことができれば、と願いつつ論を進める。

第1章

議員立法序説

この章は、次章以下において「議員立法はどのように行われてきたか」ということを具体的に述べるに当たっての序論的な位置付けとなり、議員立法をめぐる基本的な情報について記述している。

【立法過程（1）立案過程】

立法過程のうち、法律案の作成を行う「立案過程」について見ると、内閣提出法律案の場合は、基本的には、まず、各府省の各局・課の単位で法律案を立案し、その府省内の調整を終えた後、他の府省との法令協議・与党の審査・内閣法制局の審査を経て法律案の内容が確定し、閣議決定後に国会に提出される。

一方、議員提出法律案の場合は、様々な契機により、議員が、立法措置を講ずることが必要と判断した場合に、府省の枠組みを前提としない形で立法活動が始まる。ときには、同じ問題意識を共有する超党派の議員による立法への取組など、政党の枠を超えた検討が行われることもある。各府省との調整を行う際も、最終的な判断は議員が行う。衆議院又は参議院の議院法制局の立案の補佐を受けて作成され、その審査を経た法律案は、議員が所属する政党の手続を経て、国会に提出される。

【立法過程（2）審議過程】

立法過程のうち、国会において法律案を審議・審査する「審議過程」においては、内閣提出法律案も、議員提出法律案も、基本的には同様の手続を経ることになる。いわゆる「国会審議活性化法」の制定（平成11年）などが行われたものの、我が国の国会については、これまで、「国会審議の形骸化」の問題が指摘されてきた。

【「国会改革」と議員立法】

我が国の立法過程において、内閣提出法律案が優位となっているが、「議員立法の活性化」の議論は繰り返し行われてきている。本章の第2節においては、「国会改革」及び「政治主導」の観点から、「議員立法の活性化」について整理した。

様々な論点を含む「国会改革」の議論の中で、「国会審議の活性化・透明化」の問題は、しばしば取り上げられてきた重要なテーマである。そして、その実現のための方策

のひとつとして、「議員立法の活性化」の必要性が指摘されてきた。国会審議の活性化において議員立法が果たす役割を概観する。

【「政治主導」と議員立法】

　近年の「政治主導」を求める声の高まりは、1990 年代以降の大きな社会経済の変化を受けて、従来の延長線上の政策では対応が困難な大きな政策変更が求められる一方で、「官僚主導」の限界も指摘される中で生じてきたものである。それは、縦割り行政の弊害を排し、トップダウンによる大胆な政策転換を可能とするため、「首相主導」・「内閣主導」を意味する「政治主導」を目指す制度改革等へと結びついた。その一方で、「議員立法」に対する期待も高まり、利益誘導的と批判されたような意味合いの「政治主導」とは趣を異にする「議員主導」ともいうべき議員立法が活発に行われることになった。これらの背景、経緯等について概観する。

第1節　我が国の立法過程

　我が国の立法過程において、法律案の提出権を有するのは、「内閣」[1]（「内閣法」（S22法5）5条）と「衆議院議員及び参議院議員」（「国会法」（S22法79）56条）である。また、各議院の委員会、参議院の調査会及び各議院の憲法審査会は、その所管事項に関する法律案を提出することができる。その場合の提出者は、委員長、調査会長及び憲法審査会長となる（国会法50条の2、54条の4及び102条の7）。

　また、立法過程は、図1－1のとおり、

① 法律案を提出[2]できる主体によって法律案が作成され、国会に提出されるまでの「立案過程」

② 国会に提出された法律案が国会において審議される「審議過程」

の2段階に分けることができる。

　そして、「立案過程」は、内閣提出法律案と議員提出法律案で異なるが、「審議過程」においては、両者は基本的には同じ経過をたどることになる。

　「議員立法」という言葉は、一般的に使われているが、法律上用いられている概念ではなく、通称又は俗称として用いられている言葉である。したがって、一義的に使われているものではないが、本書においては、①衆議院

---

[1] 内閣が法律案の提出権を有することについては、①大日本帝国憲法と異なり、日本国憲法の下では内閣の法律案の提出権について明文の規定がないこと、②国会が国の唯一の立法機関であるとされること（41条）などから、かつては論議があった。消極説もあるが、通説はこれを認めており、また、このような憲法解釈を基に、内閣法5条が内閣の法律案の提出権を規定している（野中俊彦ほか『憲法Ⅱ　第5版』有斐閣、2012、pp.216-218；大森政輔「内閣立法と議員立法」大森政輔・鎌田薫編『立法学講義　補遺』商事法務、2011、pp.44-47.）。

[2] 国会法では、①「議員」が法律案を含む議案の提案を行う場合には「発議」（56条1項）と、②「内閣」、「議院」及び「委員会」という「機関」が議案を提案する場合には「提出」（50条の2、58条、60条など）と言葉を使い分けている（浅野一郎・河野久編著『新・国会事典　第3版』有斐閣、2014、pp.119-120.）。このような表現の違いは踏まえつつ、本書においては、先議の議院へ法律案を提案する場合には、「提出」という語で統一して用いることとしている。

図1−1 立法過程図

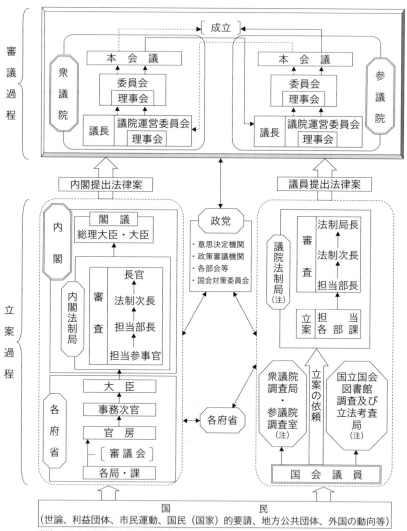

(注) これらの組織は内閣提出法案を含む法律案一般の「審議過程」においても役割を有している（本文第1章第1節I 2（2）参照）。
(出典) 衆議院法制局作成「立法過程図」等を基に筆者作成。

第1節　我が国の立法過程

又は参議院の議員（衆議院及び参議院の委員会・調査会[3]・憲法審査会として提出する場合もあるので、その場合の委員会・調査会・憲法審査会を含む。）の提出する法律案に係る立法活動又は②これによって成立した法律の意味に用いる。

　これに対し、①内閣（政府）の提出法律案に係る立法活動又は②これによって成立した法律については、「内閣立法」という言葉を用いることにする。**01**

　本書は、「議員立法の実際」について記述するものであるが、随所で議員立法と併せて内閣立法についても説明することになる。これは、立法過程において、議員立法と内閣立法は密接な関連を有しており、立法の現場における議員立法の用いられ方や果たす役割を考える上で、内閣立法を含む我が国の立法過程の全体像を把握することが必要であり、また、有用であるからである。そこで、本章においても、両者の立法過程について説明している。

Ⅰ　法律案の国会への提出まで ─立案過程─

　まず、内閣提出法律案の立案過程（図1-1左下枠：内閣立法の場合）、次いで、議員提出法律案の立案過程（図1-1右下枠：議員立法の場合）について概説する。

1　内閣提出法律案について

（1）契機

　各府省では、局、部や課などにおいて、それぞれの所管する行政分野に関し、自ら見直しを行い、又は政策遂行上不都合を生じた場合などに情報収集などを通じて社会ニーズを把握し、現行制度の運用などでは対応ができない

---

(3)　参議院においては、「委員会」のほか、「国政の基本的事項に関し、長期的かつ総合的な調査を行うため、調査会を設けることができる」こととされており、その調査の結果、立法措置が必要と判断された場合には、法律案を提出することもできる（国会法54条の2～54条の4）。

第 1 章　議員立法序説

と判断したときに、新たな立法に向けた検討が始まることになる。また、①与野党議員からの国会審議の際の質疑における指摘などの意見、②首相からの指示、③行政改革・規制緩和などの観点からの府省外からの働きかけ、④具体的な争訟における判決、⑤国際機関での交渉の結果・条約締結などがきっかけとなる場合もある[4]。

（2）政策内容の検討

政策内容を確定するため、実態調査、世論調査、関係団体からのヒアリングなどを通じて、立法の前提となる「何らかの法的規律を必要とする社会実態」（「立法事実」と呼ばれる。）[5]を把握し、問題点の抽出、解決方法の検討などを行う[6]。立法による解決が必要と判断した場合には、法律案の内容について、まず、担当する課で法律案の概要を作成し、同じ府省内の関係部局との間で調整を行う。また、法律、政令等に基づき設置されている審議会[7]等がある場合には、そこへの諮問・答申又はそこからの意見具申という過程も経ることになる。府省内における意思決定は、極めて複雑かつ多様であるが、決定権を実質的に有しているのは局長―課長ラインである、との指摘がある[8]。

（3）法律案の原案の作成

担当する課において法律案の原案が作成され、局内・府省内での検討・審査を経る。

（4）法令協議

法律案の内容に関連する事務を所掌する各府省間で、法令協議🔑が行われる。この法令協議については、内閣としての意思統一を図る機能を有する[9]

---

(4)　中島誠『立法学―序論・立法過程論―　第 3 版』法律文化社、2014、pp. 42-47.

(5)　山本庸幸「法律の立案」大森・鎌田編　前掲注（1）、pp. 315-316.

(6)　関守「内閣提出法律案の立案過程」『ジュリスト』No. 805、1984.1.1、pp. 27-28；中島　前掲注（4）

(7)　行政機関に置かれる合議制の機関。学識経験者、関係団体の代表などによって構成され、政策についての専門的な知識を行政に反映したり、関係者の利害調整を行ったりするなどの役割を担っている（山本庸幸「審議会の役割」大森・鎌田編　前掲注（1）、pp. 79-81.）。

(8)　中島　前掲注（4）、pp. 54-58. この点については、後述する政治主導の高まりの中で、影響力の比重には変化も見られるようである（COLUMN13 参照）。

第 1 節　我が国の立法過程

COLUMN 01

「議員立法」と「内閣立法」

　本書において「議員立法」という言葉は、①衆議院又は参議院の議員（衆議院及び参議院の委員会・調査会・憲法審査会として提出する場合もあるので、その場合の委員会・調査会・憲法審査会を含む。）の提出する法律案に係る立法活動又は②これによって成立した法律の意味に用いているが、本文中でも触れたとおり多義的に使われている。

　上記①（＝具体的には、議員による法律案の立案や、提出した法律案の審議の際の答弁、各党間の意見調整など）は含めずに、上記②（＝法律が成立した場合の法律そのもの）だけを対象とする捉え方もある。

　しかし、近年は、立法過程において議員立法が果たしている役割等にも注目し、成立したか否かという結果だけでなく、①がどのように行われているか、ということを含めて論じられる場合が多くなっているように思われる。

　著者も、それぞれの議員立法により用いられ方は異なるものの、議員立法は、立法過程において重要な役割を果たしていると考えていることから、本書では、①及び②を対象とした言葉として用いている。

　一方、「議員立法」という言葉に対応する言葉として、内閣（政府）が提出する法律案に係る場合について「内閣立法」という言葉が用いられることがある。この語は、まだ「議員立法」という言葉ほど頻繁に用いられているわけではないので聞きなれない、という感じがするかもしれない。

　本書は、「議員立法の実際」について紹介するものであるが、しばしば、内閣提出法律案と議員提出法律案、それぞれの立法過程の特徴や役割を対比しつつ説明したり、両者の関わり方について言及したりすることになる。そこで、本書においては、「議員立法」と対応関係にある語として、同様の語感を持つ「内閣立法」という言葉を用いることとした。

　一方で、省庁間の権限（省益）争いの弊害があることが指摘されてきた。すなわち、法令協議の際に、立法を要する事項について、行政機関が、お互いに自分の所掌事項であると主張する「積極的権限争い」や、お互いに自分の所掌事項でないと主張する「消極的権限争い」などが生じることがあり、そ

---

(9)　法律案を国会に提出するためには、(7)の閣議にかけることが必要であり、閣議決定の段階で、全府省が合意している必要がある。

の結果、法律案の内容変更が行われたり、調整そのものが難航し、時には、法律案の提出に至らなかったりすることもある[10]。なお、一般の法令協議に先立って、例えば、財務省（予算に関連する法律案について）、法務省（罰則・登記に関係する法律案について）、内閣官房（＝内閣人事局：組織の新設・改廃などに関係する法律案について）など、法律案の内容により、特定の府省と事前に協議すべきものとされている[11]。

KEYWORD

法令協議

「政府部内での折衝（法令協議）」、「各省協議」、「各省折衝」などの語も使われるが、法律案の作成に際し、所管する府省が、その法律案の内容に関連する行政事務を所掌する府省と調整を行うことである。この法令協議は、しばしば、かなり困難な調整を要し、府省の担当者たちの大きな負担となる。このため、「国家公務員の労働時間短縮対策について」（平成4年12月9日人事管理運営協議会決定：平成28年9月14日最終改正）においても、「法令等府省間協議業務の改善」という項目が設けられ、法令協議前の政策立案の段階から基本方針の調整を行うことや、「法令協議のルール化」（原則として法律案の閣議予定日の2週間前までに協議を開始することなど）などが定められている。この法令協議の困難さについては、事例研究などにおいても、しばしば指摘されてきた。

（井山嗣夫「政府立法の制定過程―国鉄改革関連法案を例にして―」『北大法学論集』45（6）、1995.3、pp. 36-37 など）

（5）内閣法制局審査

　内閣提出法律案は、（7）の閣議に付される前に、内閣法制局の審査を受けることとされている（「内閣法制局設置法」（S27法252）3条1号）。

　まず、（4）の法令協議に入る前に、担当参事官により、①法律案の趣旨・目的、立法の必要性など、いわば「内容」についての審査、②施策の内

---

(10) 中島　前掲注（4）、pp. 88-90.
(11) 伊藤直「内閣提出法律案の企画立案」大森・鎌田編　前掲注（1）、pp. 59-60、68-70. 組織の新設・改廃などに関しては、平成26年5月30日の内閣人事局の設置に伴い、総務省の所管から内閣官房の所管となった。

容が固まった時期以降の「条文」についての審査が行われ、担当参事官から担当の部長に対する説明が行われる（「部長説明」）。

次に、法令協議が終わり、各府省間で条文がほぼ固まった段階で、担当参事官から「次長説明」が行われる[12]。これらは、（7）の閣議請議の際の内閣法制局の「本来の審査」に対して、「予備審査」（又は「下審査」）といわれる。

これらの審査においては、憲法との整合性、他の法律との整合性、法律案作成のルール（「法制執務」）に則っているか、などの点について審査される[13]。

また、内閣提出法律案については、「内閣提出法律案の整理について」（昭和38年9月13日閣議決定）により、「法律の規定によることを要する事項」（いわゆる「法律事項」）を内容として含まない法律案は提出しないこととされており、審査の際に、特に留意する点のひとつとして、「法律案が法律事項を定めるものであること」が挙げられている[14]。

（6）政党（与党）への説明

内閣提出法律案については、国会へ提出する前に、政党に対して、必要な説明が行われる。とりわけ、与党に対しては、説明の上、その了承を得なければ、国会への法律案の提出は事実上できない。これは、与党による「事前審査」と捉えられてきており、これらの手続を踏むと、国会への法律案提出後、委員会と本会議の採決の時には、通常は、「党議拘束」🔑という形で、その政党（この場合は与党）に所属する議員の賛成を得られることになる。この事前審査制は、いわゆる55年体制[15]における自由民主党（以下「自民党」）長期政権の時代に定着したとされている。**02**

---

(12) 同上、p. 69.

(13) 同上、pp. 68-69、72；遠藤文夫「内閣提出法律における法文作成の過程」『法学教室』No. 173、1995.2、pp. 25-26. この予備審査が終わっているので、閣議請議の際の審査では、修正はないか、あっても、表現の統一、用字・用語の補正などの技術的なものである（遠藤 同）。

(14) 山本庸幸「内閣法制局の審査」大森・鎌田編 前掲注（1）、pp. 90、92-93、100.

(15) 昭和30（1955）年に、日本社会党の右派・左派の統一、自由民主党の結成（保守合同）が行われ、これにより、自由民主党が与党（政権党）、日本社会党が野党第1党という体制となった。この55年体制は、一般的には、平成5年8月の非自民連立政権である細川内閣の発足までの38年間と捉えられており、本書でもそのように用いている。

第1章 議員立法序説

🔑 KEYWORD

党議拘束

　「法律案、予算、決議案などの採決に当たり、政党がその所属議員に対して党の決定に従った投票行動を強制すること」をいう。議会制民主主義を支える不可欠の存在である政党に「自由意思で加入した議員が、また、その党への所属が当選に大きく寄与したはずである議員」が、「党の綱領に沿う党議の拘束を受ける」ことは、「党員としての基本的責務」であり、議員の「全国民の代表たる地位」（日本国憲法43条1項）と矛盾することにはならない、とされている（大森）。

　しかし、政党として政策決定を行うよりも議員個人の判断に委ねる方がふさわしい内容の法律案について、党議拘束をかけず、各人の自由な投票に委ねられることがある。

　具体的には、平成9年の「臓器の移植に関する法律案」（139回衆12）の採決の際には、日本共産党を除く各会派が、議員の生命観、倫理観に深く関わる問題であるという理由から、党議拘束を外して審議に臨んでおり、採決の際も、各人の自由な投票に委ねられた。平成21年の同法の改正の際にも、同様の取扱いがなされている。

（大森政輔「党議拘束」大森政輔・鎌田薫編『立法学講義　補遺』商事法務、2011、pp. 206-210、214；松澤浩一『議会法』（現代行政法学全集11）ぎょうせい、1987、pp. 286-28.）

　このような与党による事前審査制については、①国会において審議される前に、与党内の議論で法律案の内容が細部にわたり実質的に決まること（＝「インフォーマルな場での不透明な政策決定」であること）、②政府・与党の二元体制による決定と責任の所在の不明確さ、③国会審議の形骸化、④利益誘導型の「分配の政治」構造の一層の強化、⑤与党の中で特定の分野に強い影響力を持つ「族議員」をめぐる癒着・不正の温床となること、⑥省庁間の縦割り行政の助長、⑦低成長時代に入り、果断な政策変更が求められるようになっても省庁の壁を越えたトップダウンの政策変更は極めて困難であること、などの批判があった[16]。

　平成21（2009）年の政権交代後において、与党となった民主党は、「政府・与党一体の政策決定システム」を目指し、政策決定のシステムとして、それまで批判していた事前審査制は採らないとし、党内での政策審議機関で

---

(16)　中島　前掲注（4）、p. 120；大山礼子『日本の国会──審議する立法府へ─』岩波新書、2011、pp. 5-6、96-97.

第 1 節　我が国の立法過程

事前審査制の定着の経緯と特徴

　我が国の内閣提出法律案に関する事前審査制において、重要な役割を果たしてきたのが自民党の政策決定機関である政務調査会である。その政務調査会（以下「政調」）は、1960年代初頭ごろから「本格的に稼働し始め」、政府の政策決定に影響を持ち始めたといわれ、1961年7月に、田中角栄が政務調査会長に起用され、「政調会の役割が俄然、注目され」た（星）。

　そんな中、昭和37年2月23日付の自民党総務会長赤城宗徳から官房長官であった大平正芳宛ての「法案審議について」という文書において、以下の内容を、1月23日の総務会で「再確認」したことが伝えられた。

　「各法案提出の場合は閣議決定に先立って総務会に御連絡を願い度い。尚政府提出の各法案については総務会に於て修正することもあり得るにつき御了承を願い度い。」

　更に、各常任委員長、特別委員長、政調各部会長宛てに書類を発送した旨の報告がされており、その書類は、以下のことを総務会で「再確認」したという内容であった。

　「各法案の審議は、総務会において最終的に決定することになっているので、各常任委員会各特別委員会の段階においての法案修正の場合は、改めて、その修正点について総務会の承認を得られ度い。」（以上、星）

　この文書において「再確認」とも書かれており、また、戦前から国会提出前の与党に対する法律案の説明等が行われていたことも指摘されているが、一般的には、この赤城文書から、法律案の国会提出前には必ず与党の了解を得るという「事前審査制度」が確認され」（星）、その後慣例化したといわれる。ただし、事前審査制の「起源」や赤城文書の解釈には諸説ある。

　議院内閣制を採用する国では、一般に、内閣は、与党議員への配慮を最優先にしているが、我が国の事前審査体制の特徴として、①「審査がきわめて組織的かつ緻密に実施」されること、②事前審査の対象が「各省庁による起草段階の法案」であることが挙げられている（大山）。

　①について見ると、イギリスを含め議院内閣制を採るヨーロッパの国々では、事前の政府と与党議員との協議は非公式な折衝レベルにとどまるところが多く、しかも、意見の対立が解消されない場合には、議会の審議に持ち越される。その結果、政権党議員からの造反や、国会審議の過程で政権党側から修正の動きが出ることがあり得るのに対し、事前審査制では、法律案の非常に細かい条文まで拘束することになるため、議会の審議を反映した修正という柔軟な対応は困難になる。

　②については、諸外国では、事前の法律案の調整において、与党（政権党）の交渉相手は「内閣」であるのに対し、事前審査制では、法律案を作成した官僚との間の調整になる。

　このような事前審査制については、第1章第1節Ⅰ1(6)でも述べたとおり、批判

第1章　議員立法序説

がある。一方、我が国においては、憲法と国会法が規定する国会の議事手続において、内閣が、国会に提出した法律案の審議を促進する手段を持っていないことから、国会に強い自律性を与えている制度の下で、内閣にとっての「必要悪として成立したもの」とも評されている（大山）。

　ちなみに、議院内閣制を採っている諸国の手続を見ると、例えば、イギリス及びフランスでは、政府が政府提出議案の議事日程の決定に深く関与しており（フランスでは、所管官庁を持たず、内閣と議会の間で政府提出議案に関する調整を行う議会担当大臣も置かれている。）、政府議事が優先されることが明文で規定されている。また、ドイツでも、議事日程の決定に大きな役割を果たす長老評議会に国務大臣（1人）が参加するなど、政府は議事日程の決定に関与していると紹介されている（高澤）。

（星浩「自民党政調会と政策決定過程」北村公彦ほか編『55年体制以降の政党政治』（現代日本政党史録5）第一法規、2004、pp. 404-405、410、412-413；飯尾潤『日本の統治構造』中公公論新社、2007、pp. 80、123-125；大山礼子『日本の国会─審議する立法府へ─』岩波新書、2011、pp. 78-85；高澤美有紀「欧米主要国議会の議事日程等決定手続」『調査と情報─ISSUE BRIEF─』872号、2015.8.6、pp. 4-5、7-9；向大野新治「議案事前審査制度の通説に誤りあり」『議会政治研究』No. 80、2006.12、pp. 12-16など）

あった政策調査会を廃止した[17]。所属議員に対して、各府省の副大臣が主宰する「政策会議」において、内閣提出法律案の説明は行われることとしたが、その場での議員からの意見を法律案に反映させるか否かについては、各府省の政務三役の判断に委ねられた[18]。このことは、「政策調査会の廃止」と2の（6）で述べる「議員立法の活動の制限」とあいまって、政務三役として政府に役職を得た議員以外の与党議員の中に、政策形成に参画できないという不満を生むことになった[19]。

　そこで、党内の不満に配慮して、政策を議論する場として、各委員会の筆頭理事が主催する「質問（等）研究会」（後には、「議員政策研究会」）が設けられた期間があり、鳩山由紀夫内閣から菅直人内閣への交代の時には、政策調査会が復活することになったが、その位置付けについては、あくまでも、政策の「提言機関」であり、政策の決定を行うのは政府であると説明されて

(17)　山口二郎『政権交代とは何だったのか』岩波書店、2012、pp. 84-85.
(18)　中島　前掲注（4）、p. 126.
(19)　山口　前掲注（17）

14

いた[20]。そして、菅直人内閣から野田佳彦内閣への交代に伴い、システム
は変更され、野田内閣においては事前審査になった、と説明された[21]。

　平成 24 (2012) 年 12 月の政権交代により、再び、自民党・公明党連立
政権となったが、政権交代前とほぼ同様の与党審査が行われている。また、
これまでも、連立政権の場合には、連立政権を構成する各政党においてそれ
ぞれ審査を受けるほかに、それらの政党間の協議機関の了承も必要とされて
きており[22]、自民党・公明党それぞれの党内手続を経ることと併せて、「与
党政策責任者会議」（連立与党としての政策決定機関：両党の政務調査会長、会
長代理などで構成）の了承を得ることで、与党審査が終了することになる
（図 1−2）[23]。

　与党に対する事前説明に加えて、国会における審議の難航が予想される内
閣提出法律案など、必要があると判断された場合には、野党に対する説明が
行われる場合もある[24]。

（7）法律案の閣議決定と国会への提出

　政党（与党）への説明が終了した後、主任の大臣が法律案について「閣
議」を求める（この閣議を求める手続を「閣議請議」という。）。①閣議を求め
る法律案についての内閣総務官室への説明、②内閣総務官室から送付された
法律案についての内閣法制局の審査を経て、「閣議決定」が行われる。なお、
閣議までに、衆議院・参議院のどちらを先議の議院とするかが決められ[25]、

---

(20)　175 回衆・予算委・H22.8.2・p.35；176 回参・予算委・H22.11.18・p.14.

(21)　181 回衆・内閣委・H24.11.7・p.37；「政策決定の一元化撤回　政調会長を閣外へ　自民型に類似」
　　　『朝日新聞』2011.8.31.

(22)　55 年体制の崩壊後に成立した細川護煕連立内閣及び村山富市連立内閣においても、同様の与党の事前
　　　審査制が採られていたことが紹介されている（江口隆裕「内閣提出法律案における政党との調整」前掲注
　　　(13)、pp.27-29.）。

(23)　中島　前掲注 (4)、pp.101-102.

(24)　伊藤　前掲注 (11)、p.71.

(25)　予算関係法律案は原則として衆議院の先議であり、各府省設置法案も衆議院先議が「慣例である」とさ
　　　れる（浅野一郎「立法の過程」浅野一郎編著『立法技術入門講座』ぎょうせい、1988、p.169.）。内閣
　　　提出法律案について、衆議院先議とするか参議院先議とするかは、実態的には国会（最終的には議院運営
　　　委員会理事会（Ⅱ 1 (1) 参照)）で決められるが、政府としての意向は伝えられる（伊藤　同上、P.64）。

15

図 1-2　自公連立政権における法律案審査の主な流れ

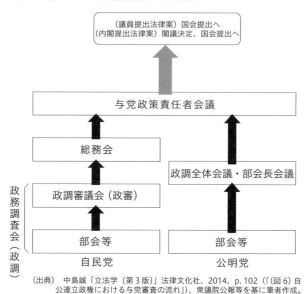

(出典)　中島誠「立法学〔第 3 版〕」法律文化社、2014、p. 102 (「(図 6) 自公連立政権における与党審査の流れ」)、衆議院公報等を基に筆者作成。

閣議決定の当日又は翌日に、内閣総務官室から先議の議院の事務局 (議事部議案課) に提出される[26]。

(8) スケジュール

　内閣提出法律案の国会提出に至るまでの立案作業の流れは、(1) から (7) までのとおりであるが、予算編成とともに行政府の年度スケジュールの中で行われている。通常国会に提出される法律案についての作業は、概ね次のようなスケジュールで進められるとされている[27]。

---

(26)　伊藤　同上、pp. 58-59、64-65、71-74.
(27)　同上、pp. 60-66. 臨時国会では、特別の必要がある場合 (臨時国会に補正予算が提出され、その執行のために必要な法律案が提出される場合、特定の政治課題のために召集された臨時国会において関連する法律案が提出される場合など) を除き、「法律案は通常国会に提出するのがふつう」とされる (同 p. 66.)。

第 1 節　我が国の立法過程

年度当初〜	次年度の新規施策の検討開始（予算上、税制上、組織定員上の必要な措置とともに、必要な立法措置の検討）
8 月中旬まで	各府省内で次年度新規施策関連法律案、特に、次年度予算概算要求に関連する法律案のとりまとめ
8 月 31 日まで	予算要求・組織定員要求・税制要望 次年度概算要求書の財務省への提出。その際に、その一部として、関連する予算関係法律案🔍等の要綱（できるだけ詳細で、かつ、他の関係省庁と協議を経たもの）も提出
9 月 20 日まで	次期通常国会提出予定法律案全体のリスト（「件名・要旨」と呼ばれる。）の内閣総務官室（内閣官房の部署）への提出 [28]・内閣法制局への送付 「次期通常国会提出予定法律案概要」を内閣法制局に提出・説明
10 月以降	法律案の内容のほぼ固まったものから内閣法制局の予備審査（下審査）開始（予算関係法律案以外の法律案から審査が行われ、予算関係法律案については、次年度予算概算の閣議決定後速やかに行うとされている。）
12 月中下旬	次年度税制改正大綱決定・次年度予算概算閣議決定・組織定員改正案決定
12 月下旬	更新した「次期通常国会提出予定法律案概要」を内閣法制局参事官へ説明 内閣法制局参事官から内閣法制局部長へ説明
1 月上旬	各府省庁文書課長等会議（内閣総務官室・内閣法制局共催の各府省庁文書課長からのヒアリング） 予算関係法律案や「日切れ法案」[29]（年度内の成立が必要）であるか、成立希望時期、先議希望議院、提出の確実度（提出確定（A）、提出するかどうか検討中（C）[30]、他府省との共管の可能性、関係方面との調整の状況、審査の難易度などについて説明
1 月中旬	与党の国会対策委員会で法案説明会（担当府省が説明）
1 月下旬	「内閣提出予定法律案等件名・要旨調」が閣議で配布され、内閣提出予定法律案が案件として確定 衆・参の議院運営委員会理事会において「内閣提出予定法律案等件名・要旨調」を基に、内閣官房長官又は内閣官房副長官が発言 衆・参の国会議員に配布 通常国会召集（国会法 2 条） 政府予算の国会提出

(28)　昭和 36 年 7 月 11 日の閣議申し合わせに関する手続として 9 月 20 日とされているが、近年は、臨時国会の開会の状況も考慮しながら、実際には 12 月上旬ごろを締切期限とする提出指示が行われているようである。

(29)　3 月末に現行法が失効するもの。そのためそれまでに新たな立法措置を講じられる必要がある。同様の取扱いが検討されるものとして、「日切れ扱い法案」（法律案の性格上、3 月末までに成立しないと実質的に支障が生じるもの）がある（伊藤　前掲注（11）、pp. 62-63.）。

(30)　このほかに、「提出予定（B）」があるが、実際は使われない（伊藤　同上、p. 62.）。

第 1 章　議員立法序説

2月中旬	予算関係法律案の提出期限（予算の国会提出から 3 週間以内）
3月中旬	予算関係法律案以外の法律案の提出期限（予算関係法律案の提出期限から 4 週間以内）[31]

　なお、これらの一連の流れの中で予定されていない法律案は国会に提出できないわけではなく、政府内で検討し、与党との調整を行った上で、提出されることはある[32]。

予算関係法律案
　法律案のうち、それが制定されなければ予算及び予算参考書に掲げられた事項の実施が不可能であるものなどをいう。次期通常国会に提出する予定の法律案を確定する過程で政府が作成する「件名・要旨」の予算関連の欄に「※」が書かれるため、「※（コメ印）法案」、「コメ法案」などと呼ばれる。
　なお、後述する議員立法についての「予算を伴う法律案」という概念とは異なる。

2　議員提出法律案について
（1）契機
　議員立法は、議員が、①日常的に接する選挙民の声や、地元における活動などを通じて、直接、具体的な問題を把握したり、②各種調査結果や報道などによって提供される社会の種々の情報に接したり、③自らの信念に基づき何らかの政策の必要性を感じたり、④市民団体などの要望を受けたり、と様々な契機で、立法による解決が必要ではないか、と考えるところからスタートする[33]。

---
(31)　法律案の提出期限については、その期限によりがたい特別の必要がある場合には、その期限の来る前に、事情を具し、閣議決定の予定日を明示して、遅延について閣議の了承を得ることとされる（伊藤　同上、pp. 63-64、78.）。
(32)　予算、予算関係法律案が提出された後の事情により立法が必要となる場合は当然あり、近年の例としては、東日本大震災の発災を受けた政府提出法律案の提出が挙げられる。

第 1 節　我が国の立法過程

　内閣提出法律案の場合と同様、法律案に盛り込もうとする政策内容やその政治的・社会的・経済的な背景は様々であり、企画立案に至るプロセスも多種多様であるが、立法の中心となる議員の個性が色濃く反映することの多い議員立法の場合は、そのような傾向が特に顕著である[34]。また、野党が選挙公約などに示した政策内容を明確な形で世に表明する手段としても議員立法が用いられてきており、近年も、マニフェスト等に示された政策の立法化が試みられている。

　近年、議員立法の契機として、特に多くなってきたのが、放置できない社会的な問題について、早急な対応が求められ、政府からの法律案の提出を待つことができない場合や、担当省庁が取組に消極的で立法化が期待できない場合など、内閣立法が何らかの理由により困難な場合である。先述したように、各省庁の間の積極的・消極的権限争いなどにより調整が付かない場合[35]もあるが、そもそも、行政機関の「縦割り」の所掌や実態の下では自らの所管する行政の守備範囲を超えた検討や提案は難しいことから、行政の「狭間」に置かれたような社会問題に対応するため、省庁の枠にとらわれない議員立法による解決を目指す場合[36]もある。

---

(33)　橘幸信「法律ができるまでの流れ―議員立法を中心として―」『法学セミナー』No. 499、1996.7、p. 28. これまで、多くの議員立法の立法過程が紹介されている。「連載」の例として、①「Check the 議員立法（No. 1-No. 24）」『法学セミナー』No. 508-531、1997.4-1999.3（中心となった議員自らが語るもの）、②「法律誕生」『日本経済新聞』2013.5.12-2014.3.30（「法律を作るという国会議員の本来の仕事に着目。法律成立に懸けた政治家のドラマ」を描く連載とされ、多くの議員立法や与野党の修正協議などを紹介）がある。

(34)　橘幸信「議員立法の実際」前掲注 (1)、p. 104.

(35)　（例）現在でも、「特殊詐欺」と総称され、様々な手口で、面識のない人から現金等をだまし取る詐欺が後を絶たない。当時は、「おれおれ詐欺」による現金の振込先として、売買された預金通帳の口座が悪用される事例が横行していたことから、正当な理由のない預金通帳などの売買・譲渡などを禁止するための法改正が議員立法で行われた。緊急に対応する必要があったにもかかわらず、関係省庁間で調整ができず、議員が主導する形で法改正が行われた（菅義偉『政治家の覚悟―官僚を動かせ―』文藝春秋企画出版部、2012、pp. 168-170；「改正金融機関顧客本人確認法 「おれおれ」対策、2 カ月で成立（法律誕生）」『日本経済新聞』2014.1.19.）。

(36)　（例）廃棄物の処理は環境省の所管であるが、東日本大震災後、福島第一原子力発電所事故による放射性物質に汚染された廃棄物の処理については、当時の法令の規定上、環境省は権限がなく対応できなかったため、議員立法により迅速に処理体制の確立が図られた（「放射性物質汚染対処特措法 与野党で足並み、協議円滑に」『日本経済新聞』2013.7.21.）。

19

同様に、近年増えているものとして、社会経済が大きく変化する中で、特定の分野の政策について、国として施策を進めるべきであるにもかかわらず、複数の省庁が関わるためうまく連携できず進まない場合などにおいて、政府に対して、そのような施策の総合的、一体的な推進という方向性を示すことなどを内容とするものであり、しばしば、「基本法」という形に集約される[37]。

どのような場合に議員立法が行われているか、という点については、第2章第2節において詳しく紹介する。

（2）政策内容の検討

議員は、立法事実を把握するため、政策担当秘書[38]、政党の政策担当スタッフなどを使い、また、自ら、現地調査などの実態把握のための調査や、関係者、関係団体、関係行政機関などからのヒアリングなどを行うとともに、以下の立法補佐機関を利用して、問題の解決のための政策を形成することになる。これらの立法補佐機関は、戦後の新憲法の下で「国権の最高機関であつて、国の唯一の立法機関」（憲法41条）となった国会の実質を確保するため、アメリカ議会にならって設置されたものである[39]。

運用の実際におけるそれぞれの主な役割は次のとおりであり、議員提出法律案の立案過程に限らず、内閣提出法律案を含む「法律案」一般の審議・審査過程においても役割を有している。ここでは、それらの立法補佐機関の基本的な位置付け・業務と議員立法に関連する役割について運用の実際という観点から記述する。

---

(37) 大森　前掲注（1）、pp. 50-51；川﨑政司「基本法再考（一）」『自治研究』Vol. 81 No. 8、pp. 59-61.

(38) 平成5年の国会法改正によって「主として議員の政策立案及び立法活動を補佐する秘書一人」が各議員に付されることとなった（国会法132条2項）。この「政策担当秘書」も、広い意味では、立法補佐機関と位置付けられる（廣瀬淳子「立法補佐機関―その意義とわが国の現状―」『ジュリスト』No. 1177、2000.5.15、p. 52.）。

(39) 橘　前掲注（34）、pp. 127-130. 立法補佐機関についてのアメリカ、イギリス、ドイツとの比較分析、立法過程における位置付け・役割等については、以下の文献が詳しい。蒔田純『立法補佐機関の制度と機能―各国比較と日本の実証分析―』晃洋書房、2013.

第 1 節　我が国の立法過程

【衆議院調査局及び参議院調査室（常任委員会調査室・特別委員会調査室）】
（国会法 43 条、議院事務局法（S22 法 83）12 条、15 条、16 条、衆議院事務局
調査局規程、参議院常任委員会調査室規程など）

　その業務は、「委員会における委員の活動を手助けすること」であり、具
体的には、委員会における法律案の審査のため、法律案参考資料の作成、附
帯決議・決議（後述）の原案の作成及び案文の最終的な調整への参画、法律
案の委員会での可決後の本会議における委員長報告の原案の作成などを行
う。また、委員会における法律案の審査等に関連する資料提供やその説明を
行う[40]。議員立法においては、議員提出法律案に関する参考資料の作成、
提案者となる議員が読み上げる趣旨説明の原案の作成、経費文書（後述）の
作成の際の経費の見積りなどを担当する[41]。

【各議院の議院法制局】
（国会法 131 条、議院法制局法（S23 法 92）、衆議院法制局事務分掌規程、参議院
法制局事務分掌規程など）

　このあと具体的に説明することとなるが、議員立法を行おうとする議員の
依頼に基づき、法律案の作成を念頭に置いた大綱、要綱などの作成、最終的
な法律案の作成、党内手続や委員会審査における法制面からの補佐などの一
連の作業を行う[42]。なお、審議過程において修正が行われる際には、議員
の依頼を受け、修正案の立案作業を行う。

【国立国会図書館調査及び立法考査局】
（国会法 130 条、国立国会図書館法（S23 法 5）、国立国会図書館組織規程（H14
国立国会図書館規程 2）など）

---

(40)　新井実「常任委員会調査室―委員会のよろず相談承り所―」『法学セミナー』No. 499、1996.7、p. 46.
(41)　衆議院事務局『衆議院ガイドブック　平成 26 年版』2014、p. 84；廣瀬淳子「国会の政策形成過程と
　　　立法補佐機関」『中央省庁の政策形成過程―日本官僚制の解剖―』中央大学出版部、1999、p. 290.
(42)　笠井真一「衆議院法制局―法律の条文化から審査まで？―」『法学セミナー』No. 499、1996.7、p. 41.

21

第 1 章　議員立法序説

　国立国会図書館は、我が国で発行された出版物を網羅的に収集し、一般国民の利用に供する一般国民のための図書館という面（＝「国立図書館」の面）も有するが、その一義的任務は、国会議員に対するサービスである（＝「国会図書館」の面）。このうち、主として「立法調査サービス」を担当しているのが、調査及び立法考査局である[43]。国内外の立法の基礎となる情報の収集・分析・提供を行い、とりわけ外国の諸制度や立法例などの調査・情報提供を特徴とする。

　国会において今後論議の対象になりそうな事項についての調査を自発的に行い刊行物に掲載しており（＝「予測調査」）、国会審議における質疑や議員提出法律案の立案に際しても、議員等の依頼に基づき、関連する国内外の資料の提供等を行うとともに、議員等からの依頼により、新たな調査に基づく情報提供も行う（＝「依頼調査」）[44]。

　以上の立法補佐機関の利用の仕方は、実際には、依頼者である議員により、また、議員立法ごとに異なる[45]。**03**

　議員の考える政策を法律案の形にするための「立案の依頼」は、各議院に置かれている議院法制局に対して行われる。依頼の方式や手続に決まりはなく、依頼は、議員本人が行うこともあれば、その意向を受けた政策担当秘書、政党の政策担当スタッフなどが行うこともある。また、依頼の内容についても、大体の考え方を示して法案化を依頼する場合から、かなり具体的にまとまった政策内容を示す場合まで、具体化の度合いは様々であるが[46]、議院法制局は、立案の初期から関わり、立案段階の全般にわたって補佐することが多い[47]。

---

(43)　第 2 次世界大戦後に、アメリカの議会図書館の中で議会サービスを担当する部門（現在の議会調査局）をモデルに創設された（廣瀬　前掲注 (38)、p. 51.）。

(44)　山口和人「国立国会図書館調査局—国立国会図書館のもう一つのカオ」『法学セミナー』No. 499、1996.7、pp. 44-45.

(45)　橘　前掲注 (34)、pp. 127-128.

(46)　同上、pp. 104-105.

(47)　岩﨑隆二「議院法制局五十年・その概況と課題」『議会政治研究』No. 50、1999.6、p. 23.

第 1 節　我が国の立法過程

地方議会の「議員立法」

　平成 5 年 6 月の衆議院・参議院両院における「地方分権の推進に関する決議」の後、20 年以上にわたる地方分権改革によって、地方自治体（以下「自治体」）をめぐる状況は大きく変化した。

　平成 12 年の第一次地方分権改革によって、自治体の事務の大きな割合を占めていた「機関委任事務」（都道府県知事や市町村長等を国の「機関」として、国の事務を委任して行わせる仕組み）が廃止され、国が本来果たすべき役割に係る事務等としての「法定受託事務」（地方自治法 2 条 9 項）と、それ以外の「自治事務」（同条 8 項）に事務区分の再編成が行われた。法定受託事務であっても自治体の事務であるため、従来、国の事務であるから条例を制定できないとされてきた機関委任事務の旧領域においても条例を制定できることとなった。また、地方自治法で「義務を課し、又は権利を制限するには、法令に特別の定めがある場合を除くほか、条例によらなければならない」（同法 14 条 2 項：侵害留保条項）と定められたことも、条例に対する考え方に大きな影響を与えることになった。そして、これらは、単に条例制定権の「範囲」の大幅な拡大をもたらしただけでなく、それまでは、国から示された政策を忠実に執行するために制定されるものという位置付けであった条例が、明確に国法体系の一部をなす「規範」として認識されるようになり、それにふさわしい「レベル」が求められることとなった。そのため、条例の規範としての不完全さ、法制執務的な不完全さの克服が課題となり、多くの自治体が、いわゆる「政策法務能力」の向上を目指すこととなった。政策法務能力の向上によって、初めて、国の法令の「委任条例」にとどまらず、地域独自の課題を解決するための政策を展開する、いわゆる「政策条例」を自由自在に使いこなすことが可能になる。

　自治体の担う政策の範囲が拡大する中で、その担い手としての役割は、執行機関だけでなく、議会にも求められるようになり、議会の政策形成機能の強化が、近年の議会改革のひとつの焦点となっている（駒林）。国会でいうと閣法に当たる執行機関提出の条例案が、十分な審議も行われないまま、修正もされず、そのまま成立する割合は 100 ％ に近いといわれ、議会が執行機関に対して十分なチェック機能を果たしていないのではないかとの批判があるのみならず、議会の立法機関としての位置付けにも疑問が呈されている（本来、二元代表制を採る自治体においても、多様な民意を反映する代表機関である議会こそが、その立法作用の中核を担うべきではないか。）。一方、国レベルでは活性化しているといわれる議員立法に当たる、地方議会の「議員立法」（ここでは、地方議会における議員提出の条例のことを指している。）、とりわけ、議会や議員の身分等に関する条例以外の「政策条例」の提出状況が注目されるが、残念ながら、その数は少なく、また、実績のあるほかの自治体の条例のコピーが各地に広がる例もあるという（この傾向は執行機関提出の条例にも見られ、「コピペ条例」などと揶揄されることもあ

23

第1章　議員立法序説

る。）。しかし、最近の「議員提案による条例（議会・議員に関するものを除く。）」の件数の推移（総務省）を見ると、住民の一番身近な自治体である市町村について増加してきており、超党派の議員の勉強会やプロジェクトチームなどによる取組が地域の課題の解決のための条例制定に結び付いた例もある。

　また、地方議会が担う政策形成機能と行政監視機能は切り離されたものではなく、「議会や議員が行政の問題点を指摘していくなかでその解決策が意識され、それを条例として提出する議会が増えてきて」いるとも指摘されている（吉田）。

　議員提出の政策条例に関しては、①多様化・複雑化する住民のニーズに執行機関の縦割りでは対応できない条例の提案が可能であること、②市民に近い議員の立場を活用して、地域や住民の要望を反映した条例の提案が可能であることなどの役割が指摘されており、執行機関や住民との関わり方、政策形成過程の公開の在り方等の課題はあるが、今後の活発な取組が期待されている。

　一方で、地方議会が、そのような機能を十分に果たしていくためには、その活動を支える議会事務局（都道府県議会については必置（地方自治法138条1項）、市町村については任意（同条2項）。）の体制整備が重要になる。現在の事務局の事務は、「議事」、「調査・法制」と「庶務」の3つの分野があり、分権改革前には、「調査・法制」については ほとんど仕事がなかったといわれる。これまでも、議会事務局の充実強化や地位の向上についての提言が行われてきているが、近年は、議会基本条例に議会事務局の充実に関する条文を置く例が多く、具体策として、これまで否定的に解されてきた「附属機関の設置」に関する規定を設けた自治体の例も紹介されている（吉田）。また、調査・法制部門の強化を図るため、議員立法の実務を経験させるために議院法制局に職員を派遣し人材育成を行う自治体もある。

　議会は、「議員の調査研究に資するため、図書室を附置」することとされているが（地方自治法100条19項）、その実態は「倉庫ないし物置状態である」こともしばしば（吉田）、との指摘もあり、地域図書館との連携、図書室スタッフの資質の向上等、その有効活用のための方策も提唱されている（図書館法3条4号）。

　以上のように、一部に意欲的な取組は見られるものの、議員提出の政策条例づくりのための支援体制はまだ十分とはいえない状況にあり、今後の体制整備が課題となっている。しかし、地方議会において活発な審議の結果、執行機関提出の条例の修正が行われたり、「議員立法」が活性化したりするためには、何よりも、これまで自発的に条例による政策の実現を目指すという関心も意欲も低いといわれてきた地方議会議員の「立法者」としての意識改革が求められるのかもしれない。

（神崎一郎「政策法務試論（一）―自治体と国のパララックス―」『自治研究』85巻2号、2009.2、pp. 98-101；駒林良則「地方議会の政策形成機能の法的課題」桃山学院大学法学会編『桃山法学』2014.3、pp. 317-318、330-334；総務省『地方自治月報』56号～58号 ;/吉田利宏『地方議会のズレの構造』三省堂、2016. pp. 80-81、113-120、142-158；福岡市議会事務局「議員提案政策条例について」『議会調査レポート』第15号、2015.9；上田章・五十嵐敬喜『議会と議員立法―議員立法についての元衆議院法制局長との〈対論〉―』公人の友社、

24

1997、pp. 116-121、131-141；秋葉賢也『地方議会における議員立法』文芸社、2001、pp. 25-29 等；「自治はどこへ【政策条例】「乾杯条例」コピー拡散　100議会超、対象変え条文拝借」『毎日新聞』2015.3.25；「自治体の縦割り、議会が崩す　政策実現型の条例提案」『日本経済新聞』2011.9.19.）

　議員立法の検討のプロセスも、それぞれの議員立法により様々である。

　近年、政策内容の検討の形態として多くなっているのが、立法化を念頭においた特定の問題について、党内にプロジェクトチームやワーキングチームなどと呼ばれる検討の場を設け、取りまとめの責任者を決め、集中して議論しながら、政策内容を詰めていく方法である。また、単独の政党内で、又は超党派により議員連盟が作られ、検討が行われることも多い。

> **KEYWORD**
>
> **議員連盟**
>
> 　略して「議連」とも呼ばれ、様々な目的で、単独の政党内で、又は超党派の議員により結成されるが、特定の課題に関する立法化を念頭に置いたものもある。
>
> 　超党派の議員連盟において検討された議員立法の例としては、「臓器の移植に関する法律」（H9法104、制定時）や、「スポーツ基本法」（H23法78）などのほか、種々の例があり、近年、議員連盟としての議員立法への取組例が増えている（第2章第2節Ⅱ3参照）。
>
> 　「議員連盟」は、かつては、趣味の同好会や外国との友好を目的としたもののほか、「イデオロギー的色彩の強いものが目立って活動的であった」が、1970年代に入ると、「特定の行政分野や業界と結びついたものが、多く作られるようになった」として、特定の政策分野に強い影響力を持つ「族議員」と並んで、政策決定への自民党の影響力の大きさを示すものとして捉えられた時期がある（佐藤・松崎）。なお、民主党政権時においても、業界に対応した議員連盟が設立されたとの指摘がある（山口）。
>
> （佐藤誠三郎・松崎哲久『自民党政権』中央公論社、1986、p. 95；山口二郎『政権交代とは何だったのか』岩波新書、2012、p. 87.）

　「立案の依頼」を受けた議院法制局は、まず、依頼者にヒアリングを行うことにより「依頼内容」を確認することになる。そのヒアリングを通じて、

依頼者は「自分が本当に何をやりたいのか、を理解」することになり、実は、依頼内容の確認のためのヒアリングは、「(依頼内容の)形成・構築」そのものといっても過言でない、ともいわれる[48]。**04**

　政策内容の確定作業の際には、内閣法制局の審査と同様、最終的に法律案になることを念頭に置きつつ、憲法との適合性、他の法律との整合性、政策目的とその実現の手段との関連性などの観点から、助言などを行う。他の法律との整合性については、まず、議院法制局においてチェックを行うが、成立が見込まれる議員提出法律案に関しては、条文化の作業に入る前の検討段階から、依頼議員からの指示を受けて、又はその了承を得て、議員に代わって、議員立法を目指している内容に関連する法令の解釈・運用を確認したり、意見の取りまとめ・調整を行うため、特に関わりの深い政府関係部局と連絡を取ることも少なくない。

　議院法制局における検討の結果、輪郭がはっきりしてきた政策内容は、「大綱」、「要綱」、「骨子」などと題する、法律案の「概要」を表す文書の形に整理され、それを基に、まずは、議員立法の中心になっている議員が、党内の部会などの主要なメンバーである議員の了解を取り、また、プロジェクトチームなどがある場合にはそのメンバーの間で意見の集約を図るなど、党内の関係者間での非公式の合意形成が行われる。特に、党として大きな関心のある法律案に関する場合は、(6)の党内手続に先立って、この段階で、党の関係機関の了承を取り付けることもある。また、連立与党を構成する政党である場合、他の与党への働きかけを、この段階で行う場合が多い[49]。更に、超党派の協力の下でのスムーズな成立を目指し、他の政党への働きかけを行う場合もある。

---

(48)　橘　前掲注 (34)、p. 107.

(49)　議員立法において、連立を組む与党間協議をどのタイミングで行うかということは、デリケートな問題である。次に述べる自党内の手続との関係で、主導的な役割を担う議員は、その判断に意を用いることになる。55年体制の崩壊後、一時期を除き連立政権が続いているが、連立政権の体制となって間もない頃には、与党のうちの1党が、その党内で立案作業・手続を先行させ、その後に他の与党に協議したことにより、意見調整が難航した例があったことが紹介されている（長谷田晃二「科学技術基本法—議員が役所をひっぱる—」『法学セミナー』No. 499、1996.7、p. 51.）。

議院法制局は「強い味方」か「立法の壁」か

　議院法制局は、衆議院と参議院に「議員の法制に関する立案に資するため」（国会法131条1項）に置かれており、議員立法を「法制的立場から直接に補佐する機関」（鮫島）である。そのように議員立法を「補佐」するはずの議院法制局について、「壁」、「議員立法の障害」（山本）、「立法のための関所」（渋谷）などと、議院法制局としては、有難くない評価を受けることがある。

　どうしてそのようなことになってしまうのか。元議院法制局職員としての筆者の経験に基づき、議院法制局から見た議員立法の流れについて、少し実態的に、お伝えしたい。

　議院法制局の仕事は、議員の「依頼」から始まる。その「依頼」の形は様々であるが、議員本人から、又は秘書から電話があり、議員立法をしたいので、議員会館の事務所に来るように指示があることが多い。議員立法に向けた議員たちのプロジェクトチームへの出席要請から始まることもある。政党の会議室や議院法制局の会議室に、関係議員や政策秘書、政党の政調スタッフ、議院法制局職員などが一堂に会し、それぞれの問題意識や情報を共有するところから議論がスタートすることもある。また、政党の政調のスタッフから、依頼の予告のような電話があり、それが次第に具体化していくこともある。

　このように、始まり方にはいろいろな形があり、また、その後、法律案の形にするまでに要する時間や法律案の提出に至るまでの経過も多様であるが、依頼を受けた議院法制局が、まず、最初に行うことになるのは、依頼内容の確認と、法制的な問題点の整理、そして、それに関する議員への説明である。議員が、どのような立法事実に基づき、どのような法制度を作りたいと考えているのか、ということを、議員と何度もやり取りをしつつ（「キャッチボール」に例えられることもある。）、「論点メモ」、「問題点整理メモ」などと呼ばれる資料を作成して、議員とともに検討していくことになる。このような検討過程は、法制度設計や条文化を行う上での土台ともいえる大事なものである。

　補佐機関である議院法制局としては、議員の実現したい法制度を全面的に応援したいが、新たな法制度を制定したり、現行の法制度の改正をしたりする際には、当然のことであるが、憲法を頂点とする現行の法制度との整合性が問題となる。真っ白なキャンバスに絵を描くようにはいかず、既にある法制度との整合性を図りつつ、法制度の設計をしていくことになる。また、立法の目的とその達成のための手段がバランスを失することになっていないか、などの点もチェックしていくことになる。

　そして、そのような検討の結果を議員に伝え、何か問題がある場合は、その点を説明し、問題点があることは承知の上でそのまま進んで法律案の形にするのか、あるいは、検討し直し別のアプローチも含めて考えるのかなどの点を相談することになる。

　議員が、せっかく社会的な問題などに対して議員立法で解決を図りたいと強い意思で取り組んでいるのに、問題点を提示することは議員の気持ちに水を差すようなことにも

なりかねず、躊躇する気持ちもあるが、問題があるにもかかわらず、この段階で、議員にそれをきちんと伝えないことは、議員を「泥船」に乗せてしまうことになりかねない。議員は、法律案ができた後、まず、所属する政党の党内手続に臨むことになり、そこで、自ら説明して党内の賛同を得なければならず、更に、国会における審議の際には、他党からの厳しい質問に対して答弁に立たなければならない。補佐機関として、その段階で議員を立ち往生させるわけにはいかないのである。

しかし、先述したように「壁」、「障害」、「関所」などと評され、「親切心」、「親心」かもしれないがお節介（山本）などと言われてしまうのは、この問題点を提示する場面である。

恥ずかしながら、筆者も、かつてそのような趣旨のことを言われたことがあり、大いに反省した。気持ちとしては、議員の立法活動の絶対的な味方のつもりでも、そのことが伝わらなければ意味がない。その経験を基に、その後、問題点を伝えるときには、議員の思いを全面的に応援する気持ちが伝わるように気を付けるだけでなく、当初の案のままでは実現が難しそうな場合には、できる限り、議員の目指すところを実現し得る、より問題の少ない方法を代案として提示するように心がけた。そんなことはお節介だと感じられるかもしれないが、代案を採用するか、当初の考え方のまま進むのか、判断するのは議員本人である。「法制的立場から」の補佐には、代替案を提示することも当然入るものと考える。少なくとも、そのことにより、制度を作り上げていこうという議員の思いを補佐機関として共有していることは伝わったように感じられた。また、議院法制局の大先輩は、議員に対する「最大限の説得をなす努力」の必要性を説いている（鮫島）。

以上のように、残念ながら、気持ちの行き違いが生じる場合がないとはいえないが、多くの場合には、議院法制局は、「議員立法の大きなサポーター」（山本）、「強い味方」（江田）などと言っていただき、法制度を作り上げていく楽しさと充実感を共有させていただくことになる。

時には、何らかの法的措置が必要であるという立法事実はあるにもかかわらず、難しい法律問題に突き当たり、その解決のための方策を求めて、少数の議員とともに、勉強会を重ね、具体策を詰めていくこともある。プロジェクトチームや議員連盟の場で、関係者、専門家などの意見を聴き、議員自身が実態調査も行い、じっくり立法事実の把握をしつつ議員同士が議論を重ねる検討過程に伴走し、法律案づくりのお手伝いをするという年単位の立案作業となる場合もある。様々な議員立法の場面で、議院法制局の職員は、持っている限りの知識と経験を基に議員の立法活動を「補佐」することになる。

国会の公的スタッフの職業倫理として、公正・中立な立場からの関与が求められるが、その場合の「中立」とは、一般的な意味の「中立」とは異なり、「徹頭徹尾、依頼議員の立場に立って法制面からそれに「味方」しなければならない」とされる（橘）。複数の議員（会派・政党）から依頼を受ける状態は、しばしば生じるが、いずれの議員（会派・政党）からの依頼に対しても、その議員の「味方」にならねばならず、その場合、どの政治的立場からも等距離という意味での「中立」ではなく、どの政治的立場か

らの依頼に対しても、その懐に飛び込むという意味での「中立」が求められる。「だからこそ」、「守秘義務」は「一般の場合以上に厳格に遵守されなければならない」といわれる（橘）。現に、依頼を受けている議員から、他の政党からの依頼の状況、進捗状況などを聞かれることは何度か経験した。しかし、それを議院法制局から伝えることはない。議院法制局は、今後も、議員の信頼に応えつつ、「強い味方」として、議員立法を支えていくことだろう。

(鮫島眞男『立法生活三十二年―私の立法技術案内』信山社出版、1996、pp. 126-127、138；山本孝史『議員立法―日本政治活性化への道―』第一書林、1998、pp. 53-55、105-107；渋谷修『議会の時代』三省堂、1994、p. 58；江田五月「活動日誌 2000 年 9 月（11-20）」2000.9.1 〈https://www.eda-jp.com/katudo/2000/9-2.html〉；橘幸信「議員立法の実際」大森政輔・鎌田薫編『立法学講義〈補遺〉』2011、pp. 110-111、133-134 など)

（3）法律案の原案の作成

議院法制局の担当課において、政策内容として確定した大綱、要綱、骨子などに沿って、また、条文化に関するルールなどの法制執務に従いながら、条文化の作業を行う。

（4）政府関係部局との調整

与党議員の依頼による法律案など、成立が見込まれる法律案については、成立後の円滑な運用のため、依頼議員からの指示を受けて、又はその了承を得て、議院法制局において、各府省の関係部局から意見を聴き、必要な調整が行われる。この場合、内閣提出法律案の法令協議と同様、関係部局から問題点が指摘されたり、関係部局間に意見の対立が生じたりする場合などがある。依頼の趣旨に即して、法制度としてどうあるべきか、執行に当たり問題があるか否かなどの観点から議院法制局において論点を整理し、依頼議員に報告が行われる。関係部局が、直接、依頼議員に意見を伝える場合もある。それらの情報を基に、議院法制局において調整案を作成して提示することもあるが、最終的には、依頼議員が法律案の内容について判断することになる [50]。**05**

---

(50) 浅野　前掲注（25）、p. 154；橘　前掲注（34）、p. 113.

第1章　議員立法序説

（5）議院法制局審査

　議院法制局において、担当課が作成した法律案について、部長[51]、法制次長、法制局長と、順次、審査が行われる。これらの審査の際にも、憲法との適合性、他の法律との整合性、政策目的とその実現の手段との関連性、法制執務などの観点から審査が行われる。

　審査終了後、議院法制局の担当課は、法律案要綱、法律案のほか、法律の一部改正の場合には新旧対照表、更には、議員の説明用資料（党内などで、議員が、短時間で簡潔に説明できるよう、ポンチ絵と呼ばれる概要などの一枚紙が作成されることが多い。）も添えて、依頼された議員に報告する。

（6）党内手続

　議員が法律案を国会に提出するに当たっては、その所属する政党に置かれている、政策審議機関、意思決定機関などに諮り、法律案の内容、立法の必要性などについて審査を受け、順次、その了承を得ることが必要となる。それぞれの機関の名称やシステムなどは政党ごとに異なっている。このような党内手続の際には、法律案の作成において中心的な役割を担った議員が説明を行うことが多く、その際には、議院法制局は、説明用の法律案関係資料（概要、要綱、条文等）の準備、法制的な見地からの答弁の補佐などを行う。

　また、まず、当該議員が所属する政党の党内手続を経ることになるが、連立政権を構成する与党の議員立法の場合には、内閣提出法律案の場合と同様、与党間の協議が行われることになる[52]。現在の自民党・公明党連立政権における党内手続に関しては、内閣提出法律案についての与党審査と同様の手続が行われており（図1−2）、各党の手続の後、「与党政策責任者会議」において、与党として取り組む法律案として了承を得ることで、与党審査が終了することになる。

　なお、民主党の党内手続は、政権交代の前後で1（6）で触れたとおり大

---

(51)　部長審査は、本文（2）の「政策内容の検討」の段階で、まず、「内容」についての審査が行われる場合が多い。重要な法律上の論点がある場合には、更に、法制次長、法制局長への報告も行われる。

(52)　長谷田　前掲注（49）

議員立法における政府関係部局との調整についての変化

　議員立法における政府関係部局との調整については、①政策内容の検討段階のヒアリング等と、②成立が見込まれるものについての条文化の段階の条文についての調整の2段階で行われることとなる。①については、議員から依頼のあった段階で、政府関係部局との調整を含め、指示される場合が少なくない。これは、内閣立法においても、まず、法律案の内容について特に関係の深い府省との非公式な実質的協議が行われ、その後、全府省を対象として正式の「法令協議」が行われるという、2段階での政府内の調整が行われることに対応している。

　「議員立法の場合は、各省協議は無縁である」という趣旨の記述もあるが（石村）、その当時は野党議員からの依頼に係る法律案が多かったことから、そのような法律案を念頭に置いた記述かもしれない。野党提出法律案の場合は、提出の直前まで内々に検討が進められることも多く、通常、政府関係部局との調整は行われない。

　一方、成立が見込まれる法律案（多くは与党議員からの依頼に係る法律案）の場合は、現行法令の第一次的な有権解釈は行政庁が行うこととなり、運用の実態も行政庁が把握していることから、成立後の円滑な運用に資するため、各府省との実質的な調整が行われる例が多い（橘）。近年、与党議員の関わる法律案が増加していることを背景に、政府関係部局と調整が行われる場合が多くなっている。
（橘幸信「議員提出法律の立法の過程」『法学教室』No. 173、1995.2、pp. 34-35；石村健『議員立法―実務と経験の中から―』信山社出版、1997、p. 84.）

きく変化することになった。平成21（2009）年の政権交代直後、「政府・与党一体の政策決定システム」を目指して、党内での政策審議機関であった政策調査会を廃止するとともに、議員立法については、原則として、「選挙・国会等、議員の政治活動に係る、優れて政治的な問題」以外の議員立法は行わない、という方針を示した[53]。その後、菅直人内閣において政策調査会は復活し、また、議員立法の制限についても緩和されていった経緯があり[54]、それに伴い、議員立法に関する党内手続のシステムも変遷した。

　議員立法において、法律案の国会への提出前に各党で党内手続を経た法律

---

(53) 平成21（2009）年9月18日付の小沢一郎幹事長名「政府・与党一元化における政策の決定について」；中島　前掲注 (4)、p. 126；橘　前掲注 (34)、p. 148.

案については、内閣提出法律案が与党の事前審査を受けた場合と同様に、所属議員は、委員会や本会議の採決の際には、「党議拘束」という形で賛成の投票を義務付けられることになる。

このように、政党化を前提とする現在の国会においては、「議員立法」といわれ、また、実際には、法律案の内容の確定や法律案の作成などにおいて、特定の議員が中心的な役割を果たしていても、「与党（提出）法案」、「野党（提出）法案」、「○○党（提出）法案」などといわれるように、その議員が所属する政党として提案しているのが実態である[55]。

この議員立法の際の「党内手続」と「党議拘束」については、内閣提出法律案について1（6）で述べた「事前審査」と「党議拘束」の問題と同様に、国会において審議される前に、院外の組織である政党本部で各党の法律案に対する賛否が決定され、所属議員は、衆議院議員か参議院議員かを問わず、実質的に国会の審議の全ての過程を通じて拘束されることから、国会における自由な審議を阻害するのではないかという点が問題とされてきた。

そこで、①党議拘束をかける対象を政党の基本政策などに限定するべき、②党議拘束をかける時期を「法律案の国会提出前」から「国会での審議後」とするべき（すなわち、採決の段階で投票行動の統一のために行うこととする。）、などの意見が出されてきた[56]。

なお、特に、議員の道徳観、倫理観などを尊重し、その判断に委ねるべき内容の法律案である、として、多くの政党が党議拘束をかけない取扱いをした例もある（KEYWORD「党議拘束」、COLUMN17参照）。

---

(54) 議員立法の緩和の背景としては、まず、第1節11（6）で述べたとおり、政務三役として政府に役職を得た議員以外の与党議員の間に、不満が生じることになり、「政策に強い関心を有する中堅議員を中心とした猛烈な巻き返しが断続的に続」き、内閣立法では解決できない課題を前に「「例外」扱いの議員立法が続出した」（橘　同上、pp. 148-149.）また、平成22年7月の参議院議員通常選挙後のねじれ国会以降は、その対応として、野党の協力を得るため柔軟に修正協議に応じることができるよう議員立法の制限を緩和し、党内手続も整備したと報じられた（「議員立法の要件緩和　民主、野党協力得る狙い」『日本経済新聞』2010.10.9.）。

(55) 浅野・河野編著　前掲注（2）、p. 116.

(56) 前田英昭「国会における法案審議の活性化」中村睦男・大石眞編『立法の実務と理論─上田章先生喜寿記念論文集─』信山社出版、2005、pp. 904-908.

第 1 節　我が国の立法過程

（7）政党間協議と委員会提出法律案

　（6）のように、議員が所属する政党における手続のほかに、議員立法の迅速かつ円滑な成立を期す場合には、国会への法律案の提出前に、「委員会提出法律案」とすることを目指して、政党間で法律案について協議が行われることが多い[57]。他の党へ協議を持ちかけるタイミングや協議の形態は様々である。一度、特定の政党だけで国会に提出してしまうと、「メンツ」の問題等もあり、他の党との協議や合意形成がしにくくなることなどに配慮して、提出前の接触が図られることも多い[58]。

　これは、国会法において、「委員会は、その所管に属する事項に関し、法律案を提出することができる」（50 条の 2 第 1 項）とされているものであり[59]、その法律案については「委員長をもつて提出者とする」（同条 2 項）とされていることから、「委員長提出法律案」、「委員長提案」などともいわれる。この場合、各政党に所属する委員（議員）が、委員会の所管に属する法律案の内容について非公式の場で法律案についての協議・意見調整を行い、その結果、「全会一致もしくはそれに準ずるくらいの会派の賛成を必要とするというのが一種の先例」[60]となっている。

　この委員会提出法律案については、提出された院の委員会の審査を省略して直ちに本会議の議題とされることとなる[61]。そして、本会議において可決され、もうひとつの議院（後議の議院）に送付された後の委員会審査につ

---

(57)　委員会提出法律案は、Ⅱの「審議過程」における問題でもあるが、この段階で政党間の協議が行われ、その提出が決まるものが多いことから、ここで取り上げることとした。

(58)　法律案の提出前に合意形成を目指すか、提出後に調整を行うのか、中心となる議員は悩むことになる（その心情が書かれたものとして、塩崎恭久『「国会原発事故調査委員会」立法府からの挑戦状』東京プレスクラブ、2011、pp. 72、92.）。一部政党による法律案提出後も、全会一致を目指し、協議が続けられることが多い（村川一郎『自民党の政策決定システム』教育社、1989、p. 268.）。

(59)　参議院の調査会も同様に調査会として法律案の提出ができることとされており（国会法 59 条の 4）、憲法審査会も憲法改正の発議又は国民投票に関する法律案を提出できることとされているが（102 条の 7）、これらを、本書においては、「委員会提出法律案」と記述する。

(60)　向大野新治『衆議院－そのシステムとメカニズム－』東信堂、2002、p. 61. 参議院においては、「全会一致」を基本としているようである。

(61)　衆議院事務局『衆議院先例集　平成 29 年版』2017、p. 318；参議院規則 29 条の 2

33

第 1 章　議員立法序説

いても、法律案の提出前に各党間で協議が行われ、委員会を構成する全部又
はほとんどの党が賛成していることから、質疑は行われないか、行われても
短時間のことが多い。審議日程についても調整が整いやすく、短時日での成
立が可能となる[62]。

　このため、委員会提出法律案は、緊急の対応が求められる場合などには大
きな効果を発揮するが[63]、その反面、審査が省略され、国会の会議録に議
論の内容が残らないことから、立法の契機や必要性・妥当性に関する立法事
実、各条の意味や実施の際に留意すべき点などが明らかにならないことが問
題点として指摘されてきた[64]。この点に関連して、委員会提出法律案の近
年の審査の変化について、第 2 章第 4 節で、詳しく取り上げる。

（8）法律案の国会への提出

　法律案の提出には、（7）の委員会提出法律案の場合を除き、提出者とな
る議員のほかに、一定数の「賛成者」が必要とされる（国会法 56 条 1 項）。
法律案の提出に必要な賛成者の数は、その法律案の内容が、「予算を伴う法
律案」🔍かどうか、すなわち、「その法律を施行するため、既定の予算の補
正又は提出されている予算の修正が必要となる等、予算に変更を加えなけれ
ばならないもの」かどうか[65]により異なり、次年度以降の予算に影響する
場合も対象となる。また、衆議院又は参議院のどちらに提出するかによって
も異なる。衆議院に法律案を提出する場合、予算を伴わない法律案の場合は
20 人以上、予算を伴う法律案の場合は 50 人以上の賛成者が必要とされて
いる。参議院の場合は、それぞれ、10 人以上、20 人以上とされている（表
1－1）[66]。

---

(62)　浅野・河野編著　前掲注（2）、p. 115.

(63)　行平克也「国会審議の活性化と議員立法」中村・大石編　前掲注（56）、p. 745.

(64)　松澤浩一「国会における法律案の審議」『法学教室』前掲注（13）、p. 39；小島和夫「議員発議法律案
　　をめぐる問題と検討」『議会政治研究』No. 12、1989.12、p. 9；前田英昭「議員立法と国会改革」中村
　　睦男編『議員立法の研究』信山社出版、1993、pp. 585-587 など。

(65)　竹中治堅監修、参議院総務委員会調査室編『議会用語事典』学陽書房、2009、p. 353.

(66)　なお、憲法改正原案を提案する場合は、衆議院において 100 人以上、参議院において 50 人以上の賛成
　　を要する（国会法 68 条の 2）。

34

> KEYWORD
>
> **予算を伴う法律案**
>
> 「その法律を施行するため、既定の予算の補正又は提出されている予算の修正が必要となる等、予算に変更を加えなければならないもの」とされる（竹中）。後述する「内閣意見」に関する衆議院の先例においては、「予算を伴う法律案」として、その施行によって、①歳出の増加を伴うもの、②歳入の減少を伴うもの、③次年度以降の予算に影響を及ぼすものと区分して、事例が挙げられている。その取扱いは、参議院の場合は若干異なる（浅野・河野）。
>
> なお、歳出増又は歳入減となるものでも少額の場合には「予算を伴う」とはしない取扱いがなされている。
>
> これは、議員立法について用いられている概念で（国会法 56 条 1 項及び 57 条の 3）、内閣提出法律案における「予算関係法律案」（KEYWORD 参照）という概念とは異なる。
>
> （竹中治堅監修、参議院総務委員会調査室編『議会用語事典』学陽書房、2009、p.353；衆議院事務局『衆議院委員会先例集　平成 29 年版』2017、pp.113-124；浅野一郎・河野久編著『新・国会事典　第 3 版』有斐閣、2014、pp.108、109.)

表 1－1　議員立法に関する手続等の一覧

			法律案の提出の際の手続等				審議の際の手続
			党内手続	賛成者要件	経費文書	機関承認	内閣意見
衆議院	議員提出法律案	予算を伴う法律案	○	50人以上	○	○（慣例）	○
		予算を伴わない法律案		20人以上	―		―
	委員会提出法律案	予算を伴う法律案	○	―	○	○（慣例）	○
		予算を伴わない法律案			―		―
参議院	議員提出法律案	予算を伴う法律案	○	20人以上	○		○
		予算を伴わない法律案		10人以上			
	委員会提出法律案	予算を伴う法律案	○	―			○
		予算を伴わない法律案					

（出典）　国会法、衆議院規則、参議院規則等を基に筆者作成。

そこで、「衆議院で二〇名前後の勢力の会派は、選挙の度にしばしば獲得議席目標として二一名の確保を挙げる。二一名の所属議員を持てば、一名を発議者とし他の二〇名を賛成者として、その会派独自の法律案を提出できるからである[67]」。

また、このように、賛成者要件が、衆参で異なり、更に、予算を伴うか否

かでも異なるため、それぞれの政党の衆参の所属議員の数によって、①単独で衆・参のどちらかの議院への法律案の提出が可能か、②不可能な場合、他党との共同提出を目指すか、後述するように修正案にするかなどが決まることになる。

　この賛成者の要件は、昭和30年の国会法の改正により設けられたものであり、それまでの国会法では、1人の議員でも法律案を提出できることとされていた。選挙区受けを狙った、いわゆる「お土産法案」や「利権法案」の提出の抑制のために「自粛立法」として設けられた制約である、といわれている。しかし、この要件については、その効果を疑問視する意見[68]がある。また、①立法府のメンバーである国会議員が本来有する発議権を不当に制約するものである[69]、②小会派の立法活動を制限するという意図せぬ弊害を生じている[70]など、議員立法の活性化を阻害するものとの批判があり、更に、国民から各党からの法律案を比較検討する機会を奪うも同然[71]とも指摘されている。(06)

　「予算を伴う法律案」については、「その法律が成立し、施行された場合、どれくらい費用がかかるか」ということを明らかにした文書（一般に「経費文書」と呼ばれる。）を添えて法律案を提出することとされている[72]。

---

(67)　今野或男『国会運営の法理』信山社出版、2010、p.272. 平成28年7月の参議院議員通常選挙の結果、改選前の7名から12名に議席を増やした日本維新の会（選挙時の政党名は「おおさか維新の会」）は、参議院で予算を伴う法律案以外の法律案であれば単独で提出できることとなり、第192回国会（H28.9.26召）及び第193回国会（H29.1.20召）において、100本以上の法律案を提出した（「「目指せ100本提出」維新の大量議員立法、成立のメド立たず・・・」『産経ニュース』2016.11.21.）。

(68)　川人貞史『日本の国会制度と政党政治』東京大学出版会、2005、pp.190-199；前田　前掲注（64）、pp.577-578.

(69)　大石眞「立法府の機能をめぐる課題と方策」初宿正典ほか編『国民主権と法の支配－佐藤幸治先生古稀記念論文集　上巻』成文堂、2008、pp.308-309；大山礼子『国会学入門　第2版』三省堂、2003、pp.87-88.

(70)　上田章「第1回国会以来の議員立法とその経緯」『議会政治研究』前掲注（66）、pp.6-8；前田　前掲注（64）、p.578など。

(71)　松澤浩一「国会法改正の史的概観（2）」『議会政治研究』No.16、1990.12、p.39.

(72)　この経費文書の作成の際の経費の見積もりは、衆議院の調査局、参議院の調査室が行い、法律案の末尾に付される。

議員立法の賛成者要件が規定された経緯

　国会法（S22法79）の制定当時は、法律案は、一人の議員でも提出が可能であったが、昭和30年の国会法の改正により議員立法の賛成者要件が設けられた。その背景としては、
① 議員立法が利権法案・お土産法案的であるとの批判、
② 予算措置を必要とする議員立法が政府の編成した予算と無関係に行われることによる財政上の問題、
③ 各省別に設けられた常任委員会と各省との密接な関係に関する問題（各省庁間の調整や予算措置について決着していない法律案について、各省庁が関係常任委員会の議員などに依頼して提案されるものが少なくなかったといわれる。）
があったことが指摘されている。
　それらについては、国会内でも検討が行われていたが、昭和29（1954）年の第19回国会における「乱闘国会」の後を受けた「議院威信保持に関する決議」（自粛自戒の共同声明）と、そこで約束された「いわゆる自粛三法」が「法改正の直接の引き金となった」とされる（高見）。
　この昭和30年の国会法改正の際に、次のような改正が併せて行われた。
(a) 本会議における法律案に対する修正で予算の増額を伴うもの又は予算を伴うものについての賛成者要件の規定（国会法57条）の追加
(b) 本会議及び委員会における予算を伴う議員立法などについての「内閣意見」に関する規定（国会法57条の3）の追加
(c) 予算を伴う法律案及び予算の増額等を伴う修正案について、経費文書を添えて提出する規定（衆議院規則28条1項及び47条2項、参議院規則24条1項及び46条2項）の追加（昭和30年の国会法改正の直後の衆議院規則・参議院規則の改正による。）
　内閣立法の場合、法律案の作成は、予算編成と並行して行われ、法律が成立した際に必要となる費用が予算案に盛り込まれていることを前提として法律案が提出される。一方、議員立法の場合は、与党議員によるものであっても予算との調整が行われないまま提出に至る場合があったため、予算を伴う法律案が可決されたり、予算の増額を伴う修正案が可決されたりした場合、内閣の職責である予算の作成（憲法73条5号）などに影響を及ぼす事態も生じた。その点を考慮して、これらの措置が設けられることになった。
　しかし、(a)の賛成者要件については、要件の効果を疑問視する意見があり（当時は、まだ、与党としての「統制力」がなかったことが指摘されており、その後、事前審査制が確立したことが予算に影響のある法律案の抑制につながったとの見方）、議員の発議権の制約となり、議員立法や国会審議の活性化を阻害するなどの批判がある。

第 1 章　議員立法序説

> 　ちなみに、予算を伴う法律案を単独で提出できる会派は、衆議院では自民党・無所属の会（289 名）と民進党・無所属クラブ（94 名）（平成 29 年 8 月 14 日現在）、参議院では自民党・こころ（126 名）、民進党・新緑風会（50 名）、公明党（25 名）（平成29 年 8 月 17 日現在）となっている。一方、予算を伴わない法律案については、上記会派のほか、衆議院では、公明党（35 名）と日本共産党（21 名）が、参議院では、日本共産党（14 名）と日本維新の会（11 名）が加わる。
> （高見勝利「戦後の国会における委員会制度の導入とその改革―第二一回国会における国会法改正に至る経緯を中心として―」中村睦男編『議員立法の研究』信山社出版、1993、pp. 66-89 ；川人貞史『日本の国会制度と政党政治』東京大学出版会、2005、pp. 181-190.）

　議員が法律案を提出[73] するに当たっては、衆議院においては、賛成者の要件に加えて、議員が所属する政党の機関の承認を必要とする、という取扱いが行われている。この「機関承認」🔑の慣行についても、賛成者要件とは別の要件を付加するものとして、議員の立法活動に対する不当な事前制約であるとの指摘がある[74]。

🔑 KEYWORD

機関承認

　衆議院においては、議員立法の際に、賛成者の要件等に加えて、議員が所属する政党の機関の承認を要することとされており、先例集の記載はないが、「確立した先例」とされている。「昭和 27 年の第 13 回国会に当時の自由党が初めて行った」ものといわれ、例えば、自民党の場合は、党 4 役（幹事長、総務会長、政務調査会長、国会対策委員長）のサインを要件としている（白井）。

　この「機関承認」の慣行については、政党に所属していた議員が、機関承認印のない議員提出法律案を提出しようとした際、衆議院事務局（議事部議案課）が受理しなかったことについて提訴し、その合憲性、違法性が争われた例がある。一審は原告が敗訴し、二審の高等裁判所も、衆議院の「自律的判断を尊重すべきであって」、独自に適法、違法の判断をすべきでないとして控訴を退け、最高裁判所も上告を棄却した。

（白井誠『国会法』信山社出版、2013、pp. 132-134 ；最高裁判所第二小法廷判決平成 11 年 9 月17 日 ；法務省訟務局『訟務月報』46 巻 6 号、2000.6、pp. 108-123.）

---

(73)　提出の際には、議事部議案課に案文を届けることで正式の手続となるが、セレモニーとして議長又は事務総長に提出することもある（向大野　前掲注（60）、pp. 59-60.）。

(74)　大石　前掲注（69）、pp. 309-310.

第1節 我が国の立法過程

　また、提出に当たって議院法制局の審査を経ていることは、法規上の要件とはされていないが、慣行として、これまで、議院法制局の立案審査を受けていない法律案は受理されていないようである[75]。

（9）提出時期

　1の（8）で説明したように、内閣提出法律案については、年度単位のスケジュールがあり、また、予算関係法律案、それ以外の法律案、それぞれに、一応、国会への提出期限が定められている。しかし、これは、「政府部内で」決めた「提出締切日」であり、国会側にはそのような制約は設けられておらず、議員提出法律案の場合は、法律案の国会への提出は、国会開会中であれば、いつでもよい[76]。しかし、国会情勢や会期延長の可否などを踏まえ、与党の議員立法については、国会対策委員会などから、一定の時期までの提出を目指すよう、方針が示されることはあるようである。**07**

Ⅱ　法律案の国会への提出後 ―審議過程―

　法律案が国会に提出されると、内閣が提出した法律案は「閣法」と、衆議院の議員又は委員会・憲法審査会が提出した法律案は「衆法」と、参議院の議員又は委員会・調査会・憲法審査会が提出した法律案は「参法」と呼ばれ、提出された国会の会期ごとの提出順に番号が付される。法律案の提出後は、閣法、衆法、参法は（すなわち、内閣立法も、議員立法も）、基本的には、共通のプロセスをたどることになる。図1－3は、図1－1の上の囲みの部分を、審議の流れに沿った形で図式化したものである。

　なお、国会内においては、議院の運営は、「会派」[77]を中心に行われるが、本書は、議員立法に関するものであり、立案過程と審議過程における議員及びその所属する政党としての行動に着目するものであるので、以下において

---

(75)　橘　前掲注（34）、p. 123.

(76)　浅野　前掲注（25）、p. 169.

(77)　「会派」は、議院内で活動を共にしようとする議員の団体で、院内団体とも呼ばれるが、多くは、政党単位又は政党を中心として結成される（浅野・河野編著　前掲注（2）、pp. 82-83.）。

39

図1-3 法律案の審議・審査の手続の実際（イメージ）

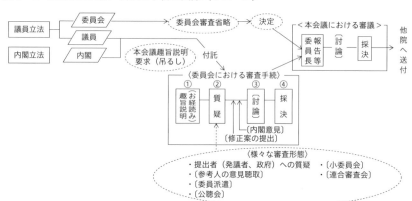

（注1）「修正案の提出」及び「討論」は、法律案の審議・審査の際に常に行われるものではない。また、「内閣意見」の聴取は、議員立法について、その内容が予算を伴う法律案である場合及び予算を伴う修正案が提出された場合の審査の際に限って行われる。なお、本会議における「質疑」、「修正案の提出」は、近年例が少ないことなどから記していない。
（注2）「審査形態」としては、図に記載したもののほか、「合同審査会」と「秘密会」もあるが、法律案の審査について、「合同審査会」は、衆議院・参議院とも第7回国会以降の開催例はなく、「秘密会」も、衆議院では、第168回国会の開催例の前は第31回国会まで遡り、参議院では、第32回国会以後の開催例はない。
（出典）橘幸信「法律ができるまでの流れ」『法学セミナー』No. 499、1996.7、p. 31、衆議院事務局『衆議院委員会先例集　平成29年版』及び参議院事務局『参議院委員会先例録　平成25年版』等を基に筆者作成。

も、特に、「会派」の用語を用いる必要のある場合を除き、政党単位で記述する。

1　委員会における審査と採決
（1）趣旨説明と質疑

　現在の国会法は、「委員会中心主義」🔍 を採っており、提出された法律案は、その内容によって、所管の委員会に付託され（国会法56条2項）、そこで審査が行われることになる。しかし、「議院運営委員会[78]が特にその必要を認めた場合」には、まず、本会議で、法律案の提案の理由である趣旨説明と質疑が行われ（同56条の2）[79]、その後に、所管の委員会に付託されるこ

---

(78) 各議院に設置され、議院の運営に関する事項、国会法・議院規則に関する事項などについて審議又は協議する常任委員会（衆議院規則92条；参議院規則74条）。通称「議運」。
(79) 衆議院事務局『衆議院先例集　平成29年版』前掲注（61）、pp. 340-341。

立法過程における国会と内閣の新たな「協働」
―天皇の退位等に関する皇室典範特例法の立法過程―

　平成29年6月9日、「天皇の退位等に関する皇室典範特例法」（H29法63：以下「特例法」）が成立した。憲法1条は、天皇の地位は「日本国民の総意に基く」と定めるが、そのような天皇の地位にふさわしい「退位」に関する法律を制定するため、その立法過程においては国会と内閣の新たな「協働」が見られた。

　第1章第1節で述べたとおり、通常の立法過程においては、内閣提出法律案であれば、政府が法律案を作成し、国会への提出前に与党による「事前審査」を受け、その段階で与党の意見は法律案の内容に反映されることになる。また、国会審議の難航が予想される法律案の場合には、国会への提出前に野党の意見を聴くこともないわけではない。しかし、特例法の立法過程においては、内閣提出法律案であるにもかかわらず、政府が法律案を作成する前に、衆参両議院の正副議長の下、全ての政党、会派が「立法府の総意」を目指して天皇の退位等に関する問題について議論し、その結果に沿って政府が法律案を作成することとなった。

　そもそも、この法律の制定に向けた議論の契機となったのは、平成28年8月8日の天皇陛下の国民に向けたビデオメッセージ（「おことば」）であった。その後、多くの国民が天皇陛下の「お気持ち」に理解を示す中、政府において、同年10月17日に「天皇の公務の負担軽減等に関する有識者会議」（以下「有識者会議」）の初会合が開かれ、議論が始まった。その一方で、国会においては、憲法上、天皇の地位は主権者たる「国民の総意に基く」とされていることから、天皇の退位等に関する問題について、政府に設置された有識者会議の議論を待ち、政府に委ねるのではなく、国民の代表である立法府こそが主体的に取り組む必要があるという認識で一致したとされる。

　衆参両議院の正副議長の協議により両議院合同で取り組むこととなり、平成29年1月19日から、「全体会議」や八党二会派からの意見聴取などが行われることになった（各党、各会派の意見や議事録は、衆参両議院のホームページで公開されている。）。今上天皇の退位を認めることについては各党、各会派で異論はなかったが、①今上天皇一代に限った対応とするか、将来の天皇の退位も対象とするか、②（①の議論とも関連して）法形式は、皇室典範の特例法とするか、皇室典範の改正によるか等の論点があり、その調整は困難を極めることとなった。しかし、「議長主導」と報じられたように、大島理森衆議院議長を中心とする衆参両議院の正副議長による精力的な、そして、各党、各会派の意見に配慮した意見調整の結果、合意形成へと向かい、3月17日には「「天皇の退位等についての立法府の対応」に関する衆参正副議長による議論のとりまとめ」が安倍首相に手交された（その内容は、皇室典範の附則に特例法と皇室典範の関係を示す規定を置いた上で、今上天皇の退位についての具体的措置等は特例法で規定することなど。以下「とりまとめ」）。これに対し、安倍首相は、厳粛に受け止め、直ちに法律案

第 1 章　議員立法序説

の立案に取り掛かり、速やかに法律案を国会に提出するよう、全力を尽くしたい旨の発言をしたとされ、政府において法律案の作成作業が行われることになった。なお、既に、同年 1 月 23 日に中間報告（「論点整理」）を取りまとめていた有識者会議は、この安倍首相の発言を受け、今上天皇の退位が実現した場合のお立場や称号等の残された法律上の措置を要する課題について議論することとなり、4 月 21 日に最終報告をまとめた。

「とりまとめ」においては、法律案の「骨子」の段階での各党、各会派への説明、「要綱」の段階での全体会議への提示等を政府から行うよう求めていた。まず、4 月中旬、法律案の「骨子案」について、自民、公明、民進の三党の実務者により非公式の協議が開始されたと報じられたが（読売新聞）、その「骨子案」が「とりまとめ」に沿った内容とはいえないと、議論が再燃することになった。その時も、大島衆議院議長をはじめ正副議長が各党や政府などとの調整に当たり、「とりまとめ」に沿った内容に「回帰」（読売新聞）させ、その「骨子」が、4 月 26 日、各党、各会派に示されることとなった。その後、5 月 10 日に全体会議に「要綱」が提示され、5 月 19 日に法律案が国会に提出された。

この法律案の審議は、衆参両議院において、議長、副議長出席の下、少数会派にも質疑時間が確保される形で委員会における質疑が行われた（衆議院では議院運営委員会（6 月 1 日）：参議院では天皇の退位等に関する皇室典範特例法案特別委員会（6 月 7 日））。将来の天皇の退位の際の先例になり得ることを確認するための質問に対しては、菅義偉官房長官から、「とりまとめ」を「厳粛に受けとめて、その内容を忠実に反映させて法案を立案したものであり、この法案は天皇陛下の退位を実現するものではあるが、この法案の作成に至るプロセスや、その中で整理された基本的な考え方については、将来の先例となり得るもの」（193 回衆・議院運営委・H29.6.1・p. 4 など）との答弁が行われた。また、今後の皇位継承の安定性などをめぐる点については、政府において検討の上国会報告を求める旨の附帯決議が行われた。

以上のような特例法の成立に至る立法過程において、その根底には、天皇の退位をめぐり、国会の審議で与野党が激しく対立することは好ましくない、又は政局にしてはならないとの議長をはじめとする立法府における共通認識があったといわれる。そして、①政府による法律案の作成・提出の前に、衆参両議院の正副議長による取りまとめにより、各党、各会派で、法案の形式面においても内容面においても、できる限りの調整が行われ、立法府の総意が形成され、②政府がその内容を忠実に反映させた法律案を立案して国会に提出し、成立に至ったという制定の経緯は、国会と内閣の新たな「協働」ともいうべき立法過程といえよう。このような立法過程は、国会審議においても、「憲政史上なかった手法」（同上、p. 2）、「憲政史上でも例を見ない画期的なこと」（同上、p. 4）と評された。

（「退位法案骨子　協議始まる　「議長まとめ」との相違点争点」『読売新聞』2017.4.18 ；「議長とりまとめ回帰　退位特例法案骨子　円滑審議へ当初案修正」『読売新聞』2017.4.27.）

第 1 節　我が国の立法過程

とになる。この本会議における趣旨説明聴取の要求が各党から出された場合、議院運営委員会において取扱いについての結論が出るまでは委員会に付託されず、委員会審査に入れない、という取扱い(「吊るし」といわれる)[80]が慣例化している。このため、閣法、衆法、参法を問わず、法律案が国会に提出されて委員会に付託されるまで、かなりの日数を要しているのが現状であり、会期制度を採っていることとの関連で、委員会における十分な審議時間の確保・審議の活性化という観点から重要な問題となっている[81]。

> **KEYWORD**
>
> **委員会中心主義**
>
> 　法律案の審査は、大日本帝国憲法及び議院法の下の帝国議会においては「本会議中心主義」であったが、現在は「委員会中心主義」へと変化し、委員会において実質的な審査が行われる。現行憲法下で、国会法によって国会にもたらされた改革のうち、立法過程に最も大きな影響を及ぼしたのは常任委員会制度の導入であるともいわれる（大山）。
>
> 　現憲法下の常任委員会（国会法 41 条、衆議院規則 92 条、参議院規則 74 条）は、当時、議会権限の強化が図られていたアメリカをモデルとし、実質的な審査を行うための強力な権限（国務大臣等に出席を求めて質疑、公聴会の開催、委員会としての法律案の提出、国政調査権の実施主体など）を有しており、議院内閣制を採用している諸国には類例がない、とされる。
>
> 　趣旨説明要求が付いた場合などを除き、原則として、法律案は直ちに所管の委員会に付託され、実質的な審査が行われ、委員長は、その内容を本会議において報告し、ほとんどの場合において、本会議では質疑などの実質的な審議は行われずに、その報告のとおり決せられることになる。
>
> 　付託された法律案の審議日程や取扱いも委員会に委ねられることになり、委員会は実質的に議案の運命を左右する権限を持っていることから、委員会の構成は議院における各会派の勢力の縮図になるよう定められる。すなわち、各会派の所属議員数の比率により、各会派ごとの委員の数が決められる（国会法 46 条、54

---

(80)　浅野・河野編著　前掲注 (2)、p. 121. また、委員会付託に合意したときは、「吊るしをおろす」といわれる（同）。このように、「吊るし」が常態化したのは、平成 5 (1993) 年の 55 年体制の崩壊後以降であり、それ以前の 1980 年代などにおいては、国会への提出後、ほとんどが速やかに委員会に付託されていた。ただし、その場合においても、直ちに審査が行われるわけではなく、そのまま審査未了となる法律案が多かった。
(81)　行平　前掲注 (63)、pp. 755-757.

条の3)。

　委員会には、一定の所管事項を持ち、常設されている「常任委員会」と、その国会で大きな問題となっているテーマなどの具体的な案件の審査を行うために各議院に設置される「特別委員会」（国会法45条1項）がある。また、参院には、その独自性発揮のため、「調査会」が設けられる。この調査会は、参議院議員の任期が6年であることから、国政の基本的な事項について長期的・総合的な立場に立って調査・提言を行っていこうとするもので、基本的に議案等の審査はしないが、調査の結果、自ら法律案を提出したり、他の関係委員会に立法を勧告したりすることもできる。

（大山礼子『日本の国会―審議する立法府へ―』岩波新書、2011、pp. 37-41；議会制度研究会「国会がわかる本」第一法規出版、1991、p. 89-92.）

KEYWORD

趣旨説明要求（吊るし）

　本会議における趣旨説明要求制度は、昭和22年の国会法制定時には規定がなかったが、第2回国会において、56条の2が追加された。日本国憲法は、委員会中心主義を採るが、委員会審査終了後に初めて本会議に上程され、それまでは、付託された委員会の委員以外の議員は法律案の内容について知ることができないのは不都合との意見を受けて、議院運営委員会が特に必要を認めた場合に、本会議で趣旨説明と質疑が行われることとされた。これは、帝国議会時代の「本会議中心主義への部分的回帰」とも評されている（大山）。

　各党は、まず、法律案が提出された段階で、自ら提出した法律案を除いて、基本的には趣旨説明要求を行うことが常態となっており（近年、自民党・公明党は、議員立法については、「吊るし」をかけないようである。）、その後、法律案の内容、政治状況等を見ながら、その要求を取り下げていくことになる。この結果、いわゆる「対決法案」については、なかなか吊るしが下りず、実質的な審議に入ることができない状態が生じることになる。

　なお、この本会議の趣旨説明は、議院運営委員会の理事の協議により提出順に行われることが多く、また、委員会における審査は、理事の協議により付託順に行われることが多い。このため、重要法案の成立を遅らせるための野党の戦略として、①与野党の対立が予想される重要法案より先に提出された法律案に趣旨説明要求を行い、重要法案の趣旨説明を遅らせたり、②重要法案の後に提出された法律案について、趣旨説明を行わずに直ちに委員会に付託することで重要法案の委員会での審議入りを遅らせたりすることなどが行われる場合がある。このような場合において、重要法案の審査、成立を遅らせるために利用される法律案は「枕法案」と呼ばれる。

（大山礼子『日本の国会―審議する立法府へ―』岩波新書、2011、pp. 62-63 など）

第1節　我が国の立法過程

　なお、法律案が衆議院・参議院のどちらかに提出された場合、その先議の
議院において法律案を審議している間、後議の議院において予備的に審査を
行うことができることとされている（国会法58条）。これは、国会における
議案の審議の効率化を図るために設けられた制度であるが、「ほとんど活用
されていないのが現実といってよい[82]」。

　議事運営をめぐる協議の場は、本来、議院運営委員会であるが、実質的な
決定は、国会対策委員会（通称「国対」）で決まるといわれる[83]。国会対策委
員会は、多くの政党において正式の機関として位置付けられているが、「国
会サイドから見れば」、「議院内の公式機関」ではない[84]。そのような機関
により非公開の場で行われる「インフォーマルで不透明な」「意思決定」に
ついては、「国対政治」として、国会審議の形骸化の原因のひとつとして挙
げられてきた[85]。その一方で、実務経験者などから、交渉の全てを公式の
場で、かつ公開の場で行うことの困難さも指摘されている[86]。

　委員会を開催する際の議題、日程、質疑時間、質疑順序など、委員会の運
営に関する事項については、「理事会」（委員長と理事から構成され、委員長が
委員会の運営に関し協議するために開かれるもの）[87] で協議される。また、理

(82)　浅野・河野編著　前掲注（2）、pp. 122-123.

(83)　中島　前掲注（4）、p. 221. 議運を「表の舞台」とするならば、国対は「裏の舞台」と例えている。

(84)　大山　前掲注（69）、pp. 40-42.

(85)　中島　前掲注（4）、pp. 221-223など。「国対政治」は、55年体制の下で形成され、その象徴ともいわ
　　れ、かつては、カネが動いたり、裏取引が行われるなどの批判があった。55年体制の崩壊後、細川非自
　　民連立政権において、連立与党は、国会対策委員会を廃止したが、続く村山政権では、与党院内総務会の
　　下に与党国会対策委員長会議が置かれ、平成7（1995）年、阪神淡路大震災後に、与野党国会対策委員
　　長会談が復活したといわれる（川人貞史「連立政権下における国会運営の変化」北村公彦ほか編『55年
　　体制以降の政党政治』（現代日本政党史録5）第一法規、2004、pp. 119-130.）。連立政権が常態となっ
　　たり、ねじれ国会が生じるなど、政治の構図も55年体制の下とは異なっており、最早裏取引などは困難
　　な状況といわれる。

(86)　中島　前掲注（4）、pp. 223-224；村川一郎『政策決定過程』信山社出版、2000、p. 83；坂本孝治郎
　　「議院運営委員会と各党国会対策委員会の機能・構成について」 前掲注（38）、pp. 107-108. 現在でも、
　　与野党対決法案などの審議日程をめぐり、与野党の国会対策委員長による協議が行われていることなどが
　　報道から窺える。

(87)　衆議院事務局『衆議院委員会先例集　平成29年版』2017、pp. 31-32. 理事会は非公開とされている。
　　（同、第26回国会昭和32年2月5日常任委員長会議申合せ）；参議院事務局『参議院委員会先例録　平
　　成25年版』、pp. 23-24.

45

第 1 章　議員立法序説

事会は、委員会開会の直前に開かれることが多いことから、開会の前日くら
いまでに、委員会運営について意見交換を行う目的で、委員長と理事が協議
する「理事懇談会」が開かれる[88]。理事会や理事懇談会における協議事項
については、事前に、与野党の筆頭理事間で調整が行われることが多い。こ
の理事会や理事懇談会において、議員立法の法律案や修正案について、各党
間の協議が行われることがある[89]。

　野党単独提出の法律案の審議日程については、政府や与党が提出する法律
案の対案的な野党提出の法律案であれば、両案を一括審議にすることにより
政府与党提出法律案の審議促進効果があるが、野党単独提出による政府・与
党に先駆けた法律案のような場合には、審議するメリットが政府・与党側に
ないことなどにより、政府案・与党案が提出されるまで審議されないのが通
常となる傾向が指摘されている。このように、議員立法は、提出されても審
議される機会が少ないことが問題として指摘されてきた[90]。イギリスでは、
年間 20 日は野党が発議する議案の審議に、金曜日のうちの 13 日は議員提
出法律案の審議に割り当てられ、フランスでも、憲法上、月 1 日は、野党
会派等の発案に基づき各議院が決定する議事日程に充てられる[91]。このよ
うな諸外国の例を参考に、議員提出法律案を優先的に審議する時間を設ける
ことなども提案されてきている[92]。

　委員会の審査[93] に入るときには、まず、提案者（閣法の場合は所管大臣、
衆法及び参法の場合は提出者である議員）が「趣旨説明」[94] を行い、質疑が行

---

(88)　浅野・河野編著　前掲注 (2)、pp. 54-55.「委員会の議事を整理し、秩序を保持する」ことは、委員長
　　　の権限である（国会法 48 条）ので、その職権に基づいて権限を行使することができるが、委員会の公正
　　　かつ円滑な運営を期して、通常、理事会において理事と協議した決定に従って権限が行使される（同）。

(89)　田口迪「議員提出法律案の立案過程」『ジュリスト』前掲注 (6)、p. 39.

(90)　谷勝宏「議員立法の有効性の事例研究—NPO 法案の立法過程を通して—（二）」『名城法学』49 巻 1 号、
　　　1999.6、pp. 119-120.

(91)　高澤美有紀「欧米主要国議会の議事日程等決定手続」『調査と情報—ISSEU BRIEF—』872 号、2015.8.6、
　　　pp. 4、9.

(92)　大山　前掲注 (69)、p. 87.

(93)　質疑、採決などの一連の議事手続について、国会法では、会議（本会議）については「審議」と、委員
　　　会については「審査」といっている（浅野・河野編著　前掲注 (2)、p.86.）。

46

われる。衆法又は参法についての質疑の際には、政府に対する質問とともに、法律案の提出者である議員に対する質疑が行われ、議員同士の議論が行われることとなる。それに対し、法律案の審議時間の多くの部分を占める閣法の質疑の場合は、かつては、「政府委員」[95]といわれた各省庁の局長級等の官僚が答弁を行うことが常態化していた。このように、直接国民に対して責任を負うべき議員同士の政策論争がほとんど行われないことも国会審議の形骸化の一因として指摘されていた。平成11年の、いわゆる「国会審議活性化法」の制定により、政府委員制度が廃止され、副大臣・政務官制度が新設されて、現在では、大臣・副大臣・政務官の答弁回数が大幅に増加しているともいわれる[96]。

> **KEYWORD**
>
> **いわゆる「国会審議活性化法」**
>　「国会審議の活性化及び政治主導の政策決定システムの確立に関する法律」（H11法116）の略称である。
>　質疑の中心を政治家同士の政策論議にするため、委員会における対政府質疑は、原則、国務大臣等に対して行うこととされ、行政運営の細目的、技術的事項についての質疑の場合には、政府の職員を「政府参考人」として招致し、質疑が行われることとなった（衆議院規則45条の2及び45条の3、参議院規則42条の2及び42条の3第1項）。内閣法制局長官、人事院総裁などは、「政府特別補佐人」として、出席・発言ができることとされている（国会法69条2項、70条）。

なお、審査のため、他の委員会・調査会と協議して「連合審査会」が開か

---

(94) 「お経読み」といわれることがある（橘　前掲注(33)、pp.30-31.）。
(95) 「政府委員」は、大日本帝国憲法下では、憲法上、議院に出席し発言する権限を与えられていた（大日本帝国憲法54条）。日本国憲法には規定はないが(63条)、国会審議活性化法により改正される前の国会法には、国会において国務大臣を補佐するため、内閣は、両議院の議長の承認を得て政府委員を任命できる旨の規定(69条)が置かれていた（竹中監修、参議院総務委員会調査室編　前掲注(65)、p.265.）。
(96) 中島　前掲注(4)、pp.218-219.　このような評価もあるが、その一方で、「『政府参考人』（KEYWORD「いわゆる「国会審議活性化法」」参照）などの制度が引き続き設けられているため、審議の基本的な仕組みはあまり変わっていない」との指摘もある（川﨑政司「立法をめぐる基盤変動と課題」『法律時報』vol.87 no.8、2015.7、p.54.）。

第1章　議員立法序説

れたり、特に「小委員会」が設けられたりすることもある。また、一般的な関心の高い重要な法律案などについて、学識経験者などから意見を聴くため「公聴会」が開催されたり、委員会審査の中で利害関係者や学識経験者などの「参考人」を招いて意見聴取を行ったり、審査又は調査のため「委員派遣」が行われることがある。更に、衆議院・参議院の両議院の委員会が合同して開く「合同審査会」、審査を公開しない「秘密会」があるが、法律案の審査について近年開催された例はほとんどない[97]。**08**

　I2（7）で取り上げた委員会提出法律案については、先述したとおり、「委員長をもつて提出者とする」（国会法50条の2第2項）とされているところであるが、委員会として決する前に、まず、その案が委員会において示されることとなる。その方法としては、ほとんどの場合において、次の①又は②である。

　①　委員長が起草案（衆議院）又は草案（参議院）について趣旨説明を行う場合
　②・各党の議員から起草案が示され、その起草案を成案とし、委員会提出の法律案にすべしとの動議が提出され、趣旨説明が行われる場合（衆議院）
　　・各党の提案者から草案が示され、趣旨説明が行われる場合（参議院）

　また、近年ではまれであるが、委員会に設置された小委員会の草案について報告が行われ、その案を委員会の成案として、委員会提出の法律案とされる場合もある（委員会提出法律案の審査についての詳細は、第2章第4節参照）。

（2）対案と修正案

　同一の案件に関して、内容の異なる複数の法律案が提出され、委員会で審査される場合がある。内閣提出法律案と野党提出法律案、与党提出法律案と野党提出法律案など異なる組合せがあり、どの法律案が先に提出されるかに

（97）　国会法44条、51条、52条2項及び103条、衆議院規則43条、55条、60条、76条及び85条の2、参議院規則35条、36条、60条、180条の2及び186条など。なお、公聴会については、「総予算及び重要な歳入法案」については、必ず開くこととされている（国会法51条2項）。

第 1 節　我が国の立法過程

審議・審査の公開

　国会は国民の代表機関であり、その会議の内容は、主権者である国民に公開され、国民の政策や政権についての判断が可能な状況に置かなければならない。

　議院の意思を最終的に決める本会議の審議については、原則として公開されることが憲法に規定されている（憲法 57 条 1 項）。それに対して、委員会の審査については、条文上は、議員のほかは、原則として傍聴できない、とされている（国会法 52 条 1 項）。しかし、実際は、報道関係者や議員の紹介を受けた者は、委員長の許可があれば傍聴可能であり、また、現在では、国会審議を活性化し、国民に開かれた国会とするため、インターネットで審議中継が行われ、過去のものも公開されている（衆議院 HP「インターネット審議中継」；参議院 HP「インターネット審議中継」）。

　公開が原則とされる本会議も、議長又は議員 10 人以上の発議により、出席議員の 3 分の 2 以上の多数による議決があったときには「秘密会」を開くことができる（憲法 57 条 1 項ただし書、国会法 62 条）。これに対し、委員会については、決議で（したがって過半数で）秘密会とすることができる（国会法 52 条 2 項）。現行憲法下で、本会議を秘密会にした例はなく、委員会において法律案に関して開催された例は、衆議院においては、第 168 回国会の開催例の前は第 31 回国会まで遡り、参議院においては、第 31 回国会の開催例の後は開催されていない。

　どのような場合に秘密会にされるのかについては、特に規定はないが、衆議院委員会先例集においては、「政策、外交又は議員の身上その他重要事項等に関し秘密を要する場合に開く」とされている（衆議院事務局『衆議院委員会先例集（平成 29 年版）』p. 276.）。なお、衆議院委員会先例集及び参議院委員会先例録には、これまでの秘密会の一覧表が掲載されている。

　「公開」の内容としては、これまで述べた「傍聴」のほか、「会議録の公開」がもうひとつの柱となる。本会議の会議録については、「秘密会の記録の中で特に秘密を要すると認められるもの」以外は、公表・一般への頒布が憲法上義務付けられている（憲法 57 条 2 項）。また、委員会の会議録については、秘密会の記録中特に秘密を要するもの等を除き、議員に配布され（衆議院規則 63 条、参議院規則 58 条）、希望により一般にも頒布されている。更に、これらについては、インターネットで過去の会議録を読むことも可能である（国立国会図書館「国会会議録検索システム」）。

ついても様々なパターンがある。野党が共同して 1 本の法律案を提出する場合もあれば、与野党の各党がそれぞれ提出する場合もある。いずれも、それらの法律案相互の関係が「内容上競合する（異なる内容を定め、一部を削除

第 1 章　議員立法序説

し、又は付加するなど両立しない点を含む）法律案の総称」[98] を「対案」とい
うことができる。この場合は、これらの対案関係にある法律案について、一
括して審議されることが多い。そして、委員会での質疑や理事会等における
各党間の協議を通じて、法律案の内容について一本化が図られ、各党間の合
意が得られたときは、「委員会提出法律案」として新たな議員立法が行われ
ることもある[99]。

　一方、委員会において法律案について質疑を行っていく中で、委員会の構
成メンバーである議員が、法律案の内容について、手直しを行った上で成立
を図るべきと判断をした場合には、修正案を提出（正確には、「議案修正の動
議」を提出）することになる。この委員会における修正（「委員会修正」とい
われる。）の動議は、その提出に一定の賛成者を必要としてはおらず、1 人で
も提出できる[100]。そこで、法律案を提出するための賛成者要件を満たさな
い少数会派（政党）が、政府案に対する対案的な内容を、修正案の形で提示
することも行われる[101]。

　ただし、委員会の委員は、議院の構成と同様の構成になるよう各会派に割
り当てられるため（国会法 46 条 1 項）、少数会派の所属議員数によっては、
割当てのない（＝その委員会に委員を送り出せない）委員会も生じることにな
る。修正案を提出できるのは、その委員会の委員に限られるため、その場合
は修正案という形での政策表明は行えないことになる。

　修正の動議は討論に入るまでに提出することとされており、質疑終局後、
討論の前に提出されることが多いが、質疑の段階で提出され、原案とともに

---

(98)　榊正剛「法律案の提出」大森・鎌田編　前掲注（1）、p. 178.

(99)　この場合、既に提出され審議の対象となっていた法律案については、近年は、通常「撤回」の手続が取
　　られる。

(100)　衆議院規則 47 条 1 項、参議院規則 46 条 1 項。ただし、予算を伴う修正案については、経費文書の添
　　付が求められる（衆議院規則 47 条 2 項、参議院規則 46 条 2 項）。

(101)　浅野・河野編著　前掲注（2）、pp. 139-141. ある法律案の「全部修正」を行う内容の「修正の動議」
　　を出せば、実質的に「対案」を出したことと同じ内容の提案ができることになる（行平　前掲注（63）、
　　p. 746.）。しかし、このような方法を採り得るのは、あくまでも、「対案」的な政策表明を行おうとする
　　場合に限られるため、独自の政策を法律案として国会の場に示す方法は少数会派にはないことになる。

50

質疑が行われることがあり、近年増えている[102]。

　最終的には内閣又は与党の提出した法律案が可決される場合であっても、より多くの議員の賛同を得るため、又はいわゆるねじれ国会の場合には参議院における審議を見据えて[103]、衆議院又は参議院に野党が提出した法律案や修正案の内容などの野党の意見が、修正により、成立を予定される法律案の中に取り込まれることもある。また、妥協的な合意形成の方法として、将来の制度の見直しを義務付ける「検討条項」、「見直し条項」が追加されたり[104]、法律案の採決に際して動議として提出される「附帯決議」の内容に、成立後の法律の執行についての政府に対する意見や要望、将来の見直し・検討等が盛り込まれたりする場合がある[105]。

　このように、対案と修正案は、形式は異なるが、各政党の政策表明とその後の政党間の意見調整、合意形成のための手段として、同様の役割を果たしている。**(09)** そこで今後議員立法の果たす役割について述べるときには、修正案についても併せて記述することになる。

　なお、「修正」の中には、例は多くないが「内閣修正」が行われる場合もある[106]。これは、内閣提出法律案について、内閣が自ら修正することを指し、「各議院の会議又は委員会において議題となつた議案を修正し、又は撤回するには、その院の承諾を要」し、「一の議院で議決した後は、修正し、又は撤回することはできない」とされている（国会法 59 条）。

（3）採決

　法律案について質疑が終局した場合、次の手順を踏んでから採決が行われ

---

(102)　189 回衆・総務委・H27.5.28・p. 1；189 回衆・内閣委・H27.7.8・p. 2. 修正案（のみ）について質疑を行った例として、衆議院事務局『衆議院委員会先例集　平成 29 年版』前掲注 (87)、p. 111～112. 近年、実質的な修正が行われるときは、修正案について質疑が行われることが増えている。

(103)　橘　前掲注 (34)、pp. 147-148.

(104)　中島　前掲注 (4)、p. 229.

(105)　同上

(106)　昭和 40 年頃までは、ほぼ毎年のように内閣修正が行われたが、その後は大きく減少した。第 177 回国会及び第 179 回国会では、平成 3 年以来約 20 年ぶりに、しかも、初めて、同じ 3 本の法律案に対して内閣修正が 2 度にわたり行われた（国会キーワード 74「内閣修正」参議院事務局『立法と調査』328 号、2012.5、p. 115.）。

第1章　議員立法序説

る。

①　予算を伴う議員提出法律案又は修正案が提出されている場合には、内閣に対して、それらについて意見を述べる機会を与えることとされている（「内閣意見」：国会法57条の3、衆議院規則48条の2、参議院規則50条等）。予算編成権を持つ内閣に財政上の観点から意見を述べさせるものである。質疑終局後、討論に入るまでに聴取するのを例とされているが、質疑終局前に聴取することもある。委員会提出法律案の場合は、その旨の議決を行う前に行う。通常、担当大臣が口頭で意見を述べる[107]。

②　討論は、各会派を代表する委員により、法律案についての賛否を明らかにして意見を表明するものであり、行われない場合もある[108]。

委員会の議事は出席議員の過半数で決することとされ、委員長は採決に加わらないのが例であるが、可否同数のときには委員長の決するところによる（国会法50条）。

修正案が提出されているときには、採決は、修正案から先に行い、数個の修正案が提出された場合には、原案に最も遠いものから先に採決する。修正案が可決された場合には、修正案を除いた原案について採決が行われる[109]。

修正案を提出していた会派が、修正案が否決されたときの対応として、原案に賛成する場合と、反対する場合がある。原案に賛成する場合は、最善の政策とするために修正案を提出したが、それが可決されなくても、次善の政策として原案を受け入れることができるなどと説明される。原案にも反対する場合には、修正案の内容が重要であるので、それが反映されない原案は受け入れられない、という理由によることが多い。

---

(107)　例えば、「政府としては」に続き、「特に異存はありません」、「反対いたします」など。内閣意見については、事前に閣議決定され、その意見の内容が内閣総理大臣から担当大臣に文書で伝えられる（榊正剛「法律案の審議」大森・鎌田編　前掲注 (1)、p. 190.）。

(108)　衆議院事務局『衆議院委員会先例集　平成29年版』　前掲注 (87)、p. 101；浅野・河野編著　前掲注 (2)、p. 138.

(109)　衆議院規則145条、衆議院事務局『衆議院委員会先例集　平成29年版』　前掲注 (87)、pp. 130-137；参議院規則130条、『参議院委員会先例録　平成25年版』　前掲注 (87)、pp. 154-157など。

52

「対案」か「修正案」か

　国会に提出されている法律案に対して、政党が、別の政策内容を支持する姿勢を示す方法として、質疑による問題点の追及、採決で反対することなどのほか、「対案」又は「修正案」を提出する方法がある。行政を執行するため、毎年、多くの内閣提出法律案が提出されるので、それらの内閣提出法律案に対して、野党が提出する場面が多くなる。

　「対案」の場合は、現在提出されている法律案とは別の法律案を国会に提出することになり、「修正案」の場合は、現在提出されている法律案（この場合「原案」と呼ばれる。）を修正するという「動議」を提出することになるが、両者は、法律案の審議・審査において、各政党の政策の表明と各党間の意見調整のための手段としては、共通の役割を果たしている。

　内閣提出法律案に対して、野党が「対案」を提出するか「修正の動議」を提出するかの選択は、「対案」である法律案に盛り込む政策の内容と内閣提出法律案の内容との「差異」がどれくらいあるか、ということがひとつの指標となることはいうまでもない。

　しかし、対案の提出を予定している政党が、議員立法を提出するための賛成者要件を満たす議席数を、衆参のどちらの議院でも確保できていない場合には、修正案の提出という選択しかできなくなる。

　また、野党が、内閣提出法律案の内容とあまり大きな違いはない政策内容を考えており、通常、その一部修正を考えるような場合であっても、当該法律案に対して最終的に反対する方針のときや、政治状況により強い対決姿勢を示したいときなどには修正案の提出ではなく、対案の提出が選択される場合がある。

　その一方で、政党として、最終的には、内閣提出法律案に賛成する方針であるときは、かなり大きな手直しを内容としていても、基本的には「修正案」が選択される。これは、委員会に修正案を提出して否決された場合に、（修正すれば最善の内容となるが）「次善の策」として内閣提出法律案に賛成するという説明が可能であるからである。この場合、仮に採決時に内閣提出法律案に賛成することとなったときは、通常、採決の前に、提出した法律案を「撤回」する取扱いがなされることになる（内閣提出法律案の採決を先に行い、対案については「議決不要」の取扱いが行われる例もある。）。

　対案を出すのか出さないのか、「対案」の提出か「修正案」の提出か、内閣提出法律案への対応については、野党各党は、それらの選択に悩むことになる。一方、政策先取的な法律案を野党が提出した場合、与党も選択を迫られることになる。野党提出法律案の内容に同調するのか否かの判断とともに、その落としどころ（①内閣か与党から法律案を提出して、(a)それらの法律案の成立を目指す、(b)それらの法律案の提出後に合意形成（＝委員会提出法律案・与野党共同提案）を目指す、②対案的な法律案は提出せずに合意形成（同）を目指す、③無視する等）を模索することになる。

第1章　議員立法序説

　採決が行われた後、（2）で述べたような与野党の意見調整の結果や、法律の施行に際しての政府に対する委員会としての要望、運用上の注意などを内容として、附帯決議又は決議[110]の動議が提出されたりすることがある。これらの採決の後に、担当大臣が発言を求め、その趣旨を尊重する旨を述べる[111]。

　なお、国会に提出されたが成立しない法律案は、委員会段階での審査が終わらず、閉会中審査（「継続審査」）（国会法47条2項）にもならない場合は、「審査未了」となる。**⑩**

2　本会議における審議と採決

　委員会採決が終わり、委員会の審査が終了すると、本会議における審議となる。

　本会議の審議では、委員長から法律案についての委員会の審査の経過及び結果についての報告が行われた後、採決の行われる前に、質疑、修正案の提出（本会議修正）[112]、討論が行われることとなるが、通常これらは行われず、委員長報告の後、直ちに採決される場合が多い[113]。委員会提出法律案（Ⅰ2（7）参照）については、本会議において、委員長から、法律案について趣旨説明が行われ、直ちに採決が行われる。なお、本会議に上程され採決の対象となるのは、委員会で可決（又は修正議決）すべきものとされた法律案だけでなく、否決すべきものとされた法律案も同様であり、本会議の採決の結

---

(110)　閣法及び議員提出法律案に関する場合は「…法律案に対する附帯決議」とされる（（例）189回衆・総務・H27.4.23・p.20；162回衆・財務金融委・H17.7.22・p.2.）。一方、委員会提出法律案に関する場合は「…に関する件」とされる（（例）187回衆・農林水産委・H26.11.18・pp.1-2.）。

(111)　榊　前掲注(107)、pp.198-199．（例）上記会議録参照。

(112)　本会議において法律案の修正の動議を議題とするためには、委員会における修正案の提出の場合と異なり、法律案の提出のときと同様の賛成者要件が規定されている（国会法57条、衆議院規則143条1項本文、参議院規則125条）。また、修正案が予算の増額を伴うものなどの場合には内閣に意見を述べる機会が与えられ（国会法57条の3）、経費文書も添えなければならない（衆議院規則143条2項、参議院規則125条2項）。

(113)　榊　前掲注(107)、p.186．質疑が行われる例は極めて少なく、修正案の提出される例も少ない（松澤前掲注(64)、p.41.）。

54

いわゆる「廃案」について

　国会に提出された法律案が成立することなく「廃案」になった、という記事などを見たことがあるかもしれない。この「廃案」とはどのような状態を指すのであろうか。

【会期制の採用と閉会中審査（継続審査）】
　議会（我が国では「国会」）が議会として活動できる期間を「会期」といい、一年中活動できる「通年会期制」や議員の任期をそのまま会期とする「立法期制（議会期制）」を採用している国もある。
　我が国は、帝国議会の制度を踏襲し、国会としての活動能力を一定の期間に限る「会期制」を採用している。旧憲法と異なり、憲法上、根拠規定は置かれていないが、そのような会期制を前提とした規定は置かれている（憲法50条、52条〜54条）。国会法においても、常任委員会及び特別委員会は、「会期中に限り」「審査する」と規定されている（47条1項）。
　それぞれの会期における活動はそれぞれの会期ごとに完結し（「会期独立の原則」）、会期と会期の間の意思の継続は認められず、このため、会期中に議決に至らなかった案件は、後会に継続しないとされている（国会法68条本文：「会期不継続の原則」）。したがって、会期内に成立しなかった法律案は、次の会期以降では審議・審査の対象とならず、「廃案」となり、その会期限りで役目を終えることになる。
　その例外として、「閉会中審査」（略して「閉中」と呼ばれる。また、参議院では「継続審査」と呼ばれる。）があり、「各議院の議決で特に付託された案件」については、委員会は、閉会中も審査できることになっており（同47条2項）、そのような閉会中審査した議案等は、「後会に継続する」（同68条ただし書）。なお、閉会中は、「重要案件の場合は別として実際に委員会が開かれることは少な」い（浅野・河野）といわれる。

【法律案の「運命」〜成立・廃案・継続】
　会期制を採用していることから、国会に提出された法律案の「運命」としては、次のようなものがある。このうち、(2)及び(4)〜(7)は、いずれも「廃案」となる。
(1)　会期内に成立する場合
(2)　会期中に否決された場合
(3)　閉会中審査（継続審査）に付され、後会に継続する場合
(4)　成立に至らなかった法律案について、(3)の閉会中審査（継続審査）に付されなかった場合　➡　これには、以下のようなものがある。
　①　未付託未了　国会に提出されたが、委員会に付託される前に会期末を迎えた場合
　②　審査未了　委員会に付託されたが、審査が終わらないうちに会期末を迎えた場合
　③　審議未了　委員会における審査は終わったが、本会議の採決に至る前に会期末を迎えた場合

第1章　議員立法序説

④　回付案未了　後議の議院において修正が行われ、後議の議院の回付案が先議の議院で同意される前に会期末を迎えた場合など

⑤　両院協議会が開かれたが（国会法 84 条）、成案を得る前に会期末を迎えた場合

この中で、②の「審査未了」の場合がほとんどで、国会の会期末近くに報道などで「廃案」という言葉が使われるのは、これを指す場合が多い。一方、④は極めてまれである（④の例：82 回衆 3。なお、①も、衆議院では少ないが、最近、参議院において、多数生じている。）。④及び⑤は、ともに、両院の議決の不一致を解消する前に会期末を迎えた場合である。

(5)　撤回　提出された法律案は、次の場合に撤回することができる。

①　議員提出法律案については、提出者全員の書面による撤回の申出により、委員会又は議院の許可を受けた場合（委員会又は本会議の議題となっていない法律案については発議者の申出により撤回できる。）

②　内閣提出法律案については、議院の承諾を得た場合（委員会又は本会議の議題となっていない法律案については申出により撤回できる。）

(6)　議決不要　対案関係（同一事項について両立し得ない内容を含む法律案相互の関係をいう。3 本以上の場合もあり得る。）にある法律案について、ある法律案が先に可決（又は修正議決）されたことにより、それ以外の法律案が、一事不再議の原則により、議決を要しないものと「宣告」され（近年はこの手法は行われなくなっている。）、又は議決を要しないものとして「処理」される（以後議題とされず、結果として、(4) の②の審査未了となる。）場合

対案関係の法律案の場合、与野党間の協議の結果、そのうちの 1 本の法律案を基に合意形成が行われた場合等には、その他の法律案については、近年では、通常「議決不要」ではなく、「撤回」の手続がとられている。なお、そもそも「参議院には、議決不要の手法は存在しない」が、行った例があると紹介されている（白井）。

(7)　自然消滅　一部改正法律案において、改正の対象となっていた法律が成立前に失効した場合など（近年では例がない。）

【衆議院の解散・総選挙と参議院の通常選挙の場合】

衆議院の解散による閉会中は、衆議院においては既に議員は身分を喪失しており、参議院においては閉会中審査・継続審査は行わないのが例であるので、衆議院・参議院とも、議決に至らなかった法律案は全て廃案になる。一方、参議院議員通常選挙が行われるときは、（半数の改選ではあるが）参議院において継続審査は行わないのが例であるが、衆議院においては、先例上の制約はなく、閉会中審査が行われることとされている。このため、参議院通常選挙中における党としての政策の看板とするため、閉会の直前に、参議院からの提出を予定していた法律案が衆議院に提出され、又は既に参議院に提出されていた法律案が衆議院に提出し直される例もある。

【閉会中審査（継続審査）の手続】

閉会中審査に付すか否かは、委員会の申出に基づき、議長が議院に諮って議院の議決で付託されるのが例とされる（国会法 47 条 2 項、参議院規則第 53 条など）。これは、

会期の最終日に、請願の審査などとともに「会期末処理」として行われる。
【国会法56条4項】
　「廃案」という言葉が法令上用いられているのは、国会法56条4項においてのみである。同条3項においては、「委員会において、議院の会議に付するを要しないと決定した議案は、これを会議に付さない」とされているが、これは、「委員会のいわゆる握りつぶしの権限であって、議案の乱発に備えた制度」（佐藤）とされている。ただし、その決定の日から休会中を除いて7日以内に議員20人以上の要求があるものは、会議に付さなければならず（同項ただし書）、また、他の議院の議決を経て送付されてきた議案については、握りつぶすことはできない（同条5項）とされている。

法律案の成否のフローチャート

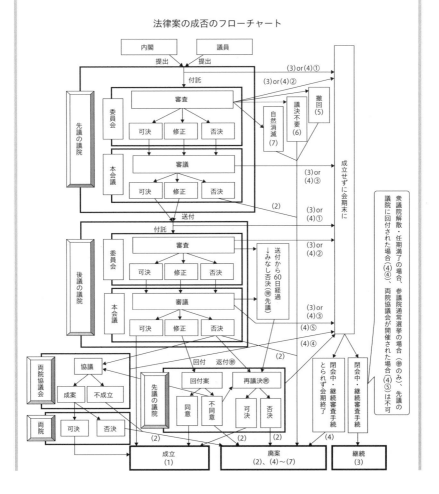

第1章　議員立法序説

> （浅野一郎・河野久編著『新・国会事典　第3版』有斐閣、2014、pp. 38、131-132；竹中治堅
> 監修、参議院総務委員会調査室編『議会用語事典』学陽書房、2009、pp. 109、112、144、166
> -167、297-298；白井誠『国会法』信山社出版、2013、pp. 165-169；佐藤吉弘『注解参議院
> 規則（新版）』参友会、1994、p. 132 など）

　果が議院としての議決となる。通常は、党議拘束もあり、委員会と本会議で
は同様の結果になる[114]。
　このように、委員会中心主義を採用している国会において、本会議では、
委員会の報告を受けて審議されることがほとんどであるが、各議院は、委員
会が審査又は調査中の案件について、特に必要があるときは、審査の経過等
について「中間報告」を求めることができる（国会法56条の3）。⑪

3　他院への送付と他院における審議

　本会議で可決された法律案は、後議の議院に「送付」🔑され、委員会で
同様の審査が行われ、可決され、本会議でも可決されると、法律となる（憲
法59条1項）。このように、法律として成立するのは、原則として、法律案
が、衆議院と参議院の両院で可決された場合であるが、衆議院で可決された
法律案が、参議院に送られ、参議院でこれと異なった議決をした場合又は
60日以内に参議院が議決しない場合において、衆議院で出席議員の3分の
2以上の多数による再議決が行われたときは法律となる（憲法59条1項、2
項及び4項）。また、衆参両議院の議決が異なった場合に、両院協議会が開か
れることがある（同59条3項、国会法83条の2第2項、84条、88条～98条）。
　通常、衆議院において3分の2以上の多数で再議決することは極めて難
しい。したがって、参議院で衆議院と異なる議決がされたときについて、予
算の議決（憲法60条2項）、条約の承認（同61条）及び内閣総理大臣の指名

---

(114)　榊　同上、pp. 186、191．第162回国会の郵政民営化関連六法案の参議院審議の際には、委員会の結
　　　論が本会議で覆った。

58

第1節　我が国の立法過程

「中間報告」の使われ方

　委員会中心主義を採る国会において、本来は、委員会における審査・採決の結果を受けて本会議で審議されることとなるが、各議院は、委員会の審査中の案件について、特に必要があるときは、「中間報告」を求めることができる（国会法56条の3第1項）。そして、中間報告のあった案件について、議院が特に緊急を要すると認めたときは、委員会の審査に期限を付け、又は議院の会議において審議することができる（同2項）。更に、委員会の審査に期限を付けた場合、その期間内に審査が終わらなかったときは、本会議で審議するものとされている（同3項）。ただし、議院は、委員会の要求により、審査期間の延長ができる（同項ただし書）。

　このような「中間報告」は、「審議拒否などで委員会における審査が進まない場合に、議院がこれに介入し、審査の促進を図る制度」と説明されている（浅野・河野）。これまで、この「中間報告」が行われた例は、参議院の方がはるかに多く、また、その多くは野党議員の委員長の下での例といわれる。最近では、第192回国会（H28.9.26召）の会期末が近付く中で、いわゆるカジノ法案が審議されていた参議院内閣委員会の委員長が民進党議員であったことから、採決に応じない場合の「中間報告」が検討されていると報道され、野党議員が強く反発した。

　第193回国会（H29.1.20召）においては、いわゆる「共謀罪」の趣旨を盛り込んだ組織犯罪処罰法改正法案（193回閣64）の参議院の審議において、会期末まで実質的に2日というタイミングで「中間報告」が使われた。このときは、与党（公明党）の委員長の下であったことから、「異例」ともいわれ、公明党内の混乱した委員会採決は避けたいとの声に配慮したもの、会期延長を避けるためなどと報じられた。野党は、内閣不信任決議案の提出などにより、激しく抵抗した。

　野党の同意がないまま採決が行われる「不正常な採決」には、①野党欠席の下での与党の単独採決、②野党の反対で混乱する中での採決などのように「採決そのもの」が強行される場合のほか、この「中間報告」も例として挙げられる場合があり、「究極の強行採決」と評されることもある。

　このように、「中間報告」の制度は、政治的な場面で用いられることが想定され、現に政治的な判断で用いられてきているが、全く異なる使われ方で「中間報告」が行われた例が、いわゆる臓器移植法の制定時とその改正時の「中間報告」である。これらの法律案の審議に当たっては、ほとんどの党が党議拘束を外し、個々の議員の判断に委ねたため、委員会において採決を行い、その結果を本会議の参考に供するより、本会議において、委員長から、委員会における詳細な中間報告を受け、それを基に、それぞれの議員が直接自らの考えに基づいて採決を行うことが適当と判断されたものである。このような使われ方がされたのは、制定時において、「厚生委員会から議院運営委員会に中間報告制度活用の申し出があったもの」（向大野）とされる（COLUMN17「臓器移植法

第 1 章　議員立法序説

> の立法過程」参照）。
> 　なお、国会法 56 条の 3 に基づく「中間報告」とは別に、例えば、参議院の調査会が毎年中間報告書を提出し中間報告を行う場合なども、「広義の中間報告」といわれる。
> （浅野一郎・河野久編著『新・国会事典　第 3 版』有斐閣、2014、pp. 97-98、132-133；向大野新治『衆議院』東信堂、2002、pp. 102-103.）

（同 67 条 2 項）においては、「衆議院の議決を国会の議決とする」とされているのに対し、法律案の議決における「衆議院の優越性は」、「はるかに小さい」[115] ことになる。このため、第 2 章で紹介するように、「ねじれ国会」において、しばしば法律の成立が困難になる事態が生じることになった。

なお、法律が「一の地方公共団体のみに適用される特別法」である場合は、「その地方公共団体の住民の投票においてその過半数の同意を得なければ、国会は、これを制定することができない」（憲法 95 条）とされている。この「地方自治特別法」は、昭和 20 年代に 16 本制定されたが、その後、例はない（第 2 章第 2 節Ⅱ1（2）及び COLUMN19 参照）。

KEYWORD

送付・回付・返付

　議院の間で法律案を含む議案が送られる場合について、国会法では、送付、回付、返付という言葉を使い分けている。

　法律案等の議案は、衆議院と参議院の両議院で可決されたときに成立するため、先議の議院で可決又は修正議決されると後議の議院に送られるが、その場合を「送付」という（国会法 83 条 1 項）。送付後、後議の議院で可決されると成立するが、後議の議院で修正議決された場合は、もう一度、先議の議院に送られることとなり、その場合を「回付」という（同 83 条 3 項）。送付又は回付された法律案は、送付案又は回付案と呼ばれる。

　この「送付」又は「回付」という概念は、ひとつの会期内に限って使われるものである。

　一方、会期不継続の原則から、閉会中審査（継続審査）案件については、議案

---

(115)　野中ほか　前掲注（1）、p. 88.

第 1 節　我が国の立法過程

> （この場合は法律案）は後会に継続するが、議決（採決）は継続しないと解され
> ており、したがって、後議の議院において、送付案について同一会期中に採決に
> 至らず、継続審査となった場合において、次の会期において、後議の議院で可決
> されたときは、修正がなくても、先議の議院において改めて可決される必要があ
> る（同 83 条の 5）。このために、後議の議院から先議の議院に法律案が送られる
> ことになるが、その場合は、「送付」と呼ばれる。
> 　これらに対して「返付」は、「一の議院が他の議院の議決に同意しなかったた
> めに、議案を返すこと」（浅野・河野）とされ、参議院が衆議院の送付案を否決
> して衆議院に返す場合（同 83 条の 2 第 1 項）等において「返付」が使われてい
> る。
> （浅野一郎・河野久編著『新・国会事典　第 3 版』有斐閣、2014、pp. 176-177）

　衆議院が解散後、総選挙後に特別国会が召集されるまでの間に、国に緊急
の必要があるときは、内閣は、案件を示して、参議院の緊急集会を求めるこ
とができる（憲法 54 条 2 項、国会法 99 条）。この参議院の緊急集会で法律案
が可決された例が昭和 20 年代にある。このような「措置」は「臨時のもの」
とされ、次の国会開会の後 10 日以内に、衆議院の同意がなければ効力を失
う、と規定されている（憲法 54 条 3 項）[116]。

　なお、法律が成立しても、その法律の規定が「現実に、一般的に、発動
し、作用する効力を発する」（＝「施行」）のは、「公布」により広く国民に
知らされたのちになる[117]。両議院において法律案が可決され成立した場合
には後議の議院の議長が、衆議院の議決が国会の議決になったときは衆議院
の議長が、内閣を経由して奏上する（国会法 65 条 1 項：緊急集会については
同 102 条の 3）。法律の奏上は、議決の当日に行うのが例とされている[118]。

---

(116)　緊急集会は、これまでに 2 回開かれており、そのうち、第 15 回国会閉会後の緊急集会（集会期間：昭
　　和 28 年 3 月 18 日〜3 月 20 日）において、特別会召集までに期限が切れる法律の期限の延長等の 4 法律
　　案が可決され、その後召集された第 16 回国会（特別国会）において、衆議院の同意を得た。
(117)　石村健「公布、施行、適用関係」　大森・鎌田編　前掲注（1）、p. 219.「公布」は、法律の施行要件と
　　考えられている（同）。法律は、「公布の日から起算して二十日を経過した日から施行する」とされている
　　が、「法律でこれと異なる施行期日を定めたときは、その定めによる」とされ（「法の適用に関する通則
　　法」（H18 法 78）2 条）、通常、その法律の附則で定められる。
(118)　衆議院事務局『衆議院先例集　平成 29 年版』前掲注（79）、p. 246；参議院事務局『参議院先例録
　　平成 25 年版』2013、p. 229.

61

第 1 章　議員立法序説

そして、奏上の日から 30 日以内に公布されなければならないとされている
（憲法 7 条 1 号、国会法 66 条）[119]。

---

(119)　「公布」は、「成立した法律を一般に周知させる目的で、国民が知ることのできる状態に置くこと」をい
　　い、「官報」（独立行政法人印刷局「インターネット版官報」参照）に掲載されることによって行われる
　　（旧憲法下の「公式令」（明治 40 年勅令 6 号）の廃止の後、法令上の根拠はないが、昭和 22 年 5 月 1 日
　　の次官会議了解において、「従前通り」とされた（石村　前掲注 (117)、pp219-220.)。）。最高裁判所も
　　認めている（最大判昭和 32 年 12 月 28 日）。なお、法令上、30 日以内とされているが、「公布のための
　　閣議決定を経て、原則その 3 日後に官報掲載によって公布される。」（中島　前掲注 (4)、p. 217.)。

参考　憲法改正手続について

　近年、憲法改正に向けた議論が活発化している。

　全ての法令の頂点に立つ日本国憲法の改正については、その 96 条に規定が置かれている。

○日本国憲法
　　第九章　改正
　〔憲法改正の発議、国民投票及び公布〕
第九十六条　この憲法の改正は、各議院の総議員の三分の二以上の賛成で、国会が、これを発議し、国民に提案してその承認を経なければならない。この承認には、特別の国民投票又は国会の定める選挙の際行はれる投票において、その過半数の賛成を必要とする。
②　憲法改正について前項の承認を経たときは、天皇は、国民の名で、この憲法と一体を成すものとして、直ちにこれを公布する。

　上記の条文のとおり、憲法改正の手続は、（ⅰ）国会の発議、（ⅱ）国民の承認、（ⅲ）天皇の公布という 3 つの手続により行われる。実質的な要件を定める 1 項においては、

（ⅰ）各議院の総議員の 3 分の 2 以上の賛成で、国会がこれを発議すること
（ⅱ）国民投票において、過半数の賛成により国民の承認を経ること
という「二段階の改正の要件」（野中等）が定められている。通常の法律よりも厳しい改正要件となっており（「硬性憲法」）、更に、他国と比較して「硬性の度合いが強い」（芦部）といわれる。同じ硬性憲法の国でも、1945 年の第 2 次世界大戦終結以降 2016 年までに、アメリカでは 6 回、フランスでは 27 回、ドイツでは 60 回、韓国では 9 回、憲法改正が行われているが、我が国では、これまでに一度も憲法改正が行われたことはない。

　また、実際に改正を行うためには、憲法 96 条の規定を具体化するための手続法の整備が必要となる。

　平成 19 年 5 月、「日本国憲法の改正手続に関する法律」（H19 法 51：以下「国民投票法」）が制定され、平成 26 年 6 月には、一部改正が行われ、「憲法

63

改正国民投票が実施可能な土俵」が整備された（橘・氏家）。国民投票法の制定・改正の経緯と、国民投票法の概要を紹介する。

【国民投票法の制定・改正の経緯】

憲法改正を行うための手続法については、昭和20年代に検討が行われたことはあるが、その後、長期にわたり、この問題には触れられることがないまま推移した。

その後、再び、手続法整備が検討されるきっかけとなったのは、日本国憲法施行50周年を契機として、平成9年5月に、超党派（共産・社民を除く。）の議員による「憲法調査委員会設置推進議員連盟」（会長：中山太郎衆議院議員；後に「憲法調査推進議員連盟」と改称）が結成され、国会において憲法論議の場を設ける動きが本格化したことであったと指摘されている。その活動は、平成12年1月の衆・参両院の憲法調査会の設置に結実した。憲法調査会は、「日本国憲法について広範かつ総合的に調査を行うため」のものであり、日本国憲法の下で、憲法改正の発議権を有する国会に、このような機関が設置されたのは初めてのことで、調査期間は、概ね5年程度を目途とするとされた。

衆・参両院の憲法調査会は、それぞれ、平成17年4月に、5年余りにわたる調査結果を報告書として取りまとめたが、衆議院の憲法調査会報告書が、「より直接的な形で、憲法改正手続法の整備が、大きな、そして具体的な政治課題として認識されるようになったきっかけ」となったことが指摘されている（橘・高森）。その報告書においては、憲法96条に関し、「憲法改正手続法の整備について・・・（これを）早急に整備すべきであるとする意見」が多数意見であったとされ、続いて「現在の衆議院憲法調査会の基本的な枠組みを維持しつつ、これに憲法改正手続法の起草及び審査権限を付与することが望ましい」（同報告書 pp. 251-252.）との提言がなされた（橘・高森）。

この提言を受け、平成17年9月、衆議院に「日本国憲法に関する調査特別委員会」が設置され、憲法改正手続法については、専ら、その場で議論さ

れることとなった。超党派の議員による法律案の共同提出を目指し、諸外国の国民投票法制の調査や論点整理、意見交換などにより、次第に共通認識が醸成されていったといわれる。しかし、一本化には至らず、平成18年5月、2本の憲法改正国民投票法案（与党案と民主党案）が提出されることとなった（164回衆30及び31）。

　日本国憲法に関する調査特別委員会においては、議論の公開のために、小委員会を設置するなど、国民に見える形での議論を通じての合意形成が目指されたが、最終的に、合意に達するのは困難な状況となり、平成19年3月27日に、与党案の提出者により両案の併合修正の動議が出され（第3章第1節Ⅲ2参照）、併合修正した案が可決され、参議院に送付された（4月13日）。そして、参議院においても、「日本国憲法に関する調査特別委員会」（平成19年1月設置）において、1か月に及ぶ審議が行われ、衆議院から送付された案が可決成立した（5月14日）。

　この国民投票法の制定時の附則においては、3つの検討課題（いわゆる「3つの宿題」）について規定されており、それらに「一応の解決策」（橘・氏家）を講ずるための改正が、平成26年6月に行われることとなった（「日本国憲法の改正手続に関する法律の一部を改正する法律」（H26法75）：以下「平成26年改正法」）。

【国民投票法の概要】

　国民投票法は、「憲法改正国民投票法」と略称されることが多いが、正式名称である「日本国憲法の改正手続に関する法律」という題名が示すとおり、憲法96条に定める憲法改正について、

　　①　国民の承認に係る投票に関する手続を定めること

　　②　国会による憲法改正の発議に係る手続の整備を行うこと

の両方を対象としたものである。②については、国民投票法（制定法）の第6章において、国会法の改正が行われている。なお、以下の内容は、平成26年改正法による改正後の法律の内容を紹介するものであるが、必要に応

じて、制定時の内容との関係について補足的に説明している。

（1）国会の憲法改正の発議（図の（1）参照）

① 憲法改正原案の提出要件

・衆議院で 100 人以上の賛成者、参議院で 50 人以上の賛成者が必要（国会法 68 条の 2）

・憲法審査会（（2）参照）も憲法改正原案を提出できる。この場合の提出者は憲法審査会会長となる（国会法 102 条の 7）。

※内閣の憲法改正原案の提出権については議論があるが、この法律では全く触れていない。議員が提出する場合の手続だけを整備するものと位置付けられている。

② 個別発議の原則

・憲法改正原案の発議は、内容において関連する事項ごとに区分して行う（国会法 68 条の 3）。

例）環境権創設のための憲法改正原案と自衛隊認知のための 9 条改正原案の両者をひとつの改正原案とするような「抱き合わせ」は排除される。

③ 憲法改正の発議

・憲法改正原案について、どちらかの議院の憲法審査会（→（2））で審査され、本会議で 3 分の 2 以上の多数で可決され、他の議院でも同様に可決された場合（国会において最後の可決があった場合）は、その可決をもって、国会が憲法 96 条 1 項に定める「憲法改正の発議」をし、「国民に提案」したものとする（国会法 68 条の 5）。

（2）憲法審査会

以下の権限が付与された常設機関　（国会法 102 条の 6）

・日本国憲法及び日本国憲法に密接に関連する基本法制について広範かつ総合的に調査を行う（＝調査権限）。

・憲法改正原案、日本国憲法に係る改正の発議又は国民投票に関する法律案等を審査する（＝審査権限）。

※憲法審査会に関する規定は、第 167 回国会の召集日（平成 19 年 8 月 7 日）から施行さ

参考　憲法改正手続について

れたが、衆参両議院とも、政治状況等により、憲法審査会規程が制定されず、委員が選任されない状況であった。その後、衆議院（平成 21 年 6 月 11 日）、参議院（平成 23 年 5 月 18 日）と、順次、憲法審査会規程が制定された後、実際に活動を開始したのは、第 179 回国会（H23.10.20 召）からとなった。

（3）国民投票の実施手続（図の（2）参照）

① 国民投票の期日

・国会による憲法改正の発議の日から起算して 60 日以後 180 日以内において、国会が議決した期日に行われる（国民投票法 2 条 1 項）。

② 国民投票の投票権者

・国民投票の投票権は、年齢満 18 歳以上の日本国民が有することとされている（国民投票法 3 条）。ただし、経過措置として、投票日が平成 30 年 6 月 20 日までの国民投票においては、年齢満 20 歳以上の者が投票権を有する（平成 26 年改正法附則 2 項）。

※平成 27 年の公職選挙法の改正（H27 法 43）により、選挙権年齢が 18 歳に引き下げられ、既に、国政レベルでは、平成 28 年の参議院議員通常選挙から適用されている。これは、国民投票の投票権年齢を 18 歳とする国民投票法の制定の際から、選挙権年齢、成人年齢等の引下げについて、「宿題」となっていたことを受けた見直しである（制定法附則 3 条 1 項・平成 26 年改正法附則 3 項）。なお、成人年齢の引下げについては、第 193 回国会（H29.1.20 召：通常国会）に政府が提出を予定、との報道もあったが、その後、テロ等準備罪を新設する組織犯罪処罰法改正案の審議を優先するため提出は見送り、秋の臨時国会への提出を目指すと報道された。

③ 国民投票広報協議会等

・憲法改正の発議があったときは、その憲法改正案の内容を国民に知らせるため、国会に、国民投票広報協議会（各議院の議員から委員を 10 人ずつ選任）が設置される（国会法 102 条の 11 第 1 項）。(a) 憲法改正案の分かりやすい説明（＝客観的かつ中立的に）、憲法改正案の発議に当たっての賛成意見・反対意見（＝公正かつ平等に）、そのほか参考となる情報を掲載した国民投票公報の原稿作成、(b) 投票記載所に掲示する憲法改正案の要旨の作成、(c) 憲法改正案の広報のための放送及び新聞広告などの事務を行う（国民投票法 14 条）。

・総務大臣、中央選挙管理会、都道府県及び市町村の選挙管理委員会

67

は、国民投票の方法や国民投票運動（⑤参照）の規制などについて必要な事項を国民に周知する（国民投票法19条）。

④　投票

・投票は、議決された憲法改正案ごとの投票となる。投票用紙には、賛成の文字及び反対の文字を印刷することとされており（国民投票法56条2項）、憲法改正案に対し賛成するときは賛成の文字を囲んで「○（丸）」の記号を書き、反対するときは反対の文字を囲んで「○（丸）」の記号を書き、投票箱に入れる（国民投票法57条1項）。

⑤　国民投票運動

・憲法改正案に対し、賛成又は反対の投票をし、又はしないよう勧誘する行為が「国民投票運動」と定義されている（国民投票法100条の2）。選挙の場合と異なり、そのような活動ができるだけ自由に行われることが重要とされる。表現の自由、学問の自由、政治活動の自由等を不当に侵害しないように留意しなければならない、とする「適用上の注意」が規定されている（国民投票法100条）。

・公務員が行う国民投票運動については、他の法令により禁止される政治的行為を伴わない純粋な勧誘・意見表明に限り、行うことができる（国民投票法100条の2）。

・特定公務員（選管職員、裁判官、検察官、警察官など）等は、その在職中は、国民投票運動を禁止されている（国民投票法101条及び102条。罰則あり（国民投票法122条））。

・公務員等や教育者は、その地位を利用して国民投票運動をすることができない（国民投票法103条1項及び2項。罰則なし）。

・国民投票に関する放送について、放送事業者の政治的公平等を定めた放送法の規定の趣旨に留意すること（国民投票法104条）、投票期日前14日間に限り、テレビ等の意見広告（スポットCM）を禁止すること（国民投票法105条）などが規定されている。

・国民投票広報協議会は、テレビやラジオで、又は新聞で、憲法改正案

の広報のための放送又は広告を行い、政党等は、その放送又は広告において、無料で、賛成又は反対の意見を放送したり、広告したりすることができる（国民投票法 106 条及び 107 条）。

> ※公務員の政治的行為に関する法整備については、先述した選挙権年齢の引下げの問題などとともに、国民投票法の制定時のいわゆる「3 つの宿題」のうちのひとつ（制定法附則 11 条）であった。平成 26 年の改正により規定が整備されたものの、組織的勧誘運動の企画等については、平成 26 年改正法の施行後に速やかに検討を加え、必要な措置を講ずることとされた（平成 26 年改正法附則 4 項）。なお、3 つ目の宿題であった憲法改正以外に国民投票の対象を拡大することについては（制定法附則 12 条）、「憲法改正を要する問題」及び「憲法改正の対象となり得る問題」についての国民投票制度について更に前向きに検討していくこととされ、改めて平成 26 年改正法附則に検討条項が置かれた（平成 26 年改正法附則 5 項）。

⑥　国民投票の効果

・憲法改正案に対する賛成票の数が投票総数（賛成票の数及び反対票の数を合計した数）の 2 分の 1 を超えた場合は、国民の承認があったものとし（国民投票法 126 条 1 項）、内閣総理大臣は、その旨の通知を受けたときは、直ちに憲法改正の公布のための手続を執らなければならない（同条 2 項）。

⑦　罰則

・組織により多数の投票人に対して行う買収・利害誘導、公務員等の職権乱用による国民投票の自由妨害、投票の秘密侵害等について罰則が設けられている（国民投票法 109 条〜125 条）。選挙の場合の公職選挙法の買収罪に比べ、要件を非常に限定したとされる。

(橘幸信・高森雅樹「憲法改正国民投票法の制定―国民投票の実施手続及び国会による憲法改正の発議手続を整備」『時の法令』1799 号、2007.12.15、pp. 6-36；橘幸信・氏家正喜「憲法改正国民投票が実施可能な土俵の整備―選挙権年齢等の一八歳への引下げ、公務員の政治的行為の制限に係る法整備等―」『時の法令』1962 号、2014.9.30、pp. 4-14；野中俊彦ほか『憲法 II　第 5 版』有斐閣、2012、pp. 407-410；芦部信喜・高橋和之補訂『憲法第六版』2015、pp. 392-396；衆議院事務局「憲法調査会の設置」『平成 11 年衆議院の動き』第 7 号；衆議院憲法審査会事務局『衆議院憲法審査会関係資料集　平成 29 年版』pp. 18-25；山岡規雄・元尾竜一「諸外国における戦後の憲法改正【第 4 版】」『調査と情報―ISSUE BRIEF―』No. 824、2014.4.24.)

69

第 1 章　議員立法序説

図　憲法改正国民投票法における手続の概要

（1）　憲法改正の発議までの流れ

凡例　国：国会法
　　　規程：衆議院（参議院）憲法審査会規程

調査・論点整理

必要に応じて開催

合同審査会
国 102 の 8　※規程未制定

憲法改正原案の立案

・両議院の憲法審査会が合同で開く
　　　　　　　　　　　　国 102 の 8 I
・憲法改正原案に関し、各議院の憲法
　審査会に勧告　　　　国 102 の 8 II

憲法改正原案の発議（提出）

・憲法審査会による提出　国 102 の 7
・議員発議による発議
　賛成者：衆議院では 100 人以上
　　　　　参議院では 50 人以上が必要　国 68 の 2
・関連事項ごとに区分して行うものとする　国 68 の 3
　　　　　　　　　　　　　（国 102 の 7 I）

先議の議院

本会議趣旨説明・質疑

公聴会　憲法審査会

・審査省略・中間報告制度の不適用　国 102 の 9 I
・公聴会開催の義務付け　規程 17 II

可決（過半数）
規程 11

本会議

★可決・修正　　否決

廃案

★総員の 2/3 以上の賛
成が必要。以下同じ。

送付

後議の議院

本会議趣旨説明・質疑

公聴会　憲法審査会

可決（過半数）
規程 11

本会議

否決　　国 86 の 2

★可決　　★修正

先議の議院　不同意

両院協議会

成案
不成立

★同意

発議・国民への提案
→両議院議長が官報に公示
国 68 の 5 I

衆参本会議

廃案

成案成立
（出席委員
の 2/3 以上
の賛成）

★可決

70

参考　憲法改正手続について

（２）憲法改正国民投票の流れ

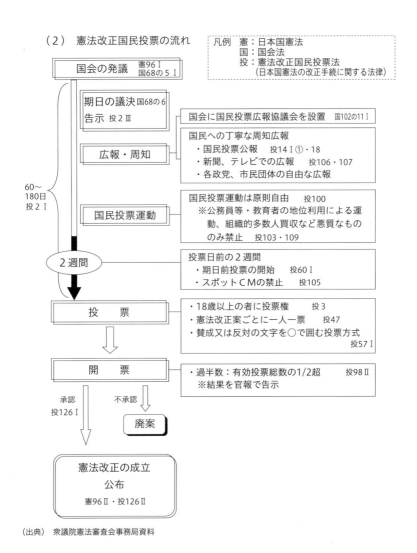

（出典）衆議院憲法審査会事務局資料

第2節　議員立法をめぐる状況

　我が国の立法過程においては、第2章で詳しく述べるとおり、内閣提出法律案が優位となっているが、議員立法の活性化の議論は繰り返し行われてきている。

　日本国憲法41条などを根拠として議員立法を中心的なものとすべきとの主張は現在もあるが、近年は、主として、内閣提出法律案が優位となることは前提とした上で[120]、議員立法の活性化の必要性が論じられており[121]、「国会改革」及び「政治主導」の観点から議論されることも多い。そこで、この章では、「国会改革」及び「政治主導」と議員立法の関係について簡単に整理してみたい。

I　「国会改革」と議員立法

1　審議の形骸化の要因と活性化への提言等

　立法過程の表舞台となる国会をめぐっては、これまで、多くの論者によって「国会審議の形骸化」の問題が指摘されてきた。

　一般に、「議会」に期待される機能には、①国民代表機能、②立法機能、③審議機能、④行政府監視機能の4つがあるとされており、議院内閣制を採用している国では、⑤内閣創出機能が加わる。そのうち、③は、「公開の

---

[120]　内閣提出法律案の優位については、①現代国家においては、行政活動の対象が様々な分野に及ぶ「行政国家」現象が各国共通の傾向であり、その結果、その行政施策の遂行のために必要な立法化作業は行政府により行われることが多いこと、②議院内閣制や事前審査制などにより、内閣提出法律案は成立しやすいこと、などから説明されている（芦部信喜「日本の立法を考えるにあたって」『ジュリスト』前掲注(6)、p.14；大森　前掲注(1)、p.47；深瀬忠一「日本の立法過程の特色」中村編　前掲注(64)、pp.13-14；新正幸「立法過程」『ジュリスト』No.1133、1998.5.1、p.115.）。

[121]　芦部　同上；清水睦「現代議会の立法をめぐる状況と展望」『公法研究』47号、1985.10、p.16；上田章『議員立法五十五年』信山社出版、2005、p.179；大山　前掲注(69)、pp.74-76、82-89 など。

第2節 議員立法をめぐる状況

場で議論を行なうことを意味し、議会が議会という名に値するものとなるために必要な、基本的な機能」とされており、審議は有権者である国民に政策の選択肢を提示する目的で行われることから「争点明示機能」といってもよい、とされる[122]。そのような重要な機能が、我が国の国会では、十分果たされていないのではないか、という点が問題になってきた。

第1節の説明の中でも触れているが、これまでに指摘されてきた「形骸化」の原因の主なものを整理すると、以下のようになる。

① 国会の場で議論が行われる前に、国会以外の場で法律案の内容が決まり、国会運営についても非公式な協議で決まるため、国会の審議において法律案に関する議論が低調なものになってしまうこと（その具体的な原因として、内閣提出法律案についての与党の事前審査制、党議拘束、機関承認、いわゆる「国対政治」、会期不継続の原則に裏打ちされたスケジュール闘争など[123]）。

② 内閣提出法律案、議員提出法律案を問わず、本会議趣旨説明要求によって、委員会審査までに日数を要し、会期制度との関連もあり、委員会における十分な審議時間の確保が困難であること[124]。

③ 委員会質疑の実態において、国会ひいては国民に対して直接の責任を負わず、あくまでも国務大臣を補佐する立場に過ぎない「政府委員」に対する質疑が中心となり、議員同士の政策論争が行われないこと[125]（この「政府委員」制度については、「国会審議活性化法」の施行により第146

---

(122) 大山 同上、pp. 15-17. ちなみに、②の「立法機能」は、「一般的かつ抽象的な規範としての法律を制定する機能」とされている。

(123) 上田章・五十嵐敬喜『議会と議員立法－議員立法についての元衆議院法制局長との＜対論＞－』公人の友社、1997、pp. 98-99；原田一明「国会による行政コントロールについて－憲法学の視点から－」『議会政治研究』No. 56、2000.12、p. 32；松澤浩一「政党制と議事手続－回想・立憲政治と議会法 (2)－」『議会政治研究』No. 57、2001.2、p. 54；前田英昭「内閣の立法責任と国会の役割」中村睦男・前田英昭編『立法過程の研究－立法における政府の役割－』信山社出版、1997、p. 51 など。

(124) 行平 前掲注 (63)、pp. 757、765 など。

(125) 伊藤和子「国会審議活性化法制定とその内容」『議会政治研究』No. 52、1999.12、pp. 1-2；同上、pp. 765-766；「社説 政府委員 「廃止」の前に質問の技磨け」『毎日新聞』1997.11.14.

73

回国会（H11.10.29 召）から廃止[126]）。

　一方で、これまで、多くの「国会改革」に関する議論や提言等が行われてきた。その対象は、選挙制度、議員定数、政治とカネの問題、二院制の在り方など多岐にわたるが、「国会審議の活性化・透明化」（「国民に開かれた国会」の実現などの表現も使われている。）の問題も、繰り返し取り上げられている。また、「議員立法の活性化」については、国会改革の議論において、立法機能の強化の観点から論じられてきただけでなく、審議機能に着目して、「国会審議の活性化・透明化」の観点からも論点とされてきた[127]。

　これまでの提言等において、「国会審議の活性化・透明化」のための改善策として取り上げられた主なものは以下のとおりである。

①　党議拘束の緩和・見直し（対象の限定、拘束をかける時期の見直し、衆・参両院にまたがる拘束の禁止など）

②　内閣提出法律案についての与党の事前審査制の見直し

③　本会議趣旨説明は真に聴取したいものに限り、他の法律案は速やかに委員会に付託

④　通年国会の実現、会期不継続の原則の廃止等

⑤　政府委員制度の廃止と大臣等に答弁者を限定[128]、政治家同士の議論の機会の充実（本会議の活性化、委員会審査における「討議」導入、党首討論の原則毎週開催など）

⑥　国対政治の見直し

　そして、「議員立法の活性化」も、その改善策のひとつとして位置付けられてきている。その「議員立法の活性化」のための方策としては、上記の関

---

(126)　伊藤　同上

(127)　平成以降の国会改革に関する提言等については、武田美智代・山本真生子「主な国会改革提言とその論点」『レファレンス』670 号、2006.11、pp. 110-113；桐原康栄・帖佐廉史「国会改革の経緯と論点」『レファレンス』774 号、2015.7、pp. 62-65、70-73、76-79。なお、本書では、主として、審議機能の観点から記述するが、その強化・改善のための方策は、立法機能に関するものと重なる部分もある。

(128)　平成 11 年の国会審議活性化法の制定、衆議院規則・参議院規則の改正により、政府委員制度の廃止などの措置が講じられるまでは、多くの提言等で指摘されていた項目であった（武田・山本　同上）。

連項目（①、③など）のほか、議員立法に固有のものとして、以下の項目が挙げられている。

　①　議員提出法律案の発議要件（賛成者要件）の緩和・提出手続の簡素化
　②　起草小委員会の活用（議員提出法律案の作成・提出・質疑の活発化のため）、自由討論時間の確保、「逐条審査」の導入、対案の政府案との並行審議、優先的な審議時間の確保などによる審議時間の充実

　最近の国会における国会改革についての議論としては、第186回国会（H26.1.24召）において、国会審議の効率化と充実に向けた国会改革案に、自民党、公明党、民主党、日本維新の会等7会派が合意したと報道された（平成26年5月）。その中には、「国会審議の充実化を図るため」、「提出議案は速やかに付託する」こと、「議員提出議案の審議の促進を図ろうとするもの」としての「自由討議の活用」などが盛り込まれていた[129]。これらのうち、速やかな委員会付託については、一定程度実施されたものの、審査するかどうかは与野党の協議次第であり、「付託されたまま"たなざらし"という例が依然多い」[130] と報じられた。

　また、平成28年12月22日に、約5年ぶりに開かれた衆議院議会制度協議会（議長の諮問機関）においては、大島理森議長が、直前に閉幕した臨時国会（第192回国会（H28.9.26召））を振り返り、国会審議の実情に疑問を感じざるを得ない、と異例の苦言を呈し、合意形成に向けた与野党双方の歩み寄りを促したと報じられた。第186回国会における申し合わせについても言及し、「臨時国会の実情をみると、それが生かされているといえるのか疑問を感じざるを得ない」と述べたとされる。そして、その際に、各党に、翌年1月の通常国会までに、国会審議充実策について報告するように

---

(129)　「国会改革で合意　与野党7党」『日本経済新聞』2014.5.28；「社説　国会改革　数ではなく論を競え」『朝日新聞』2014.5.28；民主党「「国会審議の充実に関する申し合わせ」与野党7会派が合意」2014.5.27. なお、その他の近年の国会改革の提言については、桐原・帖佐　前掲注（127）、pp.76-79を参照されたい。

(130)　「党首討論　11か月ぶり　国会改革　合意1年　「月1回」開催　有名無実化」『読売新聞』2015.5.21.

第 1 章 　議員立法序説

求めたとされる[131]。平成 29 年 1 月 31 日に開かれた議会制度協議会においては、各党が見解を報告し、それに対し、議長は「審議、運営面での合意形成に向け、与野党の真摯な努力に期待したい」と述べたと報じられた[132]。

2　議員立法が審議の活性化に果たす役割

「国会改革」の議論において、国会審議の活性化の観点から「議員立法の活性化」が取り上げられる理由として、国会における審議が国民に見える形で行われず、低調になっている中で、議員立法により、国会という公開の場で、議員対議員、政党対政党による活発な議論を行い、国民に示すことが国会の在り方としてふさわしいことが挙げられている[133]。

また、議院内閣制を採用していることなどから内閣提出法律案が優位であることを前提としつつ、その立法過程を、国会の実質審議で充実させるためのものとして議員立法の活性化を捉える視点[134]も示されている。

ここで、これまでの国会審議の状況の変遷を概観する。

先述したとおり、内閣提出法律案については、与党による事前審査と党議拘束により、国会における実質的な審議機能は大きく制約されており、また、55 年体制の下では、野党は、採決の際には、修正されることのないまま法律案が可決されることを予想しているため、修正につながるような建設的な審議態度より、審議を止めるなど会期内での成立を阻むことが関心の中

---

(131)　「大島議長　異例の苦言　「国会審議　疑問感じざるを得ない」　与野党に歩み寄り促す」『朝日新聞』2016.12.23 ;「大島衆議長　「審議の充実策報告を」　与野党に猛省促す」『毎日新聞』2016.12.22.

(132)　「議会制度協議会　国会審議の充実を確認」『毎日新聞』2017.1.31 ;「「いたずらに日程闘争」「強権的運営に原因」　議会制度協議会で各党が審議充実策報告も批判や牽制」『産経ニュース』2017.1.31.

(133)　上田　前掲注 (121)、pp. 179-182. 内閣提出法律案が優位であること自体を否定するものではない、としつつ、政権交代も視野に入る政治状況の下で、それぞれの政党の政策を議員立法としてまとめ、各党が互いに公開の場で議論を戦わすことの重要性が指摘されている。なお、閣法の実質的な修正を行うことの重要性にも言及されており、そのための自由討議の導入の提案も行われている（上田・五十嵐　前掲注(123)、pp. 96-97.）。また、国会で議員が活発に国政論議を戦わせ、その議論が国民に伝わり、「国会を国民にとって身近な存在にすることが、国会改革の第一歩ではないか」との認識も示されている（浅野善治ほか「座談会　期待される国会像」　前掲注 (38)、p. 35.）。

(134)　只野雅人「「議員立法」と閣法」『公法研究』72 号、2010.10、p. 100 ; 清水　前掲注 (121)、p. 16.

心を占めるようになった[135]。昭和50年代を中心に与野党伯仲の状態がしばしば生じる中で、法律案の審議日程など国会運営についてのインフォーマルな交渉の場として、「国対」の機能が増大することになった[136]。そして、55年体制の下で、与党が参議院における多数を確保することのできない「ねじれ」状態が出現したときにおいても、多党化する野党の一部の協力を得て、与党・政府は、「何とかしのいだ」といわれる。しかし、その後、平成5年のいわゆる55年体制の崩壊、細川非自民連立政権の誕生、それらに続く政治改革関連法の成立などにより、「日本の政治構造が変動期」に入り、与野党の「対立」が激化する中、内閣提出法律案の成立を図るためには「法案修正による事態打開の可能性」を考慮する必要がある、と指摘される状況となった[137]。

　一方、国会における議員立法の審議時間について見ると、平成5年以降、まだまだ十分ではないものの増加に転じたといわれる。それまで、審議されることが稀であった議員提出法律案について、対案の場合には、審議された上で、その内容が実質的な修正につながったり、また、対案でない野党提出法律案についても、委員会における実質審査が行われたりと、政府与党に代替する政策を提示する手段として議員立法が活用されていると指摘された[138]。

　そして、その後、平成21年と平成24年の選挙による2回の政権交代と、その前後のねじれ国会を含む期間においては、「決められない政治」が大きな問題になったが、その一方で、各党が議員立法により積極的に政策表明を行い、国会において活発に議論が行われ、その結果、合意形成に至るというプロセスをたどることにより、「国会審議の活性化・透明化」がある程度実現したと思われる案件も少なくなかった。

　このような変化は、議員立法の活性化が、単に、内閣提出法律案の審議過

---

(135)　飯尾潤「衆参における多数派の不一致と議院内閣制」『ジュリスト』No. 1367、2008.11.15、p. 90.

(136)　岩井奉信『立法過程』東京大学出版会、1988、pp. 136-139.

(137)　飯尾　前掲注 (135)、pp. 88、91-92.

(138)　谷勝宏「議員立法と国会改革」『公共政策－日本公共政策学会年報2000－』日本公共政策学会、2000、pp. 1-3；上田　前掲注 (121)、pp. 192-193.

第1章　議員立法序説

程の活性化に寄与するだけでなく、より広い国会審議の活性化につながる可能性を有することを示したものといえる。具体的な審議プロセスの紹介は、第2章第3節に譲る。

Ⅱ　「政治主導」と議員立法

1　「政治主導」が目指される背景

　近年、「政治主導」という言葉が頻繁に使われるようになっている[139]。古くから使われている言葉でもあり、その意味するところは多義的であるが、主として、「官僚主導」、「官僚支配」に対置して使われてきた[140]。特に、近年は、我が国において官僚が伝統的に強大な力を持ち、実質的な政策決定を行ってきたことに対する是正という文脈で、「政治主導」という概念が用いられることが多い。

　そのように「政治主導」が目指されることとなった背景としては、まず、1990年代に入り、バブル経済の崩壊、冷戦の終焉、急速な少子高齢化、グローバリゼーションの進行など、大きな社会経済の変化の中で、従来の延長線上の政策では対応できないような、大きな政策転換が求められることとなったことが挙げられている[141]。

　そしてそのような状況の中で、「官僚主導の限界」が明らかになり、

　①　継続性・安定性の重視、漸進的な対応や先送りは、戦略性に富んだ迅速・大胆な意思決定を困難にし、縦割り行政は省益の擁護・死守に加

---

(139)　例えば、国会の審議について見ると、昭和の期間において使用された件数はわずか15件であったのに対し、平成元年から平成27年5月までの間に既に1,700件を超えており、中でも、平成20年以降が半数以上を占めている（国会会議録検索システムによる検索結果）。

(140)　ただし、そもそも批判の対象とされてきた「官僚主導」とはどのようなもので、何が問題かの共通理解を欠いているだけでなく、それに対置され、その処方箋ともされてきた「政治主導」についても、憲法の規範や制度に関する理解の相違などが絡み、様々な理解や議論が見られる、と指摘されている（川﨑政司「統治構造改革と政治主導―「政治主導」をめぐる議論の錯綜とその意義・射程・限界―」曽我部真裕・赤坂幸一編『憲法改革の理念と展開―大石眞先生還暦記念―　上巻』信山社出版、2012、pp.6-7.）。本書においては、紙面の関係もあり、深く立ち入らず、これまでの使われ方の整理を中心に記述する。

(141)　中島　前掲注（4）、pp.136-137；山口　前掲注（17）、p.75.

78

え、総合性の発揮を妨げるなど「政策立案能力」の観点からの問題

② 民主的正統性を有する政治サイドを軽視した官僚の専横的な行動などから[142]、「官僚制への民主的統制と意思決定プロセスの透明化」の必要性

が指摘されることとなった[143]。

こうした中で、縦割り行政の弊害を排し、首相及び内閣の強力なリーダーシップによりトップダウンによる大胆な政策転換を可能とするため、「首相主導」、「内閣主導」を意味する「政治主導」の実現を目指し、種々の制度改革の取組が行われることになった。⑫

2 政策決定における「政治主導」の意味

(1) 政治主導の「政」とは何か

ところで、このように「政治主導」が目指された前提として、我が国における政策決定は、実質的に「官」のみによって行われ、「政」は関わってこなかったのであろうか。

第1節II（6）でも述べたように、内閣提出法律案の提出には、与党による事前審査が必要とされてきており、その過程で、与党の意見は政策に反映されることになる。そして、その事前審査制については、先述したとおりの問題が指摘されてきており、とりわけ、特定の分野の政策決定に強い影響力を持つ族議員の存在は、党の政務調査会・総務会などの仕組みとともに、政策決定における政府と与党の二元体制を生み出すことになったといわれる。これは、憲法の予定するところと異なる形で、議員が、行政権を統制す

---

(142) 官僚も政治家も経験した後藤田正晴氏は、「役人は政治に対して政策を押し付けてはならない。」「行政府はわが国唯一のシンクタンクである。政策立案に必要なあらゆる情報や資料、それに人材を有している。したがって行政府は、政策を執行するだけでなく、内閣の政策立案に協力しなければならない。具体的には、政策立案に必要な資料を揃え、それらの資料を分析し、政策案を策定する。」そして、「内閣は、それらの政策案の中から、与党と相談しながら、どの政策を採用するかを最終的に決定する」として、行政官が、ひとつしか政策案を出さないで、あくまでそれに固執するのは越権行為である、とする（後藤田正晴『政と官』講談社、1994、pp. 21-23.）。

(143) 中島 前掲注（4）、pp. 136-137.

第 1 章　議員立法序説

る方法を見つけた、とも評されている[144]。そして、そのような形での政策
への関わりは、政治家の全体利益への関心を薄くさせた、とも指摘される[145]。

　このような与党による政策への影響力は、「首相主導」、「内閣主導」という
意味で「政治主導」という語が用いられるようになるかなり以前から、「与党・
政治家主導」[146] などを意味する「政治主導」という語で捉えられてきた[147]。そ
の結果、今でも、「官」に対する「政」というとき、その「政」は、「与党」
や「族議員」などのイメージが強いかもしれない。しかし、「首相主導」、
「内閣主導」というときの主体である「首相」と「内閣」も、議院内閣制を
採る我が国において、国会によって選出された政治の領域に属し、「行政府」
又は「行政権」の中の上層部を構成する「政」である[148]。そして、近年の
一連の「政治主導」を目指す動きにおいて、その「政治主導」は、「首相主
導」、「内閣主導」のことであり、「政党主導」、「政治家主導」ではない、と
される[149]。

　この点について、これまで、「官僚主導」との関係で論じられることの多
かった「政治主導」であるが、「問題の本質は、官僚主導型にあるのではな
く、多様な意見を持つ政治家の集合体である与党内の意見をいかに上手くま
とめ、官邸と円滑な調整を図り、官邸の意向を汲んだ政策決定をきちんとや
れるかにある」との指摘が示唆に富む[150]。

---

(144)　飯尾潤『日本の統治構造』中央公論新社、2007、p. 78.

(145)　同上、pp. 102-104.

(146)　中島　前掲注（4）、pp. 24、110-112、143-145 など。

(147)　この意味の「政治主導」は、「官僚」の判断ではなく「政府・与党」による政策決定が行われたり、そ
　　　れが求められたりする場合に用いられた例がある一方で（「政治主導で緊急課題に取り組め」『読売新聞』
　　　1981.12.2 など）、選挙区への利益誘導、族議員の暴走などの批判的な文脈において用いられることも
　　　あった（「生産者米価諮問　政治主導を露呈　米審は形式的意味も"喪失"」『毎日新聞』1990.7.5；「旧
　　　態依然の新年度予算案は戦後最悪の公約違反だ」『エコノミスト』75 巻 3 号、1997.1、pp. 44-47.）。

(148)　飯尾　前掲注（144）、pp. 33-34；森田朗「行政改革と行政学」『季刊行政管理研究』79 号、1997.9、
　　　p. 32.

(149)　新藤宗幸『政治主導―官僚制を問いなおす―』ちくま新書、2012、p. 17；中島　前掲注（4）、
　　　pp. 143-145；平岡秀夫ほか「「政治主導」と国会改革」『世界』No. 801、2010.2、pp. 29-30；「どうす
　　　るニッポン政策を質す（5）政治主導　明確な政策こそ求心力」『日本経済新聞』2001.4.14 など。

縦割り行政と総合調整権限

　内閣提出法律案は、基本的には、担当の局・課からのボトムアップの形での政策決定が行われてきたため、これまでの行政の範囲内のことであれば対応可能であるが、省庁内でも局を越え、更に、それぞれの省庁の枠を越えた政策決定になると、そもそも権限がないことになり、また、その権限を越えた調整を行うことは難しい。

　平成 13 年の中央省庁再編の際には、「各省庁の特定行政分野についての排他的所掌を前提とした分担管理原則は、ややもすれば所掌範囲内の政策の独占と縦割りの硬直性、省庁をまたがる政策課題への対応力の欠如を招いて」おり、「大括り省編成により、各省がさらに巨大化し、相互の政策連携が現状に比しても不十分となることへの懸念も存在する」（行政改革会議最終報告（平成 9 年 12 月 3 日））として、各省庁間の調整のため、内閣法と内閣府設置法に、内閣官房及び内閣府の企画立案・総合調整権限が明記され、省庁間の調整原則等についても国家行政組織法に規定（2 条 2 項、15 条等）が設けられた。

　更に、その後、重要な政策課題の多くが府省横断的な対応を要することから、内閣官房及び内閣府に様々な業務が集中したことを受け、平成 27 年には、①内閣官房・内閣府が政策の方向付けに専念し、②各省等が中心となって強力かつきめ細かく政策を推進することができるよう、内閣官房から内閣府、内閣府から各省等に事務を移管するとともに、各省等に「総合調整」権限を付与するための制度の見直しが行われた（「内閣の重要政策に関する総合調整等に関する機能の強化のための国家行政組織法等の一部を改正する法律」(H27 法 66)）。

---

(150) 湯元健治「官僚主導から政治主導への転換の意味するもの」2009.8.27、p. 2. 日本総研 HP。また、同様の視点から、「政治主導」は、「実は、与党の問題でもあり、与党における民意の表出・集約の在り方や、国会審議等における与党議員の位置付け・役割に関し、十分には議論がなされてこなかったということである」とも指摘されている（川﨑　前掲注 (96)、p. 54.）。そして、「首相主導」、「内閣主導」の意味の「政治主導」の実現のためには「与党の改革」も必要となり、その際には、「政府と有権者を結ぶパイプ役としての与党議員の役割」をどう生かし、「首相主導」、「内閣主導」の決定とどのように両立させるかが課題であるとも指摘される（大山礼子「「政治主導」実現への処方箋―英国モデル追随を越えて―」『都市問題』Vol. 100 No. 11、p. 7.）。

第1章　議員立法序説

図1-4　「官僚主導」から「政治主導」へ

「官僚主導」の限界

⬇

「政治主導」への期待 ＜

「首相主導」・「内閣主導」

　　行政改革（内閣機能の強化、省庁再編）

　　〔行政府の中の「政治主導」〕

「議員主導」

　　議員立法の活性化

　　〔立法府と行政府との関係における

　　　「政治主導」〕

（2）「首相主導」と「内閣主導」―これまでの阻害要因と両者の関係―

　近年、その強化が図られてきた「首相主導」と「内閣主導」であるが、そのような強化を図らなければならなかったほど、これまで「内閣」は、そして、「内閣」の首長である「首相」は、弱い権限しか持っていなかったのであろうか。

　日本国憲法における首相の地位（67条、68条、72条（とりわけ「行政各部を指揮監督する」））は、制定時においては、極めて強いと考えられていた[151]。しかし、

①　内閣法による制限（3条（分担管理原則）[152]、6条）、

②　戦後の公職追放により経験豊富な現職議員の多くが議席を失い初当選議員が多かったことと、占領当局が縦割り構造であったことがあいまって縦割りの官僚支配を強めたこと、

③　自民党内の派閥抗争により、首相の任期は短いことが多く、また、大派閥の協力を得た小派閥などの首相の場合の政治主導は限られたものと

---

(151)　飯尾　前掲注（144）、pp. 26-27；信田智人『政治主導 vs. 官僚支配―自民政権、民主政権、政官20年闘争の内幕―』朝日新聞出版、2013、pp. 37-40.

(152)　内閣法3条によって「各大臣」は「行政事務を分担管理する」とされており、そのような分担管理原則の下では、内閣は、「官僚からなる省庁の代理人としての各省大臣が集合する内閣である「官僚内閣制」」となり、「背景に有権者の負託を背負っているという議院内閣制の原則は薄らいでしまう」と指摘されている（飯尾　同上、pp. 28-29.）。

ならざるを得なかったこと、

④　派閥の影響力の増大により、派閥の意向を反映した順送りの閣僚人事
　　となり、内閣は、首相より派閥への忠誠心を持つ集団となり、その一方
　　で、頻繁な閣僚の交代は大臣の官僚組織への依存を強めたこと、

⑤　省庁間の総合調整を行う重要な役割を担う内閣の補佐機構（内閣官
　　房）の規模と影響力が小さかったこと、

⑥　族議員の政策への影響力の増大が自民党内での権力の分散化を強め、
　　党総裁である首相の求心力を弱めたこと、

などにより、首相の政治主導が弱められていたといわれる[153]。

「大臣の実態が省庁の利害を代弁するに過ぎないという印象が強く、そう
いう大臣により構成される内閣を「政」を代表して「官」を統制する機関と
してイメージすることが困難で」あったのではないか、とも評されている[154]。

では、「首相主導」と「内閣主導」の２つの語は、同じことを意味してい
るのであろうか。著作や報道などにおいても、必ずしも明確に区別されて用
いられているわけでなく、２つ並べて使われている例も見られる[155]。実際に
使われる場面を見ると、首相の個性によって強いリーダーシップが発揮され
るときに「首相主導」が使われてきたようにも見える[156]。

本来、内閣は、首相を中心とする合議体であり、また、強力なリーダー
シップによるトップダウンの政策決定を実現するための「政治主導」である
ことからも、「内閣主導」を目指す先に「首相主導」があると捉えられてい
る[157]。

また、戦後の我が国の内閣運営は、

①　首相が内閣を主宰し、国会で指名を受けた首相に閣僚の任免権がある

---

(153)　信田　前掲注（151）、pp. 37-57；新藤　前掲注（149）、p. 59.

(154)　浅野ほか　前掲注（133）、p. 4.

(155)　「郵政改革　自民党内の論議　前進なく　首相、法案提出めぐり難しい判断（解説）」『読売新聞』
　　　2004.12.27；「二元政治克服し真の政治主導めざせ（社説）」『日本経済新聞』2001.6.4 など。

(156)　なお、国会審議においては、「首相主導」（平成 29 年 7 月 23 日現在で 27 件）より「総理主導」（同 99
　　　件）の語が使われている例が多い。これらと同様の使い方をされていると思われるものとして、「官邸主
　　　導」（同 282 件）という言葉もある。

第1章　議員立法序説

という首相指導の原則

②　各省の所管は各省の大臣の権限だという分担管理の原則（所轄の原則）

③　内閣の方針は内閣という合議体が決定するという合議制の原則

の3原則に基づくとされてきたが、我が国においては、②が極めて強いこと、③の合議の際に全員一致を慣習としていることとのバランスからも、首相指導の原則を強めないと大きな政策転換は難しいことになる[158]。⑬

（3）「首相主導」・「内閣主導」への動き

（2）に述べた法制度や政治状況の下、長らく「首相主導」、「内閣主導」の動きは生じなかったが、そのような中でも、中曽根康弘首相（昭和57年11月27日～昭和62年11月6日）は、「大統領型首相」の道を探ったといわれ[159]、内閣官房に外政審議室を設けるなど内閣官房機能の強化等にも着手した。首相指導体制の構築に向けて大きく舵を切るものであり、「首相の官僚制」の定礎であったと評される[160]。しかし、直ちに決定的な影響を与えたとはいえず、橋本龍太郎首相（平成8年1月11日～平成10年7月30日）の下での取組を待つことになる。

1で述べたとおり、1990年代に入り、社会経済情勢が大きく変化し、官僚主導の限界が指摘されるとともに、政治主導が求められる中で、橋本首相は、行政改革会議を設置し、自ら会長となり、行政改革に取り組んだ。この行政改革会議の報告に基づき行われた、省庁再編、首相主導体制を確立する

---

(157)　野中ほか　前掲注（1）、p. 176. 国会審議において、成田憲彦参考人は、総理大臣の権限強化について、内閣主導というのは現実にはどこの国でも背後にサポート役として付いている官僚主導になる。官僚主導を克服するのは内閣主導ではなく首相主導である、と述べている（151回参・憲法調・H13.3.14・p. 5.）。民主党政権において、玄葉光一郎国務大臣が、自身の「政治主導」の捉え方として、①それぞれの省庁の中における政務三役主導、②最終的には首相主導の2つであると考えている、と答弁している（177回衆・内閣委・H23.3.9・p. 11.）。なお、目指すべき議院内閣制は首相中心の議院内閣制であるとの認識の下、衆議院議員総選挙において、政党・首相候補・政策の三点がセットで選ばれるようになれば、総選挙で信託を受けた首相の地位を向上させるなど、通常、首相の実質的な権力の増大につながる、と指摘されている（飯尾　前掲注（144）、pp. 181-184.）。

(158)　「［憲法はいま］21世紀臨調・西尾勝氏に聞く「首相主導の強化は不可欠」」『読売新聞』2003.9.26；森田　前掲注（148）、pp. 32-33；新藤　前掲注（149）、pp. 191-193.

(159)　新藤　同上、pp. 42-48.

(160)　同上、pp. 48-52.

84

COLUMN **13**

「首相主導」・「内閣主導」に関する官僚の認識の変化

　中曽根康弘首相、橋本龍太郎首相、小泉純一郎首相は、首相主導、内閣主導という意味での「政治主導」を意識的に追求したといわれている。橋本首相の進めた行政改革の成果としての中央省庁等の再編が実施（平成13年1月6日）されてほどなく小泉内閣は誕生し、小泉首相は、その成果を活用したといわれる（新藤）。

　そのような動きの中における、「首相主導」、「内閣主導」に関する官僚の側の意識の変化について、調査結果が分析・報告されている（笠）。少し古いデータではあるが、その内容を紹介したい。

　この調査結果は、政策形成への種々の影響力を、次の3つの時点で比較するものである。

① 昭和51（1976）年（を振り返った昭和60（1985）年の時点の回答）
② 昭和60（1985）～ 昭和61（1986）年
③ 平成13（2001）年

(1) 国の政策を決める場合に最も力を持っているのはどれだと思うか、との問いに対し、3回とも、「政党」と「行政官僚」という答えの合計で80%以上を占めるが、その内訳は変化しており、第3回目で「政党」と答えたものが増大し、「官僚」と答えたものが半減した。

　　　　　「政党」　　　46%　→　49%　→　62%
　　　　　「行政官僚」41%　→　41%　→　22%

(2) (1)で、政党の影響力が大きいという評価となったが、それは、どのようなルートでの影響力かという点については以下のとおりである。

① 国会審議の影響力
　　3回を通じて国会審議の影響力に対する評価はほとんど変わっておらず、「国会における審議は政策形成にかなり影響を及ぼす」という回答が最多であり、かつ、かなり高い割合になっている。　《69%　→　67%　→　66%》

② 省外の影響力
　　所属する府省の政策形成や執行について「府省外」で影響力を持つものについての質問に対する回答では、「首相」の影響力を認識する割合が大きくなっている。その一方で、「大蔵省」と「族議員」の影響力が減少している。
　　《「首相」と答えた割合の変化　21%　→　28%　→　49%》

③ 省内の影響力
　　省内の影響力については、「大臣」の影響力が拡大しており、一方で、「事務次官」、「局長」、「課長」の影響力は、平成13（2001）年の時点ではいずれも減少しており、特に課長の減少が大きい。

第 1 章　議員立法序説

《「大臣」と答えた割合の変化　14%　→　17%　→　58%》
④　大臣が最も重視する意見
　　大臣は誰の意見を重視するか、という問いに対しては、「大臣自身」という回答
の割合が高く、「大臣の自律性は非常に高く認識されている」と評されている。
《「大臣自身」と答えた割合の変化　〈項目なし〉→　26%　→　74%》

　この調査の時点以降の変化については分からないが、少なくとも、首相主導・内閣主
導の強化に向けた制度改革の行われた「直後」において、既に、制度改革の趣旨が浸透
している様子が窺える。
　そして、この内閣のリーダーシップに対する官僚の認識の急速な拡大は、おそらく、
2001 年 1 月の省庁再編などの政治主導を掲げた制度改革と、この制度に実態を与える
と予測された 2001 年 4 月の小泉純一郎内閣の誕生によってもたらされたものであろ
うと評されている。
（新藤宗幸『政治主導―官僚制を問いなおす―』ちくま新書、2012、pp. 32-39 等；笠京子「日
本官僚制―日本型からウェストミンスター型へ」村松岐夫・久米郁男編著『日本政治　変動の
30 年―政治家・官僚・団体調査に見る構造変容―』東洋経済新報社、pp. 235-237、240-244
等）

ため内閣官房の機能強化・内閣府の設置などの行政改革（平成 13 年より始
動）は、「政治主導のための政治の装置を整備した」と評されている[161]。
　小泉純一郎首相（平成 13 年 4 月 26 日～平成 18 年 9 月 26 日）は、それら
の制度を活用し、また、「従来の慣例を破る積極的な動きによって、一挙に
首相主導の内閣体制を打ち立て」た、ともいわれる[162]。そして、「それが政
治のあるべき方向との社会的認識」を広げたことも小泉政権の「功績」とさ
れる[163]。
　このような動きの一方で、平成 6 年の小選挙区比例代表並立制の導入（初
めての選挙は平成 8 年 10 月 20 日）により、「党の公認」が決定的に重要にな

---

(161)　同上、pp. 55-70. 中曽根首相は自民党内の少数派閥の領袖であり、橋本首相は派閥内の有力リーダー
　　　ではあったが派閥領袖ではなかった。ともに、自民党内に堅固な基盤を持っておらず、その点は、この後
　　　に首相主導を追求した小泉首相にも共通しており、それにより、改革の必要性を認識できたのではないか
　　　ともいわれる。（同、pp. 34-35、48、59-60.）。
(162)　飯尾　前掲注（144）、p. 196.
(163)　新藤　前掲注（149）、p. 38.

り、党執行部の求心力を高めるとともに、派閥の弱体化へとつながったといわれる。また、同じく平成6年の政党助成制度の導入も、その配分権を有する党執行部の権力を増大させることとなった。更に、平成10年に民主党が結成され、二大政党制が意識される中で、「選挙の顔」となる総裁の役割が重要になり、総裁選において、それまでの派閥の多数派工作の比重は低下し、「有権者の間で人気があり、「選挙の顔」となりうる候補者」が選出されるようになった。このような中で、党四役や閣僚等の人事における総理・総裁の権力も高まることとなる。これらの変化は、小泉首相の登場を契機として顕著なものとなったといわれる[164]。

　平成21年には、初めて選挙による政権交代が行われることとなったが、その際、民主党は、マニフェスト[165]において、「官僚丸投げの政治から、政権党が責任を持つ政治家主導の政治へ」（5原則の原則1）、「政府と与党を使い分ける二元体制から、内閣の下の政権決定に一元化へ」（同原則2）、「各省の縦割りの省益から、官邸主導の国益へ」（同原則3）などの政権構想を示し、「政治主導」の実現を目指した[166]。しかし、民主党が目指した政治主導は「混迷」をもたらし[167]、3年余りで、再び政権交代が行われることとなった。

　政権交代後の自公政権において、平成24年12月の第2次安倍内閣の発足以降、安倍首相の内閣支持率の高さと、「一強」とも称される政治状況の下、「首相主導」、「内閣主導」の体制は確かなものへとなっていった。その背景には、小選挙区制の導入に伴う変化のほか、安倍首相や菅義偉官房長官が、官僚の人事権を握ることで官僚機構を使いこなす方針を貫いてきたことが挙げられており、平成26年5月に発足した、幹部人事を一括管理するための内閣人事局が「力の源泉」となっていると評される[168]。

---

(164) 中北浩爾『自民党―「一強」の実像―』中央公論新社、2017、pp. 47-52、58-64.

(165) 「民主党の政権政策 Manifesto2009」2009.7.27.

(166) 山口　前掲注（17）、pp. 66-79.

(167) 同上、pp. 80-89. 政務三役の指導体制の問題、内閣主導の失敗、政府与党一元化の失敗という「制度改革から入る政治主導は空転し」（同、pp. 80-85.）、「重要政策が少数の政治家によっていつの間にか決められるという事態も頻発した」（同、pp. 85-89.）とされる。

(168) 「〔政治の現場〕長期政権の展望（4）人事握り官僚を「採点」」『読売新聞』2016.12.2.

第1章　議員立法序説

　自民党及び民進党の所属議員を対象とする調査において、安全保障・外交、経済、農業などの6分野の政策決定過程における影響力について、「首相官邸」との回答が全分野でトップを占めるという結果となったと報じられた[169]。「官邸1強」などと評され[170]、「首相主導」、「内閣主導」の在り方が改めて問われることとなった。

　ここで、このような「首相主導」、「内閣主導」の確立に向けた流れの中で、「内閣」の中の「政」と「官」の関係がどうあるべきかということを示すものとして、「政・官の在り方」（平成24年12月26日閣僚懇談会申合せ）[171]を紹介したい。これは、「政」と「官」の適正な役割分担と協力関係を目指して、当面、内閣として取り組むべき方針を取りまとめたものとされ、その「基本認識」において、以下のように書かれている。

〔1〕「政」は、行政が公正かつ中立的に行われるよう国民を代表する立法権者として監視責任を果たし、また、国務大臣、副大臣、大臣政務官等（以下「大臣等」という。）として行政を担うとともに、「官」を的確に導き得る体制を構築する。「官」は、国民全体の奉仕者として中立性、専門性を踏まえて、法令に基づき、主に政策の実施、個別の行政執行にあたる。
〔2〕政策の立案・調整・決定は、「政」が責任をもって行い、「官」は、職務遂行上把握した国民のニーズを踏まえ、「政」に対し、政策の基礎データや情報の提供、複数の選択肢の提示等、政策の立案・調整・決定を補佐する。
〔3〕「政」と「官」は、役割分担の関係。それぞれの役割分担に基づき一体として国家国民のために職務を遂行する。
〔4〕「政」と「官」は、それぞれが担っている役割を尊重し、信頼を基本とする関係の構築に常に努める必要がある。

　このような基本認識の下、これまで10数年にわたり、「首相主導」、「内閣主導」の現実の姿は変化してきている。今後も国民の意識等も反映しつつ

(169)　「〔関西よみうり懇話会・論〕政治家の質　京大法学部教授座談会」『読売新聞』2017.5.26. 京都大学と読売新聞社による共同調査結果（平成28年10月末から12月に実施）について紹介されている。直近の国政選挙での当選の原動力は何か、5段階評価で問う質問について、自民党議員は「所属政党の力」（平均4.4）がトップとなり、続いて「後援会」（同4.3）が続き、民進党は、「個人的な関係者」（同4.3）、「後援会」（同4.1）の順となったとされる。
(170)　「安倍政権・発足3年　「経済」掲げ「官邸一強」揺るがず」『毎日新聞』2015.12.23.
(171)　「政・官の在り方」と題する閣僚懇談会申合せは、小泉政権下の平成14年7月16日を皮切りに、民主党への政権交代後の最初の組閣時（鳩山内閣：平成21年9月16日）、自公政権への政権交代後の最初の組閣時（安倍内閣：平成24年12月26日）と3回行われている。その時々の政治状況や、政権政党の考え方を反映して内容は若干異なるが、「基本認識」はあまり変わっていない。

88

変化していくことになるのだろう。

3 「議員主導」の議員立法への積極的な取組

　これまで見てきたとおり、「政治主導」を目指し、「首相主導」・「内閣主導」のための制度改革が進み、浸透していくことになったが、それとほぼ軌を一にして、1990 年代の半ば以降、議員立法待望論ともいうべき議員立法の活性化を求める声が強まった。この時期以降、議員提出法律案の提出件数、成立件数がともに増加し、また、それまで行われてきていた議員立法の類型にはない、多様な分野の法律が制定されるに至った。そして、これまで「与党・政治家主導」という若干批判的な意味合いで使われることの多かった「政治主導」とは異なり、与党だけでなく各党の「議員」が協議して議員立法や修正などの形で政策決定を行う状況に、「政治主導」という語が用いられている[172]。このように、個々の議員が主体的に政策に取り組む「議員主導」ともいうべき「政治主導」は、それ以前にもなかったわけではないが、その時期以降、多くの議員により「議員主導」の議員立法が積極的に行われるようになり、議員立法は活性化していった。⑭

　そのような活性化の背景については、第 2 章で詳述するが、①様々な連立政権の誕生などにより多くの政党が与党の経験を持ち政策立案能力が向上したこと、②激しいイデオロギー対立はなくなり政党間の協議を行いやすくなったこと、③官僚の不祥事などによる官僚制度への信頼の低下などから政策形成過程における「政治主導」が求められたこと、④与党議員の議員立法が増加したこと、などが指摘されており[173]、迅速に措置する必要性がある政策に関する立法をはじめ、議員が主導する形で多くの議員立法が行われて

---

[172]　143 回参・金融問題及び経済活性化特委・H10.10.16・P. 2；169 回衆・文部科学委・H20.3.19・p. 8 など。なお、この意味と同様の超党派の議員の取組について「国会主導」という言葉が用いられている例もある。(169 回参・内閣委・H20.6.3・p. 20.)。報道における最近の例としては、「海外犯罪被害に見舞金　死亡時 200 万円　今国会で議員立法」『日本経済新聞』2015.6.26 など。

[173]　河野久「議員立法―実務的見地から」『ジュリスト』前掲注 (38)、pp. 84-85；橘　前掲注 (34)、pp. 145-146；大山　前掲注 (69)、pp. 74-75.

いる[174]。

「首相主導」、「内閣主導」という意味の「政治主導」と、「議員主導」という意味の「政治主導」は両立するものであり、それぞれが適切に組み合わされてこそ、必要な法制度の構築が可能となるのではないかと考える。

内閣立法の場合、第1章第1節I1（8）のとおり、年度単位のスケジュールもあり、会期という時間的制約の中で成立を見込める法律案の数には限度があることから、提出の優先順位が決められることになる[175]。「行政施策の遂行上不可欠とまではいえないものについては、行政府の手が回り切らない」[176] ため、法律案の提出に至らない場合がある。このように、内閣としての優先順位が低いものでも、「国民の中に強い要望があれば、それに応える法律案を作成して議論を誘発する使命」が国会にはある[177]。また、それぞれの行政機関の所掌の狭間の問題など、内閣立法による対応が困難な場合も多い。そして、国会の中心的役割を内閣のコントロールと捉える立場からは、内閣のコントロールを効果的に遂行するために必要な法制度を設計し法律化することは、「まさに国会が積極的に行うべきこと」となる[178]。

「政治主導」は、内閣主導であり、その上での首相主導体制を構築すべきとしつつ、その一方で、与党議員が法律案や予算についての政策能力を高めることを否定する者はいない、として、省庁横断的な政策分野別の「政策空間」での議論と立法能力の向上が必要であり、そのような空間で「創意された法案を議員立法で推進することこそ、与党に問われている」ともいわれる[179]。

両者の在り方については、様々な議論があろうが、変化する政治・経済・

---

(174)　（例）「サイバーセキュリティ基本法」（H26法104）は、強い政治的なリーダーシップの下での施策の推進、迅速対応の必要性から、「野党も含めた議員・政党の主導で提案され」、「迅速成立」が図られた（関啓一郎「サイバーセキュリティ基本法の成立とその影響」『知的資産創造』23（4）、2015.4、pp. 80、86-87；186回衆・内閣委・H26.6.11・p. 5.）。

(175)　中島　前掲注（4）、pp. 79-80.

(176)　大森　前掲注（1）、p. 51.

(177)　高橋和之『立憲主義と日本国憲法　第4版』有斐閣、2017、p.380.

(178)　同上

(179)　新藤　前掲注（149）、pp. 187-188.

「議員主導」の意味するところ

　本文でも述べたとおり、近年の「政治主導」への期待は、「首相主導」、「内閣主導」の確立のための制度改革へと向かったが、その一方では「議員立法の活性化」へとつながり、各党の議員の主体的な活動により議員立法が活発に行われることとなった。そのどちらにも「政治主導」という言葉を用いることができるが、本書においては、前者については「首相主導」、「内閣主導」という言葉を、後者については「議員主導」という言葉を用いている。

　後者の「議員主導」という言葉は、「首相主導」、「内閣主導」という言葉に比し、あまり聞きなれない言葉かもしれない。

　本書で、この「議員主導」という言葉を用いることとした理由は、「議員主導」という語が、与党議員に限定されない各党の議員による、政治家としての責任に基づく主体的な立法活動への取組という趣旨に近い表現として用いることが可能ではないかと考え、少なくとも、これまでの使われ方を見ても、個々の議員の活動が意識された場面において使われた例が見られたことによる。

　その一方で、以下の語も、議員立法に関連して「政治主導」という意味で用いられることがあるが、それらを、本書では、近年の議員立法について用いないこととしたのは、それぞれ以下に記す理由による。

① 「政治家主導」という言葉は「内閣主導」と同様の意味で使われることもある一方で、利益誘導的な意味合いで使われることも多いこと。
② 議員立法の際は、党内手続が行われ、実質的には「政党」単位での法律案の提出とはなるものの、近年の立法活動の実態は、「議員」の意思に基づき始められ、行われており、その実態から「政党主導」という言葉も適当ではないと考えたこと。
③ 「国会主導」という言葉は、立法活動の主体となる「議員」が見えにくくなるとともに、「内閣主導」と対比されるおそれがあること。
④ 「与党・政治家主導」という言葉は、これまでの使われ方から、与党議員の特定分野への影響力（例えば、「族議員」）などのイメージがあり、かつ、主体が与党議員に限られること。

第1章　議員立法序説

　社会情勢に対応するため、そして、議員の「政治主導」という自負の下に、議員立法への積極的な取組が行われてきている[180]。それらの近年における状況について、第2章以下で具体的に紹介したい。

---

(180)　ジェラルド・カーティス編著『政治家の役割―「政治主導」を政治の現場から問う―』日本国際交流センター、2002；保岡興治『政治主導の時代―統治構造改革に取り組んだ三〇年』中央公論新社、2008. 議員立法の現場に詳しい実務者としての立場からも、国民から直接選ばれた国会議員が、社会の変化に機敏に対応し、法制度設計を自ら行い、議員同士が議論しながら必要とされる方策を実現していく、という立法府主導の政策決定について、国民にはあまり知られておらず、このような国会の機能に対して過小評価という傾向がある、との指摘がある（笠井真一「議院法制局における制度設計」中村・大石編　前掲注(56)、pp. 313-316.）。

第2章

議員立法の変遷と近年の変化

　戦後70余年の間に、議員立法は、その時々の政治・経済・社会情勢の中で、数量的にも、内容的にも、審議の面でも、変化しながら今日まで行われてきている。

　1990年代には、いわゆる55年体制が崩壊し、その後、選挙制度改革、行財政改革、地方分権改革など、次々と国の根幹に関わるような大きな制度改革が行われた。そして、平成21（2009）年と平成24（2012）年には、選挙による2度の政権交代も行われることとなり、そのような中で、国会や立法過程をめぐる状況にも様々な変化が生じることとなった。

　この章においては、このような動きの中で、議員立法がどのように行われてきたか、ということを概観するため、議員立法の数量的な変化、内容的・質的な変化、そして、審議面における変化について記述している。その中で、それらの変化が、第1章で述べた「国会改革」及び「政治主導」との関係でどのような意味を持つか、という点についての分析も試みている。

【数量的な変化】

　数量的な変化については、内閣立法は、基本的に、提出数も多く、成立率も高い状態で推移しているのに対し、議員立法は大きく変化してきている。1950年代に活発に行われた後、「衰退」したと評される時期を経て、1990年代後半からは「活性化」したといわれている。特に平成21（2009）年と平成24（2012）年の選挙による2度の政権交代の前後のねじれ国会において、その傾向は顕著である。

　第1節においては、新憲法下における法律案提出の概況、議員立法の動向を概観した後、近年の通常国会における法律案の提出件数、成立件数、成立率、修正率の変化を基に、議員立法の数量的な変化について解説する。

【内容的・質的な変化】

　1990年代後半以降の議員立法の「活性化」については、数量的な変化だけではなく、内容的な変化、更には、審議面における変化も併せて考える必要がある。

　内容的な変化について、これまで議員立法が行われてきた分野や類型の変化から見ると、古くからある類型もその趣旨や内容が変化していたり、様々な社会問題に対応するための新たな議員立法の類型が認識されるようになったりしている。

　また、野党提出法律案の果たす役割にも変化が見られるが、これは、議員立法により実現を目指す政策内容の変化と連動している。更に、行政の手の届きにくい様々な分野

について、「議員連盟」を中心として行われる議員立法や、国民の声を反映する「市民立法型」の議員立法なども活発に行われている。これらの背景には、「政治主導」により問題の解決を図ろうとする、議員による積極的な取組がある。

第2節においては、議員立法の類型・具体的な立法例を基に、議員立法の内容的・質的な変化について紹介する。

【審議面における変化―議員同士の議論の増加】

我が国の立法過程においては、非公式・非公開の場で法律案の内容が決まり、国会における論戦は低調との批判があった。内閣立法については、法律案の提出前の与党審査（事前審査）により実質的に内容が決まってしまい、修正率は低い状態が続いた。議員立法についても、戦後間もない頃の一時期を除き、かなりの長期にわたり審議されない状態が続いていたが、近年、審議の機会が増えている。とりわけ、ねじれ国会の下では、議員立法が積極的に行われ、国会の場において、複数の法律案をめぐり、議員同士の活発な議論が行われる場面が目立った。そして、その結果を受けて、新たな議員立法が行われたり、閣法の修正が行われたりするプロセスをたどるものも少なくなかった。このような審議過程をたどることにより、これまで「国会審議の形骸化」が指摘されてきた我が国の立法過程において、国民に見える形で議論が行われ、「国会審議の活性化・透明化」が図られた面がある。

第3節においては、審議面における変化を象徴する立法例を紹介するとともに、その限界についても記述する。

【審議面における変化―委員会提出法律案の審査の変化】

成立した議員立法を見ると、委員会提出法律案であったものが多くを占めている。委員会提出法律案については、各党の委員（議員）により、非公式の場で法律案の内容についての協議や意見調整が行われ、各党間の意見がまとまった段階でいきなり委員会の場に議案として登場し、通常、質疑などは行われないまま成立することがほとんどであった。国会において、法律案の趣旨と内容の簡潔な説明はあるものの、調整に当たった議員以外の議員や国民は、そのほかの情報は得られないことが問題点として指摘されてきた。

近年、委員会において、委員会提出法律案とすることを決定するに当たり、法律制定に至った経緯、背景、条文の意味、成立後の留意事項などについて、質疑等を通じて明らかにする取組が行われている。これは、「政治主導」の自負の下、議員が主体的に行った議員立法について、法律制定の趣旨などを明らかにし、会議録に残すことにより、制定後の法の運用に当たっての指針等としたい、という意思の表れといえる。新たな社会問題等に対応するための新規制定法が増えており、法制度について、説明の必要性が高まっていることも背景にあるものと考えられる。そして、そのような取組が、「国会審議の活性化・透明化」の要請に応えるものであることはいうまでもない。

第4節では、近年の委員会提出法律案の審査形態の変化について、具体的な立法例を基に紹介する。

第1節　法律案の提出・成立の状況

　閣法、衆法及び参法の提出件数、成立件数及び成立率については、法律案の作成・提出に関する様々な要素[1]により変化するが、その時々の国会をめぐる政治状況の影響も大きく受けることになる。そのため、これらの数値は、それぞれの国会における審議状況の評価に用いられることが多い。また、より根本的な、国会の機能や議員立法の果たす役割を考える上の指標としても用いられてきた。

　そこで、まず、第1回国会から第193回国会までにおける閣法、衆法及び参法の提出件数、成立件数及び成立率（別表1（参考資料）・表2－1）から我が国の立法の概況を確認するとともに、これまでの議員立法の動向を概観する。次に、選挙による2度の政権交代の前後の期間を中心に、国会の政治状況等により7つの時期に分け、それらの時期ごとの数値の変化から、議員立法がどのように行われたかを見ることとする。

Ⅰ　概観

1　閣法、衆法及び参法の提出・成立の概況

　第1回国会から第193回国会までの閣法、衆法及び参法の国会回次ごとの提出件数、成立件数及び成立率などは別表1（参考資料）のとおりであり、それらの数値をまとめたものが表2－1である。これらの数値が示すように、提出件数においても成立件数においても、閣法が優位となっている。このような状況については、現代国家においては「行政国家化」が進み、内閣は、広範な分野にわたって、行政施策の遂行上必要な立法を行い、また、そ

---

(1) 例えば、行財政改革や地方分権の推進などの関係で一度に多くの法制度の見直しが必要となる場合もあり、会期の長さなどにも影響される。

第 2 章　議員立法の変遷と近年の変化

の活動を通じて得た情報に基づき更なる施策の展開を行うことになるので、
「ある意味当然のこと」と捉えられてきた[2]。

表2−1　第1回国会（S22.5.20召）から第193回国会（H29.1.20召）まで

		閣法	衆法	参法
	提出件数(A)	9,899	3,928	1,743
	成立件数(B)	8,424	1,331	219
	成立率(B/A)(%)	85.1	33.9	12.6
継続	提出件数(A′)	1,221	3,198	502
	成立件数(B′)	357	89	11
	成立率(B′/A′)(%)	29.2	2.8	2.2

(注1)　「提出件数」(A) は当該会期中に新たに提出された法律案の件数の合計数を、「成立件数」(B) はそのうち
　　　当該会期中に成立した件数の合計数を、「成立率」(B/A) は「提出件数」(A) に占める「成立件数」(B) の
　　　割合を示している。
(注2)　「継続」の欄中、「提出件数」(A′) は前会期までに提出された法律案のうち閉会中審査（継続審査）となっ
　　　た件数の合計数を、「成立件数」(B′) はそのうち当該会期中に成立した件数の合計数を、「成立率」(B′/A′)
　　　は「提出件数」(A′) に占める「成立件数」(B′) の割合を示している。

　また、議院内閣制を採る我が国においては、

①　政府の提案する内閣提出法律案は、与党による事前審査制もあり、国
　会の賛成を得やすいこと、

②　議員提出法律案は、野党議員の提案が多くなり、国会で多数を占めて
　いる与党の賛成が得られず、成立に至らないものが多くなること、

③　議院内閣制における国会の役割は、「何よりもまず、執行府（政府）
　を創出し、安定化させること」にあり、政府が、「与党ないし政府の政
　策を実現するために」法律案を作成・提出し、その成立を期すのは「い
　わば議院内閣制の論理であり生理であ」り、内閣提出法律案が「第一次
　的・主導となるのは当然である」こと、

などと説明されてきている[3]。⑮

---

(2)　芦部信喜「日本の立法を考えるにあたって」『ジュリスト』No. 805、1984.1.1、p. 14；大森政輔「内
　　閣立法と議員立法」大森政輔・鎌田薫編『立法学講義　補遺』商事法務、2011、p. 47.
(3)　深瀬忠一「日本の立法過程の特色」中村睦男編『議員立法の研究』信山社出版、1993、pp. 13-14；新
　　正幸「立法過程」『ジュリスト』No. 1133、1998.5.1、p. 115.

第1節　法律案の提出・成立の状況

COLUMN 15

国会をめぐる議論の変遷

　我が国の国会に限らず、行政国家化が進む中で、「議会の衰退」が指摘されてきた。我が国の議会である「国会」についても、政策形成能力の低さ、国会審議の形骸化などが指摘されているが、その中でも、国会に関する評価は、それぞれの時期の国会をめぐる状況等を踏まえながら変化している。

　1970年代までの政治学の分野における現状認識は「官僚優位論」であったが、憲法学の立場からも、議会制民主主義に照らした規範的な観点（＝行政が官僚により支配されていることを改善すべきという問題意識）から、「国会無能論」（官僚が作成し、国会に提出された法律案について、国会はお墨付きを与えるだけのラバースタンプという見方。閣法の成立率の高さ・修正率の低さが有力な根拠）が唱えられた。

　それらに対し、1970年代半ばに生じた「与野党伯仲」の状況と1980年代からの「党高政低」現象を背景として、1980年代以降、政治学者を中心に「国会機能論」、「政治優位論」ともいうべき議論が主張された（①国会における会期制、二院制などの制度・議事手続や全会一致ルールなどの慣習・先例に着目して国会での「野党」の影響力（＝「ヴィスコシティ」（「粘着性」などと訳される。成立に至るまでの抵抗だけでなく、世論の動向が国会に与える影響も考慮。）が高く、議会としてかなりの政策変換能力を持っているとする。）に目を向けるもの（マイク・モチヅキ）、②政策形成過程における与党の役割を重視し、「党高政低」、「党高官低」といわれるように、自民党政調、族議員などが官僚主導の政策決定過程に影響を与えているとするもの（猪口孝など）、③それらを包摂して立法過程を「障害物競争」に例えるもの（岩井奉信）など）。

　その後、1990年代に入り、非自民連立政権における官僚の役割の増大を背景とする官僚の役割の見直し論を経て、1990年代後半からは、「政治主導」という形で再び「政治優位論」が出てくることになり、国会をめぐる議論が活発化したといわれる。
（川﨑政司「国会審議の機能と評価に関する一考察（二）」『議会政治研究』No. 76、2005、pp. 87-88；浅野善治ほか「〔座談会〕期待される国会像」『ジュリスト』No. 1177、2000.5.15、pp. 9-10；岩井奉信『立法過程』東京大学出版、1988、pp. 22-27、164-167.）。

　また、このような閣法優位の傾向は、我が国だけではなく、議院内閣制を採る各国においても共通なものであり、議院内閣制の議会の立法過程では、内閣提出法律案を議員が実質的に修正する「議員修正」の役割が、議会の立法活動にとって重要な意味を持っている、と指摘されている[4]。

　同じ議員立法の中でも、衆法に比し、参法が提出件数・成立件数ともに少

97

ない傾向にあることについては、主に、衆議院が第一院であることから導き出される当然の帰結との意見がある[5]。そして、その背景には、55年体制の確立後、参議院も政党化が進み、衆参両院ともに会派構成が類似する状態となっている実態がある[6]。

2　議員立法をめぐる動向

　閣法、衆法及び参法の提出件数、成立件数及び成立率の会期ごとの動向を見ると、閣法が優位の状態ではあるが、提出件数については、近年は閣法の提出件数が減少傾向にあることもあり、議員立法（衆法＋参法）の提出件数の提出件数総数に占める割合が高めに推移している。一方、成立率を見ると閣法に比べ、衆法及び参法については、その数値が大きく変化している（別図1〜別図3（参考資料）参照）。ここで、日本国憲法下の議員立法をめぐる動向を簡単にたどることとする。

（1）第1〜20回国会

　第1回国会（S22.5.20召）から第9回国会（S25.11.21召）までは、新憲法下において、多数の閣法が提出され、成立したのに対して、議員立法の提出件数は少ないが、衆法、参法ともに成立率は高くなっている（別表1等参

---

(4)　上田章・五十嵐敬喜『議会と議員立法―議員立法についての元衆議院法制局長との＜対論＞―』公人の友社、1997、p. 96；岩﨑隆二「議院法制局五十年・その概況と課題」『議会政治研究』No. 50、1999.6、p. 27；谷勝宏『現代日本の立法過程――一党優位制議会の実証研究―』信山社出版、1995、p. 221．後述するように、国会における修正率は低く、議院内閣制の下の委員会としては「最強」といえる権限を持っているが、「法案修正は活発とはいいがたく、いわば宝のもちぐされの状態にある」と指摘されている（大山礼子『国会学入門　第2版』三省堂、2003、p. 110.）。

(5)　谷　同上、p. 230．著者によると、参法の成立率の低さは、与党の関与した成立の見込みのある議員立法の数が少ないからで、その理由として、①議員立法も、党内手続が行われ、提出の段階において国会対策委員会（以下「国対」）サイドで判断されるため、閣法と同様に衆議院に提出される数が多くなること（この点に関して、小島和夫『法律ができるまで』ぎょうせい、1979、p. 173参照）、②制定される法律は、新規立法より改正法の方が多いが、その場合必然的に従前出された院から提出されるので、衆議院からの提出が繰り返されることが考えられる、としている。また、野党が対案を出す場合は、先議の議院である衆議院で閣法が審議中であることが多いので、衆法の提出が先行する、とも説明されている。近年は、参議院提出の新規立法やその改正も増えている。

(6)　岩﨑　前掲注（4）、p. 27.

照）。この時期には、国会関係・選挙関係の法律をはじめ、文教、地域振興、通産、厚生、労働などの関係法律、後述する士（サムライ）法といわれる資格法などが成立している。この時期に特筆すべきこととして、参議院の会派であった緑風会🔍が活発な立法活動を行ったことが挙げられている[7]。また、緑風会に代表されるように案件によっては党議拘束を緩めて自由な表決を認める会派や、同じ政党であっても衆議院側の意思決定にとらわれない運営を行った会派があり、参議院の独自性を発揮した議員立法も少なくなかったといわれる[8]。

第10回国会（S25.12.10召）からは、議員立法の数が急激に増加した[9]。この一因としては、「政府依頼立法」🔍という形で議員立法が行われたことが挙げられている。しかし、政府依頼立法が提出されたのはわずか3回の国会においてのみであり、それらの国会においても、議員立法の中でそれらの占める割合は大きくはない。

🔑 KEYWORD

緑風会

　参議院の第1回通常選挙では、100名以上の無所属の当選者がおり、そのような無所属当選者を母体として結成された緑風会は、参議院の最大会派となった。衆議院とは一線を画し、党議拘束も行わず、独自の立場から、議員立法や修正を活発に行った。その後、参議院も政党化が進み、選挙のたびに所属議員の議席数は逓減し、昭和40年6月、第48回国会をもって姿を消した。

　この後も議員立法の提出件数は多い状態で推移したが、成立件数は減少してきた。「利権法案」・「お土産法案」と批判されるような立法が多くなって

---

(7)　上田章「第1回国会以来の議員立法とその経緯」『議会政治研究』No. 12、1989.12、pp. 13-16. なお、第1回国会（S22.5.20召）から第193回国会（H29.1.20召）までの新規制定の議員立法については、別表2（参考資料）を参照。

(8)　岩﨑　前掲注 (4)、p. 21.

(9)　「衆法の新規提出数は1950年代初めにピークを迎えて議員立法ブームとなっている」と評されている（川人貞史『日本の国会制度と政党政治』東京大学出版会、2005、p. 115.）。それまで議員立法が不振だった理由として、GHQによる承認が必要であったことの影響が指摘されている（同、pp. 181-182.）。

おり、その中には各省庁からの関係常任委員会の委員への依頼により、政府内で予算等の調整を終えていない法律が抜け駆け的な議員立法として提出され、成立する例も少なくなかったといわれる[10]。

(2) 第21回国会～1990年ごろ

第21回国会（S29.12.10召）において、「国会法の一部を改正する法律」（S30法3）が成立し、それまで1人でも提出することのできた議員提出法律案の提出の際に、一定数以上の賛成者を必要とすることとされた[11]。一方、昭和30年に、いわゆる55年体制が確立し、そのような中で、昭和20年代の後半に活発に行われていた議員立法は「衰退」[12]していったといわれる。

その原因として、賛成者要件が設けられたことがしばしば挙げられるが、自民党において議員立法をめぐる新しい制度・ルールが形成されたこと（機関承認の義務付け、予算を伴う議員立法の提出を差し控える旨の総務会決定[13]、内閣提出法律案の与党審査の慣行を開始し、党と政府の調整の上で内閣提出法律

KEYWORD

政府依頼立法

　昭和25年に、衆議院副議長を団長として「米国の議会制度調査視察団」が渡米し、帰国後に両院議長に提出した「国会における実現希望事項」という文書を契機として行われたもの。「立法府たる国会が自ら立法に任ずる」ため法律案の提出を「党を通じて議員より提出することに改める」とされたが、その結果、「実質的には完全に内閣が準備した法律案を、内閣が与党に依頼して、単にもっぱら形式的に議員立法の形で提出」された（石村）。

　第10回国会（成立議員立法81件のうち31件）、第13回国会（S26.12.10召：同75件のうち15件）及び第16回国会（S28.5.18召：同67件のうち1件）の3回の国会における立法例が紹介されているが、その後は行われていない。

（佐藤功「いわゆる議員立法について―日本とアメリカの場合の比較―」『公法研究』6号、1952.4、pp. 94-96；石村健『議員立法』信山社出版、1997、pp. 27-32。）

---

(10) 上田章『議員立法五十五年』信山社出版、2005、pp. 37-38；川人　同上、pp. 185-187、194。
(11) 国会法56条1項。第1章第1節Ⅰ2（8）参照。
(12) 川人　前掲注（9）、pp. 173-174。

第 1 節 法律案の提出・成立の状況

案として提出）の影響の方が重要であると指摘されている[14]。国会法の改正後、議員立法の提出件数の総数が直ちに減少したわけではない。一方、与党の議員立法は抑制されて与党提出法律案が減り、大半が野党提出法律案となった結果、成立件数は減る傾向になり、「国会における最終的な製品としての法律に注目する限り、議員立法の重要性が著しく低下したことは明らかである」と評されている[15]。

そのような中で、野党中心の議員立法は、成立を目標とするというより、それぞれの政党の政策を法律案という形で表明することにより、世論に自党の政策を問うことに意義を求めるものであった、といわれる[16]。また、55年体制が確立した当初は、自社二大政党であったが、徐々に多党化が進み、議員立法における野党提出法律案の提出状況も変化した。日本社会党（以下「社会党」）案がほとんどであった状態から、民社党、公明党、日本共産党（以下「共産党」）からも法律案が提出されるようになり[17]、それらの野党各党の法律案の中には、成立には至らなかったものの、何年か後には、それらを参考にして、内閣提出法律案、与野党共同による議員提出法律案などの形で提出され成立した例があった[18]。これは、「政策先取型」などといわれるものである（第2節II 2（2）参照）。なお、このような多党化に伴い、賛成者要件が少数政党の立法活動を抑制する場面が増えることとなったことが指

---

(13) 昭和30年代に、政府から、度々自民党に対して予算を伴う議員立法の抑制が申し入れられており、自民党においても、そのような方針が決定されたと報道される（古賀豪ほか「帝国議会および国会の立法統計―法案提出件数・成立件数・新規制定の議員立法―（資料）」『レファレンス』718号、2010.11、pp. 122-123；川人前掲注（9）、pp. 194-196.）。

(14) 川人 同上、pp. 198-199. 予算を伴う議員立法が抑制される一方で、内閣提出法律案の提出の際の「与党審査」の政策決定過程が整備され、与党である自民党は「議員立法にきわめて消極的になり、特に、予算を伴う議員立法を提出しなくなった」と指摘されている（同）。COLUMN06参照。

(15) 川人 同上、pp. 196-197.

(16) 上田 前掲注（7）、pp. 16-17.

(17) 衆議院では、民社党は昭和38年から、公明党は昭和42年から、共産党は昭和47年から、予算を伴わない法律案は提出できるようになった。

(18) 上田 前掲注（10）、pp. 66、73. 例えば、第19回国会（S28.12.10召）から野党が「最低賃金法案」（衆法16号、18号）を提出していたが、第31回国会（S33.12.10召）において政府から「最低賃金法案」が提出され（閣法13号）、成立した（S34法137）。

101

第2章　議員立法の変遷と近年の変化

摘されている[19]。

　その後、議員立法は、提出件数も減少傾向をたどり、提出件数、成立件数ともに低い状態で推移し、特に、55年体制が崩壊に向かいつつある1990年前後に最も低調になったといわれる。これは、野党法律案の提案が落ち込んだためと指摘されている[20]。

（3）55年体制の終期～連立政権の始まり（1990年代半ば）

　1990年代に入っても、議員立法の提出件数は引き続き低い状態であったが、第115回国会（H元.8.7召）から生じていた「ねじれ国会」を背景として、国会の審議状況に変化が生じた。⑯　野党側は、閣法に対して、それまでの審議拒否などの抵抗戦術ではなく、現実的な対応をとって賛成する比率が高くなり、その一方では、対決法案に関する対案や政策先取型の法律案などを野党共同で提出する例が増加した。与党側の野党提出法律案に対する対応も変化し、ほとんど審議されなかった状態から、本会議で重要法案の対案である野党提出法律案の趣旨説明が行われる例や、委員会において「与野党両案が一括して議題とされ」、「白熱した議論が展開」される例が見られるようになった。また、閣法の修正率は依然として低い状態ではあるが、対決法案について提出前に野党の意見を反映した手直しを行ったり、施行期日の徒過に伴う形式的な修正などではなく審議を通じて実質的な修正が行われたりするなど、野党の影響力が増大したとされる。その一方で、政策先取型の野党法律案の実質的な審議については、引き続き、ほとんど行われなかったとも指摘されている[21]。

　リクルート事件（昭和63年～平成元年）に続き、佐川急便事件（平成4年）、ゼネコン疑惑（平成5年）などの不祥事が続いて「政治改革」が懸案となる中、平成5年7月の第40回衆議院議員総選挙の結果、自民党の議席数は過

---

(19)　小島和夫「議員発議法律案をめぐる問題と検討」『議会政治研究』前掲注（7）、pp. 7-8.

(20)　川人貞史「連立政権下における国会運営の変化」北村公彦ほか編『55年体制以降の政党政治』（現代日本政党史録5）第一法規、2004、pp. 111、114.「自民党単独政権における制度疲労が野党にも及んでいたということであろうか」（同、p. 114）と評されている。

(21)　谷勝宏「議員立法の機能化に関する実態分析」『名城法学』Vol. 47 No. 2、1997.12、pp. 183-188.

102

平成以降のねじれ国会

　「ねじれ国会」とは、衆参両院の間で議院内の多数派が異なることとなった状態を指し、実際の国会の状況としては、参議院において与党が過半数を制していない状態のときに使われる。

　そのような状態は、昭和22年の第1回国会以降、参議院で「緑風会」が大きな勢力を占めていた頃にも生じていたが、その後はなく、平成元年の参議院議員通常選挙後に、33年ぶりに「ねじれ」状態となって以降、計5回生じている。

　ねじれ国会において、法律案の議決については、予算の議決（憲法60条2項）、条約の承認（同61条）及び内閣総理大臣の指名（同67条2項）のような強い「衆議院の優越」性は認められていないため（同59条1項、2項及び4項）、国家公務員等のいわゆる「同意人事」案件などとともに、「決められない政治」が問題になり、2度の政権交代が行われた頃のねじれ国会においては、憲法改正も含め、その解決のための方策が提案・検討された。

　ここで、平成以降の5回の「ねじれ国会」を少し詳しく見てみたい。

① 　最初の「ねじれ国会」は、平成元年の参議院議員通常選挙後であり、自民党は大敗し、参議院に緑風会が議席を持っていた時代以降、初めて、与党が参議院で過半数を確保できない状況となった。しかし、このときは、野党が多党化しており、民社党、公明党など中道勢力の協力を得ることで、政府・与党は「何とかしのいでいくことができた」（飯尾）といわれる。

② 　平成10年7月の参議院議員通常選挙で、単独与党だった自民党は過半数を大きく割り、平成に入ってから2回目となる「ねじれ国会」となった。第143回国会（H10.7.30召）は、「金融国会」といわれるように、バブル経済崩壊後の危機の中にあって金融機関の破綻処理が急務となっていた。小渕恵三内閣は、金融再生関連法案の成立を急ぎ、野党案を「丸呑み」（提出されていた閣法の修正ではなく、対案であった野党提出法律案が修正され成立。第3章第1節Ⅱ3（1）参照）することで切り抜けつつ、「連立」の道を模索し、翌年10月には、自民・自由・公明の3党の連立により参議院の過半数を確保した。

　なお、この①と②の「ねじれ国会」までは、自民党は、参議院で過半数を制することはできなかったものの40％以上の議席数を有し、第一党の地位は確保しており（平成元年43.3％：平成10年41.7％）、その一方で、野党第一党は30％には満たない議席数の状態にあった（平成元年26.2％〈社会党〉：平成10年18.7％〈民主党〉）。更に、野党が多党化していたこともあって、未だ対立関係は激しいものではなかった。しか

第 2 章　議員立法の変遷と近年の変化

し、平成 6 年の衆議院選挙制度の抜本改正などを受け、「選挙によって政権交代の起こる可能性がゆっくり強ま」り、旧来型の与野党協調を背景とする国対政治の比率が低下し、与野党激突傾向が強まっていった（飯尾）。

③　平成 17 年の衆議院議員総選挙（いわゆる「郵政解散」・「郵政選挙」）で、与党であった自民党・公明党が圧勝し、衆議院において 3 分の 2 以上の議席を占めることとなったが、その後、年金記録問題や官僚の不祥事等による批判を受け、平成 19 年 7 月の参議院議員通常選挙において大敗することとなった。当時野党であった民主党が 106 議席（43.8％）と、自民党の 84 議席（34.7％）を大きく上回り、連立を組んでいた公明党の議席（20 議席（8.2％））と合わせても及ばない状態になった。55 年体制が成立した昭和 30 年 11 月以降、衆議院第 1 党が参議院第 1 党ではなくなったのは、初めてのことであり、これが、平成に入って 3 回目のねじれ国会となる（第 2 章第 1 節Ⅱ1(2) 参照）。

④　平成 21 年の衆議院議員総選挙においても、民主党は圧勝し、昭和 30 年以来となる衆議院第 1 党の交代が起こり、政権交代が行われた（民主党・国民新党・社民党の連立政権）。しかし、翌年の参議院議員通常選挙で、民主党は、大きく議席を減らすことになり、選挙前に社民党が連立から離脱したこともあり、民主党・国民新党の連立政権は、参議院で過半数を制することができないだけでなく、衆議院において再議決の可能な議席数も確保できない状態となった（第 2 章第 1 節Ⅱ1(4) 及び (5) 参照）。

平成以降の「ねじれ国会」と衆議院の再議決の可否の状況

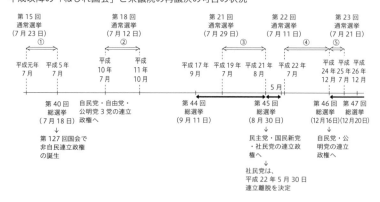

（注）・「ねじれ国会」の期間は「⇔」で示し、①～⑤はコラムの説明との対応関係を示している。
　　　・衆議院において 2/3 以上の多数で再議決が可能な期間は「⟷」で示している。
　　　・「通常選挙」は「参議院議員通常選挙」の、「総選挙」は「衆議院議員総選挙」の略である。
（出典）神田広樹「戦後主要政党の変遷と国会内勢力の推移」『レファレンス』、2014.6、pp.61-64 等を基に筆者作成。

第1節 法律案の提出・成立の状況

⑤ 平成24年12月の衆議院議員総選挙の結果、自民党・公明党の連立政権へと政権交代が行われることとなったが、参議院において与党は過半数を制していなかったため、攻守所を変えての「ねじれ国会」の状態であった（第2章第1節Ⅱ1（6）参照）。その後、平成25年7月の参議院議員通常選挙の結果、自民党（115議席）・公明党（20議席）と過半数の議席を確保し、「ねじれ」は解消した（第2章第1節Ⅱ1（7）参照）。

（飯尾潤「衆参における多数派の不一致と議院内閣制」『ジュリスト』No. 1367、2008.11.15、pp. 88-92 など）

半数に及ばず（223議席：43.6％）、第127回国会（H5.8.5召）において、社会党、新生党、日本新党、公明党、民社党、社会民主連合、新党さきがけ（以下「さきがけ」）等による「非自民」の細川護熙連立内閣が誕生した[22]。これによって、38年間続いた自民党の長期政権が終わった[23]。そして、その後、政権は、羽田孜連立内閣（新生党、公明党、日本新党、民社党等）、村山富市連立内閣（自民党、社会党、さきがけ）、橋本龍太郎連立内閣（自民党、社会党（平成8年1月25日から社会民主党。以下「社民党」）、さきがけ）と変遷した[24]。

細川連立内閣時代には、野党であった自民党議員が推進役となることで超党派・委員会提出の議員立法の成立につながったり、参議院自民党の議員立法コンテストから法律が成立したりするなど、連立与党の賛同も得て野党主導の議員立法の成立が見られた。村山連立内閣時代においては、新進党（平成6年12月結党）が議員立法を積極的に提出したが、政策先取的な内容の法律案については、依然として、委員会審議に入れなかった、と指摘されている[25]。

（4）1990年代後半以降―議員立法の活性化―

「政治改革」の機運の高まりの中で、各方面から、「国会改革」の一環とし

---

(22) このときの政権交代は、選挙結果を受け、各党が連立を組んだことによるものであった。

(23) 北岡伸一『自民党―政権党の38年―』中央公論新社、2008、pp. 262-269、288、294-295.

(24) 神田広樹「戦後主要政党の変遷と国会内勢力の推移（資料）」『レファレンス』761号、2014.6、p. 62.

(25) 新進党の議員立法は、審議を通じて政策の相違を有権者に明らかにする機能の点でも、政策形成への実質的影響力についても、1980年代の野党4党以上と評したものがある（谷 前掲注（21）、pp. 189-195.）。

105

第 2 章　議員立法の変遷と近年の変化

て「議員立法の活性化」を求める主張が行われた[26]。国会においても、土井たか子衆議院議長・鯨岡兵輔衆議院副議長の私的諮問機関である「国会改革に関する私的研究会」が、平成 6 年 6 月に「国会改革への 1 つの提言」を取りまとめ、平成 8 年 6 月には「議員立法の活性化について」を提言した[27]。また、参議院においても、同年 12 月に、斎藤十朗参議院議長の諮問機関「参議院制度改革検討会」が、参議院改革に関する 5 項目の答申からなる報告の中で、「議員立法の充実」を取り上げている[28]。

　そして、平成 9 年以降、議員立法の法律案の提出件数、成立件数は、それ以前に比べると大幅に増えた。また、成立した法律の内容についても、

　①「六法」といわれるような基本的な法律である商法などの改正法や特例法、②北海道拓殖銀行や日本長期信用銀行の経営破綻等を受けた「金融国会」（第 143 回国会（H10.7.30 召））における金融再生のための金融関係法律、③いわゆる臓器移植法や NPO 法をはじめ、サラ金による高金利、児童買春・児童ポルノ、ダイオキシン対策[29]、児童虐待、ストーカーなど、国民の関心の高い社会問題に対応するための法律、など、影響力の大きい法律が成立している[30]。**(17) (18)**

　そのような「活性化」の理由としては、

　①　平成 5（1993）年の細川連立政権の成立以降、様々な連立政権が成立する中で、多くの政党が政府・与党を経験して、政策立案能力が現実的なものになるなど質的に向上したこと、

---

(26)　古賀ほか　前掲注（13）、p. 123；武田美智代・山本真生子「主な国会改革提言とその論点」『レファレンス』670 号、2006.11、pp. 110-113.

(27)　上田　前掲注（10）、pp. 169-177.

(28)　古賀ほか　前掲注（13）、p. 123；参議院 HP「参議院のあらまし　参議院改革の歴史」

(29)　ごみ焼却施設から発生するダイオキシンによる汚染が大きな社会問題となる中、「国会議員が中心となり、行政主導では到底できない踏み込んだ内容の法案」を作り、それまで「野放し状態だったダイオキシン類を抜本的に規制する国内初の法律」となったのが「ダイオキシン類対策特別措置法」（H11 法 105）である。議員立法でなければ他省庁の抵抗で成立は到底不可能だったといわれる。当時は野党だった公明党の参議院議員と NPO が協力して「たたき台」を作り上げ、「議員」立法はいまや「市民」立法の性格を帯びつつある」と評された（西川伸一『知られざる官庁・新内閣法制局：立法の中枢』五月書房、2002、pp. 188-189、194-195.）。

(30)　河野久「議員立法─実務的見地から─」『ジュリスト』No. 1177、2000.5.15、pp. 84-85；「議員立法、次々日の目　政府内調整の難しさクリア」『朝日新聞』、1999.7.13.

106

臓器移植法の立法過程

「臓器の移植に関する法律」（H9法104：以下「臓器移植法」）は、「NPO法」と並んで、1990年代後半からといわれる「議員立法の活性化」を象徴する法律のひとつとして、しばしば例に挙げられる。この2つの法律は、それぞれ違いはあるが、法律案の立案過程においても、国会における審議過程においても、それまでの議員立法とは異なる展開を示すことになった。ここでは、臓器移植法の立法過程について紹介する。

【背景】

諸外国では、脳死を人の死として、臓器の摘出、移植が定着していく一方で、日本では、和田心臓移植（昭和43年8月）の不幸な歴史（ドナーの脳死判定、移植患者の選定等について疑問が呈され、国民の不信感を生んだといわれる。）があり、医療現場の判断に任せているだけでは、脳死状態における臓器移植が行われるようになることは難しい状態にあった。

このため、移植が必要な患者やその家族は、海外に渡って移植の可能性を探ることとなった。重い病気を抱えながら外国で臓器の提供を待ち、移植手術を受けることにより、心身へ大きな負担がかかるだけでなく、経済的にも多額の費用を要することとなり、また、諸外国からは、なぜ自国で移植を受けられないのか、との批判も生じていた。

そんな中、このような状態を打破するための検討が超党派の議員連盟で始まり、長い経過を経て、臓器移植法の制定に至ることとなった。

また、臓器移植法の制定後も、臓器移植の機会が増えない状況が続いたこと、特に、幼い子どもに適した臓器提供が望めなかったことなどの問題があり、その一方で、海外渡航により移植を受けることも困難になる中、制定から10年以上の歳月を経て、臓器移植法の改正が行われることとなった。

【臓器移植法の制定まで】

法律案の提出に至るまでの過程においては、超党派での検討の場（生命倫理研究議員連盟・脳死及び臓器移植に関する各党協議会）が大きな役割を果たした。

それまで行われていた角膜、腎臓の移植が、三徴候による「死」の判定（いわゆる「心臓死」）を前提としていたのに対し、心臓、肝臓、肺など、より多くの臓器の摘出について定めることとなる「臓器」の移植に関する法律を制定するためには、「脳死」を人の死として認めるか否かという議論を避けることはできなかった。

政府が動こうとしない中、まず、この問題についての国民のコンセンサスを十分に作り上げることを目指し、議員立法により、平成2年2月に、いわゆる「脳死臨調」が設置された。2年間の議論の後に脳死臨調の答申が出され（平成4年1月：脳死を人の死とすることは概ね社会的に受容され合意されている。臓器移植関係の法制の整備を図ることが望ましい。少数意見も併記。）、それを踏まえて各党協議会における議論が行われたが、臓器移植法案が国会に提出されたのは平成6年4月のことであった（129

第2章　議員立法の変遷と近年の変化

回衆 7）。提出後もなかなか審議に入ることはできず、審議促進のために修正案の提出も行われたが、継続審査が繰り返された後、平成 8 年 9 月の解散により廃案となった。

　総選挙後の第 139 回国会（H8.11.29 召）において再提出された臓器移植法案（脳死は人の死であることを前提とする立場：139 回衆 12：中山案）は、第 140 回国会（H9.1.20 召）において、ようやく、平成 9 年 3 月から、衆議院において実質的な審議が始まり、同月 31 日に対案として提出された法律案（脳死は人の死であることを前提としない立場：140 回衆 17：金田案）とともに審議されることなった。2 本の法律案は、ともに、超党派の議員による提出である。

　これらの法律案の審議に当たっては、共産党を除く各会派は、議員個人の道徳観、倫理観、人生観などに関わる内容の法律案として党議拘束をかけないこととし、議員は、それぞれの考えに沿って国会の場で議論し、採決に臨むこととなった。

　衆議院においては、厚生委員会に付託されたが、本来所属している委員以外の多くの議員も「差し替え」によって積極的に審査に参加し、計 8 回の委員会が開催され、総審査時間は 27 時間、延べ 74 名の委員及び委員外議員により質疑が行われたといわれる。

　このような熱心な委員会審査を経て、委員会としての採決は行わず、本会議において、4 月 22 日、厚生委員長による中間報告（COLUMN11「「中間報告」の使われ方」参照）が行われ、それに基づいて本会議において直接採決が行われることとされた。これは、それぞれの議員が直接自らの判断に基づき採決を行うことが適切と判断されたことによる。

　衆議院本会議において、4 月 24 日、脳死は人の死と認める立場の中山案が可決され、参議院に送付されることとなったが、参議院においても、衆議院で否決された金田案とほぼ同様の内容の法律案（脳死は人の死であることを前提としない立場：140 回参 3：猪熊案）が提出され、臓器の移植に関する特別委員会において、2 本の法律案をめぐり、改めて、熱心な議論が行われた。6 月 16 日に、衆議院から送付された中山案に対して修正案が提出され、同日特別委員会において、翌 17 日に参議院本会議において修正議決された（修正内容：臓器提供の要件としての脳死判定の要件等の厳格化など）。その後、回付案に衆議院が同意し、同日、臓器移植法は成立した。この修正は、脳死は人の死ということを前提とすることに対する躊躇を反映するような内容といえる。

　臓器移植法の附則には、移植医療全般について、3 年を目途として検討し、その結果に基づいて必要な措置を講ずる旨の規定が置かれていたが（附則 2 条 1 項）、制定時と同じように、脳死に関する受け止め方の違いが大きな壁となり、改正に向けた動きが具体化するのには時間がかかることとなった。

【臓器移植法の改正まで】

　制定時の臓器移植法の下では、

①　ドナー本人の生前の書面による臓器提供の意思表示があること等の要件が厳しいこと

②　臓器移植法の運用指針では、臓器提供等の意思表示について 15 歳以上の者の意

第 1 節　法律案の提出・成立の状況

思表示を有効なものとしていること
などから、脳死での臓器の提供者数は伸びず、とりわけ、幼い子どもに適した臓器は提供されないなどの問題が生じていた。

国内での臓器移植の機会があまり増えない状況のまま、平成 20 年 5 月には、国際移植学会において、実態的に渡航移植の自粛を求めることとなるイスタンブール宣言が採択され、平成 21 年には世界保健機構による「臓器移植に関する指導指針」の改定に反映されるかもしれないという事態となった。そのような中で、平成 21 年 4 月ごろから、臓器移植法の改正に関する議論が活発化した。「衆議院の解散又は衆議院議員の任期が現実的なものとして迫ってきていたこと」も、改正案の審議に向けた機運を盛り上げた要因のひとつとされる（仁田山）。

既に、第 164 回国会（H18.1.20 召）及び第 168 回国会（H19.9.10 召）に提出されていた 3 本の臓器移植法の改正法案（A 案、B 案、C 案）については、厚生労働委員会に設置された臓器移植法一部改正法案を審査するための小委員会において、4 回の参考人からの意見聴取・質疑のほか視察も行われたが、第 171 回国会（H21.1.5 召）において、新たにもう 1 本の改正法案（D 案）が提出され、計 4 本の法律案について、厚生労働委員会において 2 回の質疑が行われることとなった。それらの内容は以下のとおりであった。

A 案：「脳死は一般的に人の死」であるという考え方を前提にして臓器移植の要件を緩和して、臓器移植の機会の増大を企図（164 回衆 14：中山案）

B 案：「臓器移植の場合に限り脳死は人の死」という考え方を前提にして、臓器提供の意思表示をすることのできる年齢を 12 歳にまで引き下げる旨を法律上明記（164 回衆 15：石井案）

C 案：ドナーやその家族の心情にも十分配慮されるべきとの観点から、脳死判定基準及び脳死判定手続の適正化等（168 回衆 18：金田案）

D 案：「臓器の移植の場合に限り脳死は人の死」という考え方を前提に、15 歳未満の者からの臓器摘出について、家族の承諾及び病院内倫理委員会による確認を条件に認めること等（171 回衆 30 号：根本案）

平成 21 年 6 月 9 日には、衆議院本会議において、厚生労働委員長による中間報告が行われ、加えて、4 本の法律案について、それぞれの法律案の提出者から説明が行われた。更に、6 月 16 日には、それぞれの法律案について賛成の立場の議員からの討論が行われ、18 日の採決の結果、A 案が可決された。

参議院においては、衆議院から送付された A 案に対して、新たな内容の法律案（E 案：臨時子ども脳死・臓器移植調査会を設置すること等：171 参 26：千葉案）が提出され、更に、A 案に対する修正案（A' 案：「臓器移植の場合に限り脳死は人の死」という考え方を前提とすることを法文上明らかにすること等）も提出された。厚生労働委員会において、3 回の参考人からの意見聴取・質疑等と 2 回の法律案及び修正案についての質疑の後、7 月 10 日に参議院本会議において中間報告及び討論が行われ、同 13 日に採決が行われた。その結果、賛成多数で、A 案が原案どおり可決され、成立した。

109

臓器移植法の改正の際の衆参の審議においても、制定時と同様に、共産党を除く各会派は党議拘束を外しており、各議員は、それぞれの判断に基づき、審査・審議及び採決に臨んだ。制定時とともに、このように、ほとんどの会派が党議拘束を外して審議、採決に臨んだ例はほかにはない。

この臓器移植法は、制定時には、中山太郎議員をはじめとする医師である議員が制定に向けて主要な役割を果たし、また、改正時においては、父の命を救うため自ら生体肝移植におけるドナーになった経験を有する河野太郎議員が改正の必要性を訴えており、議員立法の類型（第2節Ⅱ1(5)参照）の中の「議員の道徳観、倫理観との関わりが強い法律」というグループの中の代表的な例でもある。

このようにして制定され、また、改正された臓器移植法は、平成29年6月、法律の成立から20年を迎えた。脳死下での臓器提供者数は、平成21年改正法の施行後大幅に増えたが、その一方で心停止下での臓器提供者数が大きく減っているため、合計数の推移を見るとほぼ横ばい状態にある。臓器提供を希望する登録者数との間には大きな差があり、世界的に見ても臓器提供者数は低い水準といわれる。その原因としては、国民の理解や意識の問題、臓器提供を行う医療機関の体制整備の遅れ、司法解剖が優先され臓器提供に支障が生じることなどが挙げられており、国としての取組の必要性も指摘されている。

（中山太郎「Check the 議員立法 No.6 臓器移植法―適正な移植医療を目指して―」『法学セミナー』No. 499、1996.7、pp. 110-111；140回衆・本・H9.4.22・pp. 5-8；河野太郎「腹を切ればよいのか」『ごまめの歯ぎしり』第22号；笠井真一「移植医療の適正な実施に資する「臓器移植法」の制定」『時の法令』1557号、1997.11.15、pp. 6-9；仁田山義明「「脳死は人の死」という考え方を前提に、本人の意思が不明でも遺族の承諾により臓器摘出が可能に」『時の法令』1849号、2010.1.15、pp. 43-47.）

NPO法の立法過程

今日では、広く国民生活に浸透しているNPOの活動であるが、その根拠となる法律は、平成10年に議員立法で制定された「特定非営利活動促進法」（H10法7：以下「NPO法」）である。平成9年に制定された臓器移植法と並んで、「議員立法の活性化」の象徴として紹介されることが多い。臓器移植法は、生命倫理に関わる問題であるため特徴ある立法過程をたどることになり、その点は異なるが、それまでの立法過程にない展開を示した点は共通している。NPO法の立案過程と審議過程を紹介したい。

【背景】
価値観が多様化する中で、多様な市民活動（非営利・公益）を行う団体の活動が活発

化したが、これらの多くの団体は、長らく、法人格を取得することができなかった。このため、団体名での不動産登記や銀行口座の開設ができず、社会的な信用も得られず、銀行の融資が受けられない、寄付金が集まらないなど、様々な活動上の障害が生じていた。また、国際的に NGO の活動が盛んになる中、国際協力の展開などの際にも不利な扱いを受けることになったといわれる。一方で、我が国において少子高齢化や国際化が進展する中で、これまでの「官」（政府部門）と「民」（民間営利部門）に加えて「公」とでもいうべき民間公益部門の加わった構造への転換が求められていた。

　非営利活動を行う団体に対して簡易な法人格付与手続を創設することの必要性が意識される中で、政府、議員・政党、市民団体などにおいて、検討が始まったが、大きく法制化に向かって動くきっかけとなったのは、平成 7 年 1 月の阪神淡路大震災であったといわれる。大震災の後、行政の対応が立ち遅れる一方で、きめ細かな活動を迅速に展開する市民のボランティア活動が注目されることとなった。そして、これらのボランティア団体に対する支援策を講ずべきとのマスコミや世論にも押され、政府、議員・政党、市民団体などにおいて、法制化に向けた取組が本格的に開始された。

【法律案提出までの動き】

　法律案提出までの主な動きは以下のとおりである。

平成 7 年 2 月		政府部内に「ボランティア問題に関する関係省庁連絡会議（いわゆる「18 省庁連絡会議」：経済企画庁取りまとめ）が設置
		与党三党（自民・社会・さきがけ）の「NPO プロジェクトチーム」（以下「与党三党 PT」）始動
	3 月	新進党「NPO パートナーズ（NPO 議員立法専門委員会）」が結成
	9 月	与党三党 PT　各党がそれぞれの案を提示
		（論点は、①法人格付与の要件と範囲、②税制上の措置の可否と程度）
	11 月	新進党が「市民公益活動を行う団体に対する法人格の付与等に関する法律案」（134 回衆 17）提出
		（一定の地域を基盤とした公益活動を行う団体は都道府県知事の認可により、「市民公益法人」として法人格の取得ができるとするもの〔民法の特別法〕）
		経済企画庁が 18 省庁連絡会議の「中間報告」を取りまとめたが、発表を見送り
	12 月	新進党案、衆議院本会議において提案理由説明及び質疑（12 月 8 日）
平成 8 年 5 月		新進党が「法人税法等の一部を改正する法律案」（136 回衆 7）及び「地方税法の一部を改正する法律案」（136 回衆 8）提出
		（税制措置として、公益法人の中でも優遇される特定公益増進法人並みの控除）
	6 月	与党三党 PT における調整が不調
		「与党政策調整会議」（与党三党 PT の上位機関）預かりとなる。
	9 月	「与党政策調整会議」において三党間の合意成立

第2章　議員立法の変遷と近年の変化

　　　　　　　　（①民法の特別法として構成し、活動分野を11分野に限定し、「市民に
　　　　　　　　開かれた自由な社会貢献的活動であって、不特定多数の者の利益の増
　　　　　　　　進に寄与する」という要件を付加。②税制上は「人格のない社団等」
　　　　　　　　並み等。）
　　　《10月　衆議院議員総選挙》
　　　10月　第2次橋本龍太郎内閣の発足に際しての三党の新たな政策合意におい
　　　　　　　て、9月の合意内容が確認され、「議員立法として、次期通常国会に提
　　　　　　　出して、成立を図る」こととされる。
　　　　　　　（新進党案への対抗上の理由等で時期は早まる。なお、社会・さきがけ
　　　　　　　は11月7日から閣外協力。）。
　　　11月　「市民公益活動を行う団体に対する法人格の付与等に関する法律案」
　　　　　　　（139回衆4：新進党案）提出
　　　12月　「市民活動促進法案」（139回衆18：与党三党案）提出
　　平成9年3月　「非営利団体に対する法人格の付与等に関する法律案」（140回衆13：
　　　　　　　共産党案）提出
　　　　　　　（非営利団体一般に対し準則主義の下で法人格を付与するもの）
　　当初、政府の18省庁連絡会議と与党三党PTは、それぞれ別々に立法化の検討を
行っており、また、市民団体も、独自の法律案の発表、活発な政策提言などを行うとと
もに、政府や各政党への働きかけも行った。経済企画庁は、「中間報告」の取りまとめ
を行い、次期通常国会に政府から法律案を提出する意図を有していたが、「中間報告」
の内容は、「市民団体や議員たちが希望するNPO法人とは本質的に違っており、行政
府の立法府への挑戦とすら受け取られた」（小島2003：堂本暁子議員の発言）。与党三
党PTのメンバーは強く反発し「NPO法は、市民の代表である議員によって立法化さ
れるべき」と、官房長官に申し入れ、官房長官の了承を得て、この後は、立法作業は与
党三党PTに一本化された（同）。
　　与党三党PTにおける議論の調整は難航し、法律的にも難しい問題を含んでいたが、
議員は、立案の段階で、議員スタッフ（党政調の職員や政策担当秘書）と議院の補佐機
関（衆参両院の議院法制局など）を使いながら、全て自ら決定したといわれる
（橘1998）。議員立法といっても、与党議員が行う場合、当時はまだ行政府の影響力が
大きい時期であったが、この時は、経済企画庁の内閣立法の意向が退けられたことにも
表れているように、立案の段階において、行政府は、「法執行の際の実務的な観点から
の助力という形で関与」したにとどまった（同）。野党各党においても熱心な議論が行
われ、それぞれ特徴のある法律案が提出されることになった。
【国会における審議と協議】
〈衆議院〉
　　平成9年5月28日　　内閣委員会において、与党三党案及び共産党案について趣旨
　　　　　　　　　　　　説明
　　　　5月29日　　　　新進党案について趣旨説明・三法案について審議入り

112

～6月5日	地方公聴会、中央公聴会を含め連日審査
6月5日	新進党案に対する修正案（新進党提出）及び与党三党案に対する修正案（与党三党、民主党提出）提出→質疑
	内閣委員会において与党三党案を修正議決（新進党案及び共産党案を否決）
6月6日	衆議院本会議　修正議決　→　参議院に送付

〈参議院〉

平成9年10月13日	「非営利法人特例法案」（141回参3：共産党案）提出
12月5日	「市民公益活動法人法案」（141回参5：平成会案）提出
12月8日	内閣委員会において、三法案について趣旨説明
平成10年1月22日	労働・社会政策委員会（委員会の再編に伴う変更）において、三法案について趣旨説明
1月27日～	参考人質疑を含む審査
2月10日～24日	《理事懇談会を舞台として全会派の理事（オブザーバーを含む。）の参加による修正協議—与党側が示した修正案をベース—》
2月26日	修正協議が整ったことを受けて、衆議院の送付案及び修正案に対する質疑（題名を「特定非営利活動促進法」に修正）
3月3日	労働・社会政策委員会において衆議院の送付案を修正議決
3月4日	参議院本会議において修正議決　→　衆議院に送付

〈衆議院〉

3月17日	内閣委員会において参議院における修正部分について質疑・可決
3月18日	衆議院本会議で可決・成立［全会一致］

　先述したとおり、立案段階において、議員が自ら考え、自ら判断して作り上げた法律案であり、所属する会派や党の機関への報告・承認は得つつも、基本的には、提出者や現場の委員会の理事に、かなりの決定が委ねられることになった。このことが、衆・参両院の委員会における議員同士の活発で実質的な議論につながるとともに、それぞれの会派・政党が主張を掲げながらも「大きな政治判断の中で、妥協点を模索するといった現実的な態度をとることができた大きな要因となっていったように思われる」と評されている（橘　1998）。

　また、法律案の内容について十分な審議が行われ、修正協議の際も、理事懇などの非公開の場で協議が行われても、合意形成後には、委員会において質疑が行われるなど、会議録にはNPO法の解釈や立法の趣旨についての多くの情報が残ることになった。これらが、執行機関の運用に当たっての指針となったことはいうまでもない。

　「議員立法の理想型」、「NPO法を境に議員立法を目指す空気は強まりつつある」（読売新聞政治部）とも評され、国会の場でも「みんなの生き生きした討議を聞いて」、「議員立法というのはやはり大事だなと」、「国民が期待する国会審議も、やはりこれを望ん

でいるのだろうなと思っています」（140 回衆・内閣委・H9.5.30・p. 19.）とベテラン議員が語った。

　更に、法律案の提出者となった議員が、「市民活動を支える制度をつくる会」（C's（シーズ））などの市民団体側が主催する会議に参加し、そこでの市民団体の要求や不満などをフィードバックする形で立案時や修正時の議論が行われたことについても、NPO 法の立法過程の特徴のひとつとされる（橘 1998、読売新聞政治部：松原明氏（シーズ））。国民が立法に関わっていく「市民立法」の草分け的な立法例となったが、「市民立法」に当たって多様な存在である市民団体の意見の正確な把握の難しさ等の課題も指摘されている（橘 2002）。

【NPO 法の改正】

　NPO 法の制定時において、税制の拡充については、その後の検討に委ねられることとなり、平成 13 年には、税制優遇制度である認定 NPO 法人制度が設けられた。しかし、要件が厳しく十分に機能せず、抜本的な改正が行われたのは、平成 23 年、民主党政権下において、また、東日本大震災の発災後であった。当初、NPO 税制の見直しは、「新しい公共」の関連施策として政府中心に進められたが、その後生じたねじれ国会の下で、超党派の議員連盟が中心になって進められることになり、シーズや一般市民の後押しなどもあり、寄付優遇税制の対象団体の拡大等を内容とする改正が行われた（「特定非営利活動促進法の一部を改正する法律」（H23 法 70）。なお、内閣立法により、寄付税制の拡充のための税制改正も行われた（H23 法 82 及び 83）。）。NPO 法人の認定数は、平成 23 年改正法の施行以降急速に増加しているといわれ、今後も着実な増加が期待されている。

　国民生活へ大きな影響を与えた NPO 法の制定や改正の際の立法過程は注目されてきており、その際のキーパーソンに着目した分析も行われている（小島 2002、原田、小島 2017）。そのような中で、当時のキーパーソンの 1 人であった堂本暁子議員らが、立法時の記録などの関係資料を国立公文書館に寄贈したと報道された（毎日新聞）。国立公文書館では、国民の利用に供することがふさわしい貴重な歴史的資料の寄贈又は寄託を個人等から受け、保存・活用しており、法律の協議過程における政治家の考えや発言が分かることは意義深いと評されている。

（橘幸信「NPO 法の制定－市民が行う自由な社会貢献活動の発展を目指して－」『時の法令』1998.8.30、pp. 6-16；橘幸信「NPO法の立法過程から見た「市民立法」の課題と展望」山本啓・雨宮孝子・新川達郎編著『NPO と法・行政』ミネルヴァ書房、2002、pp. 64-65、70；小島廣光『政策形成と NPO 法－問題、政策、そして政治－』有斐閣、2003、pp. 57-71、79-86、89-91；読売新聞政治部『法律はこうして生まれた－ドキュメント立法国家－』中央公論新社、2003、pp. 28、32、35-36；原田峻「NPO 法改正・新寄付税制の政策過程－唱道連合と政策志向的学習の変遷に着目して－」日本 NPO 学会編集委員会編『ノンプロフィット・レビュー：日本 NPO 学会機関紙』pp. 5-10；小島廣光「寄付税制および NPO 法の改正過程」『経済学研究』第 67 巻第 1 号、2017.6、pp. 41-42、62-69、82-86、87-91；「NPO 法　舞台裏「後世に」　議員立法駆け引き、段ボール 10 箱超　堂本・前千葉知事ら国立公文書館寄贈へ」『毎日新聞』2016.3.14.）

第 1 節　法律案の提出・成立の状況

② イデオロギー的な対立軸がなくなり、各党間の政策に大きな違いがなくなって与野党間の協議が行いやすくなったこと[31]、

③ 経済社会の状況の大きな変化に対応できるような制度の見直しが求められる中、官僚の不祥事による官僚制度への信頼の低下などから政策形成過程における「政治主導」が求められるようになったこと、

④ 与党議員提出の議員立法が増加したこと[32]、

⑤ 一般市民の立法への要望に基づくいわゆる市民立法の現象が広がってきたこと、

⑥ 参議院改革の一環として「議員立法の活性化」が提唱され、参議院の各会派が積極的に取り組むようになったこと

などが指摘されている[33]。

更に、この時期に、国会運営における変化も見られ、対案ではない野党提出の政策先取型の法律案について、実質的な審議が行われる例が見られるようになったといわれる。このような与党側の対応の変化の理由としては、小選挙区比例代表並立制の導入に伴い政党本位の選挙の実質が強まる中、選挙公約における具体的な政策の明確化が求められ、その結果、選挙で争点化した問題について、野党法案に対して与党として対案も出さずに無視するという消極的な対応が取りにくくなったことなどが挙げられている[34]。そして、

---

(31) 「連立政権以降、政党間の流動化と個別議員の自律性の高まりの中で」、与野党をまたぐ超党派の議員立法が提出されるケースが増えたことが指摘されている（谷　前掲注 (21)、p. 196.）。

(32) 政治主導の自負の下に主体的な取組が増えたこと、野党議員のときに議員立法の経験を有する議員も多いこと等によるのではないか。また、連立政権においては、55 年体制下の自民党と政府のような一体的な関係はないので内閣立法にこだわることが少なくなったともいわれる（岩崎　前掲注 (4)、p. 22.）。

(33) 河野　前掲注 (30)；橘幸信「議員立法の実際」大森・鎌田編　前掲注 (2)、pp. 145-146.

(34) 谷　前掲注 (21)、pp. 202-203. 衆議院の委員会における衆法の採決結果を見ると、第 47 回国会 (S39.11.9 召) において野党提出法律案が否決された後、ずっと採決が行われることはなかったが、第 118 回国会 (H2.2.27 召) において行われ、その後は相当数行われていることが紹介されている（行平克也「国会審議の活性化と議員立法」中村睦男・大石眞編『立法の実務と理論―上田章先生喜寿記念論文集―』信山社出版、2005、p. 744.）。採決が行われたということは、採決の前提となる実質的な審議が行われたことを意味する。ただし、筆者の経験では、それぞれの法律案により異なる面はあるものの、第 118 回国会の消費税法廃止法案等 (118 回衆 4 等) や、第 163 回国会の郵政改革法案 (163 回衆 1) 等、マスコミが取り上げるような法律案の審議以外の野党提出の法律案については、与党議員が踏み込んだ質問を行う例はそう多くはなく、主として提出会派の野党議員同士で質疑を行う例が多かった。

115

近年では、野党提出法律案の提出を受け、与党も法律案を提出し、ともに審議が行われる場面もしばしば見られる。一方、野党の方も、かつては、法律案を提出することで一応の「格好」がつき、是非とも審議しようという熱意が感じられないケースもままあったが、連立政権以後は変化したといわれる[35]。

3 閣法及び閣法に対する修正の動向

ここで、閣法及び閣法に対する修正の動向についても、簡単に触れる。

55年体制の期間における閣法及び閣法に対する修正については、次のような分析がある[36]。まず、閣法については、

① 第1回国会から第22回国会までは、戦後の混乱期の多党時代であったが、新憲法下の新規立法期と位置付けられる時期であり、1通常国会当たり200件近い提出件数となっており、成立率も、通常国会では90％を超える会期が多かった。

② 55年体制確立後の第24回国会以降は、閣法の提出件数は、①の時期より少なくなった。成立率は、与党が圧倒的多数を占めていた時期を含め、①と比較して低くなり、特に、与党が安定多数を確保していた時期に、必ずしも高率となったわけでない。また、同じ与野党伯仲期でも、時期により成立率が低下したり高くなったりしており、政府・与党サイドでの提出法律案の数の抑制のほか、野党側の対応いかんが成立率に影響を与えていることが推測される。

③ 全体的な傾向とは別に、会期によっては、与野党が対決する重要案件や、個々の法律案とは直接関係のない重大な政治問題などによって国会審議が影響を受け、著しく成立率が低下する場合もある[37]。

また、併せて、閣法に対する修正率について、

---

(35) 郡山芳一ほか「議員立法を元気にするには」『法学セミナー』No. 499、1996.7、p. 62。55年体制時において、審議しない、又はされないことを前提として、法律案の題名から法律案の内容がわかるように、題名をできるだけ詳しく書いてほしいとの野党法律案の依頼を受けたことがある。

(36) 江口隆裕「立法過程における意見調整システムとその限界」『北大法学論集』Vol. 43 No. 6、1993、pp. 13-16、26。通常国会を対象とした分析が行われている。

① 戦後間もない多党化していた時代には修正率は高く、二大政党制が確
  立して以降は低くなっていること、
② 与党が圧倒的多数を占めていた時代には修正率が高く、国会における
  修正によって与野党間の意見調整が行われていたと考えられること、
③ 保革伯仲時代には野党が対決型の国会運営の方針で臨むか否かによっ
  て修正率よりむしろ成立率に影響を及ぼすこと[38]、
などが指摘されている[39]。

　55年体制の後には、一時期を除き連立政権が続くことになるが、平成19
年の参議院議員通常選挙による衆参のねじれ状態に入るまで、閣法の成立率
は高い状態で推移した[40]。一方、閣法に対する修正率の1990年代半ばまで
の平均値は2割程度であったが[41]、そのうち、実質的な修正（施行期日の修
正などの形式的修正以外のもの）は、減り続けてきたと指摘されていた[42]。
1990年前後から第169回国会のねじれ国会（表2－4参照）まで、通常国
会の閣法に対する修正率は低い状態が続き、表2－2及び表2－3のとおり、
平均値が1割を切る状態であった。

---

(37) 同上　そのほか、政権の国会運営の混乱などの例も見られる。閣法の成立率が低かったのは、第15回
　　（S27.10.24召：26.7％：通常国会的な特別国会：与党自由党内の派閥の対立、バカヤロー解散等）、第
　　61回国会（S43.12.27召：55.8％：70年安保と沖縄返還の外交課題について議論）、第75回国会
　　（S49.12.27召：63.2％：保革伯仲・三木政権下の国会運営の混乱）、第87回国会（S53.12.22召：61.8
　　％：ダグラス・グラマン疑惑）など。その後は、後述する民主党政権下の第174回国会（H22.1.18召：
　　54.7％）まで、通常国会における閣法の成立率は、ほとんど80％を超えている。
(38)　この点について、自民党が野党の要求を吸い上げて政府与党内部での政策決定の柔軟化を図ったため、
　　実質的な修正の顕著な増加という影響は現れなかった、との指摘もある（谷　前掲注（4））。
(39)　江口　前掲注（36）、p. 26.
(40)　なお、通常国会には限らないが、提出された国会の会期内に成立せず、次の国会以降における継続審査
　　となった法律案の成立率は平均すると約3割と低くなっている（別表1（参考資料）参照）。
(41)　福元健太郎『日本の国会政治―全政府立法の分析―』東京大学出版会、2000、p. 45.
(42)　福元健太郎『内閣立法の審議過程の歴史的分析』『公共政策―日本公共政策学会年報2000―』日本公
　　共政策学会、2000、p. 4（図6）.

第2章　議員立法の変遷と近年の変化

Ⅱ　近年の法律案の提出・成立の状況の変化

　ここでは、閣法、衆法及び参法の提出・成立の状況が、特に大きく変動した時期である、平成21年と平成24年の2度の選挙による政権交代とその前後のねじれ国会の時期を中心とする期間を、政治状況など国会を取り巻く状況の違いに着目して7つの時期に分け、それぞれの提出・成立の状況を比較したい。なお、本書においては、数値の比較をより明確にするため、その年の法律案についての「本格論戦の場」として位置付けられ、基本となる会期の幅がほぼ共通する通常国会における数値を比較することとした[43]。

1　政治状況等による時期区分ごとの変化

（1）第142回国会（H10.1.12召）から第166回国会（H19.1.25召）まで【自公政権　ねじれ前】

　表2−3は、平成19年7月の参議院議員通常選挙の結果、ねじれ国会となる前の約10年間の通常国会[44]における閣法、衆法及び参法に関するものである。この約10年間の期間は、平成10（1998）年の参議院通常選挙後の約1年のねじれの期間を含んでいるものの、基本的には、「ねじれていない」、すなわち、衆参の両院において与党が多数を占める状態がベースとなっている。第1回国会から第193回国会までの全国会に関する表2−1と比較すると、成立率は、全国会の平均値に近い数字ではあるが、閣法が若干高く、衆法・参法は若干低くなっている。

　しかし、この時期より更に遡った10年間の通常国会（第112回国会（S62.12.28召）から第140回国会（H9.1.20召）までの通常国会）における数値を示す表2−2[45]と比較すると、閣法、衆法、参法の順に、「提出件数」

---

(43)　第1章の注（27）参照。なお、通常国会を中心にほぼ1年分で区切る「立法年」という捉え方で比較する方法もある。

(44)　第142回、第145回、第147回、第151回、第154回、第156回、第159回、第162回、第164回及び第166回国会が対象となる。

118

第 1 節　法律案の提出・成立の状況

表 2 − 2　第 112 回国会（S62.12.28 召）から第 140 回国会（H9.1.20 召）まで

	閣法	衆法	参法
提出件数(A) （1 通常国会当たり）	852 (85)	191 (19)	65 (7)
成立件数(B)	794	81	10
成立率(B/A)(%)	93.2	42.4	15.4
修正件数(C) （修正率(C/B)(%)）	76 (9.6)	1 (1.2)	0 (0)

（※）　第 112 回、第 114 回、第 118 回、第 120 回、第 123 回、第 126 回、第 129 回、第 132 回、第 136 回
　　　及び第 140 回国会を対象としている。なお、通常国会である第 117 回国会は、会期の初めに解散となったた
　　　め、衆議院議員総選挙後に開催された特別国会ではあるが、会期も長く実質的に通常国会と同様の審議が行わ
　　　れた第 118 回国会を対象とすることとした。
（注 1）　「提出件数」（A）は、当該会期中に新たに提出された法律案の件数の合計数を示している。なお、「提出件
　　　　数」（A）の欄に（　）がある場合は、（　）内の数字は、「提出件数」（A）を対象となる国会の会期の数で除
　　　　した数で（小数点第 1 位を四捨五入）、1 通常国会当たりの提出件数として参考までに記した。
（注 2）　「成立件数」（B）は、「提出件数」（A）のうち当該国会において成立した件数を示している。
（注 3）　「成立率」（B/A）は、「提出件数」（A）に占める「成立件数」（B）の割合を示している。
（注 4）　「修正件数」（C）は、当該会期中に新たに提出された法律案のうち修正の上成立した件数を示している。
（注 5）　「修正率」は、「成立件数」（B）に占める「修正件数」（C）の割合を示している。
（出典）　古賀豪ほか「帝国議会および国会の立法統計−法案提出件数・成立件数・新規制定の議員立法−（資料）」
　　　　『レファレンス』718 号、2010.11、pp.135-140.、『衆議院公報』「附録　議案経過一覧」（各回次）等を
　　　　基に筆者作成。

の合計数は、それぞれ、1.3 倍、2.5 倍、2.8 倍に、「成立件数」の合計数は、
1.2 倍、1.7 倍、2.1 倍となっている。閣法の伸びに比べ、衆法、参法ともに、提出件数と成立件数が大きく伸びており、1990 年代後半からの「議員立法の活性化」の傾向が数字からも窺える。なお、「成立率」については、閣法、衆法及び参法ともに、表 2 − 2 の 93.2%、42.4%、15.4% に対し、表 2 − 3 は 90.2%、29.1%、11.7% と、表 2 − 3 の数値の方が低くなっているが、これは、表 2 − 3 の期間は、提出件数が大幅に増加したため、成立件数の増加の幅より大きかったことによる。一方、閣法に対する修正率は、表 2 − 2 の時期（9.6%）に引き続き、7.1% と低い。

(45)　第 112 回、第 114 回、第 118 回、第 120 回、第 123 回、第 126 回、第 129 回、第 132 回、第 136
　　　回及び第 140 回国会を対象としている。なお、通常国会である第 117 回国会（H 元 .12.25 召）が会期の
　　　初めに解散となったため、特別国会ではあるが、会期も長く、実質的に通常国会同様の審議が行われた第
　　　118 回国会を対象とした。この十年間は、議員立法が一番低調であったといわれる 1990 年前後を含む期
　　　間である。

第2章　議員立法の変遷と近年の変化

表2-3　第142回国会（H10.1.12召）から第166回国会（H19.1.25召）まで

【自公政権、ねじれ前】

	閣法	衆法	参法
提出件数(A) (1通常国会当たり)	1,066 (107)	471 (47)	179 (18)
成立件数(B)	961	137	21
成立率(B/A)(%)	90.2	29.1	11.7
修正件数(C) (修正率(C/B)(%))	68 (7.1)	3 (2.2)	0 (0)

（※）　第142回、第145回、第147回、第151回、第154回、第156回、第159回、第162回、第164回
　　　及び第166回を対象としている。
（注）及び（出典）については、以下、表2-12まで表2-2と同じである。

（2）第169回国会（H20.1.18召）及び第171回国会（H21.1.5召）【自公政権　ねじれ後】

　第169回国会及び第171回国会は、平成に入ってから3度目となる「ねじれ国会」の状態にある（表2-4）。

　平成元年と平成10年の「ねじれ国会」の状況とは異なり、平成19年の参議院議員通常選挙において、当時野党であった民主党が比較第一党となり、その議席も過半数に迫るもの（43.8％：会派としては46.3％〈選挙後の第167回国会時：民主党・新緑風会〉）となった。民主党が政権交代を目指して強い対決姿勢で国会運営に臨む中、政府・与党（自民党・公明党の連立政権）は、厳しい国会対応を余儀なくされた[46]。閣法については、提出件数の絞り込み、衆議院段階での実質的修正の大幅な増加（修正率24.0％）、衆議院の3分の2の再議決など、政府・与党として様々な努力をしても、それまでより成立率は低くなった（83.9％）[47]。一方、議員立法は、ねじれ後初の通常国会である第169回国会において17本（衆法14本：参法3本）が成立し、注目度が上がっていると報道された。しかし、これらについては提出前に与野党の協議や調整が行われ、審議時間が十分確保されていないとも指摘

---

(46)　伊藤和子「「ねじれ国会」における国会審議の諸相」『北大法学論集』Vol. 61 No. 5、2011、pp. 130-133.
(47)　第169回国会は80本のうち63本、第171回国会は69本のうち62本が成立しており、それぞれ成立率は、78.8％、89.9％となっている。一方、閣法に対する修正率は、それぞれ、20.6％、27.4％と高くなっており、野党との調整により成立に至った閣法が少なくないことを示している。

された[48]。

表2－4　第169回国会（H20.1.18召）及び第171回国会（H21.1.5召）

【自公政権、ねじれ後】

	閣法	衆法	参法
提出件数(A) (1通常国会当たり)	149 (75)	87 (44)	56 (28)
成立件数(B)	125	31	4
成立率(B/A)(%)	83.9	35.6	7.1
修正件数(C) (修正率(C/B)(%))	30 (24.0)	2 (6.5)	0 (0)

（3）第174回国会（H22.1.18召）【民主党政権　ねじれ前】

　第174回国会は、民主党への政権交代後、平成22年7月の参議院議員通常選挙が行われるまでの期間の通常国会である（表2－5）。民主党は、国民新党・社民党と連立を組み、与党が衆議院・参議院ともに過半数を制し、ねじれは解消していた。それにもかかわらず、閣法の成立率は54.7%と、「通常国会」における成立率としては過去最低となった[49]。一方、衆法の成立率も低下した。これは、民主党が、政権交代直後、原則として「選挙・国会等、議員の政治活動に係る、優れて政治的な問題」以外の議員立法は行わない、という方針を示したため[50]、与党の民主党議員による議員提出法律案が大幅に減少し、また、極めて限られた条件を満たす場合しか、議員立法は成立しない状況になったことによる[51]。

表2－5　第174回国会（H22.1.18召）　　　　　　【民主党政権、ねじれ前】

	閣法	衆法	参法
提出件数(A)	64	35	18
成立件数(B)	35	8	2
成立率(B/A)(%)	54.7	22.9	11.1
修正件数(C) (修正率(C/B)(%))	4 (11.4)	0 (0)	0 (0)

---

(48)　「ねじれ通常国会閉幕　論戦空洞化浮き彫り　審議空転1カ月　不信の構図　臨時国会へ」『日本経済新聞』2008.6.21.

(49)　「異例ずくめの国会閉幕　政府法案廃案10年で最多　首相問責案は採決されず」『日本経済新聞』2010.6.17；「選挙急げ　強引に幕　参院本会議なし　法案成立率最低」『朝日新聞』2010.6.17.

(50)　第1章第1節Ⅱ1（6）及び2（6）参照。

121

第２章　議員立法の変遷と近年の変化

（４）第 177 回国会（H23.1.24 召）【民主党政権　ねじれ後①〈震災国会〉】

　平成 22 年 7 月の参議院議員通常選挙の結果、与党民主党が大きく議席数を減らし、連立与党としても参議院の過半数を制することができず、平成に入って 4 度目となる「ねじれ国会」となった（表 2−6）。選挙前の 5 月 30 日には、連立を組んでいた社民党が連立離脱を決定したため[52]、与党として、衆議院の再議決を可能とする 3 分の 2 の議席の確保もできなくなっていた。しかし、平成 23 年 3 月 11 日に東日本大震災が発生したことを受け、その後は、震災関連法案を中心に閣法で成立する法律が増え、「震災で与野党協調」[53] などと報じられた。史上最低だった前年の通常国会に比べ、大幅に閣法の成立率が上がったが（80.0％）、その一方で、閣法に対する修正率も高くなった（19.4％）[54]。衆法については、成立率が大きく伸び（75.5％）、第 3 節で紹介する立法例のように、議員同士の活発な質疑も行われた[55]。

表 2−6　第 177 回国会（H23.1.24 召）　　　【民主党政権、ねじれ後①】〔震災国会〕

	閣法	衆法	参法
提出件数（A）	90	32	24
成立件数（B）	72	24	4
成立率（B/A）（％）	80.0	75.0	16.7
修正件数（C） （修正率（C/B）（％））	14 （19.4）	0 （0）	1 （25.0）

(51)　「国会審議の活性化のための国会法等の一部を改正する法律案」（174 回衆 20）以外に、この国会に、民主党議員による議員提出法律案の提出はなく（衆法 23 号は提出されたもののすぐに撤回）、成立した 10 件は、全て委員会提出法律案（国会法 50 条の 2。第 1 章第 1 節 12（7）参照）であった。

(52)　神田　前掲注（24）、p.63.

(53)　「政府法案 7 割成立　昨年は 55％　震災で与野党協調」『朝日新聞』2011.6.23. この記事の後、会期は延長され、閉会後「政府法案　8 割成立　震災で与野党協議相次ぐ」『朝日新聞』2011.9.1 と報じられた。

(54)　ねじれ国会でも、閣法の修正は、ほとんどの場合、野党が多数の議席を占めている参議院ではなく衆議院で行われているが、これは、各党の国対が関与して衆参を通じた修正協議が行われること、重要法案が衆議院先議で審議されることが多いことから、後議の議院となる参議院の賛成も得られるような修正が衆議院の議決の段階で行われることによる（橘　前掲注（33）、pp.147-148.）。会期制を採っている我が国の国会においては、衆議院先議の法律案が参議院で修正議決されると、衆議院に回付され、同意を得る必要が生じるため、特に会期末などは、日程的な制約も、衆議院段階での合意形成を目指す一因となっていると考えられる。

（5）第180回国会（H24.1.24召）【民主党政権　ねじれ後②】

　第180回国会は、民主党政権のねじれ状態の下、消費税率の引上げ等をめぐる意見の相違から民主党を離脱する者が続出する中で、自民党と公明党の協力を得られた分野以外では与野党の対立が先鋭化した国会となった（表2－7）。79日という大幅な会期の延長をしたにもかかわらず、閣法の成立率は66.3％と低かった。しかも、閣法の修正率も高く（41.8％）、内容的にも多くはかなり大きな修正となった。背景として、

①　震災復興の協調路線ではなくなったこと、

②　震災復興の対応からの民主・自民・公明の3党による協議の枠組みが消費税増税法成立を機に機能しなくなったこと、

③　社会保障と税の一体改革関連法案の審議で多くの大臣が拘束され、ほかの法律案の審議が進まなかったこと、

などが指摘されている[56]。

　その一方で、与野党協議の結果、閣法が撤回され、それに関する議員立法が提出され成立するなど、衆法の成立率は引き続き高くなっている（61.5％）[57]。

表2－7　第180回国会（H24.1.24召）　　　　　　　　【民主党政権、ねじれ後②】

	閣法	衆法	参法
提出件数(A)	83	39	38
成立件数(B)	55	24	7
成立率(B/A)(%)	66.3	61.5	18.4
修正件数(C) (修正率(C/B)(%))	23 (41.8)	1 (4.2)	0 (0)

(55)　民主党は、ねじれ国会以降、野党の協力を得るため、柔軟に修正協議に応じることができるよう議員立法の制限の緩和など体制を整えたと報じられた（「議員立法の要件緩和　民主、野党協力得る狙い」『日本経済新聞』2010.10.9.）。

(56)　塩田智明「第180回国会主要成立法律」『法学教室』No. 387、2012.12、p. 49；「3党協議路線、急失速　国会きょう閉会　増税法成立が潮目」『朝日新聞』2012.9.8.

(57)　例えば、「郵政改革法案」（176回閣1）等が撤回され、「郵政民営化法等の一部を改正する等の法律案」（180回衆6）等が提出され成立し、「原子力の安全の確保に関する組織及び制度を改革するための環境省設置法等の一部を改正する法律案」（180回閣11）等が撤回され、「原子力規制委員会設置法案」（180回衆19）が提出され成立した。

第 2 章　議員立法の変遷と近年の変化

（6）第 183 回国会（H25.1.28 召）【自公政権　ねじれ解消前】

　第 183 回国会は、平成 24 年 12 月の衆議院議員総選挙の結果、自民党・
公明党が政権に復帰したが、参議院においては両党で過半数の議席を確保し
ていなかったため、引き続き「ねじれ」の状況にあった（表 2−8）。参議院
議員通常選挙を控えて会期延長が難しいこと、年末の選挙・政権交代を受け
た予算編成のずれ込みに伴い国会の審議期間が限られることなどから、閣法
は提出件数を抑制して提出され [58]、成立率は前年までと比べ高くなった
（84.0％）が、重要法案の多くを成立させられないままの国会閉幕 [59] といわ
れた。閣法に対する修正率も高い（22.2％）。議員立法については、衆参と
もに活発に提出されているが、参議院議員通常選挙を控え対決姿勢の強まる
時期でもあり、また、会期延長もなく審議時間の確保も困難であったことか
ら、成立件数は少なく、成立率も低くなった（衆法 7 件（14.3％）：参法 3 件
（9.4％））[60]。

表 2−8　第 183 回国会（H25.1.28 召）　　　　　　　　　【自公政権、ねじれ解消前】

	閣法	衆法	参法
提出件数(A)	75	49	32
成立件数(B)	63	7	3
成立率(B/A)(%)	84.0	14.3	9.4
修正件数(C) (修正率(C/B)(%))	14 (22.2)	1 (14.3)	0 (0)

（7）第 186 回国会（H26.1.24 召）・第 189 回国会（H27.1.26 召）・第 190 回国会（H28.1.4 召）・第 193 回国会（H29.1.20 召）【自公政権 ねじれ解消後】

　平成 25 年 7 月の参議院議員通常選挙によって、自公政権は参議院におい
ても過半数の議席を確保し、ねじれ状態は解消した。しかし、ねじれ解消直

---

(58)　川﨑政司「第 183 回国会の概観（上）」『ジュリスト』No. 1459、2013.10、pp. 72-75.

(59)　「国会　最後まで迷走　都議選で明暗　対決色強まる」『日本経済新聞』2013.6.27 ；「対決優先　法案
　　　置き去り」『朝日新聞』2013.6.27.

(60)　塩田智明「第 183 回国会主要成立法律」『法学教室』No. 396、2013.9、pp. 51-52 ；川﨑　前掲注
　　　(58)、pp. 74-75.

124

後の第 186 回国会と、それ以降の第 189 回国会、第 190 回国会及び第 193
回国会では、それぞれの国会を取り巻く環境の変化を反映し、法律案の成立
状況は異なるものになった。

　表 2－9 は、ねじれ状態が解消後の最初の通常国会である第 186 回国会の
法律案の状況である。延長もなく 150 日間の会期どおりで閉会したが、閣
法の成立率は極めて高かった（97.5%）。成立率が 90% を超えるのは、第
166 回国会（H19.1.25 召）以来のことであり、ねじれの解消により与党が
一貫して国会運営を主導したと報道された [61]。また、注目点として、政権
交代やねじれ国会により、なかなか立法が進まなかった課題について立法が
行われたと指摘されている [62]。しかし、圧倒的多数を占める与党内での調
整が終われば法律案が成立させられるため、政策の決定過程が見えにくく
なった、表の国会論戦が減ったとも指摘された [63]。議員立法も、与党主導
で、国民投票法改正法などが成立し、衆法の成立率は前年よりかなり高く
なった（衆法 39.1%、参法 10.3%）。一方、閣法に対する修正率は、久しぶ
りに低くなり（10.1%）、その内容も小規模なものが多かった。

表 2－9　第 186 回国会（H26.1.24 召）　　　　　　【自公政権、ねじれ解消後①】

	閣法	衆法	参法
提出件数(A)	81	46	29
成立件数(B)	79	18	3
成立率(B/A)(%)	97.5	39.1	10.3
修正件数(C) (修正率(C/B)(%))	8 (10.1)	0 (0)	0 (0)

　表 2－10 は、平成 26 年 12 月に行われた衆議院議員総選挙後の第 189 回
国会における状況を示している。95 日という通常国会としては戦後最長の

---

(61) 「与党ペース　法案成立 97%　ねじれ国会解消　野党攻めあぐね　国会改革の実現未知数」『読売新聞』
　　2014.6.21；「法案、数の力で続々通過　成立　7 年ぶり 9 割超　国会きょう閉会　首相 VS. 野党、論戦
　　減る」『朝日新聞』2014.6.22.
(62) 例えば、行政不服審査制度改革、公務員制度改革、独立行政法人制度改革などのための法律が成立し
　　た。川﨑政司「第 186 回国会の概観」『ジュリスト』No. 1473、2014.11、pp. 44-46.
(63) 前掲注（61）

第2章　議員立法の変遷と近年の変化

会期の延長を行ったにもかかわらず、閣法の成立率は88.0%と、安全保障関連法案をめぐる与野党の対立のあおりで「低水準」とも評される結果となった。議員立法についても、「党派対立の逆風が吹い」て、小型無人機（ドローン）の飛行規制法案など、「迅速な対応を目指すはずの議員立法も相次いで成立断念を強いられた」[64]（成立率は、衆法19.6%、参法11.5%）。閣法に対する修正率は12.1%であり、内容的にも、あまり大きな修正はなかった。

表2-10　第189回国会（H27.1.26召）　　　　　　【自公政権、ねじれ解消後②】

	閣法	衆法	参法
提出件数(A)	75	46	26
成立件数(B)	66	9	3
成立率(B/A)(%)	88.0	19.6	11.5
修正件数(C) (修正率(C/B)(%))	8 (12.1)	1 (11.1)	0 (0)

　表2-11は、前年の通常国会である第189回国会が大幅に延長された後、野党から秋の臨時国会の召集の要求があったが召集されず、翌年の年明け早々に召集された第190回国会におけるデータである。平成3年の国会法の改正（H3法86）により通常国会の召集が12月から1月に変更されて以降（国会法2条：第123回国会（H4.1.24召）から）、一番早い召集となった。

　閣法の提出数はかなり抑えられたが（56件）、これは、参議院通常選挙を控えて会期延長が難しいこと、5月下旬にG7伊勢志摩サミットが開会されること等を考慮したもので、衆法の提出件数の61件を下回った。重要法案として注目されていたTPP関連法案が提出され審議入りしたが、TPP交渉の中心となった大臣の辞任、資料開示をめぐる問題などで委員会審議は進まず、4月に発生した熊本地震への対応もあり、秋の臨時国会へと先送りされた。閣法の成立件数は50件であり、成立率も90%を切った。

---

(64)　「通常国会が閉幕　法案成立率　低水準に　戦後最長も9割切る　安保法対立のあおりで」『日本経済新聞』2015.9.26.

第 1 節　法律案の提出・成立の状況

表 2－11　第 190 回国会（H28.1.4 召）　　　　　　【自公政権、ねじれ解消後③】

	閣法	衆法	参法
提出件数（A）	56	61	11
成立件数（B）	50	16	2
成立率（B/A）（%）	89.3	26.2	18.2
修正件数（C） （修正率（C/B）（%））	7 （14.0）	1 （6.3）	1 （50.0）

　一方、議員立法は、衆法の提出件数が多くなったが（61 件）、これは、「閉会後の参院選を視野に、政策立案能力をアピールするため、各党が積極的に法案を提出したという事情がある」と指摘されている[65]。参議院議員通常選挙の際には、参議院に提出されていた法律案は廃案になるのに対し、衆議院に提出された法律案は閉会中審査とすることが可能である。このため、1990 年代後半以降、参議院選挙前の通常国会では衆議院への議員提出法律案の提出が多くなる傾向にあったが、この国会でも、その傾向が顕著に示されることとなった。しかし、民進党等野党 4 党で共同提出されたほとんどの法律案は審議されないままだった[66]。

　第 193 回国会は、天皇の退位の実現のための法整備については各党内の歩調が合ったが（COLUMN07 参照）、スキャンダルや閣僚の不適切発言などの追及に揺れる国会となった[67]（表 2－12）。会期末には、大きな争点となっていたいわゆる「共謀罪」の趣旨を盛り込んだ組織犯罪処罰法改正法案の採決の際に「中間報告」（COLUMN11 参照）の手続がとられ、「奇策」と評されることとなった。閣法は、7 月の都議選を控えて延長が困難と予測されていたこともあり、天皇陛下の退位の実現のための特例法や、組織犯罪処罰法改正法の審議時間の確保のため、提出件数を絞ったといわれ、成立率は 95.5% と高水準となった[68]。一方、閣法の修正率は、12.7% と高くなく、

---

(65)　高森雅樹「第 190 回国会主要成立法律」『法学教室』No. 433、2016.10、pp. 52-55.

(66)　「国会論戦　選挙後に先送り　会期延長せず閉会　TPP 紛糾　対案たなざらし」『朝日新聞』2016.6.2.

(67)　「荒れる国会「熟議」置き去り「森友」「加計」質問集中」『読売新聞』2017.6.17.

(68)　高森雅樹「第 193 回国会主要成立法律」『法学教室』No. 444、2017.9、pp. 40-41.

127

その内容も形式的な修正や軽微な修正が多かった。ねじれ状態が解消した第186回国会から4年連続で、修正は活発とはいえない状況にある。衆参で圧倒的多数を占める与党の力で、「政府・与党の強弁、強権が目立った」とも評され[69]、審議時間不足等から重要法案や注目法案も「先送り」されることとなったと報じられた[70]。議員立法の状況を見ると、衆法は、提出件数はやや少ないものの（26本）、成立率は平均的な数値（34.6%）となったが、参法については、平成28年秋の臨時国会に続き、日本維新の会が100本以上の法律案の提出を行い、提出件数は伸びたが（110本）、成立率は大きく下がることとなった（0.9%）。

表2−12　第193回国会（H29.1.20召）　　　　　　　　　【自公政権、ねじれ解消後④】

	閣法	衆法	参法
提出件数(A)	66	26	110
成立件数(B)	63	9	1
成立率(B／A)(%)	95.5	34.6	0.9
修正件数(C) (修正率(C/B)(%))	8 (12.7)	0 (0)	0 (0)

2　数量的な変化の意味

（1）「アリーナ型議会」と「変換型議会」

　閣法や議員立法の提出件数、成立件数及び成立率の数値は、通常国会が終わると、国会の審議状況を評価する指標として、新聞各紙で取り上げられることが多く[71]、表2−2から表2−12までの数値の変化を見る限り、一定の意味はあるように思われる。国会審議は、まさに、「政治の産物」であり、「そのプロセスはきわめて政治的な性格の強いものである」[72] ということも

---

(69)　「通常国会　異例づくしの国会、記者が語る　「安倍1強」の過信　与党沈黙、野党に無力感」『毎日新聞』2017.6.22.

(70)　「今国会　きょう事実上の閉幕　女性政治参画法案　先送り」『日本経済新聞』2017.6.16.

(71)　現在では、内閣立法・議員立法ともに紹介されているが、平成8年の時点では、紹介されるのは内閣立法についてだけであったようである（冨森叡児「議員立法とマスメディア」『法学セミナー』　前掲注(35)、p.54.）。その変化からもその後、国民生活や社会に影響を与える立法が議員立法により多数行われるようになったことが窺える。

(72)　川﨑政司「国会審議の機能と評価に関する一考察（一）」『議会政治研究』No.75、2005.9、p.3.

表われている。

　一方、これらの数値は、政策形成過程における「議会の機能」という観点から行われている、「アリーナ型議会」(legislative arena) と「変換型議会」(transformative legislature) という分類とも関わってくる。この分類は、アメリカのネルソン・ポルスビーによるもの（1975 年）で、「アリーナ型議会」は、議会を闘技場（アリーナ）のような存在として捉え、与野党の議会における討論により争点を明らかにして、次の選挙に向けた選択肢を国民に提示することを主とする議会であり[73]、「変換型議会」は、議会における議論により利害を調整し、法律の形式に変換してアウトプットすることを主とする議会とされ、ドイツ語では、それぞれ、「討論の議会」(Redeparlament)、「作業の議会」(Arbeitsparlament) と表現される。アリーナ型の代表はイギリス議会、変換型の代表はアメリカ連邦議会とされてきたが、双方の国においても、議会の在り方は変化している[74]。

　また、アリーナ型は、議院内閣制の下の議会に、変換型は大統領制の下の議会に対応しているとも捉えられるが、各国の議院内閣制の在り方の相違を反映し、議院内閣制を採っていても、ヨーロッパ大陸の議会は、本会議中心のイギリスに比べて委員会の役割が大きく、内閣提出法律案の修正も活発に行われており、この点に着目すると、アリーナ型と変換型の「中間と評価できる」[75] ともいわれる。

（2）我が国の国会に関する評価

　我が国の国会については、「実際に行われている国会審議の大半は、変換型とも、アリーナ型ともいえないような様相のものとなっているようにみえ

---

(73)　したがって、「アリーナ型議会」が存在意義を持つのはイギリスのような政権交代が可能なシステムの下であり、そうでないと積極的な意味は持たないといわれる（加藤秀治郎「わが国の議院内閣制と両院制の問題点」堀江湛・加藤秀治郎編『日本の統治システム－官僚主導から政治主導へ－』慈学社出版、2008、p. 74.）。

(74)　水戸克典「国会と政策形成過程」同上、pp. 94-100；大山　前掲注 (4)、pp. 21-22；浅野善治ほか「〔座談会〕期待される国会像」『ジュリスト』前掲注 (30)、pp. 28-29.「アリーナ型議会」は「場裡議会」とも訳されている（水戸　同）。

(75)　大山　前掲注 (4)、pp. 25-26.

る」[76] 又は「どっちつかず」[77] などと表現されたり、「現実はアリーナ型に近い混合型」[78] と評されたりした。

　議員立法の成立率は閣法に比べると低く、先述したとおり、修正率も、1990 年代半ばまでの平均値では 2 割程度となるが、そのうち、施行期日の修正などの形式的な修正以外の実質的な修正率は減り続けてきたと指摘されており[79]、1980 年代以降、表 2－3 のねじれ国会までは、修正率が 1 割を切る状態が続いた。議員立法については、議院内閣制を採用しているヨーロッパの国と比較すると決して少なくないが[80]、修正率は高くない、といわれ、「変換」機能は十分とはいえないと考えられてきた。

　この点について、第 135 回国会（H8.1.11 召）から第 183 回国会（H25.1.28召）までの閣法の成立率・修正率及び議員立法の成立件数の分析により、最近の国会について、「ねじれ国会を契機に、国会の変換機能は相対的に高くなっている」との見方がある[81]。確かに、表 2－3 から表 2－12 の数値を見ると、ねじれ国会においては、議員立法の成立件数が増えており、それまで低かった閣法の修正率も高くなっているが、他の要素の影響も認められる。少なくとも「ねじれ」解消後の閣法に対する修正率については 1 割強となっており、修正内容もあまり大きなものはない傾向にあり、今後の変換

---

(76)　川﨑　前掲注（72）、p. 4.「現実の審議は、理念型をそのまま当てはめて論じ難いほど多様と言えよう」と続く（同）。

(77)　飯尾潤『日本の統治構造－官僚内閣制から議院内閣制へ－』中央公論新社、2007、pp. 123-130. 内閣提出法律案は、事前審査制・党議拘束によって「国会における修正が極度に制約されているため変換型ではない」が、「三権分立」が根強いため、議員立法への過度の期待など「「変換型」への期待が残る」とされる。55 年体制下においては、会期制や全会一致の慣習などを背景として野党は審議拒否を行い、一方、与党は、「強行審議」、「強行採決」などの批判を浴びることになる単独審議への抵抗感から野党側と何らかの妥協を行うこともしばしばある等、「表面上の国会審議は「見世物」としての色彩を強く帯び」、「かたちを変えたアリーナ型ともいえるが」、審議機能などは十分でなく、成立率もイギリスのように高くない、などと指摘されている。このような状態について、内閣提出法律案は、「簡単に国会を通過するわけではなく、変換されるわけでもないが、国会で引っかかる」と表現されている（同）。

(78)　中島誠『立法学－序論・立法過程論－　第 3 版』法律文化社、2014、p. 277.

(79)　福元　前掲注（42）.

(80)　大山　前掲注（4）、p. 77.

(81)　武蔵勝宏「立法過程の変化－野田政権から安倍政権へ－」『北大法学論集』Vol. 64. No. 6、2014、p. 86.

機能の動向については未知数の部分がある。

我が国の国会審議のあるべき姿という点から、これらの2つのタイプを見たとき、「行政国家化の趨勢が避けられない中で、内閣主導確立の必要性を主張する近年の憲法学者や政治学者の間では、強い内閣を生み出すアリーナ議会指向が強い」との指摘がある[82]。この点について、「日本で、変換型がアリーナ型とならぶ議会審議のあり方として理念的に語られる場合」、与党の事前審査等による国会審議の形骸化に対し、閣法について「委員会審査の場で与野党議員が一緒になって修正を加え、より良いものに仕上げてゆくべき」との考え方があり、そのことと、国家基本政策委員会や予算委員会・本会議をアリーナ型として活性化することは矛盾しないと思われ、「両者を上手に使い分け、車の両輪のように活用することで、初めて、国会の果たすべき役割というものが見えてくるような気がする」との意見[83]が示唆に富む。

衆法や参法の提出件数や成立件数の増加や成立率の伸びは、これまで「議員立法の活性化」の指標としても用いられてきているが、1990年代半ば以降の「議員立法の活性化」について論じられるとき、単に、その数量的な変化だけでなく、議員立法の対象となる内容の変化についても併せて指摘されることが多く、「議員立法の質の変化」と表現される場合もある[84]。

また、議員立法が増加し、修正が活発に行われるなど、近年における立法過程の変化が、「審議そのものの活性化」には必ずしも結びついていない、との指摘がある。「国会の弱点は審議を通じた争点明示機能の弱さであり」、「政策決定過程を明らかにして有権者の理解を得る機能の弱さ」だとも指摘されている[85]。「議員立法の件数が多いか少ないかということを議論することもさることながら、やはり国会としては国民の納得する審議をすべきでは

---

(82) 中島　前掲注 (78)、p. 277.

(83) 浅野ほか　前掲注 (74)、p. 29.

(84) 河野　前掲注 (30)；大山　前掲注 (4)、pp. 74-75；上田　前掲注 (10)、pp. 182-190.

(85) 大山　同上、pp. 258-259；武蔵勝宏「民主党連立政権下の立法過程」『北大法学論集』Vol. 61. No. 6、2011.3、p. 148.

第2章　議員立法の変遷と近年の変化

ないか」[86]、あるいは、「国民に開かれた審議が十分行われたかどうかという
うプロセスが問われる」[87]との指摘のとおり、議員立法や修正案が、国会
においてどのように審議され、審議過程においてどのような役割を果たした
のか、という点も併せて評価される必要がある。

　そこで、第2節では、議員立法により具体的にどのような内容の立法が
行われてきたか、そして、第3節と第4節では、議員立法はどのように審
議されてきたか、ということについて、近年の変化を中心に見ることとす
る。

---

(86)　小島和夫「立法過程の現状と所見」中村編　前掲注 (3)、p. 530；浅野一郎「立法過程における議院の
　　役割」中村編　前掲注 (3)、pp. 511-512.
(87)　川﨑　前掲注 (72)、p. 6. 国会に関する評価については、「審議そのものにも目を向けた、多角的・実
　　証的・総合的な評価が求められている」とも指摘されている（川﨑政司「国会審議の機能と評価に関する
　　一考察（二）」『議会政治研究』No. 76、2005.12、pp. 87-90.）。

第2節　議員立法の類型と変化

　これまで、議員立法の立法例について、いろいろな類型化が行われてきているが[88]、これらを見ると、その類型化が行われた時点までに、どのような議員立法が行われてきたかを知ることができる。また、今後、議員立法が必要とされ、期待される分野を示唆するものでもある。その一方で、それらの類型が時期により変化していることから、議員立法が行われる分野、対象などが、今後も変化するものであることが予想され、したがって、必ずしも、それらの類型に限られるわけではないことも示されている。最近の立法例では、必要な法律を制定するため、そのときの政治状況（ねじれ国会、政府と与党の力関係など）に応じて、内閣立法で行うか、議員立法で行うかという選択が行われているともいわれる[89]。

　先述したとおり、近年の「議員立法の活性化」については、単に、提出件数や成立件数などの数量的な増加だけでなく、議員立法の対象となる内容の変化、質的な変化を抜きに論ずることはできない。以下では、これまで行われてきた類型化の例などを基に、議員立法の類型とその変化から、議員立法の「活性化」の意味を考えてみたい。

---

(88)　これまでに諸氏により行われてきたそれぞれの議員立法の諸類型については、古賀ほか　前掲注(13)、p. 125. 参照。併せて、橘幸信「議員立法の実際」　前掲注(2)、pp. 152-153、155、156-157；大森　前掲注(2)、p. 51-55；中島　前掲注(78)、p. 252；石村健『議員立法―実務と経験の中から―』信山社出版、1997、pp. 194-220 参照。

(89)　橘　同上、p. 156；「従前は、両者の間には、おのずとその本来の役割分担があるはずと考えられていた」としつつ、衆参のねじれが生じている場合には、「それに伴う特別な類型が生じることになる」と指摘されている（大森　同上、pp. 48-50.）。なお、「事柄の性質上、内閣から提出されるのが原則」とされてきた法律案として、①内閣及び行政機関の組織、機能、運営等に関する法律案、②行政の基本施策に関する法律案、③いわゆる予算関係法律案が挙げられている（同）。そのような法律案が、議員立法として提出されることとなった例として、前掲注(57)参照。

第2章　議員立法の変遷と近年の変化

Ⅰ　類型化の切り口

まず、これまで行われてきた類型化の主な切り口を見てみたい。

① 対象となる分野・政策内容に着目した分類（国会関係、地域振興関係、特定の業界・資格関係、災害関係、農林・文教などの特定の政策分野関係など）

② 「成立」の可否や可能性に着目した分類（政策実現型、政策表明型、政策先取型、対案型など）

③ 成立過程の態様に着目した分類（超党派の議員集団による推進、国民的基盤での制定が適切、政府部内の調整困難、市民の要望が基など）

④ 主体に着目した分類（国会自律型、政策実現型（議員・政党の主体的な政策立案、政治主導）、政府依頼型など）

これらの切り口の複数を組み合わせて類型化するものが多く、また、ひとつの法律が、複数の類型に該当することも多い。

Ⅱ　類型の内容と変化

ここでは、これまでの類型化の中で取り上げられてきた個々の類型のうち、主なものに関し、その内容と変化について記述する（なお、1の類型の具体例については、表2−13参照）。

1　分野・政策内容に着目した類型
（1）国会、選挙、政治資金関係の法律

これまでに行われてきたほとんどの類型化の中で、ほぼ挙げられている類型である。国会の自律権に基づくと考えられ、「国会法」（S22法79）をはじめ国会関係の法律は、議員立法で行うものとされてきており[90]、「公職選挙

---

(90)　田口迪「議員提出法律案の立案過程」『ジュリスト』前掲注（2）、p. 34.

法」(S25 法 100)、「政治資金規正法」(S23 法 194) など、選挙や政治資金
などに関する法律の制定や改正も、議員立法による場合が多い(第 3 章第 2
節 I 4 参照)。

(2) 地域振興関係の法律

昭和 20 年代半ばには、特定の地方公共団体のための法律を制定する「地
方自治特別法」の例が相次いだ。⑲ その後も、人口の減少、地域的な不便
などにより、国としての支援が必要な地域(「過疎地域」、「山村地域」などの、
いわゆる「条件不利地域」)を振興することを目的とする法律が議員立法によ
り制定されている。地域の格差是正などを旨とし、関係地方公共団体の要望
もあり、政党を問わず、そのような地域を選挙区とする議員がいるため、意
見がまとまりやすい分野といわれる[91]。5 年、10 年など、法律の有効期限
が定められ、定期的に、法律で定める政策内容の見直しを行うとともに、期
限を延長するための法律改正が行われる場合が多い。

(3) 特定の業界に関する法律(業法・士(サムライ)法)

かつては、業界や団体の要望に応じる形で法律の制定が行われ、振興的な
色彩が強かった[92]。しかし、1990 年代後半になると、そのような「業界ギ
ルドないし業界保護法的なものはほとんど影が薄くなった」といわれ[93]、
「探偵業の業務の適正化に関する法律」(H18 法 60) のように、その業務の
適正化を目指した規制的な内容のものなど、これまでの立法例とは趣旨が変
わったものが制定されるようになった[94]。

---

(91) 田島信威「議員立法の実態と機能」『ジュリスト』前掲注 (2)、p. 144.

(92) 小島　前掲注 (5)、pp. 159-163.

(93) 上田　前掲注 (10)、p. 188. 第 189 回国会において、久しぶりの新たな資格法として、長年検討され
　　てきた「公認心理師法」(H27 法 68) が成立した。また、第 186 回国会においては、農業・漁業分野を
　　中心に、「養豚農業振興法」(H26 法 101)、「花きの振興に関する法律」(H26 法 102)、「内水面漁業の振
　　興に関する法律」(H26 法 103) などの新規の業法の立法も行われた。

(94) 「探偵業」については、業務運営の適正化の必要性が意識されつつ、「政官業総すくみ」状態にあったが、
　　警察庁における立法化の検討がとん挫する一方で、トラブルは増加し、早期の立法化の必要性が高まった
　　ことを受け、「消費者や人権の保護を図るため」、「政治主導による制度設計」を行ったとされる(葉梨康弘
　　『探偵業法―立法までの物語と逐条解説―』立花書房、2006、pp. 5-6、9-13、18-19、22-27 など)。

135

第 2 章　議員立法の変遷と近年の変化

表 2 - 13　分野・政策内容に着目した類型別の議員立法の例

（1）国会、選挙、政治資金関係の法律	国会法（S22法79）、議院事務局法（S22法83）、議院における証人の宣誓及び証言等に関する法律（S22法225）、国立国会図書館法（S23法5）、議院法制局法（S23法92）、政治資金規正法（S23法194）、公職選挙法（S25法100）、政治倫理の確立のための国会議員の資産等の公開等に関する法律（H4法100）、政党助成法（H6法5）、国会審議の活性化及び政治主導の政策決定システムの確立に関する法律（H11法116）、公職にある者等のあっせん行為による利得等の処罰に関する法律（H12法130）、国会議員互助年金法を廃止する法律（H18法1）、平成23年東北地方太平洋沖地震等による災害からの復旧復興に資するための国会議員の歳費の月額の減額特例に関する法律（H23法11）、東京電力福島原子力発電所事故調査委員会法（H23法112）など
（2）地域振興関係の法律	離島振興法（S28法72）、豪雪地帯対策特別措置法（S37法73）、山村振興法（S40法64）、筑波研究学園都市建設法（S45法73）、半島振興法（S60法63）、大阪湾臨海地域開発整備法（H4法110）、過疎地域自立促進特別措置法（H12法15）、原子力発電施設等立地地域の振興に関する特別措置法（H12法148）など
（3）特定の業界に関する法律（業法・士（サムライ）法）	弁護士法（S24法205）、司法書士法（S25法197）、建築士法（S25法202）、クリーニング業法（S25法207）、宅地建物取引業法（S27法176）、美容師法（S32法163）、調理師法（S33法147）、探偵業の業務の適正化に関する法律（H18法60）、公認心理師法（H27法68）など
（4）災害対策関係の法律	活動火山対策特別措置法（S48法61）、災害弔慰金の支給等に関する法律（S48法82）、地震防災対策強化地域における地震対策緊急整備事業に係る国の財政上の特別措置に関する法律（S55法63）、地震防災対策特別措置法（H7法111）、被災者生活再建支援法（H10法66）、南海トラフ地震に係る地震防災対策の推進に関する特別措置法（H14法92）、津波対策の推進に関する法律（H23法77）、首都直下地震対策特別措置法（H25法88）など
（5）議員の道徳観、倫理観などとの関わりが強い法律	酒に酔つて公衆に迷惑をかける行為の防止等に関する法律（S36法103）、動物の愛護及び管理に関する法律（S48法105）、医学及び歯学の教育のための献体に関する法律（S58法56）、公文書館法（S62法115）、小学校及び中学校の教諭の普通免許状授与に係る教育職員免許法の特例等に関する法律（H9法90）、臓器の移植に関する法律（H9法104）、子どもの読書活動の推進に関する法律（H13法154）、身体障害者補助犬法（H14法49）、性同一性障害者の性別の取扱いの特例に関する法律（H15法111）、文字・活字文化振興法（H17法91）、海外の文化遺産の保護に係る国際的な協力の推進に関する法律（H18法97）、海外の美術品等の我が国における公開の促進に関する法律（H23法15）、警察等が取り扱う死体の死因又は身元の調査等に関する法律（H24法34）、再生医療を国民が迅速かつ安全に受けられるようにするための施策の総合的な推進に関する法律（H25法13）、地域自然資産区域における自然環境の保全及び持続可能な利用の推進に関する法律（H26法85）など
（6）新たな犯罪類型、社会問題などに対応するための法律	火炎びんの使用等の処罰に関する法律（S47法17）、貸金業法（S58法32）、流通食品への毒物の混入等の防止等に関する特別措置法（S62法103）、中国残留邦人等の円滑な帰国の促進並びに永住帰国した中国残留邦人等及び特定配偶者の自立の支援に関する法律（H6法30）、特定非営利活動促進法（H10法7）、児童買春、児童ポルノに係る行為等の規制及び処罰並びに児童の保護等に関する法律（H11法52）、ダイオキシン類対策特別措置法（H11法105）、ストーカー行為等の規制等に関する法律（H12法81）、児童虐待の防止等に関する法律（H12法82）、配偶者からの暴力の防止及び被害者の保護等に関する法律（H13法31：DV防止法）、特定電子メールの送信の適正化等に関する法律（H14法26）、偽造カード等及び盗難カード等を用いて行われる不正な機械式預貯金払戻し等からの預貯金者の保護等に関する法律（H17法94）、高齢者虐待の防止、高齢者の養護者に対する支援等に関する法律（H17法124）、犯罪利用預金口座等に係る資金による被害回復分配金の支払等に関する法律（H19法133：振り込め詐欺救済法）、鳥獣による農林水産業に係る被害の防止のための特別措置に関する法律（H19法134）、青少年が安全に安心してインターネットを利用できる環境の整備等に関する法律（H20法79）、美しく豊かな自然を保護するための海岸における良好な景観及び環境の保全に係る海岸漂着物等の処理等の推進に関する法律（H21法82）、障害者虐待の防止、障害者の養護者に対する支援等に関する法律（H23法79）、子どもの貧困対策の推進に関する法律（H25法64）、いじめ防止対策推進法（H25法71）、過労死等防止対策推進法（H26法100）、私事性的画像記録の提供等による被害の防止に関する法律（H26法126：リベンジポルノ防止法）、空家等対策の推進に関する特別措置法（H26法127）、本邦外出身者に対する不当な差別的言動の解消に向けた取組の推進に関する法律（H28法68：ヘイトスピーチ解消法）、民間あっせん機関による養子縁組のあっせんに係る児童の保護等に関する法律（H28法110）など

（7）大災害、重大な社会問題などに緊急に対応するための法律	成田国際空港の安全確保に関する緊急措置法(S53法42)、オウム真理教に係る破産手続における国の債権に関する特例に関する法律(H10法45)、ハンセン病療養所入所者等に対する補償金の支給等に関する法律(H13法63)、北朝鮮当局によって拉致された被害者等の支援に関する法律(H14法143)、特定フィブリノゲン製剤及び特定血液凝固第IX因子製剤によるC型肝炎感染被害者を救済するための給付金の支給に関する特別措置法(H20法2)、オウム真理教犯罪被害者等を救済するための給付金の支給に関する法律(H20法80)、ハンセン病問題の解決の促進に関する法律(H20法82)、水俣病被害者の救済及び水俣病問題の解決に関する特別措置法(H21法81)、口蹄疫対策特別措置法(H22法44)、戦後強制抑留者に係る問題に関する特別措置法(H22法45)、東日本大震災に伴う相続の承認又は放棄をすべき期間に係る民法の特例に関する法律(H23法69)、東日本大震災復興基本法(H23法76)、東日本大震災により生じた災害廃棄物の処理に関する特別措置法(H23法99)など
（8）特定の政策分野に関する基本法	原子力基本法(S30法186)、消費者基本法(S43法78)、障害者基本法(S45法84)、高齢社会対策基本法(H7法129)、科学技術基本法(H7法130)、ものづくり基盤技術振興基本法(H11法2)、文化芸術基本法(H13法148)、エネルギー政策基本法(H14法71)、少子化社会対策基本法(H15法133)、犯罪被害者等基本法(H16法161)、食育基本法(H17法63)、自殺対策基本法(H18法85)、がん対策基本法(H18法98)、海洋基本法(H19法33)、地理空間情報活用推進基本法(H19法63)、宇宙基本法(H20法43)、生物多様性基本法(H20法58)、公共サービス基本法(H21法40)、バイオマス活用推進基本法(H21法52)、スポーツ基本法(H23法78)、強くしなやかな国民生活の実現を図るための防災・減災に資する国土強靱化基本法(H25法40)、アルコール健康障害対策基本法(H25法109)、水循環基本法(H26法16)、アレルギー疾患対策基本法(H26法98)、サイバーセキュリティ基本法(H26法104)、都市農業振興基本法(H27法14)、官民データ活用推進基本法(H28法103)など
（9）各分野の基本法的な法律	株式の消却の手続に関する商法の特例に関する法律(H9法55)、良質な賃貸住宅等の供給の促進に関する特別措置法(H11法153)など

（注）　（1）～（9）は、本文中の、第2章第2節II1の（1）～（9）に対応している。なお、分類は、相対的なもので、他の類型にも当てはまり得る。また、紙面の関係で、新規立法だけに限定して紹介しているが、重要な内容の一部改正法も多い。

（出典）　橘幸信「議員立法の実際」大森政輔・鎌田薫編『立法学講義 補遺』商事法務、2011、p. 155；衆議院法制局『衆議院における議員立法の記録―第一回国会―第一七〇回国会）―』2009；衆議院法制局「成立した議員立法」；参議院法制局「成立参法の紹介」等を基に筆者作成。

（4）災害対策関係の法律

　昭和20年代の後半には、個々の台風、地震などの被害に対応するため、災害ごとに、また、災害対策事業ごとに、多くの特別措置法などが制定された（別表2（参考資料）参照）。これらの「災害特例法」は、恒久法として「激甚災害に対処するための特別の財政援助等に関する法律」(S37法150)が制定され、激甚災害の指定が政令により行われることとなったため、ほとんどなくなった[95]。昭和40年代には火山の爆発による被害防止、災害弔慰

(95)　（例）「昭和二十六年十月の台風による漁業災害の復旧資金の融通に関する特別措置法」(S27法18) このことが、いわゆる「お土産法案」として批判され、その抑制のため、昭和30年の国会法の改正に結びついたとも指摘される。本来、関係省庁が予算措置を講じ、財政援助を行うものであるが、補助金の総額や補助率などについて財政当局と話合いが付かない場合に議員立法で決着を付けるものが多かったようであると紹介されている（石村　前掲注（88）、p. 197.）。なお、「災害対策基本法」(S36法223) 97条～99条参照。

金支給などに関する法律が制定されたが、その後は、あまり例がなかった。近年は、全国共通の災害対策、被災者支援のための法整備や、予測される大規模な地震の防災対策などについて、議員立法による対応が行われている。なお、規模の大きな災害の発生時などにおいて、緊急に特別な対応が求められる場合の立法については、（7）のグループとした。

（5）議員の道徳観、倫理観などとの関わりが強い法律

医学教育のための献体や臓器移植といった議員個人の道徳観、倫理観との関わりが強い事項を内容とする法律の類型である。臓器移植法のように、議員の生命・倫理観などに深く関わる問題であるという理由で、多くの会派が、党議拘束を外して審議・採決に臨んだのも、この類型の特色の一面を表すものといえよう。別の切り口として「国民的基盤での制定が適切な法律」という分類[96]もあるが、例として挙げられる法律は一部重なっている。近年、議員立法が活性化する中で、「道徳観、倫理観などに基づく」ものとはいえないが、ときには党派を超えた議員個人の問題関心をベースとして、超党派の議員連盟などを基盤に立法化が推進されるケースがあると指摘されており、これらを、併せて、「議員個人型」としてまとめることもできる[97]。

（6）新たな犯罪類型、社会問題などに対応するための法律

社会は急速に変化し、その中で様々な問題が発生するが、縦割り行政の弊害や、行政サイドの躊躇などにより、行政庁が、社会的な立法の必要性に対応できない場面がしばしば生じる。そのような場合に、議員が「政治主導」の自負の下、法整備に取り組むものであり、近年、新たな類型として位置付けられている[98]。法律名からも、新たな犯罪や近年の様々な社会問題への対応が議員立法により行われていることが窺える[99]。この類型の立法の際には、3の超党派型や市民立法型としての取組が行われることが増えている。

---

(96)　小島　前掲注（5）、pp. 149-159；石村　前掲注（88）、pp. 195、211-212.

(97)　橘　前掲注（88）、pp. 153-155.

(98)　同上、pp. 153-156；1990年代の後半以降、与野党が深刻な社会問題に対応するための法制化を目指す動きが目立ってきた、と報じられている（「議員立法、次々日の目　政府内調整の難しさクリア」『朝日新聞』1999.7.13.）。

第2節　議員立法の類型と変化

地方自治特別法の取扱いの変遷

　地方自治特別法（第1章第1節Ⅱ3参照）は、第5回国会に提出され成立した「広島平和記念都市建設法」（S24法219）及び「長崎国際文化都市建設法」（S24法220）を嚆矢として、昭和20年代に16本（うち1本は改正法）が議員立法により制定されたが、その際には、憲法95条に基づき、国会の議決の後に住民投票に付された。昭和27年の「伊東国際観光温泉文化都市建設法の一部を改正する法律」（S27法312）の制定以後、地方自治特別法とされた立法例はない。
　地方自治特別法か否かは「究極的には裁判所の違憲審査権によるにしても、一応は、その法律を議決した国会の認定によるという解釈が一般的である」（小林）とされる。その法律の附則に、憲法95条の規定により住民投票に付す旨の規定が置かれた立法例が多い。
　地方自治特別法は占領下の特異な立法形式ともいわれ（田島）、現に、「占領を脱却した」後には、「あやしいなと思われるような法律にもすべていろいろ理屈をつけて住民投票をしていないのが実情」（上田）と評されている。憲法改正の議論の際には、改正について問題となる項目のひとつではないか、とも指摘されている。一方、地方分権が進む中で、近年、その積極的な活用を唱える意見もある。
　半世紀以上にわたり、実際に機能してきたとはいえない制度であるが、新たな局面を迎えているようである。
（上田章『議員立法五十五年』信山社出版、2005、pp. 23-26；田島信威「議員立法の実態と機能」『ジュリスト』805号、p. 144；小林公夫「地方自治特別法の制定手続について─法令の規定及びその運用を中心に─」『レファレンス』2009.10、pp. 65、78.）

（7）大災害、重大な社会問題などに緊急に対応するための法律

　上記（6）とともに、「問題即応型」として分類することのできるグルー

---

(99) 「議員立法になじまないと考えられてきた刑事法の領域でも」、「議員立法が現れた」、として、「児童買春、児童ポルノに係る行為等の規制及び処罰並びに児童の保護等に関する法律」（H11法52）、「ストーカー行為等の規制等に関する法律」（H12法81）などが例として挙げられている（松原芳博「立法化の時代における刑法学」井田良・松原芳博編『立法学のフロンティア3』ナカニシヤ出版、2014、p. 128.）。また、刑事法の分野の閣法についても対案や修正案の提出など、「国会議員の主体的な活動がみられるようになった」としており、「議員立法の可能性を意識することで、法制審議会も、政治的、社会的要求に敏感にならざるをえず、世論に配慮した結論を短期間で出すことを余儀なくされるようになっている」とも指摘されている（同）。Ⅱ1（9）参照。

第2章　議員立法の変遷と近年の変化

プである[100]。

　大きな災害や重大な社会問題が生じ、緊急に対応することが特に必要となる場合は、その対応のために大きな財政負担を伴うことも多く、また、関係省庁間で協議を行うための時間が限られることなどから、必要な立法措置を実現するために、政治的な決断が求められる場合が少なくない。近年では、東日本大震災による様々な事態に緊急に対応するため、多くの議員立法が行われた。

　この類型の法律は、「国」としての対応に関わるものも少なくない。このため、議院内閣制を採っている我が国において、内閣総理大臣が、「与党の代表」としての立場で、直接、必要な議員立法の検討や推進を与党の議員に対して指示し、その一方では、内閣の「首長」として、それらの議員立法への協力を関係行政庁に指示する場合もある[101]。

（8）特定の政策分野に関する基本法

　近年の新たな類型として、「基本法」[102] が挙げられる。ここでいう「基本法」は、基本法という名称を持ち、特定の政策分野について、どのように施策を推進していくかという方針を示す法律であり、施策の推進に当たっての基本理念、その理念の実現のために必要な施策に関する基本的な事項、政策の推進体制などについて規定するものが多い。具体的な施策の内容については、別に定める法律（「実施法」と呼ばれる。）や、行政庁の政策決定に委ねるものが多いことから、政策の方向性などを定める、いわゆる「プログラム

---

(100)　橘　前掲注 (88)、pp. 153-156．なお、Ⅱ（1）（6）との区別は相対的なものとなる（同、p. 155．）。

(101)　（例）薬害C型肝炎の被害者の一律救済に向け、首相が、「自民党総裁として」、「議員立法を党との相談の結果、決めた」と報道された（「薬害肝炎、一律救済へ　福田首相「議員立法で」　原告「大きな一歩」」『読売新聞』2007.12.24；「ニュースの理由　薬害肝炎救済で議員立法　首相の決断支えた政官」『日本経済新聞』2008.1.9）。

(102)　大森　前掲注 (2)、pp. 50-51；橘　前掲注 (88)、p. 154；中島　前掲注 (78)、p. 254．「基本法」という用語又は概念の用いられ方は、Ⅱ1（8）の「題名に基本法という名称をもつ法律」（「形式的な意味の基本法」ともいうべきもの）を指す場合以外に、①一定の法分野における制度、政策等に関する基本を定める「実質的な意味の基本法」として用いられる場合（＝Ⅱ1（9））、②「憲法」とほぼ同義で用いられる場合（（例）ドイツ連邦共和国基本法）がある、とされる（川﨑政司「基本法再考（一）　基本法の意義・機能・問題性―」『自治研究』81 巻 8 号、2005.8、pp. 49-50．）。

140

法」的な性格を有する[103]。平成29年5月1日現在で「基本法」という名称を用いている法律は49本、そのうち、内閣立法が19本、議員立法が30本と、議員立法が多く、また、平成に入って以降に制定されたものがほとんどを占めている（42本[104]、そのうち内閣立法が15本、議員立法が27本）。

そもそも基本法は、「政府に対して」一定の政策目標に沿った施策の推進を求めることを主眼としており[105]、これまで、多くの基本法が、各省庁の縦割りの弊害を緩和・是正し、政府が一体となって必要な施策を総合的に推進することを目指して制定されてきた[106]。この点は、多くの基本法において内閣府や内閣官房に推進体制の事務局が置かれ、その調整機能に期待されてきたことにも表れている[107]。また、国民代表機関である国会が、「行政国家」化の中で、立法事実に関する多くの情報を有する政府に対して、行政監視機能を果たしていくための有効な手段としても位置付けられている[108]。平成に入ってからの議員立法による基本法の増加は、1990年代以降、変化する社会経済情勢や国際情勢に対応するため「政治主導」が求められたことを背景として、「議員主導」で政策決定が行われる場面が増えたことを示すものといえる[109]。

なお、基本法については、第4章で詳しく述べるので参照されたい。

---

(103)　川﨑　同上、pp. 49-58；西川明子「基本法の意義と課題」『レファレンス』769号、2015.2、pp. 3、44-47、50-54.

(104)　これは、現在効力を有する基本法の数であるが、その中には、「農業基本法」（S36法127）が廃止され、「食料・農業・農村基本法」（H11法106）が制定され、「教育基本法」（S22法25）が全部改正（H18法120）されたように、同一分野において基本法の制定・全部改正などが行われたものも含まれている。

(105)　小早川光郎「行政政策過程と"基本法"」松田保彦ほか編『国際化時代の行政と法―成田頼明先生横浜国立大学退官記念―』良書普及会、1993、pp. 63-64.

(106)　川﨑政司「基本法再考（三）―基本法の意義・機能・問題性―」『自治研究』82巻1号、2006.1、p. 77.

(107)　これらの結果を含め、多くの業務が、内閣官房、内閣府に集中することになったため、基本法に基づく事務を含め、内閣官房・内閣府の事務の見直し等が行われることとなった。第4章第2節Ⅲ参照。

(108)　橘幸信「実務から見た最近の法律の特徴的な傾向―基本法・特例法の増加とその意義・問題点」『法学セミナー』No. 599、2004.11、pp. 40-41.

(109)　毛利透「基本法による行政統制」『公法研究』72号、2010、p. 90；川﨑　前掲注（102）、pp. 54-55.

第2章　議員立法の変遷と近年の変化

（9）各分野の基本法的な法律

　「基本法」という名称を持つか否かにかかわらず、一定の法分野における制度、政策等に関する基本を定める「実質的な意味の基本法」ともいうべき法律がある[110]。この基本法的な法律については、これまで、担当となる省庁により制定・改正が行われてきており、特に、民法、刑法、商法などの法律については、法務大臣の諮問機関である法制審議会において、「慎重な法案審議を重ねて」[111]、時間をかけて検討されるのが常であった。

　そのような状況の下、第140回国会において、ストック・オプション（株式買受選択権）制度を導入する「商法の一部を改正する法律案」（140回衆24）及び自己株式の利益による消却手続を緩和する「株式の消却の手続に関する商法の特例に関する法律案」（140回衆25）が、平成9年4月30日、議員立法として、国会に提出され、5月16日に成立し、「その電撃的な商法改正には、誰もが驚いた」[112]と評された。このような動きについては、多数の商法学者により「開かれた商法改正手続を求める商法学者声明」（5月12日）が発表され、法律案の内容をオープンにして十分議論、検討する機会がなく透明性に欠ける、という「立法プロセスに対する遺憾の意の表明」が行われた[113]。また、一部の団体又は経済界・産業界からの強い要請を受けたもの、との批判的な見方もある[114]。一方、法律案の提案議員は、議員立法による解決を目指したことについて、社会経済の転換期に当たり、「官僚システム等の既存のシステムがうまく機能しない場合には、特に政治が構

---

(110)　川﨑　同上、p. 50.　例として、民法、商法、刑法や地方自治法などが挙げられている。

(111)　居林次雄「商法における議員立法の是非－法制審議会との整合性－」『法律のひろば』Vol. 51 No. 4、1998.4、p. 62.

(112)　居林次雄「議員立法の衝撃－ストック・オプションをめぐる商法改正問題－」『法律のひろば』Vol. 50 No. 8、1997.8、p. 70.

(113)　これは、ストック・オプション制度の導入自体に反対するものでなく、「議員立法という立法形式を批判しているわけでも」ない、と説明されている（140回参・法務委・H9.5.15・pp. 1-2.　なお、法制審議会については、同、pp. 5-6参照）。

(114)　大山　前掲注（4）、pp. 84、88；武蔵勝宏「政権移行による立法過程の変容」『国際公共政策研究』Vol. 14. No. 2、2010.3、pp. 39-40；中東正文「会社法改正の力学」井田・松原編　前掲注（99）、pp. 231-233.

第2節　議員立法の類型と変化

造改革に向けたリーダーシップを取っていくことが求められている」ことから「政治判断するに至った」と説明している[115]。経済社会の急速な変化に対し、それに応えるスピード感で必要な法制度の制定が求められる中で[116]、その後も、商法分野における制度の見直しが数次にわたり議員立法で行われることになった[117]。また、定期借家権の導入など民事法分野についても、議員立法による解決が図られ[118]、少年法の改正など刑事法の領域においても議員立法が行われている[119]。

2　政策実現型と政策表明型

（1）政策実現型

「議会における多数派の政策を背景とする議員提出法律をいうもの」で成立率が高い類型[120]、「提出者が成立を見込んで提出するもの」[121] などと説明される。近年、与党議員主導の議員立法が増えており、この類型の増加が、近年の「議員立法の活性化」の一因と指摘されている[122]。その法律案の政策内容としては、これまでに述べたいろいろな内容に及んでいる。与党が関わって成立につながる法律案には、①与党議員のみによる提案、②与野党議員による共同提案、③委員会提案の形態があるが、成立する法律に占める委

---

(115)　保岡興治「ストック・オプション制度等に係る商法改正の経緯と意義」『商事法務』No. 1458、1997.6.5、pp. 2-3.

(116)　「社説　変革の時代にこたえる法制審改革を」『日本経済新聞』1998.11.24．当時、「今回の議員立法が法制審議会商法部会の組織運営の改革につながることを期待する」との指摘があった（森本滋「議員立法によるストック・オプション制度」『商事法務』No. 1459、1997.6.15、p. 7.）。平成13年の中央省庁等の改革の際には、法制審議会の運営面における大幅な改革が行われた（盛岡多智男『基本法立法過程の研究－法務省・法制審議会の立案と政治の関わり－』山梨学院大学行政研究センター、2005、p. 161.）。また、時代の変化に迅速に対応できる体制づくりに力を入れ、財界の代表者を審議メンバーに加えるなどの改善が行われた、とも紹介されている（高品盛也・高澤美有紀「会社法制度の見直しをめぐる動向」『調査と情報－ISSUE BRIEF－』No. 360、2001.5.10、p. 16.）。

(117)　武蔵　前掲注（114）、pp. 38-39.

(118)　盛岡　前掲注（116）、pp. 143-161、289-298.

(119)　同上、pp. 291-292、302-305.

(120)　田口　前掲注（90）、p. 36.

(121)　中島　前掲注（78）、p. 253.

(122)　川人　前掲注（20）、pp. 114-118；河野　前掲注（30）、p. 84.

第2章　議員立法の変遷と近年の変化

員会提出法律案の割合は多い（第4節I参照）。その場合でも、与党提出法律
案がまず提出され、その後野党提出法律案が提出されて与野党協議の後に委
員会提出法律案となる場合、与党提出法律案が提出され、その法律案を基に
与野党の協議が行われて委員会提出法律案となる場合、与党案としての提出
は行わなかったが、その案をたたき台として与野党が協議して委員会提出法
律案となる場合など、近年、与党が主導して成立する法律は多い。

（2）政策表明型

　「議会における少数派が、その政策は直ちに実現することは期待できない
が、その政策を表明する手段として提案する議員提出法律」[123] などと説明
されているグループである。

　　この中には、「対案型」と「政策先取型」（政策先行型・政策先占型ともいわ
れる。）がある[124]。このうち、政策先取型について、最低賃金法や、いわゆ
る育児休業法などがしばしば例として挙げられてきた[125]。「基本法」の中に
も、野党の法律案提出に「刺激されて」、与党・政府の取組に結びついた例
があると紹介されている[126]。これらの例では、まさに「先取」という言葉
が表すように、野党の法律案が最初に提出されてから少なからぬ年月を経過
して同趣旨の法律が実現してきた。それに対し、近年では、同じく野党提出
法律案が先行し、与党・政府の立法を促す契機となったと思われる場合で
も、野党による法律案の提出後、同じ国会や回次の近い国会において「対
案」として与党や政府から法律案が提出され、両案ともに審議の上で与党案
が成立する例や、別途、委員会提出法律案としてまとまって成立する例が多
く見られるようになっている。これは、近年の国会情勢の変化、与党議員の

---

(123)　田口　前掲注（90）、p. 36.

(124)　同上；橘　前掲注（88）、p. 156；中島　前掲注（78）、p. 253-254.

(125)　鮫島眞男『立法生活三十二年－私の立法技術案内－』信山社出版、1996、pp. 275-277；小野善康
　　　「育児休業法の立法過程－野党法案が形が変わり成立した事例として－」『アルテス・リベラレス（岩手大
　　　学人文社会科学部紀要）』47号、1990、pp. 143-145、154、165-168.

(126)　（例）第46回国会（S38.12.20召）に続き、第51回国会（S40.12.20召）に「消費者基本法案」（衆
　　　16：民社党提出）が提出され、第58回国会（S42.12.27召）に「消費者保護基本法案」（衆21：自民
　　　党・社会党・民社党・公明党提出）が提出され成立している（上田　前掲注（10）、p. 105.）。

144

第2節　議員立法の類型と変化

議員立法への取組の活発化等が背景にあるものと考えられるが、「問題即応型」の議員立法が増えていることも関連があるものと思われる。**⑳**

3　超党派型と市民立法型

（1）超党派型

　近年、「超党派の議員集団による推進」の形態による議員立法が増えている。議員連盟として取り組んだり、各党において特定のテーマについて設けられたプロジェクトチームが相互に調整・協力したり、委員会の理事会などを舞台として調整を行い、議員立法を目指すものなどである。与野党の実務者協議の場が設けられることもある。このような超党派の議員グループが、官僚に委ねていては解決が困難なテーマに主体的に取り組み、政治主導で立法を行う例が増加していると指摘されたが[127]、最近でも、多くの立法が行われている。

（2）市民立法型

　新たな類型として、市民グループなどの要望や発案、法制定に向けた活動等を契機として議員立法が行われる「市民立法型」が挙げられるようになっている。議員立法が、国民からの働きかけを通して、「国民発案制度」（イニシアティブ）の「代用品」として機能することが期待されるとの指摘があり[128]、また、市民立法型の議員立法は、「行政が直ちに行政施策として取り挙げ難い事項に関するものが多」く、内閣立法の「弱点を補う役割を果たすもの」とも評されている[129]。

　（1）と（2）がセットになって、政府には届きにくい国民の声を受けて、

---

[127]　谷勝宏『議員立法の実証研究』信山社出版、2003、pp. 8-9、164-169. 55年体制の崩壊後における連立政権や部分連合の常態化により、政党間の政策の接近、議員の所属政党の流動化、分権化・自律化した個別議員の結集などが背景にあると指摘されている（同、pp. 8-9）。なお、古くは、昭和36年に制定されたいわゆる「酔っぱらい規制法」が、衆参両議院の婦人議員をもって構成される超党派の懇談会（婦人議員懇談会）の活動により制定に至ったものといわれる。

[128]　大石眞「国会改革をめぐる憲法問題」『法学論叢』Vol. 141 No. 6、1997.9、p. 10.

[129]　大森　前掲注（2）、p. 51.「特定非営利活動促進法」（H10法7）、「被災者生活再建支援法」（H10法66）などが、代表例として挙げられている。

145

議員連盟などの超党派の国会議員たちによる検討の場が受け皿となって立法化への取組が行われ、法律が成立する例も増えている。㉑

4 政府依頼型

戦後まもなく、先述した「政府依頼立法」が行われたことがあったが、その後も、「政府依頼立法的」なものは行われてきた。これは、政府部内で各省庁間の調整が困難であったか、困難が見込まれる場合[130]、何らかの事情で「政府からは提出しにくい場合」[131] などに与党が中心となって議員立法を行うものである[132]。かつては、各省庁が法律案の作成等を行い、議員（所管委員会の委員長、与党の筆頭理事や関連部会の部会長など）の名で議員立法の形をとる、という形態がしばしば見られたが、近年は、与党議員の立法に関する関心と実力の高まりなどにより、このように極めて形式的な政府依頼型の議員立法はほとんどなくなっているようである。

5 総括

1〜4の類型の変化について、近年の傾向という観点から総括してみたい。

【1の類型について】

分野・政策内容から見た1の類型について見ると、

①古くからある類型であっても、

・（1）については、いわゆる国会審議活性化法や「東京電力福島原子力

---

(130) 「近時、困難が見込まれる政策調整を回避し、本来は内閣から提出すべき案件を議員立法に委ねる傾向がないとは言えない」と指摘されている（同上、p. 48.）。

(131) 具体的には、①審議会の議を経ることとされているが反対が予想されるか、時間的余裕がない場合、②重要な憲法問題を含む場合、③それまでの政府見解との整合性が問題となる内容を含む場合、④政府部内に規制内容の厳しさ等から躊躇がある場合、⑤内容が射幸的であるため政治判断に委ねられる場合などが挙げられている（田口　前掲注（90）、pp. 36-37；橘　前掲注（88）、pp. 152-153；中島　前掲注（78）、p. 254.）。そのほか、国会の会期の後半などに立法の必要性が明らかになり、提出時期に制約のある閣法では対応できず、かつ、次国会を待たずに対応が必要な場合などもある。

(132) 「準政府立法型・権限調整型」（田口　同上）、「特殊事情型」（中島　同上）などとも呼ばれている。

野党提出法律案の提出から立法化の実現までのタイムラグの変化

野党が提出する法律案は、与党の賛成を得ないと成立には至らない。野党提出法律案がそのまま成立に至ったり、修正の上で成立したりすることは極めてまれな例（第3章第1節Ⅰ及びⅡ参照）となる。

しかし、「政策先取型」といわれるような野党提出法律案により表明された政策について、後にその政策に関する法律が成立する例は少なくない。そのような野党提出法律案の影響力については、これまでも指摘されてきたところであるが、その影響の及ぼし方や、野党提出法律案の提出から法律の成立に至るまでの期間が、議員立法が活性化したといわれる時期を境に変化している。いくつかの具体的な立法例を基に違いを見てみたい。

(1) 55年体制の頃まで

昭和20年代から、野党が提出した先駆的な政策についての法律案が与党や政府に影響を及ぼし、その政策の関連法律の制定につながった例はあるが、野党提出法律案の提出から、その政策分野と同一分野の法律の制定までには、数年かかっていたり、何度も継続審議になったり、法律案の再提出が繰り返し行われたりしている。

(例1) 育児休業法（「義務教育諸学校等の女子教育職員及び医療施設、社会福祉施設等の看護婦、保母等の育児休業に関する法律」（S50法62）：現在の「育児休業、介護休業等育児又は家族介護を行う労働者の福祉に関する法律（H3法76）の前身）の場合

昭和42年5月11日提出	「女子教育職員育児休暇法案」（55回参1：社会党）
昭和43年3月19日提出	「女子教育職員育児休暇法案」（58回参8：社会党）
昭和46年2月22日提出	「女子教育職員育児休暇法案」（65回参3：社会党）
昭和47年6月8日提出	「義務教育諸学校等の女子の教育職員の育児休暇に関する法律案」（68回参10：文教委員長）
昭和48年8月24日提出	「義務教育諸学校等の女子の教育職員の育児休暇に関する法律案」（71回参25：社会党等）
昭和49年5月30日提出	「看護婦等の育児休暇及び進学休暇等に関する法律案」（72回衆43：社会党）
昭和50年3月26日提出	「義務教育諸学校等の女子の教育職員の育児休暇に関する法律案」（75回参8：社会党等）
昭和50年6月26日提出	「義務教育諸学校等の女子教育職員及び医療施設、社会福祉施設等の看護婦、保母等の育児休業に関する法律案」（75回衆37：自民党・社会党・共産党・公明党・民

第 2 章　議員立法の変遷と近年の変化

社党）➡成立

　なお、この成立に至る経過については、以下のように説明されている。

　当時は、「野党提出法案の場合、趣旨説明も行われないまま放っておかれることが少なくないという実情」であったが、この法律案は、「幸先のいいスタート」を切り、「直ちに審議され、自民党委員の支持も得」た（小野）。その後、昭和 46 年 12 月に、参議院文教委員会に小委員会が設置され、文教委員長提案でも提出されたが成立に至らず、昭和 50 年に、衆議院の与野党共同提案の形で議員提出法律案として提出され成立した（小野）。

　また、同じく労働分野の法律である「最低賃金法」（S34 法 137）と「最低賃金法の一部を改正する法律」（S43 法 90）についても、繰り返し提出された野党提出法律案（社会党案）の影響が指摘されている（鮫島）。

（例 2）「公害対策基本法」（S42 法 132）の場合
昭和 39 年 12 月 11 日提出　「公害対策基本法案」（47 回衆 8：民社党）
昭和 40 年 4 月 23 日提出　「公害対策基本法案」（48 回衆 30：社会党）
　　　　　　　　　　　　➡　両法案は、第 50 回国会まで継続審査
昭和 41 年 2 月 4 日提出　「公害対策基本法案」（51 回衆 8：民社党）
昭和 41 年 2 月 17 日提出　「公害対策基本法案」（51 回衆 14：社会党）
　　　　　　　　　　　　➡　両法案は、第 54 回国会まで継続審査
昭和 42 年 5 月 17 日提出　「公害対策基本法案」（55 回閣 128）
昭和 42 年 5 月 30 日提出　「公害対策基本法案」（55 回衆 11：社会党）
昭和 42 年 6 月 6 日提出　「公害対策基本法案」（55 回衆 16：民社党）
昭和 42 年 6 月 12 日提出　「公害対策基本法案」（55 回衆 24：公明党）
　　　　　　　　　　　　➡　閣法 128 号を衆議院において修正、成立。

（2）近年の傾向
（例 1）「牛海綿状脳症対策特別措置法」（H14 法 70）
　国内の BSE の発生による混乱に対応するための立法措置は、以下のとおり、野党提出法律案の提出された国会において、各党間の合意が形成され、委員会提出法律案としてまとまり、成立した。
　　平成 14 年 2 月 22 日提出　「伝染性海綿状脳症対策緊急措置法案」（154 回衆 4：民主党・自由党・共産党・社民党）
　　平成 14 年 5 月 30 日提出　「牛海綿状脳症対策特別措置法案」（154 回衆 24：農林水産委員長）➡成立
（例 2）「偽造カード等及び盗難カード等を用いて行われる不正な機械式預貯金払戻し等からの預貯金者の保護等に関する法律」（H17 法 94）
　偽造された銀行カードにより多額の預金が引き出される事件が相次ぎ、社会問題化した際にも、（例 1）と同様に、野党提出法律案が提出された同じ国会内に与党案が提出

148

され、両案について審議が行われた後、野党案は否決され、与党案が成立した。

平成 17 年 3 月 25 日提出　「無権限預貯金等取引からの預金者等の保護等に関する法律案」（162 回衆 12：民主党）

平成 17 年 6 月 21 日提出　「偽造カード等及び盗難カード等を用いて行われる不正な機械式預貯金払戻し等からの預貯金者の保護等に関する法律案」（162 回衆 23：自民党・公明党）➡成立

これらの例以外にも、野党が法律案を提出した後、同一国会内か、時間的に近い国会において同一政策に関する法律が成立する例は多い。

中には、与野党の協議が進まない状況の下、野党が法律案の提出に踏み切り、それに背中を押される形で与党が法律案を提出したり、与野党の協議が整い、その結果、委員会提出法律案として成立する場合も少なくない。

このように、野党提出法律案の提出に対して、短期間で立法措置が講じられるようになっている背景としては、政策の内容として迅速な対応を求められる内容（類型化で言えば「問題即応型」）が多くなっていること、野党議員による提案に対し、与党議員も議員立法による解決に積極的に取り組んでいることなどが挙げられるものと考える。

（小野善康「育児休業法の立法過程－野党法案が形が変わり成立した事例として－」『アルテス・リベラレス（岩手大学人文社会科学部紀要）』47 号、1990、pp. 143-145、154、165-168；鮫島眞男『立法生活三十二年－私の立法技術案内』信山社出版、1996、pp275-277.）

発電所事故調査委員会法」（H23 法 112）など、国会としての新たな取組に関する法律も見られる。

・（2）～（4）については、当初は一部の地域、業界などの保護・振興のためのものが多かったが、より広い観点からの法整備を図る傾向が強くなっている。

② （5）～（9）については、議員立法が活性化したといわれる 1990 年代後半頃から、立法例が増えたり、新たな類型として位置付けられたりするようになったものである。

これらの変化は、内閣立法では十分対応できない様々な問題に対し、「政治主導」による解決を図ろうとする各党の議員の積極的な議員立法への取組によるものということができる[133]。

---

(133)　第 1 章第 2 節Ⅱ3 参照。

149

第2章　議員立法の変遷と近年の変化

【2の類型について】

　政策実現の可能性に着目して行われてきた2の類型については、与党議員が積極的に議員立法を行う例（「政策実現型」）が増える一方で、「対案型」についても野党提出法律案の内容がかなり反映される形で与野党間の意見集約が行われる例が見られる。また、「政策先取型」といわれた野党議員の提出法律案についても、その提出後、短期間のうちに、与党・政府の法律案の提出が促されたり、与野党間の意見調整が行われ委員会提出法律案の提出に結びついたりすることで、立法化が実現する例が増えている。これらの変化は、与野党の議員により、「政治主導」の政策決定が活発に行われていることを表すものである。また、このような野党提出法律案の果たす役割の変化は、法律の目指す政策内容が、「問題即応型」といわれるものが増えていることと連動しているものと思われる。

　なお、先述したとおり、野党提出法律案について、対案型でも、政策先取り型でも、ともに国会における質疑や採決が行われるようになっていることは、成立の可否や、成立した法律への影響力の有無にかかわらず、これらの法律案が「国会審議の活性化」に寄与していることを示している[134]。

【3の類型について】

　3の超党派型や市民立法型の取組の活発化は、議員立法への取組の契機や検討過程が、一部の政党や特定の議員（族議員等）だけによるものではなく、広がりを見せていることを示している。かつて、議員立法を働きかけるのは、関係の省庁であったり、特定の業界等であることが多かったのに対し、超党派の議員連盟等における議論は、省庁の枠にとらわれない問題解決へのアプローチを可能にしたり、行政や国会に届きにくい国民の声を国民からの直接の働きかけにより反映する受け皿となったりしており[135]、この結

---

(134)　川人　前掲注（20）、p.118；前田英昭「内閣の立法責任と国会の役割」中村睦男・前田英昭編『立法過程の研究―立法における政府の役割―』信山社出版、1997、p.54.

150

過労死等防止対策推進法の立法過程
―市民立法型＋超党派型（議員連盟型）―

　過労死の問題は、1980年代後半から大きな社会問題となっており、昭和63（1988）年には、全国の有志の弁護士や医師等により、「過労死110番」として相談窓口が設けられ、多くの相談が寄せられた。

　労働災害補償保険法上の労災補償との関係が問われる場合が多いが、過労に起因する自殺の場合など、その実態の把握や証明は組織の壁があるため難しく、仮に残された遺族に労災補償が認められたとしても、大切な家族は戻ってこない。過労死で家族を亡くした遺族たちにより、平成元年に全国初の家族の会である「名古屋過労死を考える家族の会」が結成され、平成3年には、全国組織である「全国過労死を考える家族の会」が結成された。これらの団体は、過労死の防止の重要性を訴え続けたが、過労死は増え続け、被災者も中高年から若年層へと広がる傾向にあった。そんな中、遺族たちや、遺族たちを支援する弁護士等の団体により、「過労死防止基本法」制定の動きが始まったとされる。彼らは、過労死を防止するための立法を求める活動を行い、多くの国民の署名を集め、国会や地方議会への働きかけを行った。

　平成25年には、国際連合経済社会理事会決議によって設立された社会権規約委員会が、我が国に対して、長時間労働を防止するための措置の強化等について勧告した。また、多数の地方議会が、法制定を求める意見書を採択した。

　国会でも、平成25年6月には、衆参両院の有志の国会議員により「『過労死防止基本法』制定を目指す超党派議員連盟」が結成される等、立法の機運が高まり、同年12月4日には、議員連盟に所属する野党議員が中心となって、「過労死防止基本法案」（185回衆28）が6会派共同（民主党・無所属クラブ、日本維新の会、みんなの党、共産党、生活の党、社民党・無所属クラブ）で提出された。同案は継続審査となったが、第185回国会閉会後には、与党である自民党を中心に立法化の実現に向け更に活発な議論が行われ、最終的に、超党派の議員連盟により取りまとめられた法案が、平成26年5月23日に、委員会提出法律案として提出されることとなった（「過労死等防止対策推進法案」（186回衆37））。衆参ともに、全会一致で可決され成立した（なお、185回衆28は撤回）。

　衆議院厚生労働委員会における「過労死等防止対策推進法案」の起草に当たっては、「全国過労死を考える家族の会」の代表世話人が参考人として意見を述べており、「私たちの願いを受けとめてくださった」議員連盟の関係者への謝意も述べている。

（高橋賢司「過労死のない社会を目指して」『時の法令』1963号、2014.10.15、pp. 51-54；『厚生労働白書（平成28年版）』2016、pp. 72-73、75-77；186回衆・厚労委・H26.5.23・pp. 25-26；独立行政法人労働政策研究・研修機構「過労死等防止対策推進法案が衆院厚労委で可決」『メールマガジン労働情報No. 1013』、2014.5.23.）

第 2 章　議員立法の変遷と近年の変化

果、議員立法の対象そのものも広がりを見せている。国民からの要望があり、立法の必要があるにもかかわらず政府が簡単に動けない分野は全て議員立法の対象となり得る状況ともいえるように思われる。

　超党派の議員立法を「もっとも議員立法らしい議員立法」として、その支援の必要性を指摘しつつ、超党派の議員立法の場合は、国会における審議の際には、委員会提出法律案の形をとることも多く、その場合、委員会における実質的な審査が行われず、立法過程が国民から見えないことが多いことに対する懸念も示されている[136]。この点について、その改善に向けた議員の取組を、第 4 節で紹介したい。

【4 の類型について】

　4 の政府依頼型の場合、かつては、政策内容は政府内で固まっており、条文案も添えて、議員の名前を借りて立案の依頼が行われ、「根回し」などの議員間の意見調整まで政府で行う場合が多かったが[137]、近年の例では、あくまでも、政府の依頼は議員立法の「契機」に過ぎず、政府間調整によっては確定に至らなかった政策内容を与党のプロジェクトチームの議員などが議論してとりまとめ、党内や各党間の調整も自ら行い、国会審議の際も答弁に立つ、というように、「議員主導」のものが大勢となっている。

---

(135)　自殺対策基本法（H18 法 85）は、「政府に届きにくかった自死遺族の声を結集して超党派の国会議員を動かして立法を実現した点、故山本孝史議員が述懐した通り「議員立法成立のお手本のような経緯をたどった」」と評されている（柴田雅人「自殺対策基本法の成立と行政の役割」『社会と倫理』31 号、2016、p. 115.）。

(136)　大山　前掲注（4）、pp. 86-89.

(137)　筆者も、55 年体制の頃までは、立案の際に、省庁の担当課から条文等の説明を受け、依頼議員がどなたか確認した経験がある。また、その頃までは、法律成立後の法令の解説（『時の法令』など）について、議員立法であるにもかかわらず、省庁の担当者が執筆している例がしばしば見られ、政府依頼立法的な立法例が少なくなかったことが窺える。

第3節　国会における合意形成と議員立法の役割

　国会の審議の場では、政府、与党、野党、それぞれの立場で、目指す政策を法律案の形で表明し、又は修正案を提出したり、議員同士の活発な議論を行ったりすることによって問題の所在を明らかにし、合意形成への道を見出す、というように、国民に見える形で政策決定が行われることが望ましい。しかし、我が国の立法過程については、「審議の形骸化」が指摘されてきており、法律案の国会への提出前の仕組み（事前審査制等）も絡んで、不透明な政策決定過程が問題とされてきた。

　また、せっかく対案的な法律案が複数提出された場合であっても、それぞれの法律案に対する議員同士の質疑によって、法律案相互の内容の違い（争点）が浮き彫りになるような十分な議論が行われることはまれで、非公開の与野党間の協議により最終的な法律案の取扱いについて合意形成が行われ、修正が行われることとなった場合においても、なぜそのような内容の修正を行うこととなったのか、という点については明らかにされないまま決着してしまうのが通常であった。

　しかし、議員立法の活性化と軌を一にするように、国会における審議の態様にも変化が見られる。とりわけ、平成21年と平成24年の選挙による政権交代の前後のねじれ国会においては、次の政権交代をかけ、国会の場で、与野党の議員による活発な議論が行われることが少なくなかった。

　平成23年3月、東日本大震災が発生したときは、民主党政権下のねじれ国会の状況であったが、その大災害からの復旧・復興に向けて必要な対策を緊急に講じるため、与野党の協力により多くの法律が成立した。そして、それらの成立に至る国会の審議過程においては、各党が積極的に議員立法により政策を表明し、国会の場で活発な議員間の議論が行われ、合意形成に向けた真摯な取組が行われた。

第 2 章 議員立法の変遷と近年の変化

　「対案」や「修正案」は、これまでも、立法過程において、それぞれの政
党の政策表明、それを受けての政党間の意見調整や合意形成のために用いら
れてきたが、特に、ねじれ国会においては、与野党間の合意形成を図る上で
重要な役割を果たすことになった。

　本節 I では、ねじれ国会の下で、多くの議員立法が成立した東日本大震災
関連の立法例を中心に合意形成に至るプロセスを 2～4 において紹介する。ま
た、この時のねじれ国会に先立ち、政権交代の可能性が意識される衆参のね
じれ状態の下で、最初の実質的な審議の場となった第 168 回国会（H19.9.10
召）において、初めて合意形成に至った立法例のプロセスについても 1 で紹
介したい。その上で、それらのプロセスをめぐる国会審議の変化と限界につ
いて、「国会審議の活性化・透明化」という観点を中心に整理したい。

I　ねじれ国会における合意形成のプロセス

1　「被災者生活再建支援法の一部を改正する法律」（H19 法 114）の場合
《（図 2－1）の 1》

　平成 19 年の参議院議員通常選挙により過半数近い議席を確保した民主党
は、強い対決姿勢で、第 168 回国会に臨んだ。これまでの国会運営では、
国会という公の場で議論すると「互いのメンツがあって妥協しにくい」とさ
れ、非公式の場での調整が行われてきたが、民主党は、国会審議を重視し、
事前協議には応じないという姿勢を示した[138]。そのような状況の下で、同
じテーマについての法律を、与党は衆議院から、民主党は参議院から提出す
る事態が相次ぎ、一事不再議の原則🔍も問題となって審議は膠着状態と
なった。「誰も体験したことのない状況」の中で、合意形成の道が模索され
ることとなった[139]。

---

(138)　「民主「生活 4 法案」行方は　被災者支援・肝炎対策　歩み寄り？　委員長提案　自民が模索」『朝日
新聞』2007.10.12；「逆転国会、合意の道模索　自・民軸に与野党　改正被災者支援法の成立　水面下協
議で迅速」『朝日新聞』2007.11.21.

第3節　国会における合意形成と議員立法の役割

> ### 🔑 KEYWORD
>
> **一事不再議の原則**
>
> 　議事運営上の原則で、同一会期中には、事情の変更がない限り、同じ議案について審議や議決はできないとされる。一事不再議の原則を定めた規定はないが、これを前提として国会法56条の4が昭和30年の国会法改正において追加された、といわれる。「当時の主たる立法趣旨は」、衆議院・参議院がそれぞれ「同一の議案」を議決し、互いに送付し合うと、一事不再議の原則が適用されるため、「両院の意思が実質的には一致しているにもかかわらず、当該議案が成立しないという不都合が生ずることを回避することにあった」（浅野・河野）とされるが、「同一の議案」の解釈等については議論がある。一事不再議の原則について、国会における運用の仕方としては、単に適用可能性が判断される「ルール」ではなく、政治的に問題となる場面において、「諸事情を総合勘案しながらそのウエイト配分を微調整していく「原理」として機能していると考えるべきではないか」との指摘（橘）が示唆に富む。
>
> （参考）国会法56条の4　各議院は、他の議院から送付又は提出された議案と同一の議案を審議することができない。
>
> （浅野一郎・河野久編著『新・国会事典―用語による国会法解説―　第3版』有斐閣、2014、pp. 98-99；橘幸信「「一事不再議の原則」考―議事手続におけるルールと原理―」『千葉大学法学論集』Vol. 14 No. 2、pp. 104-107、116、125、129-131、151-154；白井誠『国会法』信山社出版、2013、pp. 225-230.）

　「被災者生活再建支援法」（H10法66）の一部を改正する法律案についても、民主党が参議院に（168回参2）、自民党・公明党が衆議院に（168回衆2）、それぞれ法律案を提出したまま、しばらく動かない状態になった。その後、国民の生活に直結する法律案や弱者救済的な法律案について与野党の協議が動き出し、衆参両院に提出されていた一部改正法案について、同じ日に、衆参で、それぞれの法律案の質疑を行った後に修正協議を行うことが合意された[140]。

　そして、その際の修正協議の方法が、新しい方法として注目された。ま

---

(139)　「与党　対応手探り　歩み寄りに期待　民主「法案の嵐」作戦」『東京新聞』2007.10.18；「「一度議決した案件は再議」　ねじれに悩む与野党　法案の優先権不透明に　妙案なく「早い者勝ち」？」『日本経済新聞』2007.10.9；「ガチンコ国会　野党「一事不再議」作戦　法案　丸のみ？　与党　策なく？」『産経新聞』2007.10.17.

(140)　「自・民　「話し合い路線」へ　党首会談が契機　被災者生活再建支援法　衆参同時質疑後に修正協議」『毎日新聞』2007.11.1.

第2章　議員立法の変遷と近年の変化

図2-1　ねじれ国会における合意形成のプロセス

1 「被災者生活再建支援法の一部を改正する法律」（H19法114）の場合

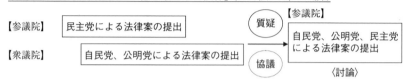

2 「東日本大震災復興基本法」（H23法76）の場合

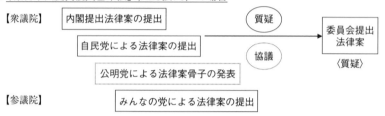

3 「平成二十三年原子力事故による被害に係る緊急措置に関する法律」（H23法91）の場合

4 「東日本大震災により生じた災害廃棄物の処理に関する特別措置法」（H23法99）の場合

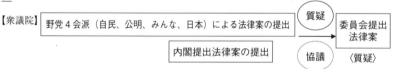

5 「復興庁設置法」（H23法125）の場合

第3節　国会における合意形成と議員立法の役割

ず、与野党それぞれの法律案の内容をよく知る議員が「実務者」として1人ずつ選ばれ、「1対1」で内容についての合意案の骨格づくりを担当する。そして、与野党の法律案がそれぞれ審議された衆議院と参議院の災害対策特別委員会の与野党の筆頭理事が1人ずつ加わり「3対3」という形で国会の審議も念頭に入れて合意案を検討し、更に、3党（自民・公明・民主）の理事で、それまでの議論に加わっていなかった者も参加して協議・確認するという手順を踏んだ[141]。その結果、与野党がともに衆参両院に提出していた法律案を撤回し、参議院から、自民党・民主党・公明党の共同提案の法律案として提出することとなった（168回参9）。その法律案については、参議院、衆議院ともに新たに質疑は行われなかったが、参議院の委員会においては2つの会派が賛成の討論[142]を行い、衆議院の委員会においては各会派が「発言」を行った[143]。この合意形成に至るプロセスは、衆議院本会議における災害対策特別委員長の報告において「今後の国会運営の一つのモデル」と紹介された[144]。

2　「東日本大震災復興基本法」（H23法76）の場合　《（図2－1）の2》

　未曽有の災害である東日本大震災からの復興のため、まず、政府が「東日本大震災復興の基本方針及び組織に関する法律案」（177回閣70）を提出し、自民党は「東日本大震災復興再生基本法案」（177回衆8）を議員提出法律案として提出した。両案は、衆議院本会議における趣旨説明・質疑の後、東日本大震災復興特別委員会（以下「特別委員会」）に付託され、質疑などが行われた[145]。そして、特別委員会における審査と並行して、民主、自民、公明

(141) 『朝日新聞』前掲注（138）；「与野党合意へ新方式　まず1対1で大枠　次に3対3で詰め」『朝日新聞』2007.12.1.

(142) 168回参・災害対策特委・H19.11.8・pp. 2-3.

(143) 168回衆・災害対策特委・H19.11.9・pp. 2-4；「逆転国会で法案初成立　被災者支援法の改正」『朝日新聞』2007.11.9.

(144) 168回衆・H19.11.9・p. 1.

(145) 公明党は、法律案の提出はしなかったが、復興対策の法案の概要を示す「骨子」を取りまとめ、発表している。みんなの党は、参議院に、「東日本大震災復興の基本理念及び特別の行政体制に係る基本方針等に関する法律案」（177回参5）を提出した。

157

の3党は、特別委員会の委員長及び理事の了承の下、一本化に向けた修正協議を行った。このように、民主・自民・公明の3党の代表が、取りまとめに当たり、調整案を作り、各党に協議するという形式は、東日本大震災関連の他の法律案の合意形成に向けた協議方法としても数多く採られている[146]（図2-2）。その結果が理事会でも了承され、最終的には、法律案を一本化することで意見がまとまった。内閣提出法律案、自民党案ともに撤回され、協議結果に基づき、委員会提出法律案として提出されることとなった（177回衆13）が、その起草の際には、政府と委員会提出法律案の「動議の提出者」（第4節Ⅲ3参照）である議員に対して、「発言」という形で、約2時間の実質的な質疑が行われた[147]。

図2-2　合意形成のための協議の例

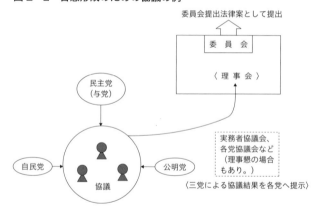

これと同様のプロセスを経て成立した法律として、「原子力規制委員会設置法」（H24法47）などがある。

---

(146) このように、まず3党の代表により協議する方式は、その後、与野党は交代したものの今日に至るまで用いられることが多い。
(147) 佐藤雅浩「東日本大震災からの復興の円滑かつ迅速な推進と活力ある日本の再生を図る」『時の法令』1897号、2012.1.15、pp.6-7。なお、参議院の特別委員会においても慎重な審査が行われた。

第3節　国会における合意形成と議員立法の役割

3 「平成二十三年原子力事故による被害に係る緊急措置に関する法律」
（H23法91）の場合　　　　　　　　　　　　《（図2−1）の3》

　福島第一原子力発電所事故による避難住民等の被害者に対する東京電力か
らの仮払補償金などの支払に関しては、被害者から、その対応が「遅い、対
象が狭い、また不明確」などと指摘され、被害者に対する迅速な経済的支援
等が緊要な問題となった。そのような状況の中で、自民党、公明党、みんな
の党、たちあがれ日本・新党改革の野党4会派の共同提案により「平成二
十三年原子力事故による被害に係る緊急措置に関する法律案」（177回参9）
が参議院に提出された。特別委員会における審査の後、特別委員会と参議院
本会議において、一部の野党を除く野党の賛成多数で原案どおり可決され、
衆議院に送付された[148]。衆議院の特別委員会においては、提案理由説明の
後、与野党間で修正協議が開始された。特別委員会での質疑の後、合意され
た修正案が提出され、更に、原案及び修正案に対する質疑が行われた後、修
正議決された[149]。

　このようなプロセスとほぼ同様のプロセスをたどって成立した他の法律と
して、被災した事業者の二重ローン問題に対応して再生を支援するための
「株式会社東日本大震災事業者再生支援機構法」（H23法113）が挙げられる。
これらは、修正は行われているものの野党案が成立した珍しい立法例といえ
る。

4 「東日本大震災により生じた災害廃棄物の処理に関する特別措置法」
（H23法99）の場合　　　　　　　　　　　　《（図2−1）の4》

　東日本大震災で地震や津波により大量に発生した廃棄物について、1日も
早い処理が求められる中、まず、野党4会派（自民党、公明党、みんなの党、

---

(148)　参議院における審議と並行して、与野党の担当者の協議が行われたが、合意に至らなかったことが、委
　　員会質疑の際に述べられている（177回参・東日本大震災復興特委・H23.7.14・pp. 1-5.）。
(149)　大塚友美子「平成二三年原発事故被害者への国による仮払金の支払等について」『時の法令』1897号、
　　2012.1.15、pp. 31-34. その後、参議院に回付され、参議院が回付案に同意し成立した。

159

第2章　議員立法の変遷と近年の変化

たちあがれ日本）が、「東日本大震災により生じた災害廃棄物の処理に関する特別措置法案」（177回衆19）を提出し、その1週間後に、政府が、「東日本大震災により生じた廃棄物の処理の特例に関する法律案」（177回閣85）を提出した[150]。両案は、本会議で趣旨説明、質疑が行われ、特別委員会に付託され、趣旨説明・質疑が行われ、その後、全ての会派が参加した実務者協議の場で与野党が合意に達し[151]、委員会提出法律案とすることになった。その起草に際しては、各党からの「発言」という形で政府に対する確認的質疑が行われた（第4節Ⅲ1参照）。また、参議院の特別委員会では、政府及び法律案提出者に対する質疑が行われた。

5　「復興庁設置法」（H23法125）の場合　　　《（図2－1）の5》

政府提出の「復興庁設置法案」（179回閣8）の国会審議では、復興庁の実施権限をより強いものにすべき、などの活発な議論が行われた。それらの議論を踏まえ、民主、自民、公明の3党による修正協議を経て、復興庁設置法案の修正案が提出され、その後、約3時間、原案及び修正案を一括して質疑が行われた後、修正議決された[152]。

Ⅱ　合意形成のプロセスから見る変化と限界

Ⅰで紹介したのは、

① 国会の場で、各党の議員が、自ら提出した法律案等について意見を表明し、議員同士が活発な議論を行い、

② その議論を基に、合意形成の道を模索するための協議は「非公開の場」に一時は委ねられるが、

③ 合意の後には、その結果を再び委員会という「公開の場」に戻し、趣

---

(150)　近藤怜「東日本大震災により生じたがれき処理の特別措置について」『時の法令』1897号、2012.1.15、pp. 46-47.

(151)　177回衆・東日本大震災復興特委・H23.8.9・pp. 3、11.

(152)　森田和孝「復興庁設置法の解説」『法律のひろば』Vol. 65 No. 4、2012.4、p. 4.

旨・経緯・合意内容などを明らかにする、

というプロセスをたどって成立した立法例の一部である。もちろん、Iで紹
介した例より前に、このような例がなかったわけではない。しかし、「議員
立法の活性化」などの近年の立法過程における変化は、「審議そのものの活
性化に必ずしも結びついていない」と指摘されたように[153]、国民に分かり
やすい審議が尽くされたと評価できるような審議が頻繁に行われているわけ
ではなかった。

　そのような中で、第177回国会等については、（ねじれ国会という状況に加
えて、東日本大震災後の迅速な対応が求められているという特別な事情があった
とはいえ、）表2－6等の議員立法や修正に関する数値の高さだけに価値があ
るのではなく、東日本大震災関連法律案を中心として、かなりの数の法律の
成立に至る過程で、国会における議員同士の活発な議論を通じて合意形成が
行われたという審議の在り方も併せて評価されるべきものと思われる[154]。

　そして、このような審議経過をたどることにより、これまで「形骸化」が
指摘されてきた国会審議について、その審議の「活性化」や審議過程におけ
る「透明性の確保」の観点から「改善された」と評価できる次のような変化
が生じていると考えられる。

　第1に、我が国の立法過程においては、国会の審議の場以外の非公式・
非公開の場における各党内の議論や各党間の協議などにより法律案の内容が
実質的に決まり、国民には議論が見えない点が問題として指摘されてきた[155]。
それに対し、これらの例では、

①　まず、国会の場で、法律案をめぐり、議員同士の活発な議論が行われ
　　ており、法律案の内容に関する議論の内容が見えるようになっている[156]。

②　次に、それを踏まえた合意に至る過程では、実務担当者の協議、3党

---

(153)　大山　前掲注（4）、pp. 258-259.

(154)　同上；川﨑　前掲注（72）、pp. 6-7.

(155)　上田・五十嵐　前掲注（4）、pp. 98-99など。第1章第2節I1参照。

(156)　国会改革として、「国会で議員が活発に国政論議を戦わせ、その議論が国民にひしひしと伝わること」
　　が国民の目に見える変化ではないか、との指摘がある（浅野ほか　前掲注（74）、p. 35.）。

協議、理事会・理事懇談会における各党の協議など、一部、国民からは見えない非公開の場の協議も行われてはいるが、そのような協議後には、再び、委員会の場において、協議の結果まとまった法律案・修正案に関して、ⅰ）各党の「発言」や、ⅱ）「政府」や「提出者」に対する質疑、ⅲ）修正案に関する質疑などが行われている。これによって、合意された法律案や修正案の趣旨や内容、協議の経緯などについて、全てではないかもしれないが明らかにされ、会議録に残る形になっている。

なお、外国の議会においても、その審議の全てが公開の場で行われているわけではなく、「率直な意見交換を可能にするため、委員会審査を非公開としている議会も少なくない」といわれる[157]。**㉒**

第２に、各党の党議拘束[158]がかかる時期に関する変化である。通常、党議拘束は、国会への法律案の提出前の党内手続（内閣提出法律案については与党審査）が終了した段階（＝国会で審議入りする前）でかかると考えられており、このことが、国会審議を形骸化させていると批判されてきた。また、審議を行った後の採決の段階で党議拘束をかけるべき、などとも指摘されてきた。この点について、これらの例においては、法律案の提出時に一度党議拘束がかかったとしても、委員会における質疑や与野党間の協議を受けて合意が成立した場合には、その合意に沿った法律案や修正案についての採決時に最終的に党議拘束がかかることになる。これは、結果的に、党議拘束が審議・審査を経た後の採決時にかけられたことと同じ効果を生んでいる。党内審査終了後、すなわち、法律案の提出段階における党議拘束が弱まっていると表現することができるのかもしれない[159]。

このような委員会審査が行われることにより、提出件数も多く、審議時間の多くを占めている閣法の審議の活性化が図られることになる。また、議員提出法律案の提出により、議員と議員、政党と政党が、政権交代を意識しな

---

(157) 大山礼子『日本の国会―審議する立法府へ―』岩波書店、2011、p. 115、「委員会は政治的な妥協を伴う作業の場」と認識されるドイツでは審議は非公開としており、アメリカ連邦議会も法案審査を行う委員会の議事録は最終段階で開かれる一部の委員会を除き非公開である（大山　前掲注（4）、p. 111）。

(158) 第１章第１節11（6）及び2（6）参照。

非公開の場での各党間協議と委員会の非公開

　法律案の審議・審査は、できるだけ国会という公の場で、国民に見える形で議論が行われることが望ましいことはいうまでもない。しかし、各党間の立場を考慮した調整（メンツの問題など）、合意形成に向けた内容の細部にわたる詰めなど、公開の場で、大勢で議論していたのでは決めにくいこともある。

　55年体制の頃までは、理事会や理事懇談会の場で修正協議を行い、理事会や理事懇に出席する各会派の理事などがその場で直接相談して決めることも少なくなかった。この場合、少なくとも委員会を構成する会派の意見は反映されるが、非公開の場の協議による合意形成であり、会議録も残らず、この後に、委員会における質疑等で明らかにしない限り、経緯などは分からないことになる。そして、その頃は、非公開の場での協議について、合意後に質疑等によって明らかにした例はほとんどなかった。

　近年、修正が広範囲に及んだり、各党がそれぞれ提出した対案関係にある複数の法律案について、協議の上一本化して新たな法律案として提出し直したりする例などが増えている。そのような場合、本文中の第3節Ⅰで紹介した例のように、法律案を提出していた党の担当者などが（主として、自民、公明、民主の三党のことが多い。）、まず、「たたき台」を作り、それを他の党に示して協議・合意形成を行うことがしばしば行われる。

　この3党間の合意の後に行われる他の各党への協議において、十分に他党の意見も反映され、更に、そのような合意後に提出される法律案や修正案について、納得のいく審査時間が確保される場合は良いが、そうでないと、他の政党に不満が残る場合も出てくる。

　現に、3党の実務担当等の議員による限られた人数の非公開の協議で、法律案や修正案の内容が決まってしまうことについては、これまでも、国会軽視としてとして改善が求められたり（（例）180回衆・環境委・H24.6.15・p.7など）、協議中や協議後の審議の在り方などによって批判が生じたりすること（3党の修正協議中であることを理由に法案審議において閣僚が答弁を避けたり、3党が合意した後は審議を急いだりすることに対して、他党から「密室談合」との批判があったと報道された（「「修正協議は談合」みんな・共産など6党声明」『朝日新聞』2012.6.15など）。）もあった。

　これまでは、非公開の場での協議・合意形成後の審査の際に、合意した法律案・修正案等の内容、経緯などについて説明されることは少なかったが、近年、実質的な修正や大きな修正については、質疑が行われ、より詳細な経緯や理由、内容が明らかにされる例が増えている。

　本文中でも触れたとおり、他国の議会において非公開の委員会審議が行われていることは紹介されており、非公開の場での議論の必要性も指摘されている（大山）。我が国と同じ議院内閣制ではあるが「変換型」の国会運営が行われるドイツでは、法律案につ

第2章　議員立法の変遷と近年の変化

いて、委員会における実質的な審議過程は非公開となっており、「政権党・対抗党双方のメンツをつぶさないかたちで」法律案の形成が図られる（飯尾）。また、ドイツにおいて、委員会を非公開とする理由について、「各委員が何ものにもとらわれず自由に発言し、集中的に討議し、最善の解決法を見い出すことを容易にするため」（齋藤）とされており、「一般国民を意識してことさら差異を際立たせようとする、レトリックを駆使した本会議での討論や対決姿勢と」「鮮やかな対象をなしている」（齋藤）とも指摘されている。一方、議会活動の中心が、非公開の委員会に移っていることで、議会審議が国民の目から見えにくくなっていることが問題となり、議会審議をできるだけ国民に分かりやすくすること（＝議会審議の透明性の確保・議会と国民との間のコミュニケーションの促進）がドイツの議会改革の重要なテーマとなっているとの指摘（山口）もある。

　我が国のように、委員会審査は公開で行い、一部、合意形成のために非公開の協議が行われても、その協議の結果に至った経緯や内容について、改めて、委員会において、十分な審査が行われれば、各党間の合意形成を可能としつつ、審議や政策形成過程の透明化も実現できるように思うが、いかがであろうか。

（大山礼子『日本の国会―審議する立法府へ―』岩波書店、2011、p. 115；大山礼子　『国会学入門　第2版』p. 111；飯尾潤『日本の統治機構―官僚内閣制から議院内閣制へ―』中央公論社、2007、p. 127；齋藤純子「ドイツの立法過程と政府の役割」『議会政治研究』No. 17、1991.3、p. 24.）；山口（藤田）和人「議会改革の最近の動向・英独日を比較して」『北大法学論集』、2000、pp. 305-306.）

がら、国会の場で議論を行う審議の実現によって、それぞれの政党の主張が明らかになるだけでなく、各党の意見を反映した合意形成に至ることも可能となっている。これは、アリーナ機能も変換機能も、ともに十分とはいえないなどと評されてきた我が国の国会において、政権交代が可能な状況の下

---

(159)　「「党議拘束」からの解放は時代の必然的流れ」とし、①これまで一般的に行われてきた「閣法に対する野党の質疑」（＝「閣法に対するイエス、ノーの審議」）、②「閣法に対する議員立法の提案と審議」、③「議員立法と議員立法の応酬」という3つのパターンについて、「国会の審議が①から③に移行するに従って党議拘束は弱まるし、逆にその弱体化が②や③のパターンを促進する」と指摘されている（五十嵐敬喜『議員立法』三省堂、1994、pp. 229、236-237.）。また、審議段階では一定の自由な論議が必要であり、「与党議員による法案の修正が委員会で行われてこそ、与党議員の活躍の場が保障されよう」との指摘がある（孝忠延夫「議会の機能の強化」『ジュリスト』前掲注（3）、p. 110.）。なお、実際にも、例えば、自民党であれば、法律案提出の際の党内手続の段階で、その後の各党間の意見調整の結果の修正等について現場（関連部会の部会長、委員会の筆頭理事など）へ一任されることがある。そして、修正等が行われた場合には、その合意内容（すなわち、提出時の法律案からの変更点）について、総務会長、政調会長などへ報告が行われたり、大きな政策内容の変更を伴う合意内容の場合には、改めて党内手続が行われたりする場合もあるようである。

164

第3節　国会における合意形成と議員立法の役割

で、両方の機能がともに発揮された場面といえるのかもしれない。

　もちろん、これらの法律案が審議された「ねじれ国会」において他の全ての法律案の審査過程で、ここで紹介したような与野党の取組が行われたわけではない[160]。同じ国会の会期の中でも、政治状況は変化し、協調ムードになることもあれば、対決ムードになることもあり、また、それぞれの政党としての基本的な政策がある以上、法律案によっては、どんなに国会で真摯に議論しても合意に至ることができない場合があることも現実であろう[161]。

　様々な政治状況下において、それぞれの案件について各党が合意に至り、結論を得るためには、①それぞれの政党における党としての議論や政策を尊重すること、②国会という公の場で、議員が、国民に見える形で実質的な議論を行うこと、③各党の主張や立場を考慮しつつ意見調整・合意形成を行うこと、という3つの要請に応える難しい調整を行うことが求められる。言い換えると、審議過程ができるだけ国民に見えるのが望ましいことはいうまでもないが、どのような政治状況下でも、必要な法律は、何らかの形で、議員間・政党間の意見調整を行いつつ成立させなければならない。ねじれ国会については、「決められない政治」に対する批判が強かったが、その反面、「争点が明確化し、充実した審議につながった面もある」[162]との見方があることを記しておきたい[163]。

(160)　むしろ、民主党政権下で「再議決が不可能な完璧なねじれの状態になった」平成22年の参議院議員通常選挙から平成24年末の解散に至るまで、「合意を前置きして法案の成立を担保するために政党間協議が前置きされることが日常の風景で」あり、「重要法案の修正や重要な議員立法は、事実上、幹事長、政調会長レベルによる政党間協議の回路によって進められ」、その他の多くの法案についても、「委員会の筆頭理事間の協議あるいはそれに類する実務者協議が先行し」、「委員会審議の多くは、後議の議院の審議も含め、ほとんど、前置きされた合意を追認する場となった」との指摘もある（白井誠『国会法』信山社出版、2013、pp. 21-22.）。

(161)　更に言えば、仮に会期制度を見直したとしても審議時間には限りがある以上、全ての法律案について、各党が法律案を提出して、議員同士が議論して、合意形成、政策決定の過程を国会の場で明らかにするような審議を行うことは困難であろうし、また、その必要性もないように思われる。

(162)　杉田敦「「政治主導」を問い直す」『世界』807号、2010.8、p. 138.

(163)　元参議院議長の斎藤十朗氏は、衆参のねじれ状態についての議論の中で、「参議院のための連立が組まれていることこそ、最大の問題」とし、むしろ『ねじれ』の状態になったとき、衆参各院がどのように汗をかくのか、どのように修正し、どのように処理していくのかが重要」と力説した、と紹介されている（本田雅俊「有識者の語る「あるべき参議院の姿」」『議会政治研究』No. 80、2006.12、p. 11.）。

165

第4節 委員会提出法律案の審査形態の変化

　最後に、審議面の変化という観点から、委員会提出法律案について、その審査形態の変化を紹介したい。

　第3節でも、国会において対案関係にある複数の法律案を審査した後、最終的に、各党間の意見調整、合意形成が行われた結果、「委員会提出法律案」という形で集約される場合があることを紹介した。この場合は、「委員会提出法律案」にたどり着くまでに、その基となった法律案に関連して、国会における議論は十分尽くされており、加えて、直接委員会提出法律案に関しても更に質疑等が行われているので、政策が形成される過程についても、最終的に成立する法律案の内容についても国民から見えるようになっている。「国会審議における透明性の確保」（又は「国民に開かれた国会」）という点から見ると、かなりのレベルに達しているといえる。

　しかし、これまで行われてきた委員会提出法律案の多くの場合には、まず、各党間の実質的な協議・合意形成は、法律案の提出前の非公開の場で行われ、そこでまとまった法律案が、委員会の場でそれまでの審査の流れとは関係なく、やや唐突な感じで委員会提出法律案として議題になる。そして、ほとんど議論されることもなく、短期間で成立する。この節では、そのように行われてきたこれまでの委員会提出法律案の審査過程に対し、最近、頻繁に行われるようになった委員会提出法律案の審査形態を紹介する。

I　委員会提出法律案の提出・成立状況の変遷

　まず、委員会提出法律案の提出・成立の状況を確認したい。
　国会に提出される議員立法の法律案は、議員提出法律案（「メンバー提出」ともいわれる。）か、委員会提出法律案（「委員長提案」といわれることが多い。）

第4節　委員会提出法律案の審査形態の変化

のどちらかであるが、成立した議員立法の中で、多くを占めているのは、委員会提出法律案である。委員会提出法律案は、昭和20年代、特に20年代の後半はあまり多くなかったが[164]、その後、国会の会期によって多寡はあるものの、昭和40年代以降、その比率が高くなっている[165]（別図4、別図5（参考資料））。

　別表2（参考資料）は、議員立法により成立した新規制定法を掲げた表である。「提出時情報」の「提出者」の欄を見ると、委員会提出法律案（網掛け部分）が、いかに多いかが分かる。また、近年委員会提出法律案の数も割合も増加しているが、それだけではなく、その中に占める新規制定法の割合も増加している（別図6（参考資料））。

　これらの理由としては、それぞれの時期によって異なる理由もあろうが[166]、議員立法の活性化の時期と重なる変化であることから、新たな社会的な問題等への対応としての議員主導の取組が進み、早期の解決を図るために委員会提出法律案が目指されること、各党間の政策に大きな違いがなくなって意見がまとまりやすくなったこと、超党派の議員連盟型の議員立法が増えていることなどが考えられる。

　委員会提出法律案の成立状況を、衆議院と参議院とで比較してみると、衆議院においては、戦後間もなくの一時期を除き、早い段階から委員会提出法律案が提出されている。一方、参議院では、成立件数の増加傾向と歩調を合わせるように、委員会提出法律案がコンスタントに提出されるようになったのは、1990年代の後半以降となっている（別図4、別図5（参考資料））。

---

(164)　（例）第13回国会（S26.12.10召）では、成立した議員立法は計75本（衆法64本：参法11本）であるが、そのうち委員会提出法律案は6本（衆法6本）で、新規成立法律38本（衆法34本：参法4本）の中に、委員会提出法律案はない。ただし、第16回国会（S28.5.18召）のように、委員会提出法律案25本中、17本は、昭和28年に発生した個別の災害の対策として、水害地緊急対策特別委員長提出の法律案であるなど、委員会によって多寡はある。

(165)　古賀ほか　前掲注（13）、p. 126.

(166)　全体的な傾向とは別に、例えば、ねじれ国会や参議院通常選挙前の通常国会においては、対決姿勢が強くなるため、各党の合意が得られて、委員会提出法律案としてまとまるような法律案でないと成立しにくい傾向にある。

第2章　議員立法の変遷と近年の変化

　委員会提出法律案は、「基本的に委員会での全会一致もしくはそれに準じるくらいの会派の賛成を必要とするというのが一種の先例」[167] とされているが、衆議院においては一部会派の反対があっても委員会提出法律案とされる場合があるのに対し [168]、参議院においては全会一致の場合に限られるようである。このことが、各党の政策の違いが大きかった時期には委員会提出法律案が少ない一因となっていたのかもしれない [169]。

Ⅱ　委員会提出法律案のこれまでの審査形態

　このように、成立する議員立法の多くを占める委員会提出法律案については、これまで、国会において実質的な審査が行われないことが多く [170]、短期間での成立が可能となることから、緊急に対応することが求められる事態などにおいては極めて有効に機能してきた。その一方で、質疑等が行われないことにより政策決定過程が不透明で、法律制定の趣旨・経緯や立法者意思、条文の解釈、施行後の運用に関する政府に対する留意事項など（以下「法律制定の趣旨など」）が、国民には分らない点が問題とされてきた [171]。

---

(167)　向大野新治『衆議院－そのシステムとメカニズム－』東信堂、2002、p. 61.

(168)　例えば、「官民データ活用推進基本法」（H28 法 103）の起草の際には、委員会提出法律案として提出することについて、共産党、自由党、社民党・市民連合が反対している（衆議院 HP「議案審議経過情報」）。

(169)　実質的に参議院で立案され、検討された法律案が「政治的な理由から、突如衆議院議員の提出法案に切り換えられて成立することがままあるということは、議員立法の一つの特色」と評したものがあるが（小島　前掲注（5）、p. 173.）、参議院においては全会一致は困難という場合も含まれていたのかもしれない。

(170)　衆参両議院の先例によると、委員会において、委員会提出の法律案として決定するまでに、その「委員長若しくは委員の発議又は小委員会の起草にかかる案について」「審査」し（衆議院事務局『衆議院委員会先例集　平成29年版』2017、p. 152.）、又は、委員会が提出しようとする法律案の「草案」について提案者に対して「質疑を行い、必要に応じて国務大臣等の意見を聴取する等検討」を行う（参議院事務局『参議院委員会先例録　平成25年版』2013、p. 55.）とされているが、委員会において、起草案又は草案の提出者から趣旨説明を聴取した後、「通例は直ちに採決が行われ」る（行平　前掲注（34）、p. 745.）。そして、この後、通常、直ちに本会議の議題とされ（衆議院事務局『衆議院先例集　平成29年版』、p. 318；参議院規則29条の2）、本会議でも実質的な審議は行われない（前田英昭「議員立法と国会改革」中村編　前掲注（3）、p. 585.）。

(171)　大山　前掲注（4）、pp. 88-89；谷　前掲注（127）、pp. 552-553；前田　同上

第4節　委員会提出法律案の審査形態の変化

　委員会提出法律案の提出から成立に至るまでのプロセスを紹介すると、例えば、特定の社会問題等に対応するため、

①　ある党が作成した法律案を提出せずに他党に提示して委員会提出法律案を目指して協議する場合（骨子、要綱などで他党に協議をする場合もある。とりわけ、与党同士は、あまり内容を詰め過ぎない段階で協議が行われることが多い。与党のPTができて検討・協議の場となることもある。）

②　複数の政党が、それぞれ独自に同一の事項について法律案を作成したり、場合によっては、それを、1度はそれぞれ提出した後に一本化の協議をする場合

③　超党派の議連を立ち上げて検討・協議する場合

④　理事会、理事懇の場で検討・協議が行われる場合

等、いろいろな形態があるが、いずれの場合も、それらの協議の多くは非公開の場に委ねられ、内容について委員会を構成する会派間で合意できた段階で、委員会において、「○○法律案起草の件」（衆議院）について議事が進められ、又は「○○法律案に関する件」（参議院）が議題とされ、「起草案」（衆議院）又は「草案」（参議院）について、その趣旨と主な内容について説明が行われることになる。

　その後、先議の議院でも後議の議院でも、実質的な審査はほとんど行われないまま、短期間の間に成立することになる。これでは、委員会提出法律案については、成立に至るまでの間に会議録に残るのは、法律案についての簡単な趣旨説明（提案の趣旨と主な内容）のみとなってしまう場合が多いことになり、批判を受けることになっていた（図2−3）。**㉓**

169

第2章　議員立法の変遷と近年の変化

図2−3　委員会提出法律案の成立までのプロセス（イメージ）

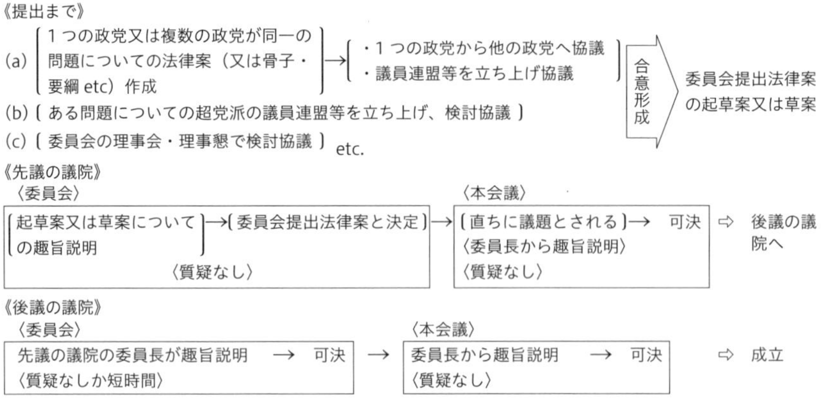

《提出まで》

(a) ［1つの政党又は複数の政党が同一の問題についての法律案（又は骨子・要綱 etc）作成］→［・1つの政党から他の政党へ協議　・議員連盟等を立ち上げ協議］⇒ 合意形成 ⇒ 委員会提出法律案の起草案又は草案

(b) ［ある問題についての超党派の議員連盟等を立ち上げ、検討協議］

(c) ［委員会の理事会・理事懇で検討協議］ etc.

《先議の議院》

〈委員会〉

［起草案又は草案についての趣旨説明］→〈質疑なし〉→［委員会提出法律案と決定］→

〈本会議〉

［直ちに議題とされる］→　可決　⇒ 後議の議院へ
〈委員長から趣旨説明〉
〈質疑なし〉

《後議の議院》

〈委員会〉

［先議の議院の委員長が趣旨説明　→　可決］
〈質疑なしか短時間〉
→

〈本会議〉

［委員長から趣旨説明　→　可決］ ⇒ 成立
〈質疑なし〉

Ⅲ　近年における審査形態の多様化

　議員立法の活性化と軌を一にするように、委員会提出法律案の審査形態が変化してきた。近年では、法律の成立に至るまでに、より詳細な会議録を残すため、議員による積極的な取組が行われている。それらの具体的な方法は、次のとおりである。

1　「確認的質疑」・「意見表明」を行う例の増加

　委員会提出法律案の「起草案」又は「草案」について趣旨説明が行われた後、「発言」という形で、政府に対して簡単な「確認的質疑」[172] を行ったり、各党から「意見表明」[173] などを行ったりすることが、かなり以前から行われてはいた。しかし、それらの例はまれで、また、質疑の場合、質問者や質問の数は極めて少なく、所要時間もわずかであった[174]。ところが、近年では、政府に対し、かなり充実した「確認的質疑」を行う例が増えている[175]。

---

(172)　（例）94回衆・社会労働委・S56.6.2・p. 3.［案件は、母子福祉法一部改正法案。以下同じ。］

(173)　（例）128回衆・厚生委・H5.11.9・pp. 41-44.［心身障害者対策基本法一部改正法案］

(174)　谷勝宏「議員立法と国会改革」『公共政策−日本公共政策学会年報2000−』前掲注（42）、p. 3.

(175)　（例）161回衆・内閣委・H16.11.24・pp. 2-23.［発達障害者支援法案］

第 4 節　委員会提出法律案の審査形態の変化

委員会提出法律案の成立までのプロセス

　成立する議員立法の多くを占める委員会提出法律案とは、実際にどのような流れで手続が進み、成立に至るのか、少し詳細に紹介する（図２−３参照）。

　委員会提出法律案の提出者は委員長であるが（国会法 50 条の 2 第 2 項）、委員会において、まず、委員会提出法律案の基となる「起草案」（衆議院）又は「草案」（参議院）が示されることになる。
　それらが、委員長又は各党を代表する委員（議員）から提出される際には、委員長から、以下のような説明がある。
- 「本件につきましては、先般来各会派間において御協議をいただき、今般、意見の一致をみましたので、委員長において起草案を作成し、委員各位のお手元に配付いたしております」（衆議院）
- 「本件につきましては、理事会において協議してまいりましたが、お手元に配付いたしておりますとおり、草案がまとまりました」（参議院）
- 「本件につきましては、○○君外○名から、○○党、○○党及び○○党の共同提案により、○○○法律案の起草案を成案とし、本委員会提出の法律案として決定すべきとの動議が提出されております」（衆議院）
- 「本件につきましては、○○君、○○君、○○君、○○君から委員長の手元に○○法案の草案が提出されております」（参議院）

など。
　その後、委員長又は起草案・草案の提出者から、趣旨説明が行われるが、その後、これまでの多くの立法例では、委員からの発言（質疑、意見など）はなく、委員長が、次のように告げる。
- 「起草案を本委員会の成案とし、これを委員会提出の法律案と決するに賛成の諸君の起立を求めます」（衆議院）
- 「○○法律案の草案を、○○法律案として本委員会から提出することに御異議ありませんか」（参議院）
  ➡ ・「起立総員。よって、本案は委員会提出の法律案とすることに決定いたしました」（衆議院）
  ・「御異議ないと認めます。よって、さように決定いたしました」（参議院）

　次に、国会法 50 条の 2 第 2 項により委員長が提出者となって法律案が提出される。直ちに、本会議の議題とされ、委員長からの趣旨説明の後、通常は質疑等もなく可決され、後議の議院に送付される。後議の議院の委員会においては、先議の議院の委員長が趣旨説明を行い、多くの場合には、質疑はないか、あっても短時間で審査が終了し、採決に移ることになる。可決後、本会議においては、後議の議院の委員長が委員会審査に

171

ついて報告を行い、通常質疑はなく、直ちに採決に移り、可決、成立することになる。

　以上のとおり、委員会提出法律案については、成立に至るまでの間に、会議録に残るのは、法律案についての簡単な趣旨説明（提案の趣旨と主な内容）のみとなる場合が多い。

この点について、

・各党間で「事前に十分協議して、各党合意の上で提出されているから、内容を改めて審議する必要はないと言われる」が、審査（＝質疑等）が省略されると、関係議員以外の議員は、「法律案の内容を知らないか、知悉するのには特別の努力を要」し、「もちろん国民はそれをほとんど知るすべがない」（前田）、「審議がほとんど行われないのでは、有権者はその内容を客観的に評価できない」（大山）等批判的な意見がある。

・成立後は、「議員提出にかかる法律案といえども、政府の責任において施行されるのであり、その際、国会において立法者意思を確認しておくことは、政府の恣意による運用の歯止めとして役立つ」（前田）とも指摘されている。

・衆議院から送付された委員会提出法律案についての参議院の委員会審査において、衆議院の段階で質疑が行われなかったことについて疑問が呈された例もある（171回参・環境委・H21.7.7・pp. 12-13.）。

　委員会提出法律案について、それぞれの党の立場や政策を尊重しつつ意見調整を行い、一本の法律案にまとめるためには、非公開の場で協議を行う方が円滑に進む面があることは否定できないであろう。委員会提出法律案に対する批判的な意見を見ても、非公式・非公開の場での協議を全てなくすことを求めているわけではないように思われる。

　第2章第3節の議論とも関連するが、委員会提出法律案が、各党間の非公開の場での議論でまとめられたとしても、最終的な成果物である法律案についての審査が国会の場で十分に行われるのであれば、①各党の立場・政策を尊重しつつ合意形成を行うことが可能で、②その結果、必要な法整備を円滑に行うことができることになり、③更に、国民にも政策形成過程が見えるとともに、成立後の行政庁の適切な運用の指針を示すことができるのではないか。Ⅲの審査形態の多様化は、それを目指す取組といえよう。

　なお、議員立法に向けた各党による勉強会を完全に公開し、関係省庁、議院法制局、関係団体、学者、マスコミ同席の下で議論を重ね、立法にこぎつけた例がある（馳）。これも、政策決定過程の透明化のための議員立法の新しい取組の一形態といえる。

(前田英昭「議員立法と国会改革」中村睦男編『議員立法の研究』信山社出版、1993、pp. 585-587；馳浩『ねじれ国会方程式―児童虐待防止法改正の舞台裏―』北國新聞社、2008、pp. 10-14；橘幸信「議員立法から見た「ねじれ国会」・雑感―「ねじれ国会」で何が、どう変わったのか」『ジュリスト』No. 1367、2009.11.15、p. 84.)

また、各党の（又は希望する政党の）法律案に対するこれまでの取組や考え方などについての意見表明[176] の機会も増えており、その際、立法に至る背景・経緯や立法の趣旨などについて述べられることが多い。

2　起草案又は草案が議題になる前の実質的な質疑【対政府】

　委員会提出法律案が議題となることが予定されている日の委員会において、まず、その法律案の内容に関する事項について、国政調査を行うための質疑を行うこととし、その中で（その後に委員会提出法律案が議題となることについて暗黙の了解の下）、その後に議題になる予定の委員会提出法律案に関連する質疑を行い、政府から、その運用に当たっての考えや方法などについての答弁を、いわば言質を取るような形で求めるものである。その審査の終了後に、改めて、「○○法律案起草の件」（衆議院）について議事が進められ、又は「○○法律案に関する件」（参議院）が議題とされ、その際には改めて質疑は行われないことが多い[177]。この方法は、法律案に関連して、具体的な質疑が可能であり、近年、かなり行われるようになっている。しかし、当然のことながら、まだ起草案又は草案が提出されていない以上、政府に対する質疑に限られ、提案者の考え方を明らかし、会議録に残すことはできないことになる[178]。

3　起草案又は草案が議題となった後の実質的な質疑【対提出者＋対政府】

　委員会提出法律案の「起草案」（衆議院）又は「草案」（参議院）について

---

(176)　（例）177 回衆・災害対策特委・H23.6.9・pp. 3-4.［津波対策推進法案］

(177)　向大野　前掲注（167）、pp. 60-61.（例）154 回衆・農林水産委・H14.5.30・pp. 1-11［BSE 対策特措法案］；177 回衆・環境委・H23.8.23・pp. 1-11［放射性物質汚染対処特措法案］；187 回衆・国土交通委・H26.11.14・pp. 2-21.［空家対策推進特措法案］

(178)　この 2 の方法で、対政府質疑を行った後、更に、3 の方法で、動議の提出者に対して、短時間、質疑を行った例もある（189 回衆・環境委・H27.9.1・pp. 2-20.）［琵琶湖再生法案］。なお、後議の議院の委員会においては、先議の議院における委員会提出法律案の提出者である委員長（又は委員長代理）に対する質疑を行うことは自由であり、議員同士の議論が可能であるが、委員会提出法律案の場合、各党が賛成していることもあり、これまで後議の議院においても質疑が行われることはあまりなかったと指摘されていた（行平　前掲注（34）、p. 745.）。しかし、近年は、質疑などが行われる例が増えているようである。

趣旨説明が行われた後に、起草案又は草案について「実質的な質疑」を行うというものである。先例上は、このような質疑を行うことについて特に支障ないように思われるが、委員会運営の現場では、各会派が協議の結果（せっかく）合意して取りまとめた起草案又は草案について、また、メンバー提出でなく委員会提出を目指す以上は、改めて、委員会の場で長時間の質疑を行うことは避けられてきたようである。

　委員長は、趣旨説明の後、各委員からの「発言」として議事を進めるが、委員は「質疑」と認識して、政府に対して確認的質疑を行うだけでなく、委員会提出法律案の「動議の提出者」（衆議院）又は「草案の提出者」（参議院）である委員に対する質疑も行われる。後者は、「立法者意思」を知るために重要な意味を持つもので、特に新規制定法律案に関しては、時間的にも内容的にもかなり充実した質疑が行われる例がかなり見られるようになっている[179]。

4　その他

　これらのほかにも、委員長が、法律制定の趣旨などや各党間の議論の際の論点などについて説明を行う場合[180] もある。なお、法律の制定や改正について議論する場として委員会に法律案の起草のための小委員会を設置し（衆議院規則 43 条、参議院規則 35 条）、議論の内容を会議録として残す方法の活用も提案されている[181]。

　近年のこれらの委員会提出法律案の審査における変化は、「議員主導」の立法が増える中で、議員が主体的に作り上げた法律案について、国会の場

---

(179)　通常、質疑の場合は、委員長は、衆参とも「これより質疑に入ります」と発言して議事を進行し、終了時にも「質疑」が「終局」したと表現するのに対し、この場合は、衆議院では「発言を求められておりますので、順次これを許します」、参議院では「質疑、ご意見等がありましたらご発言を願います」などと発言し、終了時にも「発言」という言葉を用いている（（例）186 回衆・法務委・H26.6.4・pp. 2-23［児童ポルノ等処罰法一部改正法案］；180 回参・東日本大震災復興特委・H24.6.14・p. 3-13.［子ども・被災者支援法案］）。なお、第 3 節 I 2 参照。

(180)　169 回衆・青少年問題に関する特委・H20.6.6・pp. 3-4.［青少年有害サイト規制法案］

で、法律制定の趣旨などを明らかにし、国民に明確に伝えるとともに、それ
に沿った法律の運用を政府に求めようとする意思の表れではないかと思われ
る。そして、そのように議員が考えるのは、成立を目指す法律案が、新たな
社会問題等に対応するための新しい法制度を作ることを目的とするものが多
く、しかも、国民生活に大きな影響を及ぼすような内容のものも少なくない
ことから、適切な運用を担保する必要性が高くなっているからではないか。
すなわち、本節Ⅰで述べた委員会提出法律案による新規制定法の増加とⅢの
審査形態の多様化はリンクしているように思われる。新規制定法に限らず一
部改正法でもむずかしい問題を含む大きな改正の場合（例えば、平成26年の
児童ポルノ等処罰法の改正）には、実質的な質疑がかなり丁寧に行われている
ことも同様の意味合いを持っているのではないだろうか。

　委員会提出法律案の審査形態のこのような変化が、「国会審議の活性化」
や「審議過程の透明化」などの要請に応えるものであることはいうまでもな
く、今後もこのような取組が一層進むことが期待される。

---

(181)　上田章「委員会審議の活性化と議員立法」中村編　前掲注 (3)、p. 533. このような小委員会は、かつ
　　ては、しばしば設置されていた（衆議院事務局『衆議院委員会先例諸表　平成 29 年版　第二分冊』
　　2017、pp. 71-293（第 18 表）参照）。ただし、起草のための小委員会が設置されても、「小委員会の議
　　論が会議録として残っていることはまれ」であったとされる（上田　同）。なお、起草のための小委員会
　　ではないが、「日本国憲法の改正手続に関する法律」(H19 法 51) の制定の際に、議論の公開を目指して、
　　日本国憲法に関する調査特別委員会に「日本国憲法の改正手続に関する法律案等審査小委員会」が設けら
　　れたこと等が紹介されている（橘幸信「議員立法から見た『ねじれ国会』・雑感—『ねじれ国会』で何が、
　　どう変わったのか？」『ジュリスト』No. 1367、2009.11.15、pp. 86-87.）。衆議院「日本国憲法に関す
　　る調査特別委員会日本国憲法の改正手続に関する法律案等審査小委員会の会議録議事情報一覧」参照。

第3章

議員立法と内閣立法の諸相

　我が国の立法過程において、議員立法と内閣立法の関わり方には様々なものがある。

　この章においては、近年における立法過程をめぐる変化を踏まえつつ、実際の立法における議員立法と内閣立法の関わり方について、以下のような観点から、具体的な立法例を紹介している。これにより、議員立法が、立法の現場においてどのように用いられ、また、どのような役割を果たしているのか、その一端を明らかにしようとするものである。

【対案と修正】

　国会の審議過程において、しばしば生じる議員立法と内閣立法の関係は「対案」関係であり、また、法律案についての与野党の意見調整・合意形成のため、「修正」が重要な役割を果たしてきている。閣法の修正が行われるか否か、修正の内容がどの範囲となるか、ということは、その時点における政治状況、その法律案についての野党の姿勢（対決姿勢か、基本的には賛成か）などにより異なってくる。我が国の閣法の修正率は低いといわれてきたが、近年のねじれ国会においては、修正率は高くなり、大幅な修正も多数行われた。

　修正の際にしばしば行われるのが、附則への検討条項の追加である。「検討条項」は、与野党の意見調整において「政治的な落としどころ」の意味を持つとともに、政府に対する宿題としても有効に機能し、法制度の見直しの契機となってきた。

【議員立法と内閣立法の役割分担】

　ひとつの社会問題等に関する政策形成において、技術的な知識と情報が必要となる規制的な法整備は主として内閣立法により行われ、その一方で、補償問題など政治的な判断が求められる場面は議員立法により施策が講じられることがある。その他にも、両者が車の両輪のように補い合いながらひとつの政策を形成する例は、いろいろな分野に見られる。また、種々の事情で内閣立法による対応が困難な場合に、議員立法による解決が図られることがあり、中でも行政や既存の法制度の「狭間」の問題に関する例は多い。

【議員立法から内閣立法へ】

　議員立法は、与野党の協議が整えば短時日での成立も可能であることから、緊急の事態において議員立法で対応し、その後、その法律の施行の状況、専門家の意見等を踏まえ、内閣立法で恒久法として法整備が行われることがある。

　また、選挙による2度の政権交代が行われる中で、野党の時に議員立法により提出した法律案に関する事項について、政権交代後に内閣立法として成立を図る例も見られた。

第1節　対案と修正案

第1節　対案と修正案

I　概説

　議員立法が行われる類型のひとつ[1]として古くから取り上げられてきたの
が、閣法に対して、野党から、同一の案件に関して異なる内容の法律案が提
出される「対案」[2]である。重要法案といわれるような閣法については、野
党が対案を提出するか否か、対案が提出された後には、与野党の合意形成に
向けた協議の行方がどうなるか、ということが注目され、しばしば報道で取
り上げられてきた[3]。これまでの国会運営において、対案が提出されても、
実質的な審議が行われない時期もあったが、近年は国会運営が変化し、閣法
とともに対案が審議されるようになったといわれている[4]。野党は、「責任
野党」として、また、政策担当能力を示すため、「対案」を提出するが、与
党が野党に対して対案の提出を求める場合もある[5]。

　対案関係にある閣法と野党提出法律案は、国会における審議を経て、以下
のように、様々な結論に達することになる。

　①　閣法が提出時の内容のまま成立

---

(1)　第2章第2節Ⅱ2（2）参照。

(2)　「対案」という言葉は、本文中のような文脈で用いられることが多いが、閣法に対して提出された野党の
　　法律案に限定されるわけではない。「内容上競合する（異なる内容を定め、一部を削除し、又は付加するな
　　ど両立しない点を含む。）法律案の総称ということができる」（榊正剛「法律案の審議」大森政輔・鎌田薫
　　編『立法学講義　補遺』商事法務、2011、p. 178.）と説明されるように、複数の法律案の相互の関係を指
　　し、「A法律案とB法律案は対案関係にある」などとも表現される（第1章第1節Ⅱ1（2）参照）。

(3)　「税と社会保障　一体改革修正協議　民・自きょう合意　対案修正折り合う」『毎日新聞』2012.6.15等。
　　対案が提出された場合等における与野党間の協議は、しばしば「修正協議」と報道などにおいて表現される。

(4)　第2章第1節Ⅰ2参照。

(5)　「揺れる民主　対案の歴史」『日本経済新聞』2007.5.24；「生活防衛　与党、民主に対案要求へ　暫定税
　　率協議の行方不透明」『毎日新聞』2008.2.7. 政府案に反対するだけでなく、代案を示すよう与党側から求
　　める場面は、協議の現場でも少なくない。

179

第3章　議員立法と内閣立法の諸相

② 閣法に対して修正が行われ成立

③ 閣法も野党提出法律案も成立せず[6]、各党間で協議した結果が新たな議員立法（多くは、委員会提出法律案）として提出され成立

④ 野党提出法律案に対して修正が行われ成立

⑤ 野党提出法律案が提出時の内容のまま成立[7]

⑥ 閣法も野党提出法律案も不成立（③を除く。）

　議院内閣制を採る我が国の立法過程においては、衆議院と参議院の多数派が異なるいわゆる「ねじれ国会」である場合を除き、通常、①又は②となり、閣法の成立率は高い状態で推移してきた（別表1・別図3（参考資料））。また、我が国では②の修正が行われる場合も1〜2割と少なく、その修正内容を見ても、あまり大きな修正は行われない傾向にあった[8]。すなわち、閣法は、提出時の法律案の内容のまま成立する場合が圧倒的に多かったということになる。しかし、近年生じた選挙による2度の政権交代の前後のねじれ国会においては、政権交代が意識される中で、活発に議員立法が行われ、国会の審議や各党間の協議を通じて合意点が模索されることになった。その結果、②の場合が大幅に増え、内容的にも大幅な修正になることが少なくなかった。また、民主党政権下のねじれ国会においては、第2章第3節Ⅰの2や4のように、③となる場合もしばしば生じるなど[9]、閣法の成立率は大き

---

(6) この場合、通常、これらの2法案は「撤回」される。

(7) 理論的には、⑤もあることになるが、現実にはなかなか生じない事態である。しかし、近年、第177回国会において、当時野党であった自民党・公明党が提出した衆法4号及び5号が修正されることなく成立した。これらは、3月末で期限切れになる租税特別措置を延長するための、いわゆる「つなぎ法案」で、ねじれ国会の下、また、東日本大震災が発生して間もない3月下旬に提出された。当初、与党においても提出が検討されたが、与野党協議を重ねる中で自公での提出となったもの、とされる。「与野党で知恵を出して、特に野党の皆さんから、ある意味、緊急避難的に手を差し伸べていただいて」（財務大臣答弁）このような法律案の提出・審議になったなどと説明されている。野党議員である提案者の趣旨説明の中でも「異事異例の措置として」と述べられている（177回衆・財務金融委・H23.3.29・pp. 1-3 ;「自公　租特つなぎ法案提出へ　年度内成立民主と一致」『日本経済新聞』2011.3.18.）。

(8) 第2章第1節Ⅰ1及びⅡ1（1）参照。

(9) 閣法と野党提出法律案の関係に比し、与野党からそれぞれ対案関係にある議員提出法律案が提出され、審議又は協議の結果、それらの法律案がともに成立せず、新たに委員会提出法律案が提出され成立する例はしばしば見られる。

第 1 節　対案と修正案

く変動した[10]。

　対案が提出された場合はもちろん、そうでない場合であっても[11]、国会において与野党が合意形成に至るための意見の調整方法として、「修正」は重要な役割を果たしている。特に、ねじれ国会や与野党が伯仲する状況においては、政府・与党が譲歩を余儀なくされ、「異例」といわれるような修正が行われることもある。

　以下では、まず、対案等を契機として大幅な修正が行われた立法例を、続いて、2本の法律案が修正により一本化された例として、異なる内容の2本の法律案（閣法と衆法）が修正により閣法に一本化された大修正の例と、珍しい修正の形態である「併合修正」の例を紹介する。そして、最後に、各党間の意見調整の結果、しばしば修正により閣法の附則に置かれることとなる「検討条項」について、立法例を基に整理する。

Ⅱ　対案等を契機とする大幅な修正

1　閣法を全部修正した例

　「全部修正」は、

　①　修正することとなる法律案の内容を大きく変更するものである場合

　②　（①の結果であることが多いが、）立法技術的に、一部修正を行うと煩雑でわかりにくい場合（例えば、条文の「量」としても、一部修正を行う場合の方が、全部修正を行う場合よりも多くなってしまうような場合等）

---

(10)　第2章第1節Ⅱ1（4）及び（5）参照。

(11)　立法の現場では、必ずしも、各党が作成した法律案や修正案の全てが国会に提出されるわけではない。未提出の法律案や修正案（法律案や修正案の前段階の骨子、大綱などの場合もある。）があり、それらが各党間の協議の場に示され、それらを基に協議が行われる場合もある（例えば、本章第3節Ⅱ1で紹介する立法例においても、提出には至らなかった法律案が、各党間の協議の場面で用いられた。）。このような未提出の法律案・修正案は相当数あり、参議院においては、第145回国会において、作成された法律案67件のうち提出されたのは22件で、約7割が未提出と紹介されている（河野久「議員立法－実務的見地から－」『ジュリスト』No. 1177、2000.5.15、p. 86.）。また、衆議院においても、多くの未提出法律案や未提出修正案があることがデータで示されている（別表2（参考資料）参照）。

181

第3章　議員立法と内閣立法の諸相

等に行われる。一般的には、実質的に法律案を差し替えることになるほどの
大きな修正ということになる[12]。

（1）沖縄県の区域内における位置境界不明地域内の各筆の土地の位置境界の明確化等に関する特別措置法（S52法40）

　昭和47年5月15日の沖縄の返還が決まり、防衛施設庁は、それまで米
軍基地等に使われていた土地等について、土地等の使用権原の取得を目指し
たが、90％以上の土地所有者等との間で土地賃貸借契約の合意が得られな
かった。そこで、沖縄の復帰に際して「沖縄における公用地等の暫定使用に
関する法律」（S46法132：以下「公用地暫定使用法」）が制定され、米軍基地
等として使用されていた土地について沖縄返還後も5年を超えない範囲内
で国等が暫定使用できることとされた。その後、所有者との合意が得られな
い土地のうち、米軍の用に供する土地等については、公用使用を可能とする
法制度が整備されたが、昭和52年当時においても、第2次世界大戦等によ
る破壊等によって各筆の土地の位置境界が不明である地域が広範かつ大規模
に存在し、そのような地域の土地については、それらの法制度の適用ができ
なかった[13]。

　このため、政府は、第80回国会（S51.12.30召）において、そのような
土地の特性に適合した特別の手続による使用の特例を定める「沖縄県の区域
内の駐留軍用地等に関する特別措置法案」（80回閣4：第78回国会にも同じ
題名の法律案を提出したが審査未了）を提出した。これに対して、野党（社会
党、公明党・国民会議、共産党・革新共同）から、対案として「沖縄県の区域
内における位置境界不明地域内の土地の位置境界及び地籍の明確化に関する
特別措置法案」（80回衆6）が提出された。当時の「保革伯仲」の国会情勢
を背景として[14]、また、公用地暫定使用法に定める使用期限が迫る中、閣

---

(12)　なお、可決される全部修正の修正案の場合は①又は②を考慮して全部修正の形式をとるか否かが決めら
　　れることになるが、少数会派の野党が対案としての法律案を提出する際に賛成者要件が満たせないため
　　に、対案の提出に替えて、全部修正の形で修正案を提出する場合もある（第1章第1節Ⅱ1（2）参照）。
(13)　「第3節　沖縄県における公用地暫定使用法に基づく土地使用の開始（昭和47年5月15日）」（防衛
　　省・自衛隊HP）防衛施設庁史　第3章。

182

第1節　対案と修正案

法について、題名を野党提出法律案である衆法の題名とほぼ同じにした上、内容的にも、衆法6号の内容や他の野党の意見も「勘案して」、閣法の「全部修正」が行われ、成立した[15]。これは、「非常に稀有な例」[16]と紹介されている。

（2）「子ども・子育て支援法及び就学前の子どもに関する教育、保育等の総合的な提供の推進に関する法律の一部を改正する法律の施行に伴う関係法律の整備等に関する法律」（H24法66）

　最近の閣法の全部修正の例としては、社会保障と税の一体改革関連法案のうちの「子ども・子育て支援法及び総合こども園法の施行に伴う関係法律の整備等に関する法律案」（180回閣77）の全部修正が挙げられる。ねじれ国会であった第180回国会（H24・1・24召）において、民主・自民・公明3党による社会保障・税一体改革に関する実務者間協議により「社会保障・税一体改革に関する確認書（社会保障部分）」がとりまとめられ、これを踏まえて同法律案が全部修正されることとなった。一体改革の柱のひとつであった「総合こども園法案」（180回閣76：「総合こども園」は幼稚園と保育園の機能を一体化した施設：認定こども園[17]に替わるもの）を事実上撤回し[18]、それに替わる法律案が議員立法で提出されることになった（「就学前の子どもに関する

---

(14)　昭和49年の参議院議員通常選挙及び昭和51年の衆議院議員総選挙により、衆参ともに「保革伯仲」の政治情勢になり、また、ロッキード事件（昭和51年）をはじめとする政治汚職が大きな政治問題となる中、「従来のような重要法案を強行採決によって強引に通過させる議会運営は」できなくなり、「むしろ与野党の妥協による政治運営が強いられたという傾向」が見られたと指摘されている（上田章『議員立法五十五年』信山社出版、2005、pp121-122.）。

(15)　80回衆・内閣委・S52.5.9・pp. 27-30；80回参・内閣委・S52.5.13・pp. 1-2. この法律の附則6項で公用地暫定使用法が改正され、暫定使用期限が、5年から10年に延長された。

(16)　上田　前掲注（14）、pp. 127-129.

(17)　「認定こども園」は、「就学前の子どもに関する教育、保育等の総合的な提供の推進に関する法律」（H18法77）に基づく施設で、幼稚園と保育園の機能を併せ持った施設。自公政権において、「幼保一体化問題」に一応の決着を付けたものといわれる。

(18)　「「総合こども園」民主が撤回　最低保障年金見送りも」『日本経済新聞』2012.6.12. なお、閣法第76号は審査未了（廃案）。認定こども園制度の実施から10年もたたないうちに「総合こども園構想」が立ち上がったことは、幼稚園・保育所関係者に混乱をもたらしたとも言われた（増田雅暢「「総合こども園構想撤回」の背景」『週刊社会保障』No. 2684、2012.7.2、pp. 36-37.）。

183

教育、保育等の総合的な提供の推進に関する法律の一部を改正する法律案」：180回衆25：民主党・自民党・公明党提出：「認定こども園」制度を維持しつつその改善等を行う内容）。これに伴って、関係法律の整備法の内容が大きく変わることとなったため、「全部修正」が行われることとなったものである。

2 閣法に野党提出法律案の内容を大幅に取り入れる修正が行われた例
（1）公共建築物等における木材の利用の促進に関する法律（H22法36）

国土の3分の2が森林である我が国において、木材は貴重な資源である。昭和30年代半ばごろまで8割を超えていた木材自給率は、安価な輸入材の利用等により低下し[19]、その一方で、昭和20～40年代に大量に植林が行われた人工林が利用可能な状態になっており、その活用を図ることが喫緊の課題となった。また、地球温暖化の防止の観点からも、森林の重要性が再認識されるに至った。

そのような中、第171回国会（H21.1.5召）に、当時の与党であった自民党・公明党から「地球温暖化の防止等に貢献する木材利用の推進に関する法律案」（171回衆31）が提出されたが、7月21日の衆議院の解散により審査未了（廃案）となった。平成21年の衆議院議員総選挙による民主党への政権交代（以下「平成21年の政権交代」）の後、第174回国会（H22.1.18召）に、政府から「公共建築物等における木材の利用の促進に関する法律案」（174回閣45）が提出され、その対案として、自民党・公明党は、改めて、「地球温暖化の防止等に貢献する木材利用の推進に関する法律案」（174回衆16）を提出した。閣法が、木材利用の促進を図る対象を特にその利用が遅れている公共建築物等に限定したのに対し、衆法は、より広い対象や用途について木材利用の推進を目指す内容となっていた。委員会審査、民主・自民・公明の3党間協議を経て、平成22年5月13日、衆法の内容を大幅に

---

(19) 平成7年以降は20%前後で推移していたが、最近は、国産材の供給量の増加、輸入材の大幅な減少によりやや上昇している。林野庁「(2) 我が国の木材需給の動向」『平成23年度　森林・林業白書』2012.4.

第1節　対案と修正案

閣法に取り入れる形で修正が行われた[20]（図3-1）。

　この時は、衆参ともに与党が過半数を占めており、そのような中で「与党が野党の修正要求を大幅に受け入れるのは極めて異例」と評されたが、「国産木材の利用促進を加速させたい民主党が修正に応じた」と報じられた[21]。

図3-1　公共建築物等木材利用促進法案の修正〈イメージ〉

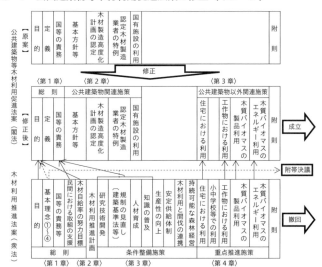

(注1)　「公共建築物等木材利用促進法案」とは「公共建築物等における木材利用の促進に関する法律案」（174回閣45）」をいい、「木材利用推進法案」とは「地球温暖化の防止等に貢献する木材利用の推進に関する法律案」（174回衆16）」をいう。
(注2)　木材利用推進法案の内容と、修正により公共建築物等木材利用促進法案に全部又は一部反映された部分の対応関係を、矢印で示している。なお、木材利用推進法案の「小中学校等での利用」は、公共建築物等木材利用促進法案の原案の段階から、「公共建築物等」における利用として対象となっていた部分である。
(出典)　174回参・農林水産委・H22.5.13・pp.17-20等を基に筆者作成。

---

(20) 野党提出法律案の内容は、「附帯決議」（第1章第1節Ⅱ（2）及び（3））に盛り込まれる場合もある（図3-1参照）。
(21) 「木材利用法案　バイオマスも追加　与野党大幅修正に合意」『日本農業新聞』2010.5.10. また、この修正合意の時期は、通常国会の会期末まで残り1か月で、閉会後には参議院議員通常選挙を控え、国会における与野党の攻防が激しくなる中、この国会に提出された農林水産省関係の閣法4本のうち1本しか成立していない状況であった。しかも、その4本のうち、重要法案と位置付けられていた「六次産業化」に関する法律案（Ⅲ1参照）が未だ審議入りしていなかった。このため、この修正については、「六次産業化」に関する法律案の審議を促進し、「成立させるための苦肉の策」とも報じられた（「ニュース三面鏡　農水省提出法案、成立いまだ1本　党と事前調整が不足」『日本農業新聞』2010.5.18.）。

第3章　議員立法と内閣立法の諸相

（2）「沖縄県における駐留軍用地の返還に伴う特別措置に関する法律の一部を改正する法律」（H24法14）

　沖縄県には、広大な米軍施設等があり、その返還がなされる場合の枠組みについては、「沖縄県における駐留軍用地の返還に伴う特別措置に関する法律」（H7法102）及び「沖縄振興特別措置法（第7章部分）」（H14法14）の2つの法律により行われてきた。その2法が平成24年3月31日限りで失効することとなる中、沖縄県からも、「駐留軍用地跡地利用促進法（仮称）県要綱案」なども示され、国の責任において新たな法制度を創設することが強く求められていた[22]。

　そのような状況の下、また、ねじれ国会となっていた第180回国会において、野党（自民党、公明党、みんなの党、社民党及び新党改革）は、法律案を可決可能な参議院に、「沖縄における駐留軍用地跡地の有効かつ適切な利用の推進に関する特別措置法案」（180回参3）を提出した。一方、政府は、衆議院に、「沖縄県における駐留軍用地の返還に伴う特別措置に関する法律の一部を改正する法律案」（180回閣25）を提出した。両案には共通する部分も少なくなかったが、野党案の方が、給付金制度等について拡充する内容となっており、与野党の協議を経て、野党提出法律案の内容を大幅に取り入れる形で、衆議院において閣法の修正が行われ、法律の題名も、野党案とほぼ同じ「沖縄県における駐留軍用地跡地の有効かつ適切な利用の推進に関する特別措置法」と改められた[23]。

3　野党提出法律案に対して修正が行われ成立した例

　野党提出法律案は、基本的には、与党の賛成が得られず成立に至ることはないが、次の（1）及び（2）の立法例は、野党提出法律案が与野党協議

---

(22)　仁田山義明「沖縄の駐留軍用地跡地の有効かつ適切な利用の促進―給付金制度の拡充、現状回復措置の徹底、駐留軍用地内の土地の取得の円滑化のための措置等を図る―」『時の法令』1914号、2012.9.30、pp. 43-45.

(23)　同上

第1節　対案と修正案

を経て修正の上成立した極めて珍しい例である。

（1）「金融機能の再生のための緊急措置に関する法律」（H10 法 132）等金融再生関連 4 法

　バブル経済崩壊後の金融機関の破綻処理が急務となる中、「金融国会」ともいわれた第 143 回国会（H10.7.30 召）は、平成に入ってから 2 回目となる「ねじれ国会」の状態にあった[24]。政府から、「金融機能の安定化のための緊急措置に関する法律及び預金保険法の一部を改正する法律案」（143 回閣 2）等が提出されたのに対し、野党 3 党（民主党、平和・改革、自由党）は、対案として「金融機能の再生のための緊急措置に関する法律案」（143 回衆 5）等 4 法律案を提出した。その後、「1 カ月近くを要した修正協議の結果、野党案をベースに政府案を一部取り入れる内容の修正を与野党共同で行うという異例の決着をみた」[25]。

（2）「平成二十三年原子力事故による被害に係る緊急措置に関する法律」（H23 法 91）及び「株式会社東日本大震災事業者再生支援機構法」（H23 法 113）

　最近の例として、第 2 章第 3 節 I 3 で紹介したこの 2 本の法律が挙げられる。これらは閣法に対する対案として提出されたものではないが、政府が提示した政策では不十分として、それらに対する「対案」的な意味合いで提出されたものであった。

　前者は、避難住民等の被害者に対する仮払金の迅速かつ適切な支払等を目的とするものであり、後者は、事業用資産に甚大な被害を受けた事業者が、被災の時点で負っていた債務が負担となって新たな資金調達が困難になる、いわゆる「二重債務問題」に対応し被災事業者の再生を支援しようとするものである。2 本とも、参議院から提出され（177 回参 9 及び参 11）、前者は可

---

(24)　COLUMN16 の②参照。

(25)　片山敦嗣「金融再生関連 4 法の概要」『時の法令』1586 号、1999.1.30、pp. 6-7. 政策に強い「政策新人類」と呼ばれた与野党の若手議員による協議の結果によるもので、野党提出法律案を「丸呑み」ともいわれた（伊藤和子「「ねじれ国会」における国会審議の諸相」『北大法学論集』Vol. 61 No. 5、2011、p. 132.）。なお、閣法は審査未了となった。

第3章 議員立法と内閣立法の諸相

決、後者は修正議決され、衆議院に送付後、衆議院においてともに修正議決され、参議院に回付され、成立したものである。東日本大震災の発災後の緊急事態の下、修正は行われているものの、野党提出法律案が成立した珍しい例となった[26]。

Ⅲ 2本の法律案の一本化を行う修正

1 2本の法律案を接続した例

地域資源を活用した農林漁業者等による新事業の創出等及び地域の農林水産物の利用促進に関する法律（H22法67）

この例は、2本の法律案を、一方の法律案を基にして、修正によりつなぎ合わせる形で「一本化」を図った珍しい例である。

我が国の農林水産業を取り巻く環境は厳しく、農林水産物価格の低迷、担い手の高齢化と後継者不足、農林漁業者の所得の減少等により、農山漁村の活力の低下がいわれてきた。平成19年の参議院議員通常選挙後のねじれ国会において、参議院で比較第一党となった民主党は、第171回国会（H21.1.5召）に、戸別所得補償制度の導入、食料自給率の向上、六次産業化の促進等、民主党が農林水産分野において目指す改革の方針をとりまとめた「農林漁業及び農山漁村の再生のための改革に関する法律案」（171回衆2）を提出した。一方、自民党・公明党は、「地産地消促進法案」（171回衆54）を、同じく第171回国会に提出した。

その後、平成21年の衆議院の解散により、これらの法律案は審査未了となり、平成21年の政権交代の後、最初の通常国会となる第174回国会

---

(26) 「野党提出の法律案であっても、与党がこれに賛成して（原案のまま、あるいは修正して）可決することは、理屈としてはもちろん差し支えないことであるが、多分メンツからであろう、実際問題としてはほとんどありえないことである」といわれ（鮫島眞男『立法生活三十二年―私の立法技術案内―』信山社出版、1996、p.252.）、実質的に野党案に依拠する場合でも、他の形態がとられることが多い（これまで紹介してきた①閣法の全部修正、②閣法の一部修正ではあるが大幅な修正、③野党提出法律案を撤回して委員会提出法律案又は与野党共同提案の法律案を提出など）。

(H22.1.18 召)において、政府から、「農林漁業者等による農林漁業の六次産業化の促進に関する法律案」(174 回閣 50)が提出された。他方、自民党・公明党は、「地産地消促進法案」を一部手直しした「国産の農林水産物の消費を拡大する地産地消等の促進に関する法律案」(174 回衆 21)を提出した。両法律案は、ともに閉会中審査(継続審査)となり、その後、平成 22 年 7 月の参議院議員通常選挙の結果、再びねじれ国会となった秋の臨時国会(第 176 回国会(H22.10.1 召))において、一括して審議が行われることとなった。衆議院農林水産委員会の筆頭理事らによる修正協議が進められ、その結果、図 3－2 のように、両法律案を「合体」させる修正が行われた[27]。

図 3－2　六次産業化法案の修正〈イメージ〉

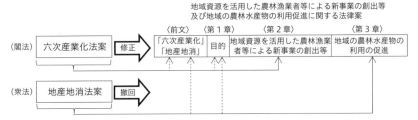

(注 1)　「六次産業化法案」とは「農林漁業者等による農林漁業の六次産業化の促進に関する法律案」(174 回閣 50)をいい、「地産地消法案」とは「国産の農林水産物の消費を拡大する地産地消等の促進に関する法律案」(174 回衆 21)をいう。
(注 2)　六次産業化法案及び地産地消法案の内容と、修正後の法律案の内容の対応関係を矢印で示している。
(出典)　176 回参・農林水産委・H22.11.19・pp. 2-9 等を基に筆者作成。

両法律案は、ともに農山漁村の活性化を図るための法律案であるが、内容が競合して、どちらかの法律案しか成立し得ない「対案関係」にはない。したがって、それぞれ、別々に、2 本の法律として成立させるという方法もあり得たが、「目的や理念で重なる部分が多いこともあり、民主、自民両党が一本化する方向で調整」[28]し、閣法を基に、修正によって衆法の内容がそのまま付加された形となった。それぞれの法律案において、こだわりのある

---

(27)　この修正について、解説の中で、「合体」という語が使われている(横山博一「農山漁村における六次産業化と地産地消等を総合的に推進」『時の法令』1880 号、2011.4.30、pp. 4-6.)。;「対決国会　「熟議」の兆し　農村振興など　与野党妥協し法成立」『朝日新聞』2010.12.4.
(28)　「民主、自民　6 次化法案を修正」『日本農業新聞』2010.11.11.

第 3 章　議員立法と内閣立法の諸相

「六次産業化」と「地産地消」という言葉を、「題名」と法律の本体に当たる
「本則」においては使わないこととし、法律の制定の理念を宣明するために
修正の際に置くこととされた「前文」の中だけで使う形で与野党間が合意に
至ったものである[29]。

2　併合修正

　1 の立法例が、2 本の法律案（閣法と衆法）を、一方の法律案（閣法）を基
にして修正によりつなぎ合わせる形で「一本化」を図った例であるのに対
し、この「併合修正」は、2 本の法律案（衆法と衆法）を、どちらかを基に
するということではなく「一体化」させるものである。これまでに併合修正
が行われた例は、次に紹介する（1）と（2）のほか、第 15 回国会
（S27.10.24 日召）、第 24 回国会（S30.12.20 召）、第 131 回国会（H6.9.30
召）における 1 例ずつの計 5 例であり[30]、それぞれ、法律案をめぐるデリ
ケートな状況下で、政治的な判断に基づき行われたようである。これらは、
いずれも衆法同士を併合修正したものであるが、政治的な決着方法のひとつ
として、ここに併せて紹介する[31]。

---

(29)　「六次産業化」は「民主党が参院選マニフェストで掲げた看板政策だけに」野党の反発もあり、「合意形
　　　成は難しいかに見えた」が、「両党の衆院農林水産委員会の筆頭理事らが修正協議を開始」し、「「産業」
　　　重視の政府案と「消費」重視の野党案を合体させ、生産から消費までを包括する案に結実した」と評され
　　　た。「法案の趣旨が失われないなら妥協は必要」（与党議員）、「今回の協議がねじれ国会のモデルになる」
　　　（野党議員）という協議の担当者のコメントが紹介されている（『朝日新聞』前掲注（27））。なお、成立
　　　した法律は「六次産業化・地産地消法」と呼ばれている。

(30)　衆議院事務局『衆議院委員会先例集　平成 29 年版』2017、pp. 108-110. 併合修正については、野党
　　　提出法律案が先行した場合に、与党のメンツに配慮しつつ野党提出法律案を取り入れる方法として、委員
　　　会提出法律案とすること、与野党共同提案の法律案とすることとともに紹介されていることから（鮫島前
　　　掲注（26）、p. 252.）、そのような意味合いで行われた例もあったようである。

(31)　なお、帝国議会においては、「数議案ヲ併合シタル例」のひとつとして、「政府提出法律案ト議員提出法
　　　律案トヲ併合シタルモノ」の例が挙げられている。ただし、現在、国会において行われる「併合修正」と
　　　同じ方法ではないようであり、政府提出法律案に議員提出法律案の内容を「包含」させることで、政府提
　　　出法律案と議員提出法律案とを「其ノ実質ニ於テ併合シタルモノ」と説明されている（衆議院事務局『衆
　　　議院先例彙纂　昭和 17 年 12 月改訂　上巻』1942、pp. 359-360；白井誠『国会法』信山社出版、
　　　2013、p. 170.）。

190

第 1 節　対案と修正案

（1）「夏時刻法を廃止する法律」（S27 法 84）

第 13 回国会（S26.12.10 召）において、昭和 27 年 3 月 26 日、同じ「夏時刻法を廃止する法律案」という題名で、同じ内容の 3 本の法律案が提出された（13 回衆 17（共産党提出）、衆 18（改進党等提出）、衆 19（自由党提出））。

「夏時刻法」（S23 法 29）は、戦後、連合国軍総司令部（GHQ）の指導で制定され、毎年 4 月（昭和 23 年は 4 月に法律が成立したため 5 月）の第一土曜日の午後 12 時から 9 月の第 2 土曜日の翌日午前零時までの間は夏時刻（中央標準時より 1 時間進めた時刻。いわゆるサマータイム）とすることとされた[32]。昭和 23 年から 4 年間、夏時刻が実施されたが、3 本の法律案は、ともに、この夏時刻法を廃止することを内容とするものである。衆法第 18 号と衆法第 19 号を併合して一案とする修正議決が行われた[33]。

（2）「日本国憲法の改正手続に関する法律」（H19 法 51）

憲法改正について定める憲法第 96 条の規定を具体化する手続法として、第 164 回国会（H18.1.20 召）に「日本国憲法の改正手続に関する法律案」（164 回衆 30：自民党・公明党提出）及び「日本国憲法の改正及び国政における重要な問題に係る案件の発議手続及び国民投票に関する法律案」（164 回衆 31：民主党提出）が提出された（「参考　憲法改正手続について」参照）。審査の結果、両案を併合して一案とする修正が行われることとなった。この「併合修正」については、提出者から、「共通事項のある複数の議案を修正の対象として、それらを一本化した上で、異なっている部分についてはいずれかの議案の内容を採択するなどとする修正の方法」と説明された。そして、このような併合修正の形式を採用したのは、それまでの衆議院憲法調査特別委員会での丁寧な議論等を踏まえたものであり、「与党案の修正でも民主党

---

(32)　鮫島　前掲注（26）、1996、p. 263.

(33)　衆法 18 号と衆法 19 号の 2 法案だけを併合した理由としては、委員会におけるそれぞれの提案理由の説明から（法律案の「理由」部分にはほとんど違いはないが）、これらの 2 法案と衆法 17 号では相容れない立場の対立があるとの判断があったようである（同上、pp. 264-267.）。なお、衆法 17 号は、議決を要しないものとされた。

第3章　議員立法と内閣立法の諸相

案の修正案でもなく、その両案を基本としつつ、それぞれのよいところを採用して一本化するというもの」で、この委員会の運営の精神、この法案の審議の基本的精神を踏まえた修正案」と考えるとも述べられている[34]。

Ⅳ　検討条項を設ける修正

1　概説

国会に提出された法律案についての修正協議において、法律案の本則に定める内容そのものの変更は行わないが、委員会審査の中で議論になった点等に関し、附則に、今後の検討に委ねる旨の規定を置くことで与野党間の協議が整う場合がある。このような規定は、「検討条項」又は「見直し条項」と呼ばれる。与野党間の協議の結果、いわば政治的な「落としどころ」として置かれることが少なくない[35]。このような条項が、法律案の国会への提出の段階で、既に附則に置かれている場合もある。近年、制定された法律の附則に、このような条項が置かれている例が多いのは、規制緩和の推進が図られる中で、政府において新たな規制を設ける場合には、一定期間の経過後に必要な見直しを行うこととされてきたことによる[36]。

法律案の修正には、①「形式的な修正」[37]と、②法律案の内容について変更を加える「実質的な修正」がある。検討条項又は見直し条項（以下「検

---

(34)　166回衆・日本国憲法に関する調査特委・H19.3.29・p. 5. 関連して、pp. 1-3、20-36参照。平成19年3月29日に自民党・公明党から併合修正案が提出された後、4月12日には、民主党から修正案が提出され、2本の法律案と2本の修正案の採決は、野党委員が抗議する中で行われることとなった（166回衆・日本国憲法に関する調査特委・H19.4.12・pp. 2、21. 橘幸信・高森雅樹「憲法改正国民投票法の制定―国民投票の実施手続及び国会による憲法改正の発議手続を整備―」『時の法令』1799号、2007.12.15、pp. 9-10参照）。

(35)　法制執務用語研究会『条文の読み方』有斐閣、2012、p. 105. 国会の審議における「野党の抵抗」に対する「与党の譲歩」として、その譲歩の度合いの低い順に、①慎重審議の要求を踏まえての採決日の延期、②野党の主張に沿った内容の確認答弁、③野党の意向を盛り込んだ附帯決議、④将来の制度見直しを義務付ける見直し条項、⑤野党の要求に応じた法律案の内容の修正、⑥当国会での成立の断念（継続審査又は廃案）等が挙げられている（中島誠『立法学―序論・立法過程論―　第3版』法律文化社、2014、p. 229.）。

192

討条項」）は、法律案の本則の内容の変更ではないが、法制度の成立後の運用やその後の見直しに影響を及ぼすものであり、②に属するものと考えられる[38]。本来、法律の制定・改正は、「立法事実」[39]があれば、いつでも行うことができるものであり、検討条項がなくても当然行われるべきことでもある。しかし、立法の実態としては、法律を制定・改正することは容易ではなく、各府省の場合には、会期という時間的制約の中で法律案の提出には府省としての優先順位もある[40]。近年、規制緩和の推進の観点から検討条項を置くこととされていることも、検討条項が見直しの契機としての効果を持つことを示すものといえる。また、このような検討条項が議員立法や修正案によって規定された場合には、政治主導の表れとして、先送りになった問題や実際に法律を運用することにより明らかになる問題等について、「行政府に対する宿題」として必要な対応を求めるものといえる[41]。

2 検討条項の規定の仕方

検討条項には、様々なスタイルがある。ここでは、第171回国会(H21.1.5召)に内閣提出法律案として提出された「農地法等の一部を改正する法律案」（171回閣32）の検討条項を例に、修正・議員立法における規

---

(36) 「今後における行政改革の推進方策について（行革大綱）」（平成6年2月15日閣議決定）において、新たに規制に関する規定を設けるに当たっては、各府省は、趣旨・目的等に照らし適当としないものを除き、一定期間経過後に、その規制について見直す旨の条項を盛り込むこととされ、その後も、規制緩和推進計画等において拡充されつつ引き継がれている（規制に関する政策評価の手法に関する研究会「規制に関する政策評価の手法に関する調査研究・報告書」2004.7.22、p.16. 総務省HP）。

(37) 法律案の国会への提出から成立までに時間がかかると、法律案の採決の段階で、法律案に規定する施行期日を既に徒過している場合や、規定する施行期日までには準備が間に合わない場合などが生じることがある。それらの場合には、施行期日の変更とそれに伴い必要となる規定の整備（適用関係など）に関する修正が必要となる。

(38) 川﨑政司「国会審議の機能と評価に関する一考察（二）」『議会政治研究』No.76、2005.12、p.92.

(39) 「何らかの法的規律を必要とする社会的実態」（山本庸幸「法律の立案」大森・鎌田編 前掲注(2)、p.315.）。これは、「単なる「生のデータ」などではなく、そこから「抽象的な事実」を抽出・構成し、立法目的や立法手段の合理性を支えるものとして立案者によって再構成された、理論的・規範的なもの」と解されている（橘幸信「議員立法の実際」同、pp.108-109、117-118.）。

(40) 中島 前掲注(35)、pp.79-80.

(41) 法制執務用語研究会 前掲注(35)、p.104.

定の仕方と閣法における規定の仕方の違いに触れながら、簡単に整理する。

閣法32号は、農地制度について「平成の農地改革」ともいわれる抜本的な制度の見直しを行う内容であったため、提出時の閣法の附則には、次のような検討条項が規定されていた。

（検討）
第十九条　［①］政府は、［②］この法律の施行後五年を目途として、［③］新農地法及び新農振法の施行の状況等を勘案し、国と地方公共団体との適切な役割分担の下に農地の確保を図る観点から、［④］新農地法第四条第一項及び第五条第一項の許可に関する事務の実施主体の在り方、農地の確保のための施策の在り方等について検討を加え、［⑤］必要があると認めるときは、［⑥］その結果に基づいて必要な措置を講ずるものとする。
2　［①］政府は、前項に規定するもののほか、［②］この法律の施行後五年を目途として、［③］新農地法、新基盤強化法、新農振法及び新農協法の施行の状況を勘案し、［⑤］必要があると認めるときは、［④］これらの法律の規定について検討を加え、［⑥］その結果に基づいて必要な措置を講ずるものとする。（※［　］内は筆者補記）

衆議院農林水産委員会における審査・各党間協議を経て、修正が行われ、附則19条の検討条項についても、閣法に規定されていた1項及び2項を繰り下げ、それらの前に、新たに次の1項から3項までが追加されることになった。

---

［1］　［①］政府は、［③］農地制度における農業委員会の果たすべき役割にかんがみ、［④］農業委員会の組織及び運営について検討を加え、［⑥］その結果に基づいて必要な措置を講ずるものとする。
2　［①］政府は、［③］農地の農業上の利用の増進等を図る上で農地に係る正確な情報を迅速に提供することが重要であることにかんがみ、［④］農地に関する基本的な資料の整備の在り方について検討を加え、［⑥］その結果に基づいて必要な措置を講ずるものとする。
3　［①］政府は、［③］国内の農業生産の基盤であり、地域における貴重な資源である農地が、それぞれの地域において農業上有効に利用されるよう、［④］農地の利用に関連する計画その他の制度について検討を加え、［⑥］その結果に基づいて必要な措置を講ずるものとする。
（※［　］内は筆者補記）

この①から⑥までについて整理すると、以下のようになる。

① 検討を行う主体

閣法32号の検討条項は、いずれも検討を行う主体は「政府」となっているが、そのほかに、a)「国」とされている規定[42]、b) 主語はなく、条文が主として受け身の形で書かれた規定[43]等がある。a) 及びb)

第 1 節　対案と修正案

のように書かれた検討条項では、検討等を行う主体として、「政府」だけでなく、「国会」（＝国会議員）も含めて考えられており[44]、特に、議員立法で法律の制定・改正が行われ、次の見直しについても議員立法の可能性がある場合に使われることが多い。

② 検討時期

　　閣法 32 号の提出時における検討条項は、検討時期について、「（この法律の）施行後五年を目途として」としていたが、そのほかに、「施行後○年を経過した場合において」、「施行後○年以内に」等、通常、何らかの文言が入っていることが多い。先述した規制の新設の際に置かれる検討条項の場合には、必ず、この検討の時期が明記されることとなっている。なお、閣法 32 号に修正で追加された検討条項において検討時期が明示されていないのは、検討の対象となる事柄について、時期を区切った検討が困難等の判断があったためではないかと思われる。

③ 検討の際の視点・勘案事項

　　検討の際にどのような視点で検討するのか、また、「勘案」すべき事項は何か、などということが規定される場合が多い。「～を勘案し」とされるほか、「～を踏まえ」、「～（の）観点から」、「～に配慮しつつ」、「～に鑑み」等の語が用いられる。

④ 検討の対象

　　制定・改正された制度の施行の状況等、という形で広く捉える場合も

---

(42)　例えば、「障害者基本法の一部を改正する法律」（H23 法 90）附則 2 条。

(43)　例えば、「環境の保全のための意欲の増進及び環境教育の推進に関する法律の一部を改正する法律」（H23 法 67）附則 2 条 2 項　主語がない規定の場合には、「（検討の対象となる事柄）について」、「検討が加えられ」、「必要な措置が講ぜられるものとする」など、ほとんどの場合において、受け身の形で規定されている。

(44)　法制執務用語研究会　前掲注（35）

195

第 3 章　議員立法と内閣立法の諸相

あるが、議員立法や修正による検討条項では各党間で議論となった具体的な事項について規定される場合も少なくない。閣法 32 号の修正の際にも、個別事項に関する検討条項（1 項〜3 項）が追加された。

⑤及び⑥　検討結果に基づく措置

内閣提出法律案の場合、閣法 32 号の提出時の検討条項のように、「政府は」、「検討を加え」、「必要があると認めるときは」、「（検討の結果に基づいて）必要な措置を講ずるものとする」等と規定するものが多いが、検討を行うか否かの判断も政府に委ね、「必要があると認めるときは」、「検討を加え」、とする例もある[45]。

他方、議員立法や修正による検討条項では、措置を講ずるか否かの判断を政府に委ねる例は少なく[46]、主語がなく、「必要があると認められる場合には」とする例はある[47]。また、閣法 32 号の修正により追加された検討条項のように、検討の結果に基づき、直接、「必要な措置を講ずるものとする」等と書くものが多い。「必要な法制上の措置を講ずるものとする」（下線は筆者補記）として、講ずべき措置の内容として立法措置を求めることを明記する例もある[48]。

以上で紹介した以外にも、検討条項には、様々なバリエーションがある。特に、議員立法又は修正による検討条項については、その時々の政治状況の

---

(45)　例えば、「廃棄物の処理及び清掃に関する法律の一部を改正する法律」（H16 法 40）附則 4 条。

(46)　例えば、「自然再生推進法」（H14 法 148）附則 3 項。

(47)　「政府が」、「必要があると認めるときは」「必要な措置を講ずる」とすると、措置を講ずるか否かの必要性の判断主体が「政府」となるため、議員立法や修正の際の与野党間の協議において懸念が示され、より客観的に必要性が判断される意味合いで「必要があると認められるときは」という表現が用いられることが多い（「過労死等防止対策推進法」（H26 法 100）附則 2 項等）。両者の表現の違いについては、検討条項に関する発言ではないが、177 回衆・H23.7.28・p. 17 参照。

(48)　例えば、「農業の担い手に対する経営安定のための交付金の交付に関する法律の一部を改正する法律」（H26 法 77）附則 6 条。委員会における議論や各党の協議を経て修正により設けられた（186 回衆・農林水産委・H26.4.23・pp. 2、20-21.）。

第 1 節　対案と修正案

下における与野党間の協議の政治的判断を示す内容になることが少なくなく[49]、多様である。一般的には、内閣提出法律案に提出の段階で規定されている検討条項に比べると、議員立法又は修正により規定された検討条項の方が、政府に対して、検討条項に基づき措置を講ずることをより強く求める表現が採られる傾向にある。

　なお、制定時は、条文数も少なく、措置の内容としても十分ではないと考えられた議員立法が、その後、検討条項に基づき数次にわたる検討・見直しが行われ、更に、内閣立法による対応も併せて行われる等（本章第2節I2参照）、法制度の拡充が図られた例は、少なくない。**(24)**

---

(49)　吉田利宏・いしかわまりこ「見直し条項の意味を考える」『法学セミナー』No. 640、2008.4、pp. 87-88.

197

小さく産んで大きく育てる ―法制度は社会の変化とともに成長する―

　法律の附則に置かれた検討条項に基づき、数度にわたって制度の拡充が図られている例は少なくない。
　ここでは、「動物の愛護及び管理に関する法律」（S48 法 105：制定時の題名は「動物の保護及び管理に関する法律」：以下「動物愛護法」）の制度の変遷を追ってみたい。

【制定時】
　制定の動機は、我が国において、総合的、一般的な動物保護に関する法制はなかったので、そのような法制の整備の必要性が主張されたからだけでなく、欧米等ではその数十年前からそのような法律が制定されており、英国などから日本の犬、猫などの取扱いをめぐってあたかも文明国、文化国でないような批判を受けたこともあって、「文化国家であるわが国」として、また、動物保護に対する「国際的評価を改善する上からも」法整備が急務とされた、と紹介されている。その一方で、「ことがらの性質、それから議員立法の制約（財政措置との関係）もあって、その内容には、若干中途はんぱなところも、必ずしも、なくはないようである」とも評されている（林）

【平成 11 年改正】
　制定時の法律の附則には検討条項は置かれておらず、その後、平成 11 年まで、30 年近く実質的な改正は行われなかった。その間に、人と動物の関係は変化し、ペットを単なる愛玩動物としてではなく、家族の一員として扱う人が増える一方で、飼い主によるペットの遺棄や不適切な飼養、小動物に対する虐待などが社会問題化し、また、適正を欠く動物の保管・管理のために動物による人の被害も相当数発生していた。このような状況に対して、制定時の法律では十分対応することができず、抜本的な改善が求められる中、まず、与党内で検討が始まった。その後、当時の連立与党内、更には与野党の協議を経て、制定時と同様に、議員立法により、改正が行われた（「動物の保護及び管理に関する法律の一部を改正する法律」（H11 法 221））。その内容は、動物取扱業に対する規制、周辺の生活環境の保全に係る措置、動物愛護担当職員の設置などの規定を設けることとするものである（神崎：この改正により、現行法の題名に改められた。）。
　その改正の際に改正法附則に置かれた検討条項は以下のとおりである。

　　　　　附　則
（検討）
第二条　［①］政府は、［②］この法律の施行後<u>五年を目途として</u>、［③］国、地方公共団体等における動物の愛護及び管理に関する各種の取組の状況等を<u>勘案して</u>、［④］改正後の動物の愛護及び管理に関する施行の状況について<u>検討を加え</u>、［⑤］動物の適正な飼養及び保管の観点から<u>必要があると認めるときは</u>、［⑥］<u>その結果に基づいて所要の措置を講ずるものとする。</u>
（※ ［ 　］内及び下線は筆者補記。第 3 章第 1 節Ⅳ2 参照）

【平成 17 年改正】

　平成 11 年改正法附則の検討条項における検討の主体が「政府」とされていたことを受けて、環境省において検討会（平成 16 年 2 月設置）を設けて検討が行われたが、法改正に当たっての検討は、「この法律が議員立法により制定・改正されてきたという経緯から」、各党において行われることになり、平成 17 年に議員立法で改正法が成立することになった（「動物の愛護及び管理に関する法律の一部を改正する法律」（H17 法68）。この法改正の背景には、インターネット商取引の急速な発展に伴い、簡単に購入を行い、飼い主としての責任と自覚のないまま安易に飼育を開始するおそれがあり、また、ペットの販売に際してのトラブルも後を絶たないという状況にあったことなどが挙げられている。これらを受け、動物取扱業者に対する規制の見直し等、動物の愛護管理に関する施策の充実が図られた（金子）。

【平成 24 年改正】

　平成 17 年の改正の際にも、「政府」を主語とする検討条項が附則に設けられており、それを受けて、政府において検討が行われ「動物愛護管理のあり方検討報告書」が取りまとめられた。しかし、法律の改正については、各党において当該報告書も踏まえて検討が行われ、各党間の協議を経て、平成 24 年に議員立法により行われることとなった（「動物の愛護及び管理に関する法律の一部を改正する法律」（H24 法 79））。背景には、ペット市場の拡大と多様化、動物取扱事業者の不適切飼養の問題の顕在化、動物愛護団体等の努力はあるものの依然として犬猫の殺処分が多いこと、東日本大震災等により多くのペットや家畜が適切に救護されず犠牲になったこと等の状況があり、それらに対応するため、動物取扱業に関する規制の強化、動物の適正な飼養及び保管を図るための動物の所有者の終生飼養の責務、動物愛護管理計画における災害対応の位置付けの明確化等の措置が講じられた（津田）。この改正の際にも、5 年を目途とする「検討」条項が置かれたが（改正法附則 15 条）、既に、課題が指摘されており、次の改正が待たれている。

　以上のとおり、動物愛護法は、制定時は、条文数も少なく、内容的にも十分な評価は受けていない面があったが、その後の数次にわたる検討を経て、時代の変化や社会的要請に即した見直しが行われ、内容の拡充が図られた。

　同様の例としては、「児童虐待の防止に関する法律」（H12 法 82：第 3 章第 2 節 I 2 参照）、「配偶者からの暴力の防止及び被害者の保護に関する法律」（H13 法 31：いわゆる「DV 防止法」）などが挙げられる。いずれも、数次にわたる見直しが行われ、法律に定める措置等の内容が拡充されている。

（林修三「動物の保護及び管理に関する法律について」『ジュリスト』No. 558、1974.4.15、pp. 104-105；神崎一郎「人と動物のより良い関係のために―動物の愛護と生命尊重の理念を強化し、人間との共生をめざす―」『時の法令』2000.12.30、pp. 42-52；金子光宏「ペット販売業者等に対する登録制の導入」『時の法令』2005.11.15、pp. 6-13；津田樹見宗「人と動物の共生する社会の実現」『時の法令』1923 号、2013.2.15、pp. 34-45；「扱う業者への規制　なお不十分　改正動物愛護法 3 年　問題事例続く」『朝日新聞』2016.9.27.）

第2節 議員立法と内閣立法の役割分担

　議員立法と内閣立法の役割分担については、第2章第2節で記述したとおり、議員立法が多く行われる政策分野などを類型化することによって両者が果たす役割の違いを特徴的に示す方法もあるが、ここでは、両者の「関わり方」という観点から3つの場合について紹介したい。

Ⅰ　両者があいまって法整備が行われる場合

　ひとつの社会問題をめぐり、議員立法と内閣立法が、それぞれの役割を果たすことにより、その問題の解決に向けて必要な法整備が行われている例は少なくない。ここでは、ともに大きな社会問題となっている「アスベスト問題」及び「児童虐待防止」に関する政策形成の例を中心に、そのような立法例を紹介する。

1　アスベスト問題に関する政策形成
（1）経緯

　アスベスト（石綿）は、安価で耐熱性、耐腐食性及び耐薬品性に優れた物質として建材を中心に広く使用されてきたが、健康被害を生じさせるという重大な問題がある。昭和45（1970）年頃には、発がん性についても、我が国において広く知られるようになっていた。一方、その輸入量は1960年代から急増して、昭和45（1970）年から平成2（1990）年にかけて年間約30万トン輸入されたといわれる。アスベストは、①建造物や自動車等の生活の様々な場面で用いられ、仕事上だけでなく多様なばく露の機会があったこと、②ばく露による健康被害が発症するまでには30〜40年程度の潜伏期間があること（「静かな時限爆弾」ともいわれる。）等から、1970年代以降の利

第2節　議員立法と内閣立法の役割分担

用最盛期にばく露した人たちのアスベスト関連疾病の発症は、今後ピークを迎えると予測されている[50]。

（2）議員立法と内閣立法等の動き

　アスベスト問題に対応するための議員立法と内閣立法の動きを見ると、政府は、「じん肺法」（S35 法 30）の制定や「大気汚染防止法」（S43 法 97）等の改正、関連する政令や規則の制定や改正等により、まずは、アスベストを扱う労働者の健康被害の防止のために、続いて、一般環境へのアスベストの飛散防止のために、「規制」の措置を講じてきた[51]。また、国会においては、政府に対する質疑により多くの問題提起が行われ[52]、平成 4（1992）年には、社会党がアスベスト使用の全面禁止を内容とする議員立法[53]を提出した。

　1990 年代後半に欧州を中心にアスベスト使用禁止の動きが活発化したが、我が国においては、平成 16（2004）年以降、段階的に使用禁止となった[54]。一方、平成 17 年 6 月 29 日の新聞報道等[55]により、アスベスト製品の製造工場の従業員だけでなく、工場の周辺住民にも健康被害が発生していたことが明らかになり、アスベスト問題は、重大な社会問題となった（いわゆる「クボタ・ショック」）。これを機に、アスベスト取扱い工場周辺住民の中皮腫発生が相次いで確認され、また、アスベスト訴訟も増加した[56]。

---

(50)　鈴木良典「アスベストによる健康被害とその救済に関する動向―補償・救済制度とアスベスト訴訟を中心に―」『レファレンス』785 号、2016.6、pp. 55-61、75.

(51)　同上、pp. 58-61、表 2 参照。規制対象の規制強化は、「労働安全衛生法」（S47 法 57）に基づく「労働安全衛生法施行令」（S47 政令 318）、「石綿障害予防規則」（H17 厚生労働省令 21）（同規則制定までは、「特定化学物質等障害予防規則」（S47 労働省令 39））等の制定・改正により段階的に行われた。また、平成元年の大気汚染防止法の改正では、アスベストを「特定粉じん」として、工場等の製造施設の届出及び敷地境界での測定が義務化され、平成 8 年の同法の改正では、建築物等の解体時の事前届出等が規定された。

(52)　国会の会議録で「アスベスト」、「問題」で検索すると、ヒットする件数は、「アスベストが本格的な社会問題として浮上」したとされる昭和 61（1986）年頃から急増しており、その後、一時期減少したが、後述する「クボタ・ショック」後に大幅に増加している（国会会議録検索システム）。

(53)　「石綿製品の規制等に関する法律案」（125 回衆 12. 委員会に未付託のまま、廃案）

(54)　鈴木　前掲注（50）、pp. 59-61. 労働安全衛生法施行令の改正により、平成 16 年から、順次、製造等の禁止の対象が広がり、平成 24 年に、一部猶予措置も撤廃され、全面禁止となった。

(55)　「クボタ社員ら"石綿死"10 年で 51 人　工場周辺住民も 2 人」『毎日新聞』2005.6.29、夕刊 .

(56)　車谷典男「アスベストの発がん性に関する国際的な知見集積と認識の形成」『日本衛生学雑誌』Vol. 67 No. 1、2012.1、pp. 5-6.

第3章　議員立法と内閣立法の諸相

【石綿救済法の制定（平成18年）】

　平成17年に設置された「アスベスト問題に関する関係閣僚による会合」
は、「アスベスト問題に係る総合対策」（平成17年12月27日）[57] を取りま
とめたが、その主な柱は以下のとおりである。

（ⅰ）隙間のない健康被害者の救済

　① 救済新法の制定　（「石綿による健康被害の救済に関する法律案」（仮称）
　　　を平成18年通常国会冒頭に提出）

　　　アスベストによる健康被害は、アスベストが長期にわたり我が国の経
　　済活動全般に幅広くかつ大量に使用されてきた結果、多数の健康被害が
　　発生してきている一方で、アスベストに起因する健康被害については、
　　長期にわたる潜伏期間があって因果関係の特定が難しく、民事上の救済
　　は困難であるという特殊性にかんがみ、アスベストによる健康被害者で
　　あって「労働者災害補償保険法」（S22法50。以下「労災保険法」）によ
　　る救済の対象とならない者を対象として、アスベストによる健康被害者
　　の間に隙間を生じないよう迅速かつ安定した救済制度を実現しようとす
　　るもの[58]。労災保険法による補償を受けずに死亡した労働者の遺族に
　　対する救済措置も規定。

　② 労災制度の周知徹底等　（労災認定基準の改正、労災制度の周知徹底）

　③ 研究の推進等　（中皮腫抗がん剤「ペメトレキセド」の早期承認等）

（ⅱ）今後の被害を未然に防止するための対応

　① 既存施設での除去等

　　　・地方自治体の取組への支援　⇒　地方財政法改正（※）

　　　・吹付けアスベスト等の使用規制　⇒　建築基準法改正（※）　等

　② 解体時の飛散・ばく露防止

　　　・飛散防止のための規制の拡充　⇒　大気汚染防止法改正（※）

---

(57)　アスベスト問題に関する関係閣僚による会合「アスベスト問題に係る総合対策」2005.12.27. 首相官邸
　　　HP

(58)　同上、「（別紙－②　石綿による健康被害の救済に関する制度案の概要」

202

・石綿障害予防規則等の周知・指導

③　アスベスト廃棄物の適正処理

・アスベスト廃棄物の無害化処理推進　⇒　廃棄物処理法改正（※）

・廃アスベスト適正処理の規制強化

（※）は、一括して、平成18年通常国会に提出すること。

　これらの方針を受けて、第164回国会（H18.1.20召）の冒頭に、政府から、「石綿による健康被害の救済に関する法律案」（164回閣2）及び「石綿による健康等に係る被害の防止のための大気汚染防止法等の一部を改正する法律案」（164回閣3）が衆議院に提出された。閣法2号に基づく救済制度は、民事上の賠償責任に基づく補償制度ではなく、その給付内容は、「損害の一部をてん補する要素を含む見舞金的なもの」と説明されている[59]。衆議院の審議においては、閣法2号に基づく給付と労災補償との格差などが問題とされ、民主党から修正案が提出されたが否決された。両案は、衆参両院の審議を経て、平成18年2月3日、参議院本会議で可決され、成立した[60]。

【平成20年改正】

　「石綿による健康被害の救済に関する法律」（H18法4：以下「石綿救済法」：同年4月施行）の附則には、「政府」を主語として、施行後「五年以内」の制度の見直しに関する検討条項が設けられていたが、それを待たずに、救済給付に隙間が生じていることが指摘されるようになった[61]。与党（自民党・公明党）は、プロジェクトチームにおける検討を経て、第169回国会

---

(59)　大川正人「石綿による健康被害者に対する救済給付・特別遺族給付金の支給等の救済措置を定める」『時の法令』1767号、2006.8.15、p. 9.

(60)　クボタ・ショック後、アスベストに関する総合的な対策について政治家の役割に期待する指摘や（「石綿被害広げた官の不作為　補償制度化、政治家の出番」『日本経済新聞』2005.7.21、夕刊.）、与党内における議員立法の動きに関する報道もあった（「自民、中旬にも石綿対策」『日本経済新聞』2005.8.5.）。

(61)　石綿救済法では、存命中の認定申請が必要で、死亡後の解剖で中皮腫にり患していたことが分かった場合や、申請することなく死亡した場合には救済対象とならないこと等が問題となっていた。また、石綿救済法施行後に労災保険法に基づく遺族補償給付の支給を受ける権利が時効により消滅した者も救済対象とはなっていなかった（田中伸太郎「石綿の被害者とその遺族への救済の充実を図る」『時の法令』1826号、2009.1.30、pp. 27-28.）。

第3章 議員立法と内閣立法の諸相

(H20.1.18召)に石綿救済法の一部改正法案を衆議院に提出した（169回衆18）。一方、民主党は、ねじれ国会となっていた参議院に、既に一部改正法案（169回参14）を提出していた。与党と民主党との協議を経て、委員会提出法律案として提出され（衆法22号）、平成20年6月11日に「石綿による健康被害の救済に関する法律の一部を改正する法律」（H20法77）が成立した。

【平成23年改正】

その後、環境大臣からの諮問（平成21年10月26日付）を受けた中央環境審議会は、平成23年6月20日付けの答申[62]において、石綿健康被害救済制度については、「当面は現行の基本的な考え方を維持していくこととするほかない」とし[63]、制定法の附則の検討条項において、施行後「五年以内」とされた期間を過ぎても「見直し」は行われなかった。しかし、給付に「新たな隙間」が生じていたことから、その救済のための支給対象の拡大等について、各党において検討が開始され、与野党協議の結果、第177回国会（H23.1.24召）に委員会提出法律案として提出され（177回衆30）、「石綿による健康被害の救済に関する法律の一部を改正する法律」（H23法104）が成立した[64]。

以上のとおり、アスベスト問題に関しては、アスベストの「規制」の強化

---

(62) 中央環境審議会「今後の石綿健康被害救済制度の在り方について」（二次答申）2011.6.20．環境省 HP

(63) なお、実質的な検討を行った中央環境審議会環境保健部会石綿健康被害救済小委員会の検討過程では、「早急に立法措置を講じて補償制度に切り替えるか、せめて給付の点において、労災補償や公害健康被害補償と同じ救済を実現できるものにすべきであるとの意見があった」と言及されている（同上、p.6.）。この答申について、「答申によって格差は原理的にも財政的にもやむを得ないものとされた今、支給水準の向上のためには、今一度、救済法の論理とは別に、被害は誰のどういった責任によって救済されるべきかを「すき間無く」検討し直すべきだろう」との指摘がある（池田直樹「アスベスト訴訟と制度改革」淡路剛久ほか編『公害環境訴訟の新たな展開―権利救済から政策形成へ―』日本評論社、2012、pp. 291-292.）。

(64) 米村優季「特別遺族給付金の支給対象の拡大と請求期限の延長―あわせて、特別遺族弔慰金等の請求期限も延長―」『時の法令』1906号、2012.5.30、pp. 32-33．この改正法附則にも、施行後「五年以内」の見直し規定が置かれている。

のための法律や政省令等の改正については、技術的な知識と情報を前提として行われるものであること等から政府による適時適切な判断とその実施が期待されるのに対し、「救済」の内容の決定については、政治的な判断が求められてきており、その両者があいまって、アスベスト対策が進められている。議員立法で法律が制定された場合は、その後の改正も議員立法で行われることが多いが、石綿救済法の場合は、制定時は内閣立法であったものが、制度の拡充に当たっての見直しはこれまで議員立法で行われてきた。これは、財源的な問題等、政府部内の調整の困難さの中で、社会の要請に応えるためには政治的な判断が必要とされたためと思われる[65]。

なお、石綿救済法の平成 23 年改正法附則に置かれた検討条項で「五年以内」とされていた期間が経過することを踏まえ、環境省の中央環境審議会環境保健部会石綿健康被害救済小委員会が報告書[66] をとりまとめた。救済制度について、「現行制度の基本的な考え方を変える状況にあるとは結論されなかった」とし、これまでに指摘されている論点について報告書で提示された方向性に沿って「必要な調査や措置が可及的速やかに講じられ、5 年以内に制度全体の施行状況の評価・検討を改めて行うことが必要」としている。

アスベストのばく露による関連疾病の発症は、今後ピークを迎えるといわれており、また、現在もアスベストを使用しているかもしれない建築物は相当数存在し、その解体時の新たな被ばくのリスクも懸念されている。今後も、健康被害者の救済、アスベスト被害の未然の防止等の施策が適時適切に展開されることが期待されている。

2　児童虐待の防止に関する政策形成

児童虐待の増加が、大きな社会問題となって久しい。平成に入ってから児

---

(65)　大きな社会問題に関して、時には首相主導等の政治的決断により、議員立法による解決の道が模索されてきている（第 2 章第 2 節 II 1（7）及び第 2 章表 2−1（7）参照）。

(66)　中央環境審議会環境保健部会石綿健康被害救済小委員会「石綿健康被害救済制度の施行状況及び今後の方向性について」（平成 28 年 12 月）、p. 3. 環境省 HP

第 3 章　議員立法と内閣立法の諸相

童虐待が急増する中、衆議院青少年問題特別委員会（以下「青少年特」）にお
いて、児童虐待の防止への取組が始まった。青少年特の与野党理事は、「ま
るで超党派の議員連盟のよう」に児童虐待の防止を目的とする法整備に動き
出した[67]。児童虐待に関する施策の主管官庁である旧厚生省が「激しく抵
抗」したが、青少年特の委員たちは、児童虐待問題に第一線で対応している
児童相談所を視察したことにより、早急な立法化の必要性を感じ、「法案作
成作業は一気に進んだ[68]」。

　法案化の作業の中では、「しつけ」と「虐待」の線引きが問題となり、親
権者の懲戒権（民法 822 条）の廃止、親権の一部停止などについても議論さ
れたが、その時点で各党が合意できる内容に向けて調整が行われ[69]、平成
12（2000）年 5 月 17 日、「児童虐待の防止等に関する法律」が成立した
（H12 法 82：以下「児童虐待防止法」）。

　法律が成立した当時は、まだ、「児童虐待」という概念が国民の中に浸透
しておらず、家庭内の問題に他人が関わることに対する遠慮から、児童虐待
が懸念される場合でも、児童相談所への通報等の行動には結びつかなかっ
た。児童虐待防止法は、まず、「児童虐待」とは何か、という定義を明確化
し、その上で、早期発見・早期対応の重要性から、児童虐待を受けた児童を
発見した者の通告義務[70]等の規定を設けた。この児童虐待防止法は、内容
的には、既に児童福祉法に規定されている内容を明確化したり、実務で行わ
れていたことを明文化したりしたものとの評もあったが、法律の制定によ

---

(67)　読売新聞政治部『法律はこうして生まれた―ドキュメント立法国家―』中央公論新社、2003、p. 55.

(68)　同上、p. 55-57.

(69)　児童虐待防止法の制定時に法律案の作成に関わった議員は、「今まさに虐待されている子供たちを救う
　　　ため、緊急立法的に一歩を踏み出す法律を作らなければ」との思いが強く「不十分なところは後で改正す
　　　ればよいと考えた」と報じられた（「法律物語　児童虐待防止法　下　親のケア、後回しの施行　まずは
　　　保護　「緊急立法」　来年秋見直し規定」『読売新聞』2002.7.22.）。

(70)　「保護者に監護させることが不適当であると認める児童を発見した者」に対する一般的な通告義務は、
　　　既に、児童福祉法 25 条に規定されていたが、それまで通告が行われていなかった状況から、児童虐待防
　　　止法では、改めて、対象者を「児童虐待を受けた児童」と明記した上で、「速やかに」通告することを義
　　　務付ける規定を設けた（中司光紀「児童虐待に対して迅速かつ適切に対応するために―官民一体となって
　　　児童虐待問題に取り組む体制の整備―」『時の法令』1625 号、2000.9.15、pp. 44-46.）。

206

第2節　議員立法と内閣立法の役割分担

る、「アナウンス効果」は大きかった。通報や相談の件数が年々増加しているが、これは、児童虐待の実態が顕在化したためとも捉えられている。

平成12年に制定された児童虐待防止法は、その後、議員立法により2回、内閣立法により2回の改正が行われ、その内容の拡充が図られたが、その一方で、児童福祉行政の基本を定める「児童福祉法」（S22法164）の改正による組織や体制の見直しが、主として内閣立法で行われてきた。両者が連動して児童虐待防止対策の充実が図られてきており、それらの法整備の経緯は、図3－3のとおりである[71]。

この例でも、検討条項が、制度の拡充の契機として有効に機能していることが分かる。特に、児童虐待防止法の制定時から議論のあった民法の親権に関する制度の見直しについては、平成16年改正法附則及び平成19年改正法附則において、具体的な検討項目として挙げられており、それらを受け、法務省を中心に、厚生労働省とも連携した検討が行われ、内閣立法により「民法等の一部を改正する法律」（H23法61）が成立した[72]。また、平成28年には、児童虐待防止対策の拡充のため、市町村や児童相談所の体制強化等を内容とする児童福祉法等の改正が内閣立法で行われ（H28法63）、その改正法附則においても、複数の検討条項が規定されていた（平成28年改正法附則2条）。それらの検討項目のうち、速やかに検討を行うこととされていた裁判所の関与の在り方に関して平成29年にも児童福祉法等の改正が行われ（H29法69）、新たな検討条項も規定されており、今後の更なる施策の拡充が宿題として課せられている。

---

[71]　奥克彦「より強力な児童虐待防止法へ」『時の法令』1719号、2004.8.15、pp. 34-35、39.「児童福祉法の一部を改正する法律案」（159回閣34）は、児童虐待防止法の制定時の検討条項を「一つの契機として」検討が進められ、その結果を受けて（尾崎守正「児童虐待防止対策等の充実・強化、新たな小児慢性特定疾患対策の確立等」『時の法令』1734号、2005.3.30、p. 23.）、平成16年の児童虐待防止法改正法案と同時期に国会に提出された（成立は第161回国会。H16法153）。

[72]　仁田山義明「虐待防止のため、立入調査等を強化し、面会・通信等の制限を強化」『時の法令』1803号、2008.2.15、pp. 22-23；佐野文規「児童虐待防止のための親権制度の見直し―親権停止制度の新設、未成年後見制度等の見直し等―」『時の法令』1900号、2012.2.28、pp. 17-19. 民法の改正と併せ、関連する児童福祉法等の改正も行われている。

第3章　議員立法と内閣立法の諸相

図3-3　児童虐待防止対策に関する法整備の経緯

```
┌─────────────────────────────────────────────────────────┐
│      児童福祉法による要保護児童対策として対応              │
└─────────────────────────────────────────────────────────┘
```

平成12年
児童虐待の防止等に関する法律（児童虐待防止法）の成立（平成12年11月施行）［議］

・児童虐待の定義（身体的虐待、性的虐待、ネグレクト、心理的虐待）・通告義務（「虐待された児童」を発見した者）　等

< 3年を目途とする検討 >

平成16年
児童虐待防止法の改正（一部を除き平成16年10月施行）［議］

・児童虐待の定義の見直し（同居人による虐待を放置すること、児童にドメスティック・バイオレンス（DV）を見せることも対象）
・通告義務の範囲の拡大（虐待を受けたと思われる場合も対象）
・市町村の役割の強化（児童福祉法の改正）を受けた安全確認義務、立入調査等の際の警察署長に対する援助要請　等

< 3年以内の検討：児童の安全の確認又は安全の確保を実効的に行うための方策・親権の喪失等の制度の在り方等 >

児童福祉法の改正（平成17年4月以降順次施行）［内］

・市町村の役割の明確化（相談対応を明確化し虐待通告先に追加）
・要保護児童対策地域協議会の法定化
・児童養護施設（乳児院及び児童養護施設）及び里親等のあり方の見直し
・要保護児童に係る措置に関する司法関与の見直し　等

平成19年
児童虐待防止法・児童福祉法の改正（平成20年4月施行）［議］

≪児童虐待防止法≫
・児童の安全確認等のための立入調査等の強化、虐待を行った保護者に対する面会・通信等の制限の強化、保護者に対する指導に従わない場合の措置（児童の一時保護、施設入所措置等）の明確化　等
≪児童福祉法≫
・要保護児童対策協議会設置の努力義務・未成年後見人の選任の請求が行われている間の児童相談所長の親権の代行

< 3年以内の検討：親権に係る制度の見直し >

平成20年
児童福祉法の改正（一部を除き平成21年4月施行）［内］

・乳児家庭全戸訪問事業、養育支援訪問事業等子育て支援事業の法定化及び努力義務化
・要保護児童対策地域協議会の機能強化・里親制度の改正等家庭的養護の拡充　等

平成23年
民法・児童福祉法の改正（一部を除き平成24年4月施行）［内］

≪民法≫
・親権停止制度の創設　・法人又は複数の未成年後見人の許容
・子の監護及び教育が子の利益のためにされるべきことを明確化
・懲戒に関する規定の見直し　等
≪児童福祉法≫
・親権停止及び管理権喪失の審判等について、児童相談所長の請求権付与　・施設長等が、児童の監護等に関し、その福祉のために必要な措置をとる場合には、親権者等はその措置を不当に妨げてはならないことを規定　・里親等委託中及び一時保護中の児童に親権者等がいない場合の児童相談所長の親権代行を規定　等

平成28年
児童福祉法等の改正（公布日（6月3日）以降順次施行）［内］

≪児童福祉法≫
・児童虐待の発生予防（子育て世代包括支援センターの法定化等）
・市町村における支援拠点の整備・児童相談所設置自治体の拡大（23区も設置するものとすること）
・児童相談所の体制強化
・被虐待児童への自立支援　等
≪児童虐待防止法≫
・臨検・捜査について再出頭要求を経ずに裁判所の許可状により実施できること
・施設入所等の措置を解除された児童について、継続的な安全確認と保護者への相談支援の実施　等

<・特別養子縁組制度の利用促進のあり方　要保護児童の適切な保護措置に係る手続における裁判所の関与の在り方
・2年以内の検討：児童相談所の業務のあり方等
・5年を目途とする検討：以上の項目以外 >

平成29年
児童福祉法・児童虐待防止法の改正（公布日から起算して1年を超えない範囲内において政令で定める日から施行）［内］

≪児童福祉法≫
・虐待を受けている児童等の保護者に対する指導への家庭裁判所の関与（児童相談所に対して保護者の指導を勧告等）
・家庭裁判所による一時保護の審査の導入（親権者の意に反して2か月を超えて行う場合には、家庭裁判所の承認を得るよう義務付け）
≪児童虐待防止法≫
・接近禁止命令を行うことのできる場合の拡大（一時保護や親権者の同意のもとでの施設入所等の措置の場合も対象）

< 3年を目途とする検討 >

（注1）［議］は議員立法であることを、［内］は内閣立法であることを示している。
（注2）法律の制定又は改正の際に検討条項が置かれた場合は、< >内にその概要を記した。

（出典）厚生労働省「政策レポート（児童虐待関係の最新の法律改正について）」等を基に筆者作成。

208

3 家庭と同様の環境における養育の推進のための政策形成

2で記述した平成28年の児童福祉法改正においては、国及び地方公共団体の責務として新たな規定が設けられ、家庭における児童の養育が困難であり又は適当でない場合において、児童が、家庭における養育環境と同様の養育環境において継続的に養育されるよう、必要な措置を講じなければならない、とされた（3条の2）。里親委託等の推進のための見直し（児童相談所による里親支援、「養子縁組里親」の法定化等）も行われ、その改正法附則においては、速やかに、特別養子縁組制度の利用促進の在り方について検討を行う旨の検討条項も置かれている（改正法附則2条1項）。

近年、虐待や経済的な事情などで実の親が育てられない子どもたちが新しい家庭を得られる仕組みとして、特別養子縁組が注目されており、また、急増しているといわれる。そのあっせん（仲介）は、児童相談所と民間事業者により行われているが、一部の民間事業者で不当な営利を図り、適正な養子縁組のあっせんを行わないなどの事案も生じていた。

> **KEYWORD**
>
> **特別養子縁組**
> 何らかの事情で実親が子どもを育てられない場合に、その子どもと、子どもの養育を望む夫婦が法律上の親子となる制度で、戸籍上も実の親子とほぼ同じように記載される縁組の形式。昭和48年に、望まない妊娠により生まれた子どもを養親に実子としてあっせんしたことを自ら告白した菊田医師事件などを契機として、昭和62年の民法の改正により制度が創設された（民法817条の2〜817条の11）。普通養子縁組は、戸籍上、実親と養親が併記され、実親との法律上の関係が残る縁組の形式であるのに対し、特別養子縁組は、戸籍上も親子となり、実親についての記載はなく、実親との親族関係も終了する。養親となる者の年齢は原則25歳以上であること、養子となる者の年齢は6歳未満であること（8歳未満で6歳に達する前から引き続き養親になる者に監護されている場合も対象となる。）などの要件を満たすときに、養親となる者の請求により、家庭裁判所が特別養子縁組を成立させることができるとされている。

このような中で、平成28年12月、議員立法により、「民間あっせん機関

第3章 議員立法と内閣立法の諸相

による養子縁組のあっせんに係る児童の保護等に関する法律」（H28法110）が成立した。養子縁組をあっせんしようとする民間事業者は許可を得なければならなくなり、悪質な事業者を排除することが柱となっている。専門家からも、児童相談所の特別養子縁組のあっせんには限界があり、民間事業者の質を担保し、行政と連携していくことが現実的な対応、と指摘されている[73]。残された課題はあるが、この法律が、内閣立法で行われる児童福祉法等の改正とともに、いわば車の両輪のように、働いていくことが期待されている。

　子どもたちの家庭での養育が可能となる方向を目指している厚生労働省であるが、厚生労働大臣も、この法律の成立を歓迎し、「特別養子縁組の周知や、民間あっせん機関への研修充実などにしっかり取り組んでいく」と述べたと報じられた[74]。

4　選挙関係の法律の整備

　第2章第2節Ⅱ1（1）で紹介したとおり、国会、選挙、政治資金に関する法律は、国会の自律権との関係があり、議員立法で行われることが多い。しかし、全てが議員立法で行われているわけではなく、内閣立法で行われる場合もある。

　例えば、衆議院議員の小選挙区の区割り改定は、国勢調査の結果に基づき、政府の衆議院議員選挙区画定審議会（以下「画定審議会」）が中立的な第三者として案を作成し、内閣総理大臣に勧告を行い（衆議院議員選挙区画定審議会設置法2条から4条まで）、その勧告に基づき、政府から区割りの改定を行う法律が提出されることとなっている。

　もっとも、最近、選挙における一票の較差に関する最高裁判所の違憲状態判決が続き、その中で画定審議会による区割り案の作成作業の基礎となる法定の基準（いわゆる「1人別枠方式」）が違憲状態の要因として指摘され、区

---

(73) 「特別養子縁組 「民間団体を許可制」 参院委可決 養えぬ子託す選択 生後一週間 お金がなくて・・・ 養親との仲介 民間に機動力 あっせんの質確保 財政支援も必要」『朝日新聞』2016.11.25.
(74) 「養子縁組あっせん業を許可制に 新法成立」『日本経済新聞（電子版）』2016.12.9.

第2節　議員立法と内閣立法の役割分担

割り改定案作成の基準そのものの見直しが求められたところである。これらの最高裁の判決を受け、表3−1のとおり、まず、国会において較差是正のための議論が行われ、制度の見直しの「枠組み」を決める法律案が議員立法で提出されることとなった。そして、その法律の成立[75]を受け、画定審議会が選挙区の改定のための具体化の作業を行い、勧告期限（緊急是正法附則3条3項、選挙制度改革関連法附則2条4項）までに、内閣総理大臣に区割り改定案について勧告が行われ、その勧告に基づき、政府から区割りの改定について定める法律案が提出され成立するという経過をたどった[76]。

表3−1　衆議院選挙制度改革の経緯

（平成23年最高裁判決から平成29年区割り改定法の成立まで）

平成(21. 8.30)	(第45回衆議院議員総選挙)
23. 3.23	第45回総選挙に関する 最高裁の違憲状態判決
10.19	衆議院選挙制度に関する各党協議会(24.4.25まで計16回)
24.11.14	党首討論(野田総理対安倍自民党総裁等)
11.16	「緊急是正法」成立 ＜議員立法＞
12.16	第46回衆議院議員総選挙
25. 3.28	区画審議会、内閣総理大臣に勧告
4.18	衆議院選挙制度に関する各党協議会(26.3.26まで計13回)
6.24	「平成25年区割り改定法」成立 ＜内閣立法＞
11.20	第46回総選挙に関する 最高裁の違憲状態判決
26. 6.19	衆議院議院運営委員会において「衆議院選挙制度に関する調査会」設置を議決
9.11	調査会第1回会合(28.1.14まで計17回)
12.14	第47回衆議院議員総選挙
27.11.25	第47回総選挙に関する 最高裁の違憲状態判決
28. 1.14	調査会が「衆議院選挙制度に関する調査会答申」を大島衆議院議長へ提出
5.20	「選挙制度改革関連法」成立 ＜議員立法＞
29. 4.19	区画審議会、内閣総理大臣に勧告
6. 9	「平成29年区割り改定法」成立 ＜内閣立法＞

(出典)
安部建吾「衆議院選挙制度改革−一票の較差是正、議員定数の削減−」『時の法令』2019号、2017.2.15、pp. 21.
戸梶晃輔「衆議院小選挙区の一票の較差を是正」『時の法令』、1939号、2013.10.15、pp. 4-8等を基に筆者作成。

---

(75)　①〈第1段階の見直し時〉「衆議院小選挙区選出議員の選挙区間における人口較差を緊急に是正するための公職選挙法及び衆議院議員選挙区画定審議会設置法の一部を改正する法律」(H24法95：表3−1中平成24.11.16の「緊急是正法」)；②〈第2段階の見直し時〉「衆議院議員選挙区画定審議会設置法及び公職選挙法の一部を改正する法律」(H28法49：アダムズ方式の導入、定数削減等：表3−1中平成28年5月20日の「選挙制度改革関連法」)

(76)　①〈第1段階の見直し時〉「衆議院小選挙区選出議員の選挙区間における人口較差を緊急に是正するための公職選挙法及び衆議院議員選挙区画定審議会設置法の一部を改正する法律の一部を改正する法律」(H25法68：(表3−1)中平成25年6月4日の「平成25年区割り改定法」)；②〈第2段階の見直し時〉、「衆議院議員選挙区画定審議会設置法及び公職選挙法の一部を改正する法律の一部を改正する法律」(H29法58：表3−1中平成29年6月9日の「平成29年区割り改定法」)

211

第3章　議員立法と内閣立法の諸相

このように、選挙制度の見直しに際しては、制度の見直しの「枠組み」が国会において決定され、その具体化に当たって、関係都道府県知事への意見照会、区割り改定案の作成方針の作成、具体的な選挙区の改定案の作成作業などは政府において行うという形で、議員立法と内閣立法があいまって法整備が行われている。

また、このような場合以外にも、近年の例では、選挙人の投票しやすい環境を整えるための措置（共通投票所制度の創設、期日前投票の投票時間の弾力化、投票所に入ることができる子どもの範囲の拡大等）を講ずる改正は内閣立法で行われており[77]、これまでも、選挙の管理執行に関わる内容の改正については内閣立法で行われてきている。

5 「基本法」と「実施法」

個々の議員立法と内閣立法の関係ではないが、議員立法と内閣立法が一体となって、政策を形成していく一般的な形として、「基本法」と「実施法」の関係が挙げられる。第2章第2節Ⅱ1（8）で紹介したとおり、近年、議員立法による各政策分野の「基本法」が多数制定されている（第4章表4－1参照）。この場合、議員立法である基本法は、政策の方向性や講ずべき基本的な施策等の枠組み、推進体制等を示し、具体的にどのような施策等を講ずるかということについては、基本的には、政府に委ねられる形となっている。そして、その施策の実現のために新たに法律が制定されることがあり、これらの法律は、基本法に対して「実施法」と呼ばれる（この実施法の制定を想定して、基本法には通常「法制上の措置等」という見出しの規定が置かれている。）。この「基本法」と「実施法」は、まさに、あいまって基本法に定める政策を実現していくことになる。もちろん、議員立法による基本法に基づく実施法が議員立法で整備されることもあり[78]、また、内閣立法の基本法

---

(77) 「国会議員の選挙等の執行経費の基準に関する法律及び公職選挙法の一部を改正する法律」（H28法24）

(78) 例えば、議員立法である「がん対策基本法」（H18法98）の実施法のひとつである「がん登録等の推進に関する法律」（H25法111）も議員立法である。

212

の実施法は、多くの場合は内閣立法で制定されることになるが、近年、議員立法により制定される基本法が多いことから、「基本法」と「実施法」の関係が、「議員立法」と「内閣立法」の関係になる可能性が高くなっている。

なお、議員立法である、いわゆる「カジノ法」[79] は、基本法ではなく、特定複合観光施設区域の整備を推進するための「推進法」であるが、政府は、そのために必要な具体的な措置を別途講じることとされており、特に、法制上の措置については、施行後 1 年を目途として講じなければならない、と規定されている（5 条）。「推進法」の場合、その法律だけで施策が完結している立法例が多かったが、近年は議員立法の推進法が増加しており、それらの中で基本法と同様、法制上の措置等に関する規定が置かれる例が増えている（COLUMN26 参照）。「カジノ法」について、このように、「推進法」→「実施法」というように二段階で法整備を行うこととしたのは、プログラム法で方向性を示し、政府が実施法を策定して、2 回にわたる慎重な国会審議により国民の理解、信頼を得られるような体制を構築すべきものと説明されている[80]。いずれにしても、このような「推進法」と「実施法」の関係も議員立法と内閣立法があいまって法整備が行われるひとつの例といえそうである。

Ⅱ 　内閣立法による対応が困難な場合

法整備の社会的要請があり、その必要性は認識されながら、種々の理由から内閣立法による対応が困難で、議員立法によることになる場合は少なくない。

---

(79) 「特定複合観光施設区域の整備の推進に関する法律」(H28 法 115)
(80) 中司光紀「IR 推進法の制定—特定複合観光施設区域の整備を総合的かつ集中的に推進—」『時の法令』
　　 2023 号、2017.4.15、pp. 11-12；第 192 回国会参議院内閣委員会会議録第 9 号　平成 28 年 12 月 8 日
　　 p. 21.

第3章　議員立法と内閣立法の諸相

1　カネミ油症事件関係仮払金返還問題

（1）　経緯

　昭和43年、福岡県北九州市のカネミ倉庫株式会社（以下「カネミ倉庫」）が製造・販売した米ぬか油を食した人に、皮膚症状等の全身に及ぶ様々な健康被害が生じた。米ぬか油の製造過程で混入したPCBが熱等により変化して生成された毒性の強いダイオキシン類（PCDF（ポリ塩化ジベンゾフラン）等）が主原因とされ、被害は、北九州を中心とする西日本一帯に及び、一大食中毒事件となった[81]。

　このカネミ油症事件の被害者は、昭和44年以降、カネミ倉庫、PCBを製造した鐘淵化学工業（以下「カネカ」）、国（厚生省、農林省）等に対して損害賠償請求訴訟を提起した。これらの訴訟の一部において、昭和59〜60年に、下級審が「ダーク油事件」[82]に関する農林省の責任を認め、その判決の仮執行の宣言に基づき、国から原告に対して仮払金（原告829名に対して約27億円）が支払われた。しかし、その後、最高裁判所において、その判決が見直される可能性が出てくる中で、昭和62年、カネミ倉庫及びカネカとの和解が成立し、国に対する訴えは取り下げられることになった[83]。このため、仮払金の返還請求権が発生した国（農林水産省）は、「国の債権の管理等に関する法律」（S31法114。以下「債権管理法」）に基づき、仮払金の支払われた被害者に返還を求めることになった[84]。

　一部の被害者から返還が行われたものの、生活費や治療費等で仮払金が手元に残っていない状況の人が多く[85]、「病苦の上に生活苦も抱える多くの被

---

(81)　礒野弥生「カネミ油症と救済責任—カネミ油症判決と救済法をめぐって—」『環境と公害』Vol.43 No.3、2014、pp.28-29；藤原寿和「カネミ油症事件における被害者救済運動の到達点と今後の課題—油症救済法の制定を受けて—」同、p.33；衆議院調査局農林水産調査室『カネミ油症事件関係資料』2007、pp.1、3-5.

(82)　カネミ油症事件の起こる直前の昭和43年2月、カネミ倉庫が米ぬか油の副産物から製造した「ダーク油」を含んだ配合飼料によるブロイラーの大量死亡事件。この段階で、検査を行った農林省肥飼料検査所の職員が、厚生省に通報等を行っていれば、被害の拡大を防止できたとして、福岡高等裁判所判決（全国統一民事訴訟第1陣）等において農林省の責任が認められた（衆議院調査局農林水産調査室　同上）。

(83)　川名英之『検証・カネミ油症事件』緑風出版、2005、pp.249-256.

(84)　衆議院調査局農林水産調査室　前掲注（81）、p.2.

214

害者にとっては相当な負担」[86] となった。農林水産省は、債権管理法の債権の免除の規定（24条1項、32条1項）に沿って、被害者やその相続人と調停を行い、約6割の債務者等に対して債権免除の前段階となる「履行延期」をしたが、事件発生から40年近くが過ぎる中、被害者の高齢化、治療法が確立されていないこと、カネミ倉庫の賠償金の支払が一部しか行われないことなどの問題もあり、被害者の救済に向けた動きが活発に行われるようになった[87]。

（2）議員立法の動き

各党においても取組が始まり、民主党は、平成18年12月に、「カネミ油症被害者に対する特別給付金の支給に関する法律案」（165回衆8）を提出した。一方、自民党・公明党の両党は、平成18年5月から与党カネミ油症問題対策プロジェクトチームを設置して検討を行い、平成19年4月に、「カネミ油症被害者救済策（素案）」を取りまとめた[88]。

国の債権管理は、本来厳格に行われるべきもので、その例外を認めることについて債権管理法を所管する財務省が難色を示すことは当然のことであり、「多くの識者や関係者は「仮払金の免除は不可能」」と考えていたが[89]、「政治的に解決を求める動きが活発化し」[90] て、委員会提出法律案（166回衆35）としてまとまり、平成19年6月1日、「カネミ油症事件関係仮払金返還債権の免除についての特例に関する法律」（H19法81）が成立した。

近年、「適用対象を限定した個別的（受範者が特定人）・具体的（規範の及ぶケースが特定事件）な法律が」、「特例法」あるいは「特別措置法」、「臨時措

---

(85) 166回衆・農林水産委・H19.5.24・p. 2；花立敦「カネミ油症事件関係仮払金返還債権の免除についての特例に関する法律（平成19年法律第81号）」『自由と正義』Vol. 58 No. 12、2007.12、pp. 136-137.

(86) 藤原　前掲注（81）、pp. 33-34.

(87) 平成14年6月に「カネミ油症被害者支援センター」が設立され、全ての被害者の恒久救済に向けた取組が始まり、仮払金返還問題の解決を含む提言をとりまとめ、更に、マスコミ、国会議員等への働きかけも行った（同上、pp. 34-35.）。このほか、日本弁護士連合会も、国等に勧告を行った。

(88) 同上、p. 35；衆議院調査局農林水産調査室　前掲注（81）、pp. 2、28-29.

(89) 藤原　前掲注（81）；一方、仮払金の返還をめぐる経緯、債権管理法の目的等から、「政治的解決」を求める指摘もあった（川名　前掲注（83）、pp. 290-295.）。

(90) 166回衆・農林水産委　前掲注（85）

215

置法」、「緊急措置法」などの形で制定される事例が多くなっている」と指摘されている[91]。これらは、「処分的法律」 ともいわれるが、ここで紹介した債権管理に関する特例を定める法律も、そのような例のひとつとして挙げることができるだろう。

> **KEYWORD**
>
> **処分的法律**
>
> 「適用対象を限定した個別的（受範者が特定人）・具体的（規範の及ぶケースが特定事件）な法律」であり、このような「処分的法律」については、「法律の一般性」（①法律の受範者が不特定多数人であること〈狭義の「一般性」〉及び②規範の及ぶ対象ないし事件が不特定多数であること〈「抽象性」〉）との関係で議論がある。
>
> 従来から「特例法」、「特別措置法」、「臨時措置法」、「緊急措置法」などの法律は数多く制定されているが、「最近の特例法が、従来のものとは比べものにならないほど顕著に、個別的・具体的な事項を対象とした法律になっているように思われる」との指摘がある（橘）。
>
> 北朝鮮に長らく拉致されていた被害者の方たちの帰国に当たり制定された「北朝鮮当局によって拉致された被害者等の支援に関する法律」（H14法143）について、「これは、近代立法の原理・原則からすると大きな逸脱であり、現代における立法ないし法律の特徴を如実に示すものである」とし、「それは、近代立法から現代立法への構造的ともいえる転換に伴うもの」とも評されている（高見「議員立法三題」）。また、「議会が、現代国家の当面する政策課題について、法律を道具として使用することで、主導的に、その処理ないし実現をめざすもの」とも評されている（高見　同）。現代国家において、法律の一般性が変容し、一般性の概念について、現代国家においてそのまま妥当するか検討を要するとの指摘もある（芦部）。
>
> これまでの代表的な例として、「オウム真理教に係る破産手続における国の債権に関する特例に関する法律」（H10法45）、「無差別大量殺人行為を行った団体の規制に関する法律」（H11法147）、「オウム真理教犯罪被害者等を救済するための給付金の支給に関する法律」（H20法80）等が挙げられる。
>
> なお、特定の個人又は事件にのみ適用される個別的法律は全て処分的法律であるが、処分的法律は個別的法律よりは広く、「ある程度、一般的性格を帯びたもの」とされ、我が国で、「特別措置法」、「緊急措置法」などと銘打たれた法律の中にかなり含まれている、といわれる（高見　同）。

---

(91) 橘幸信「実務から見た最近の法律の特徴的な傾向―基本法・特例法の増加とその意義・問題点―」『法学セミナー』No. 599、2004.11、p. 39.

第 2 節　議員立法と内閣立法の役割分担

（橘幸信「実務から見た最近の法律の特徴的な傾向―基本法・特例法の増加とその意義・問題点―」
『法学セミナー』No. 599、2004.11、p. 39；初宿正典「法律の一般性と個別的法律の問題―いわゆ
るオウム規制法の制定を契機として―」『法学論叢』Vol. 146 No. 5・6、2000.3、pp. 39-41；高見
勝利「議員立法」三題『レファレンス』629 号、2003.6、pp. 7-8．；高見勝利「芦部憲法講義
ノート拾遺　第 8 回　唯一の立法機関―法律の「一般性」とその「変容」の帰結―」『法学教室』
No. 246、2003.3、pp. 51-54；芦部信喜『憲法と議会政』東京大学出版、1971、pp. 260-262.）

2　証券取引法一部改正法案の修正

　平成 17 年に、西武鉄道株式会社の「有価証券報告書」の虚偽記載をはじ
めとして証券市場を揺るがす不祥事が相次いだ。当時の「証券取引法」
（S23 法 25。現在の「金融商品取引法」）では、平成 16 年の改正で、有価証券
の新規発行時の「有価証券届出書」への虚偽記載等については課徴金が課さ
れることになっていた。しかし発行後に定期的に提出が要求される「有価証
券報告書」への虚偽記載（「継続開示義務違反」）については悪質重大な場合
に刑事罰が科されることになっていたものの実際の発動は期待できないこと
から、課徴金を課すことの必要性が指摘された。金融庁も、その導入を検討
したが、第 162 回国会（H17.1.21 召）に提出された「証券取引法の一部を
改正する法律案」（162 回閣 71）に盛り込むことは断念した[92]。

　この背景としては、金融庁の検討に対し、違反行為によって得られる経済
的利得相当額を徴収するという当時の課徴金の考え方を前提とすると、「課
徴金の算出方法があいまいで、憲法が禁止する二重処罰に当たる恐れがあ
る」と内閣法制局が「難色を示したため」と報道された[93]。しかし、自民
党金融調査会企業会計に関する小委員会においては、課徴金の導入を求める
意見が相次ぎ、議員立法による解決を図るための検討が開始された。議員間
の議論により、当時の課徴金の考え方とは異なる考え方（政府案と同様、違

---

(92)　「有価証券報告書への虚偽記載　課徴金制に難色　内閣法制局」『毎日新聞』2005.2.26；「有価証券報
　　　告の虚偽記載　課徴金の新設先送り　金融庁」『朝日新聞』、2005.3.2.
(93)　「有価証券報告書の虚偽記載に課徴金　自民党金融調査会、今国会で議員立法検討」『読売新聞』
　　　2005.3.5；「修正案、衆院通過　有価証券報告書の虚偽記載に課徴金」『朝日新聞』2005.4.27；162 回
　　　衆・財務金融委・H17.4.20・pp. 9、15.

217

第3章　議員立法と内閣立法の諸相

反行為の抑止を目的としつつ、①課徴金額の水準を「経済的利得を勘案しながらも、違反行為の抑止のために必要かつ合理的と思われる額」とし、②政策的観点から罰金との調整規定を設けること）を採用して課徴金の額の算定を行うこととされた[94]。

　その後、与党である公明党、更には、民主党との協議を経て、既に、金融庁から提出されていた閣法71号の修正案という形で、継続開示義務違反に対する課徴金制度の導入が提案されることになった。修正案の提出者からは、「ディスクロージャーは証券市場を支える最も基本的な制度であり」、「証券市場に対する信頼を確保し、一般投資家を保護するため」継続開示義務違反に対する課徴金制度を導入することとした、と趣旨説明が行われた[95]。なお、課徴金制度については、その後、対象範囲、課徴金の額が見直され、拡充が図られている[96]。

3　いわゆる年金記録問題への対応

　平成19年に、年金手帳などに記載されている基礎年金番号に統合されていない記録（持ち主の不明の年金記録）が約5,000万件存在していることが明らかになり、また、保険料を納めていたにもかかわらず、紙の台帳からコンピュータへ転記する際に正確に転記されていないケースや、保険料の納付等が台帳等に記載されていないケースが見つかるなど、年金制度に対する国民の信頼は大きく揺らぐことになった。このような、いわゆる年金記録問題については、時効制度が絡むなど、その対応のための立法措置を内閣立法で講ずることは難しく、最終的に、議員立法により解決が図られることとなった。

---

(94)　吉田尚弘「継続開示義務違反に対する課徴金制度の概要—証券取引法の一部改正に係る衆議院修正—」『JICPAジャーナル』Vol. 17 No. 9、2005.9、p. 39.

(95)　162回衆・財務金融委・H17.4.26・p. 19.

(96)　漆畑貴久「平成20年金融商品取引法改正における課徴金制度の見直しの意義と問題点」『嘉悦大学研究論集』Vol. 52 No. 1、2009.10、pp. 35-36、38-41、44-48.

218

第 2 節　議員立法と内閣立法の役割分担

（1）年金時効特例法 [97]

　年金記録問題は、第 166 回国会や参議院選挙の大きな争点となった。年金記録が正しく訂正された結果、年金が増額したり、新たに受給資格があることが分かったりしても、直近の 5 年分より前の増額分や年金は時効により既に消滅しており、支払われるのは直近の 5 年分に限られることになる。この問題を解決するため、与党から「厚生年金保険の保険給付及び国民年金の給付に係る時効の特例等に関する法律案」（166 回衆 37）が提出された。この法律は、時効により消滅した分を含め、受給資格のある本人又は遺族に対して、全額を支払うことを可能にすることを内容としていた。

　野党から、内閣立法により対応すべきであるのに、なぜ議員立法なのかという点が問われたのに対し、法律案の提案者は、「時効」の特例措置を定めることは、法律的には相当な決断が必要で、法体系の美しさにこだわる方もいる政府の中で議論をしたら時間をかけても結論が出るか分からない。そういう中で「我々政治家として決断した」と答弁している [98]。これは、「高度の政治的判断に基づき提出・制定されたもの」と評されている [99]。

（2）厚生年金特例法 [100]

　年金記録問題では、事業主が、従業員の給与から保険料を天引きしていたにもかかわらず、その保険料を国へ納付していたことが明らかでないケースも見つかった。本来は、事業主と従業員との当事者間の問題とも考えられたが、現実には種々の問題があり、保険料を納付していた落ち度のない従業員の救済が困難な状況であった [101]。

　「国民の税金で穴埋めしていいのか」等の観点から「政府提出は見送られ、

---

(97)　「厚生年金保険の保険給付及び国民年金の給付に係る時効の特例等に関する法律」（H19 法 111）

(98)　166 回参・厚生労働委・H19.6.12・p. 5.

(99)　吉田尚弘「年金記録問題への対応の一環として、時効の特例措置を設ける」『時の法令』1799 号、2007.12.15、pp. 37-40. それゆえの立法過程の特質についても付言されている（同）。「日本年金機構法案」（166 回閣 78）などが強行採決された直後で野党が激しく反発する中での委員会審議となり、総理の指示による議員立法との批判も行われた（166 回衆・厚生労働委・H19.5.30・p. 28.）。

(100)　「厚生年金保険の保険給付及び保険料の納付の特例等に関する法律」（H19 法 131）

219

第3章　議員立法と内閣立法の諸相

与党提出の議員立法と」なったとも報じられたが[102]、保険給付の特例を設けるとともに、事業主が特例納付保険料を納付できるようにすること等を内容とする「厚生年金保険の保険給付及び保険料の納付の特例等に関する法律案」(168回衆5) が提出された。これに対して、民主党から、被害者救済の趣旨には反対するものではないとして、修正案が提出され、委員会での質疑と与野党の協議を経て、提出されていた修正案は撤回され、与野党共同提案で修正案が提出され、衆法5号は、修正の上、全会一致で成立した。

（3）遅延加算金法[103]

（1）の年金時効特例法によって、年金記録の訂正後の正しい年金額が支給されたとしても、本来の支給日からは大幅に遅れて支給されていることになる。それにもかかわらず、その点について、特段の措置は講じられていなかった。そこで、現在価値に見合う額となるようにするための加算金の支給を行うための法律案が、第171回国会において、まず、民主党から提出された（171回衆13）。その後、各党間での協議を経て、委員会提出法律案とすることとなり（171回衆19）、全会一致で成立した。遅延加算金として支払われる額は、物価上昇相当分とされた。

Ⅲ　各行政庁間の「狭間」の問題への対応の場合

近年「政治主導」が求められるようになった背景のひとつとして、縦割り行政の弊害が指摘されることが多い[104]。社会経済情勢が大きく変化する中

---

(101)　石引康裕「厚生年金関係の年金記録問題の解決を図るための特例法の制定」『時の法令』1806号、2008.3.30、pp. 44-55. 厚生年金保険法では、保険料の徴収権は2年で時効消滅し（92条1項）、その消滅した期間の分の年金は支払われないことになる（75条）。特例法では、事業主が従業員の給与から厚生年金保険料を天引きしながら、日本年金機構（旧社会保険庁）に納付したか明らかでないと認定されれば、年金記録を訂正し、年金額に反映することとされ、一方、事業主は2年を経過した後でも保険料を納付できることとされた。

(102)　「逆転国会　光と影　修正協議　与党歩み寄り　成果優先議論置き去り　「消えた厚生年金」救済法案」『朝日新聞』2007.12.26.

(103)　「厚生年金保険の保険給付及び国民年金の給付の支払の遅延に係る加算金の支給に関する法律」（H21法37）

第2節　議員立法と内閣立法の役割分担

で、各省庁の所管する行政の「狭間」ともいえる分野で様々な問題が生じ、議員立法による解決が図られる場面が増えている。この「狭間」には、既存の行政庁の所管のどこにも属さない場合もあるが、複数の行政庁の所管に関わり、その調整の困難さなどから、内閣立法としての着手が遅れる場合や行われない場合もある。このため、行政の第一線となる地方公共団体が困難な対応を迫られることにもなるが、そのような問題について、議員立法による解決が図られる例がしばしば見られる。この「狭間」の問題は、Ⅱの「内閣立法による対応が困難な場合」でもあるが、該当する例が少なくないことから、別建てにして整理した。

1　鳥獣被害防止特措法の場合

近年、熊、イノシシなどの鳥獣による農林水産業の被害が深刻化している。著しい被害をもたらす鳥獣については、「鳥獣の保護及び狩猟の適正化に関する法律」（H14法88。以下「鳥獣保護法」[105]）に基づく保護管理などの施策が講じられてきたが、十分な効果が上がらなかった。被害の増大により、農作物被害という経済的な損失だけでなく、高齢化している農林漁業者の営農意欲の減退、耕作放棄地の増加等の悪影響が指摘され、更に、人身被害も増加傾向にあるといわれた[106]。

このような状況を背景として、自民党内に対策を検討する場（農林漁業有害鳥獣対策検討チーム）が設けられ、その検討結果が法律案として取りまとめられ、第168回国会（H19.9.10召）に「有害鳥獣による農林水産業等に係る被害の防止のための特別措置に関する法律案」（168回衆12：自民党・

---

(104)　第1章第2節Ⅱ1参照。

(105)　鳥獣保護行政の所管は、昭和46年の環境庁の発足を契機として農林省から環境庁に移管され、鳥獣保護法も環境庁長官が所掌することになった。鳥獣保護が一層強化されることとなり、その後も鳥獣の保護のための施策が講じられたが、その一方で、農林業被害等は深刻化し、人と鳥獣の共存が課題となっていた。

(106)　白鳥孝太郎「鳥獣による農林水産業等に係る被害の防止のための施策を総合的かつ効果的に推進」『時の法令』1810号、2008.5.30、pp. 26-27.

221

第 3 章　議員立法と内閣立法の諸相

公明党）が提出された。その後、与野党間の協議を経て合意形成が行われ、委員会提出法律案として提出され（168 回衆 17）、平成 19 年 12 月 14 日、「鳥獣による農林水産業等に係る被害の防止のための特別措置に関する法律」（H19 法 134。以下「鳥獣被害防止特措法」）が成立した。

　鳥獣被害防止特措法は、鳥獣保護法とあいまって鳥獣による農林水産業等に係る被害の防止を図ろうとするものであり、

　①　農林水産大臣が定める「基本的な指針」と鳥獣保護法の基本指針との整合性の確保（3 条 3 項）及び環境大臣との協議（同条 4 項）

　②　農林水産大臣の関係行政機関の長等への協力要請と環境大臣の鳥獣保護等の見地からの農林水産大臣に対する意見（11 条）

　③　国及び地方公共団体の農林水産担当部局と鳥獣保護担当部局との緊密な連携確保（12 条 1 項）

などの規定が設けられている。これらからも窺われるように、この問題への対応は、農林水産行政と環境行政との難しい調整が必要とされた[107]。

　鳥獣被害防止特措法の施行後も、鳥獣による農林水産業の被害は拡大し、人の居住地域への熊、イノシシ等の侵入も頻発する一方で、鳥獣駆除の担い手である狩猟者の減少や高齢化には歯止めがかからず、鳥獣の捕獲等に関わる人材の確保が急務となった。それらを踏まえ、平成 24 年、平成 26 年に続き、平成 28 年にも議員立法で改正が行われた[108]。

　なお、このような状況の中で、環境行政における対応も変化し、「従来の「鳥獣の保護」を基本とする施策から、一部の鳥獣については積極的に捕獲

---

(107)　同上、pp. 28-29、32-33. ②の環境大臣の意見については、野党の意見を反映したものと報道されている（「農作物への鳥獣食害防止　自衛隊協力可能に　特措法成立へ　防護柵を設置」『日本経済新聞』2007.12.12.）また、環境関連団体が、鳥獣被害への対策は理解できるが、駆除する人材の育成を並行して整備することが必要と指摘している、と紹介されている（同）。

(108)　下野久欣「鳥獣による農林水産業被害の防止施策を効果的に推進」『時の法令』1919 号、2012.12.15、pp. 43-44；参議院法制局 HP「成立参法の紹介　鳥獣による農林水産業等に係る被害の防止のための特別措置に関する法律の一部を改正する法律（平成 26 年 1 月 19 日法律第 111 号）」；「成立参法の紹介　鳥獣による農林水産業等に係る被害の防止のための特別措置に関する法律の一部を改正する法律（平成 28 年 12 月 2 日法律第 97 号）」参照。

222

を行い、生息状況を適正な状態に誘導する「鳥獣の管理」のための施策への転換を図り、抜本的な鳥獣対策を進めるため」、「鳥獣の保護及び狩猟の適正化に関する法律の一部を改正する法律」（H26法46）が、平成26年5月23日、内閣立法として成立し、法律の題名にも「管理」という言葉が入った[109]。

2　海岸漂着物処理推進法の場合

　海洋から漂ってきた様々なごみが海岸に大量に漂着することにより、港湾機能の低下、漁業被害、生態系への悪影響など、多くの被害が生ずることになる。そのような漂着ごみは、「事業系一般廃棄物」として事実上漂着した市町村の負担で処理されることから、漂着ごみの被害の大きい離島地域等の自治体にとって、財源的にも人的にも大きな負担となっていた。環境NGO、地方自治体が様々な活動を行う中、政府も対策の検討に着手したが、外国からの漂着物も含むことから発生源対策の難しさもあり、また、漂着ごみに関する制度・行政機関が多岐にわたり、有効な対策を講ずることは難しい状況にあった[110]。

　こうした中、平成18年から自民党内で漂着ごみ対策に関する検討の場が設けられ、関係各省庁や自治体首長も参加して検討が行われ、平成21年2月には議員立法の方針が示された。その後、法律案の与党内の検討、野党との調整を経て、第171回国会（H21.1.5召）に、委員会提出法律案として提出され（171回衆46）、平成21年7月8日、「美しく豊かな自然を保護するための海岸における良好な景観及び環境の保全に係る海岸漂着物等の処理等

---

(109)　改正後の題名は「鳥獣の保護及び管理並びに狩猟の適正化に関する法律」。「改正法成立　鳥獣　保護重視を転換　シカ、イノシシ　10年で半減目標　続く農業被害　「捕獲ビジネス」振興」『読売新聞』2014.5.24；「改正鳥獣保護法きょう施行　「保護」から「管理」に」『日本農業新聞』2015.5.29.

(110)　高野恵亮「海岸漂着物処理推進法の成立―そのプロセスと意義―」『嘉悦大学研究論集』Vol. 55 No. 2、2013.3、pp. 15-17. ごみが漂着した場所によって、「港湾法」（S25法218。港湾内）、「漁港漁場整備法」（S25法137。漁港や漁場）、「海岸法」（S31法101。堤防や消波ブロック等の海岸保全施設）、「廃棄物の処理及び清掃に関する法律」（S45法137。その他の一般海岸）がそれぞれ適用されるが、一般海岸への漂着が多い。その他にも、「河川法」（S39法167）、「離島振興法」（S28法72）、各自治体の条例等も関連し、それぞれの法律に関連する行政機関も多岐にわたることになる（同、pp. 17-19.）。

第 3 章　議員立法と内閣立法の諸相

の推進に関する法律」（H21 法 82）が成立した。この法律の制定は、「漂着
ごみ」対策として様々な意義を有しているだけでなく、立法過程論的にも、
「各省間の関係が複雑に絡み合い、全会一致で閣議決定に持ち込むのが困難
な問題について、議員立法という手法はまさにうってつけで」、「旧法のはざ
まに落ち込んだ問題」について、「現場の問題意識と議員のリーダーシップ
で解決に道筋をつけたものと言えるものであり、まさに議員立法の存在意義
を示す好例」と評されている[111]。

3　放射性物質汚染対処特措法の場合

　東京電力福島第一原子力発電所事故により放出された大量の放射性物質に
よる汚染は、国民生活に大きな影響を与え、早急にその汚染に対処すること
が求められた。しかし、放射性物質による環境の汚染への対処については、
当時、「環境基本法」（H5 法 91）をはじめとする環境法制においては対象と
なっていなかった。また、「原子力基本法」（S30 法 186）の下の原子力法制
においても原子力発電所の事故により施設外に広く放射性廃棄物が拡散する
事態を想定していなかったこと等から、既存の法体系において、「全く法が
ない、そういう欠陥を抱えた法制度だったと言わざるを得ない」[112] 状態で
あった[113]。衆参両院の様々な委員会において、それぞれの分野の問題が議
論され、各党においても立法化の検討が行われる中、与野党間の協議・調整
を経て、委員会提出法律案としてまとまり（177 回衆 29）、平成 23 年 8 月
26 日に成立したのが、「平成二十三年三月十一日に発生した東北地方太平洋
沖地震に伴う原子力発電所の事故により放出された放射性物質による環境の
汚染への対処に関する特別措置法」（H23 法 110）である。衆議院環境委員
会において、環境大臣は、「今回の議員立法によって、福島第一については

---

(111)　同上、pp. 19-23.

(112)　177 回衆・環境委・H23.8.23・p. 5. 環境大臣の発言。

(113)　前田圭介「放射性物質汚染対処特別措置法について―放射性物質により汚染された廃棄物の処理及び除
　　　染等の措置を規定」『時の法令』1808 号、2012.1.30、pp. 24-26.

224

第 2 節　議員立法と内閣立法の役割分担

　こういうことでやろうという提案」をまとめていただき、「環境省が本当に
重大な役目を担っていかなければならない」等と答弁した[114]。

---

(114)　177 回衆・環境委・H23.8.23・p. 5. なお、「原子力規制委員会設置法」(H24 法 47) の附則による環
　　境基本法の改正で「適用除外規定」(13 条) が削除され、それを受け、個別の環境法についても整備され
　　ることとなった (中央環境審議会「環境基本法の改正を踏まえた放射性物質の適用除外規定に係る環境法
　　令の整備について (意見具申)」2012.11.30. 環境省 HP)。

第3節 議員立法から内閣立法へ

 ある政策分野の法律案が議員立法により提出され、その後に同一の政策分野の法律案が内閣立法で提出され、又は成立する例として、これまでの一般的なものは第2章第2節Ⅱ2(2)で紹介した「政策先取型」であろう。
 ここでは、「政策先取型」以外の、議員立法から内閣立法への転換の例を紹介する。

Ⅰ 特別措置法から恒久法へ

 議員立法は、各党間の意見が一致すれば内閣立法と比べ短時日での成立が可能であり[115]、内閣立法より提出期限などの制約も少ない[116]。そのため、緊急の事態に対応するための立法が求められる場合に、議員立法による対応が行われることが多い[117]。
 ここでは、緊急の要請に応え、政治主導で議員立法による対応が行われたのち、同様の事態が今後生じた場合に必要となる措置を内閣立法で恒久法に位置付けた例を紹介する。

1 口蹄疫対策特措法から家伝法改正へ

 平成22年4月20日、宮崎県で発生が明らかになった口蹄疫は、「家畜伝染病予防法」(S26法166。以下「家伝法」)に基づく措置が講じられたものの、短期間に爆発的にまん延し、5月18日には、宮崎県知事が非常事態宣

---

(115) 大森政輔「内閣立法と議員立法」大森・鎌田編 前掲注(2)、p.52；高見勝利「議員立法三題」『レファレンス』629号 2003.6, p.11；第1章第1節Ⅰ2(7)参照。
(116) 伊藤直「内閣提出法律案の企画立案」大森・鎌田編 前掲注(2)、pp.63-64、77-78；浅野一郎編著『立法の過程』(立法技術入門講座1) ぎょうせい、1988, pp169-170.
(117) 上田章「委員会審議の活性化と議員立法」中村睦男編『議員立法の研究』信山社出版、1993, p.534.

言を行うに至った。同日、農林水産省に設置されていた牛豚等疾病小委員会
（専門家により構成）は、今回の口蹄疫は伝播力が強く、家伝法に基づく殺処
分と移動制限による方法だけではまん延防止は困難で、排出されるウィルス
を抑制するためのワクチンの使用を検討すべき時期にある、との見解を示し
た[118]。口蹄疫のワクチンは、完全に感染を防ぐことはできないが、感染の
速度を抑えることは期待できるとされている。その一方で、ワクチンを接種
した場合、感染していても家畜の症状が分かりにくく、気付かずに他の家畜
等に病気を拡げる可能性があるため、ワクチンを接種した家畜は、移動を制
限した上で速やかに殺処分することされている[119]。

　牛豚等疾病小委員会の見解を受け、内閣の口蹄疫対策本部は、10キロ圏
内の全ての牛・豚を対象に、殺処分を前提としたワクチン接種を実施するこ
と等の防疫措置を決定した[120]。事態は急を要したが、ワクチン接種後の感
染していない家畜の殺処分（＝予防的殺処分）を行うための法律上の根拠は
なく、農家等へ協力を求め、その同意を得て進めるしかなかった[121]。しか
し、補償内容についての不満や農家の心情等から、地元自治体との交渉は難
航した[122]。このような事態を受け、各党において議員立法の動きが本格化
した[123]。

　野党であった自民党と公明党は、5月25日に、自民党が衆議院に、公明
党が参議院にそれぞれ法律案を提出した[124]。一方、民主党も提出には至ら

---

(118)　「口蹄疫で宮崎県知事　非常事態を宣言　全県民に協力要請　農水省小委　ワクチン検討へ　防疫さら
　　に強化」『日本農業新聞』2010.5.19；「口蹄疫　厳戒封じ込め　「非常事態」知事が宣言」『朝日新聞』
　　2010.5.19.
(119)　農林水産省HP「口蹄疫について知りたい方へ　一般の方向けＱ＆Ａ」
(120)　「口蹄疫　10キロ圏処分　政府対策本部　ワクチン使用　20キロ圏内　早期出荷に助成」「拡大阻止
　　窮余の一手　口蹄疫ワクチン」『日本農業新聞』2010.5.20.
(121)　「宮崎口蹄疫　ワクチンの準備急ぐ　現地対策本部「1軒1軒を説得」」『日本経済新聞』2010.5.20、夕刊.
(122)　「口蹄疫　副農相と協議　地元自治体、難色　「補償内容が不透明」」『毎日新聞』2010.5.21；「口蹄疫
　　ワクチン同意せず　宮崎9市町農　農家へ説明不十分」『読売新聞』2010.5.21.
(123)　「口蹄疫対策で特措法　民、自、公検討　農家支援を強化」『日本農業新聞』2010.5.19；「口蹄疫殺処
　　分　農相判断で可能に　民主の特措法骨子」『日本経済新聞』2010.5.20、夕刊；「口蹄疫対策　自公が法
　　案」『朝日新聞』2010.5.21.

227

なかったが法律案を作成しており[125]、民自公の三党による協議の中で、3つの法律案を対比しながら議論して、合意案が作成された。その合意案が、翌26日の農林水産委員会の理事会において示され、各党において持ち帰り検討・調整が行われるとともに、与党・政府内の調整も行われ、夕刻には、委員会提出法律案が提出された（174回衆26「口蹄疫対策特別措置法案」）。27日には衆議院本会議で可決され、28日に参議院の農林水産委員会及び本会議でも可決され、口蹄疫対策特措法が成立した[126]。この法律では、上述した予防的殺処分のほか、①家伝法に定める措置より強力な防疫措置、②諸費用について基本的に国が全部負担すること、③生産者等の経営及び生活再建等についての国の支援等について定められていた。

　それまでにも、昭和26年に制定された家伝法では対応できない事態は、しばしば生じていた。例えば、平成12年の92年ぶりの口蹄疫の発生、平成16年の79年ぶりの高病原性鳥インフルエンザの発生などの際には、基本的には、内閣立法による家伝法の改正により対応策が講じられてきた。しかし、この時は、既に感染が拡大してしまった緊急事態に対応するため、短期間での対応が可能な議員立法により特別措置が講じられたものである。

　口蹄疫対策特別措置法は、緊急時の時限的な措置として、平成24年3月31日限り、「その効力を失う」とされた（附則2条）。その一方で、検討条項が設けられており、畜産農家の大幅な規模の拡大等、家伝法の制定当時とは実態が大きく変化していること等を踏まえ[127]、口蹄疫対策特措法が効力

---

(124)　「口蹄疫対策緊急措置法案」（174回衆22）及び「口蹄疫対策特別措置法案」（174回参11）。なお、公明党が参議院に法律案を提出したのは参議院であれば予算を伴う法律案を提出するための賛成者要件を満たす議席が確保できていたことによる。

(125)　武本俊彦『食と農の「崩壊」からの脱出』農林統計協会、2013、pp. 229-231.

(126)　「口蹄疫　殺処分に強制力　ワクチン接種後　特措法案あす成立」「接種ほぼ終了　21農家　同意せず」『読売新聞』2010.5.27；「「強制」に反発と理解　口蹄疫、予防的な殺処分可能に　「家族同様・・・」「拡大防ぐ」」『日本経済新聞』2010.5.28；小林宏和「口蹄疫への迅速かつ的確な対処とまん延防止に向けて」『時の法令』1864号、2010.8.30. pp. 6-10.

(127)　養豚家1戸当たりの平均飼育頭数は、昭和35年当時は2.4頭であったが、平成21年においては1,436頭に増加している（小林　同上、p. 13）。；「予防法施行は約60年前　畜産の現状に合わず」『日本経済新聞』2010.5.28、夕刊.

を有する平成 24 年 3 月 31 日までの間に、家伝法の「抜本的な見直しを含め、所要の措置を講ずるものとする」とされた（附則 6 条）。

その後、農林水産省に設置された第三者から成る「口蹄疫対策検証委員会」において、宮崎県で発生した口蹄疫に関し発生の前後からの国、県の対応等について検証が行われ、平成 22 年 11 月 24 日には報告書が取りまとめられた[128]。また、同月の高病原性鳥インフルエンザの発生とその後の発生状況等も踏まえ、家伝法の改正作業が急ぎ進められ、平成 23 年 3 月 4 日には改正法案が内閣から提出され、3 月 29 日に、「家畜伝染病予防法の一部を改正する法律」（H23 法 16）が、一部修正の上成立した。

この改正により、口蹄疫のまん延を防止するためにやむを得ない場合における予防的殺処分と国の全額補償について、家伝法に一般的な規定が設けられることとなり、口蹄疫対策特措法の該当する規定（6 条）は役目を終えて削除された[129]。

2　災害廃棄物処理特措法から災害対策基本法等の改正へ

東日本大震災では、地震や津波によって、多くの廃棄物が発生したが、「廃棄物の処理及び清掃に関する法律」（S45 法 137）では、災害により生じた災害廃棄物の処理も、日常的なゴミなどの処理と同様、市町村が行うこととされていた。しかし、市町村自体が、被災し、職員や庁舎にダメージを受け、廃棄物の運搬車や人手が不足する中、災害廃棄物の処理が遅れる地域がかなり生じていた。復旧・復興のため、一日も早い処理が求められ、県内外での広域的な処理体制の構築や、国が直轄で処理することの必要性について国会で議論されるようになった。

そのような状況の下、まず、野党 4 党（自民党、公明党、みんなの党、たちあがれ日本）が、「東日本大震災により生じた災害廃棄物の処理に関する特

---

(128)　口蹄疫対策検証委員会「口蹄疫対策検証委員会報告書」2010.11.24. 農林水産省 HP

(129)　農林水産省「家畜伝染病予防法の改正について」同上

第 3 章 　議員立法と内閣立法の諸相

別措置法案」（177 回衆 19）を提出し、その 1 週間後には、政府が、「東日本
大震災により生じた廃棄物の処理の特例に関する法律案」（177 回閣 85）を
提出した。両案について、国会における審議と各党間の協議の結果、災害廃
棄物処理についての国の代行等、野党 4 党案の内容を基とした委員会提出
法律案（177 回衆 26）とすることとなり、平成 23 年 8 月 12 日に「東日本
大震災により生じた災害廃棄物の処理に関する特別措置法」（H23 法 99。以
下「災害廃棄物処理特措法」）が成立した [130]。

　東日本大震災の際には、この法律以外にも、その復旧・復興、被災者支
援、財政措置等の分野で約 50 本の立法措置が講じられたが、その際に得ら
れた教訓を生かし、大きな災害時において迅速な対応ができるよう、今後の
大規模災害に備えた災害対策関連法制の整備を進める方針等が示された [131]。
災害廃棄物の問題については、「災害対策基本法」（S36 法 223）の第 2 弾の
改正となる「災害対策基本法等の一部を改正する法律」（H25 法 54）により、
廃棄物処理の特例に関する規定（86 条の 5）が新設されたが、災害廃棄物処
理特措法のような国による「代行」処理に関しては規定されなかった。

　その後、「強くしなやかな国民生活の実現を図るための防災・減災等に資
する国土強靭化基本法」（H25 法 95）に基づき閣議決定された「国土強靭化
基本計画」（平成 26 年 6 月 3 日閣議決定）等において、災害廃棄物の適正・
迅速な処理の実施に向けた計画の策定が重要な課題として位置付けられた。
また、環境省に設置された「巨大地震発生時における災害廃棄物対策検討委
員会」においても、災害廃棄物処理特措法で定められた国による「代行」の

---

(130)　近藤怜「東日本大震災により生じたがれき処理の特別措置について」『時の法令』1897 号、2012.1.15、
　　　pp. 46-47.

(131)　「防災対策の充実・強化に向けた当面の取組方針」（平成 24 年 3 月 29 日中央防災会議決定）（総務省消
　　　防庁 HP）や、この方針を受け提出され成立した「災害対策基本法の一部を改正する法律」（H24 法 41）
　　　の附則 2 条（衆議院における修正で追加）、衆参の災害対策特別委員会における附帯決議等。なお、これ
　　　までの大規模災害の際には、多くの特別法が制定され対応されてきたが、大規模災害からの復興に関する
　　　一般的な枠組みを定めておくことによって、大災害を受けた地域の円滑かつ迅速な復興を図るため、東日
　　　本大震災復興基本法（H23 法 76）等で定めた内容を基に、今後の大規模災害からの復興に共通して必要
　　　となる国の組織体制の整備等について定める「大規模災害からの復興に関する法律」（H25 法 55）も成
　　　立した。

第3節　議員立法から内閣立法へ

一般制度化、都道府県の役割の強化等を含む提言[132] が行われた[133]。この提言に示された考え方を基に、平成 27 年 7 月 10 日、「廃棄物の処理及び清掃に関する法律及び災害対策基本法の一部を改正する法律」(H27 法 58) が内閣立法により成立した[134]。

Ⅱ　政権交代に伴う内閣立法への転換

1　概説

　我が国の国会においては、いわゆる 55 年体制の下で、長期にわたり自民党の一党優位の状態が続いたが、平成 5 年には、選挙後の各党の連立により、非自民政権が誕生する形で「政権交代」が行われた。また、平成 21 年と平成 24 年には、選挙による政権交代が行われた。この 2 度の選挙による政権交代の前後のねじれ国会を中心に、政権交代を意識した活発な議員立法の提出と国会における審議が行われたことについては第 2 章第 1 節Ⅱ1 及び第 3 節で紹介したところである。野党は、マニフェストに示した政策等を法案化し、国会の場で審議することにより政策担当能力を示し、政権党となった時には、その政策の実現を内閣立法で目指すことになる。議会の機能についての分類における「アリーナ型議会」的な審議が行われる場面も見られた時期であった[135]。

---

(132)　「巨大災害発生時における災害廃棄物対策スキームについて（平成 27 年 2 月）」環境省災害廃棄物対策情報サイト；「巨大災害がれき　国が撤去　「東日本」復旧妨げ教訓　改正法案提出へ」『読売新聞』2015.2.5.

(133)　下山憲治「地方自治関連立法動向研究 (11) 廃棄物処理及び清掃に関する法律及び災害対策基本法の一部を改正する法律（2015 年 7 月 17 日法律第 58 号）」『自治総研』448 号、2016.2、pp. 117-118.

(134)　山田智子「災害廃棄物対策の強化・推進に向けて」『時の法令』1989 号、2015.11.15、pp. 26-27. ただし、国による代行の規定ぶり・内容は災害廃棄物処理特措法とは若干異なっている（災害対策基本法 86 条の 5 第 9 項等；同、p. 36.）。

(135)　次の選挙の政権選択を賭け、議会で与野党が討論することにより争点を明らかにする、という点では「アリーナ型議会」的ではあったが、その一方で、その時期の国会は、議員立法の成立率や閣法の修正率も高く、社会からの要望を議会が集約して政策を形成、修正して法律に変換するという「変換型議会」としての面も併せ持った時期ともいえるように思われる（第 2 章第 3 節Ⅱ参照）。

第3章 議員立法と内閣立法の諸相

　ここでは、平成21年と平成24年の政権交代に伴って、議員立法から内閣立法へと転換された例を紹介する。これらにおいて、内閣提出法律案として提出され、又は成立した法律案の内容は、いずれも、野党時代に提出された法律案の内容と全く同じものというわけではないが、野党提出法律案において目指していた理念や政策内容に沿って立法化されたものである。

　なお、ここでは紹介しないが、55年体制の崩壊後、連立政権が常態となる中で、それまで野党であった政党が連立与党の一角を占め、その影響力の下、野党時代に議員立法として繰り返し提出し目指していた政策を内閣立法の形で実現させた例もある[136]。これも、議員立法から内閣立法への転換の例といえよう。

2　高校の授業料無償化のための法律

　平成21年の衆議院議員総選挙において、民主党が掲げ、政権獲得の原動力になったといわれるマニフェストにおける目玉政策は、子ども手当、高速道路の無料化、農業の戸別補償、高校の授業料無償化[137]などの生活支援策であった。

　この中の「高校の授業料無償化」についての法律案提出の経緯を見ると、民主党は、平成21年の政権交代前の野党の時に、第169回国会（H20.1.18召）と第171回国会（H21.1.5召）の2回、「国公立の高等学校における教育の実質的無償化の推進及び私立の高等学校等における教育に係る負担の軽減のための高等学校等就学支援金の支給等に関する法律案」を提出している（169回参4・171回参7）。そのうち、ねじれ国会となっていた第171回国会においては、参議院では可決されて衆議院に送られたが、衆議院で審査未了（廃案）となっている。法律名からも分かるように、野党時代の法律案

---

(136)　「原子爆弾被爆者に対する援護に関する法律」（H6法117）、「行政機関の保有する情報の公開に関する法律」（H11法42）など。

(137)　当時の野党により、これらは「バラマキ4K」と呼ばれた（「あのマニュフェストは今… 民主党政権「看板」倒れ　財源予測、甘さ露呈」『日本経済新聞』2011.8.18.）。

232

は、国公立、私立を問わず、就学支援金の支給を行うことを内容としていた。

平成21年の政権交代後、第174回国会に、政府から、「公立高等学校に係る授業料の不徴収及び高等学校等就学支援金の支給に関する法律案」（174回閣5）が提出され、衆議院において修正が行われ、平成22年3月31日に成立した（H22法18）。この法律は、民主党が野党時代に議員立法として提出した法律案と手法が異なる点はあるが、同じく、「いわゆる高校段階の授業料の実質無償化を実現するための法律」である[138]。

衆議院における修正により、この法律の附則に置かれた検討条項では、「三年を経過した場合」には所要の見直しを行うこととされており、また、衆議院における附帯決議の趣旨を受けて、平成24年の衆議院議員総選挙による自民党・公明党への政権交代（以下「平成24年の政権交代」）後、平成25年に見直しが行われることとなった[139]。改正の内容は、限られた財源を有効に活用する観点から、所得制限を設け、それによって捻出された財源により、低所得世帯の生徒に対する一層の支援と公私間の教育費の格差の是正を図るための制度の見直しと説明されている[140]。

3 農業分野の立法例

政権交代に伴い、内閣立法への転換が行われた農業分野の立法例としては、第1節Ⅲ1で紹介した「六次産業化」に関する法律案が挙げられる。これに対して、2で触れたように、民主党が平成19年の参議院議員通常選挙

---

(138) 河村雅之・長谷浩之「公立高校の授業料無償化及び高等学校等就学支援金制度の創設」『時の法令』1865号、2010.9.15、pp6-7. 公立高等学校については、就学支援金制度ではなく授業料を徴収しない方法を採っていた。

(139) 「公立高等学校に係る授業料の不徴収及び高等学校等就学支援金の支給に関する法律の一部を改正する法律」（H25法90）

(140) 中村真太郎「公立高等学校授業料無償制・高等学校等就学支援金制度の見直し―所得制限による捻出財源を活用した低所得者支援の充実と公私間格差の是正」『時の法令』1952号、2014.4.30、pp.40-47. なお、この改正によって、公立高等学校についても就学支援金に一本化されることとなり、題名も「高等学校等就学支援金の支給に関する法律」となった。

第 3 章　議員立法と内閣立法の諸相

の時のマニフェスト等から掲げ、第 168 回国会において提出し、参議院で可決、衆議院に送付された後、否決された「農業者戸別所得補償法案」（168 回参 6）に関しては、民主党政権時に、制度そのものは予算措置としてモデル対策、本格施行と実施に移されたものの、法律案の提出には至らなかった[141]。

　また、平成 24 年の政権交代によって与党となった自民党・公明党は、野党時代に、「戸別所得補償制度に代わる制度の両輪」[142] として「農業等の有する多面的機能の発揮を図るための交付金の交付に関する法律案」（174 衆 35。以下「多面的機能法案」）及び「農業の担い手の育成及び確保の促進に関する法律案」（177 回衆 10。以下「担い手総合支援法案」）を提出しており、平成 24 年の政権交代により与党に復帰後、それらを基に制度の導入に向けた議論を開始したと報じられた[143]。その後、担い手総合支援法案に関しては、「骨格部分として盛り込んでいた農地の集積を図る仕組みは」、「与党になってから農地中間管理機構法[144] として日の目を見ることができ」たと説明されている[145]。また、多面的機能法案についても、対象・内容についての差異はあるものの、内閣から提出され、「農業の有する多面的機能の発揮の促進に関する法律」（H26 法 78）が成立した[146]。

---

(141)　「戸別補償　3 党に聞く」『日本農業新聞』2011.12.17.）。なお、平成 24 年の政権交代後、第 183 回国会（衆法第 26 号：民主党・生活の党・社民党）等に、法律案が提出されている。

(142)　「担い手新法案を提出　多面的機能法と両輪で　自民党」『日本農業新聞』2011.5.30.

(143)　「多面的機能直接支払い　導入へ議論本格化　自民　野党時代の案軸に」『日本農業新聞』2013.2.18；「自民「担い手支援の両輪に」　多面的機能・担い手法案を検討」『全国農業新聞』2013.2.22.

(144)　「農地中間管理事業の推進に関する法律」（H25 法 101）

(145)　186 回参・H26.5.14・pp. 1-2. 自民党議員の質問の際に述べられており、同じく「法案の骨格部分として盛り込んでいた新規就農者への支援部分」は「民主党が予算措置で実施に移し」たと説明された。また、担い手総合支援法案 1 条では、「青年等の就農促進のための資金の貸付け等に関する特別措置法（略）、農業の担い手に対する経営安定のための交付金の交付に関する法律（略）等に基づく農業の担い手の育成及び確保に係る制度を見直すこと等を通じて農業の担い手の育成及び確保の促進に関する施策を総合的かつ計画的に推進し」と規定されており、平成 24 年の政権交代後、自公政権下でこれらの法律も改正されている（185 回閣 15、186 回閣 49 参照）。

(146)　天野英二郎「多面的機能支払制度の創設－農業の有する多面的機能の発揮の促進に関する法律案－」『立法と調査』352 号、2014.5、p. 57.

第3節　議員立法から内閣立法へ

4　財務金融分野の立法例

　リーマン・ショックに端を発した世界的な金融危機の中で、中小企業の事業主の資金繰りが極めて厳しい状況にあったことから、民主党・国民新党・社民党は、第170回国会（H20.9.24召）に「中小規模の事業者等に対する金融機関の信用の供与等について今次の金融危機に対応して緊急に講ぜられるべき措置に関する法律案」（170回参13）を提出した。

　翌年の平成21年の政権交代後、金融庁においては、政務三役主導の下、「貸し渋り・貸し剥がし」対策についての検討が行われ、「中小企業等に対する金融円滑化のための総合的パッケージ」をまとめるとともに、第173回国会（H21.10.26召）に、「中小企業者等に対する金融の円滑化を図るための臨時措置に関する法律案」が提出され（173回閣11）、成立することとなった（H21法96）[147]。

　また、租税特別措置を見直し、公平で透明性の高い税制の確立に寄与するため、民主党等の野党により、第169回国会と第171回国会に、「租税特別措置の整理及び合理化を推進するための適用実態調査及び正当性の検証等に関する法律案」が提出され（169回参9及び171回参2）、ねじれ国会の下、いずれも参議院では可決され、衆議院に送られたが、衆議院において、審査未了（廃案）となった。

　平成21年の政権交代後、鳩山内閣総理大臣から税制調査会に対して、「既得権益を一掃し、納税者の視点に立って公平で分かりやすい仕組みを目指す観点から租税特別措置をゼロベースから見直すための具体的方策を策定すること」との諮問が行われた。抜本的な見直しのためには、租税特別措置の適用実績の把握や効果の検証が必要であることから、そのための仕組みとして、第174回国会に、「租税特別措置の適用状況の透明化等に関する法律案」（174回閣15）が提出され、成立した（H22法8）[148]。野党として提出した法律案と全く同一の内容というわけではないが、目指すところは共通している。

---

(147)　高木悠子「中小企業等に対する金融円滑化対策」『時の法令』1855号、2010.4.15、pp. 24-26.

(148)　椎谷晃「租税透明化法の制定」『時の法令』1860号、2010.6.30、pp. 62-63.

第3章 議員立法と内閣立法の諸相

5 交通に関する基本法

　民主党と社民党は、第154回国会（H14.1.21召）及び第165回国会（H18.9.26召）に、移動に関する権利等を規定する「交通基本法案」（154回衆法29及び165回衆6）を、野党として提出していた。

　平成21年の政権交代後には、国土交通省内に交通基本法検討会が設けられるなど検討が行われ、第177回国会に、内閣提出法律案として、「交通基本法案」（177回閣33）が提出されたが、成立には至らなかった。

　そして、平成24年の政権交代後、民主党と社民党は、第183回国会（H25.1.28召）に、野党として、「交通基本法案」を提出した（183回衆38）。一方、自民党・公明党の連立政権下において、第185回国会（H25.10.15召）に、内閣提出法律案として「交通政策基本法案」（185回閣17）が提出された。両案はともに審議された後、衆法38号は撤回され[149]、閣法17号が成立することとなった（H25法92）。

　なお、この例は、正確には、議員立法から内閣立法に転換されて直ちに成立までは至らなかったが、一度内閣として提出していることから、ここに挙げることとした。また、民主党、社民党から見ると、この法律は、「議員立法から内閣立法へ」（ただし、提出の段階まで）の例であるとともに、「内閣立法から議員立法へ」という面も有している。このほかにも、民主党が政権にあったときに内閣提出法律案として提出した法律案を、野党になってから議員立法で提出した「内閣立法から議員立法への転換」の例は、平成24年の政権交代の後、第183回国会（H25.1.28召）において複数[150]見られた[151]。

---

(149) 民主党議員が、質疑の中で、政府案は「私どもが考えていた法案と100％同じではありませんけれど、ほぼ同趣旨の内容である」として、政府案に賛成する旨の発言をしている（185回衆・国土交通委・H25.11.13・pp.1-2.）。

(150) 例えば、①第180回国会提出の「独立行政法人通則法の一部を改正する法律案」（閣79）、②第180回国会まで継続になっていた第177回国会提出の「国家公務員法等の一部を改正する法律案」（閣74）、「国家公務員の労働関係に関する法律案」（閣75）、「公務員庁設置法案」（閣76）が、第183回国会において、それぞれ、①は衆議院に（衆31）、②は参議院に（参20、21及び22）提出された。

(151) 塩田智明「第183回国会　主要成立法律」『法学教室』No.396、2013.9、pp.51-52.

236

第4章

基本法に見る議員立法の役割

　近年、基本法の制定が相次いでおり、特に、平成10年以降、議員立法により多くの基本法が制定されている。これは、「議員立法の活性化」が指摘される時期とも重なっている。その背景には、「政治主導」を目指す動きがあり、内閣立法の基本法を見ても、近年は、首相主導、内閣主導の立法例が見られる。

　基本法は、「政府に対して、一定の政策目標を実現するための施策の策定及び遂行を求めるもの」であり、行政国家化が進む中で、政府に対して、政策内容の指示を与えるとともに、行政監視機能を果たすための有効な手段となり得る。このような行政の民主的コントロールの手段としての役割を有する基本法は、議員立法によって担われるべきとの見方がある。

　いずれにしても、基本法に期待される役割を果たすためには、制定時の精査と、制定後の実施法の制定及び施策の遂行に対する国会によるチェックとコントロールが求められることになる。

　本章においては、「議員立法の基本法」と「内閣立法の基本法」の相違点にも着目しつつ、近年の基本法をめぐる変化と基本法に見る議員立法の役割と今後の在り方について記述する。

第 1 節　基本法制定の状況

第1節　基本法制定の状況

I　基本法制定の概況

　近年、基本法が相次いで制定されている。本章で取り上げる基本法とは、
「基本法」という名称を持ち、特定の政策分野について、どのように施策を
推進していくかという方針を示す法律である。通常、施策の推進に当たって
の基本理念、その基本理念の実現のために必要な施策に関する基本的な事
項、推進体制（審議会、会議、本部等）等について規定するが、その具体的
な施策の内容については、別に定められる「実施法」や行政庁の政策決定に
委ねられることが多い[1]。「基本法」と「実施法」は、法の形式的効力から
見ると、同じ「法律」であるが、基本法の「指導法・指針法」としての役割
や実施法に対する優越性が指摘されることが少なくない[2]。

　表4－1のとおり、基本法は、昭和30〜40年代に相次いで制定されたが、
昭和45年の「心身障害者対策基本法」（S45法84）が制定されて以降、20
年近く新たな基本法は制定されなかった。しかし、平成元年以降、とりわけ
平成10年以降に多くの基本法が制定されており（平成29年5月1日現在、
基本法49本中42本が平成に入って以降に制定されたもの[3]）、議員立法により
制定されたものが多い（42本中27本：表4－2）[4]。この点について、「日本
の立法過程の特色として指摘されていることの一つ」である、法律の多くが

---

(1)　西川明子「基本法の意義と課題」『レファレンス』769号、2015.2、pp. 44-47；第2章第2部II1（8）
　　参照。

(2)　川﨑政司「基本法再考（三）－基本法の意義・機能・問題性」『自治研究』82巻1号、2006.1、p. 69.

(3)　この中には、「農業基本法」（S36法127）が廃止され、「食料・農業・農村基本法」（H11法106）が制
　　定され、「教育基本法」（S22法25）が全部改正（H18法120）されたように、同一分野において基本法の
　　制定・全部改正などが行われたものも含まれる。

(4)　平成に入る前に制定された基本法の数を見ると、内閣立法による基本法が7本（現在は廃止、全部改正
　　されたものを含む。）に対し、議員立法による基本法は4本（同）であった。

239

第 4 章　基本法に見る議員立法の役割

表 4−1　内閣立法の基本法と議員立法の基本法

内　閣　立　法	制定年	議　員　立　法
教育基本法(S22法25)(平成18年に全部改正)		
	昭和30年 35	原子力基本法(S30法186)
災害対策基本法(S36法223)		
農業基本法(S36法127)(平成11年廃止)		(スポーツ振興法(S36法141)(平成23年に全部改正)
中小企業基本法(S38法154)		観光基本法(S38法107)(平成18年に全部改正)
(沿岸漁業等振興法(S38法165)(平成13年廃止))		
林業基本法(S39法161)(平成13年「森林・林業基本法」に題名改正)	40	
公害対策基本法(S42法132)(平成5年廃止)		
		消費者保護基本法(S43法78)(平成16年「消費者基本法」に題名改正)
交通安全対策基本法(S45法110)	45	心身障害者対策基本法(S45法84)(平成5年「障害者基本法」に題名改正)
土地基本法(H1法84)	平成元年	
環境基本法(H5法91)	5	
		高齢社会対策基本法(H7法129)
		科学技術基本法(H7法130)
中央省庁等改革基本法(H10法103)	10	
男女共同参画社会基本法(H11法78)		ものづくり基盤技術振興基本法(H11法2)
食料・農業・農村基本法(H11法106)		
循環型社会形成推進基本法(H12法110)		
高度情報通信ネットワーク社会形成基本法(H12法144)		
水産基本法(H13法89)		特殊法人等改革基本法(H13法58)(平成18年3月31日失効)
		文化芸術振興基本法(H13法148)(平成29年「文化芸術基本法」に題名改正)
知的財産基本法(H14法122)		エネルギー政策基本法(H14法71)
食品安全基本法(H15法48)	15	少子化社会対策基本法(H15法133)
		犯罪被害者等基本法(H16法161)
		食育基本法(H17法63)
住生活基本法(H18法61)		自殺対策基本法(H18法85)
教育基本法(H18法120)(教育基本法(S22法25)の全部改正)		がん対策基本法(H18法98)
		観光立国推進基本法(H18法117)(観光基本法の全部改正)
		海洋基本法(H19法33)
		地理空間情報活用推進基本法(H19法63)
国家公務員制度改革基本法(H20法68)	20	宇宙基本法(H20法43)
		生物多様性基本法(H20法58)
		公共サービス基本法(H21法40)
		バイオマス活用推進基本法(H21法52)
		肝炎対策基本法(H21法97)
		東日本大震災復興基本法(H23法76)

第1節　基本法制定の状況

交通政策基本法(H25法92) 小規模企業振興基本法(H26法94)	25	スポーツ基本法(H23法78)(スポーツ振興法の全部改正) 強くしなやかな国民生活の実現を図るための防災・減災等に資する国土強靱化基本法(H25法95) アルコール健康障害対策基本法(H25法109) 水循環基本法(H26法16) アレルギー疾患対策基本法(H26法98) サイバーセキュリティ基本法(H26法104) 都市農業振興基本法(H27法14) 官民データ活用推進基本法(H28法103)

(注)　時系列的な分布を明らかにするため、失効し、又は全部改正され、若しくは廃止された基本法についても記すこととしたが、それらについては斜字体として区別した。また、題名中には「基本法」の語はない法律であっても、特定の政策について「基本法」的な位置付けで運用され、その後、当該政策に関連して制定された基本法に引き継がれたもの（当該基本法の附則で当該法律が廃止され、又は、当該法律の全部改正によって当該基本法が制定された場合における当該法律）についても、参考までに、括弧書きで、かつ、斜字体で記した。
(出典)　西川明子「基本法の意義と課題」『レファレンス』769号、2015.2、pp. 52-54. 等を基に筆者作成。

表4－2　基本法制定の状況（時期別）

制定された期間	内閣立法		議員立法		合計
昭和22年～64年	4(7)		3(4)		7(11)
平成元年～9年	2	15(15)	2	27(28)	4(4)
平成10年～19年	10		11(12)		21(22)
平成20年～28年	3		14		17(17)
合　計	19(22)		30(32)		49(54)

(注)　現在、効力を有する基本法の数を記している。なお、（　）内は、制定されたが、失効し、又は全部改正され、若しくは廃止された基本法も含めた数である。
(出典)　表4－1を基に筆者作成。

内閣立法で議員立法の数は少ないという評価は、基本法に関しては「当たっていない」とした上で、「基本法がある特定の省の事務に属しない、つまり個別の省では法案の提出がスムースに行かないという面と、関係グループが所管の官署に出向いても積極的に対応してくれないので、国会議員に直接働きかけるといった面」があるかもしれないと評されている[5]。

(5)　塩野宏「基本法について」『日本学士院紀要』vol. 63 no. 1、2008.9、p. 4. この論文が書かれた後も、議員立法の基本法は増え続けたが、1990年代後半以降の議員立法の基本法の増加の背景には、後述するとおり、「議員立法の活性化」や「政治主導」により政策決定が行われる場面が増えたことが挙げられるものと思われる（第1章第2部Ⅱ参照）。

241

第 4 章　基本法に見る議員立法の役割

基本法制定の傾向をたどると、次のようになる[6]。

① 戦後間もない時期に制定された「教育基本法」（S22 法 25）と「原子力基本法」（S30 法 186）は「戦後改革を象徴する理念を掲げることを主眼と」[7]している。

② 昭和 30 年代の後半の傾向としては、高度成長時代において「低生産部門の産業あるいは事業の近代化・合理化、更にはその保護を図ることを目的に、それらに方向付けを行うものとして」、「農業基本法」（S36 法 127）、「中小企業基本法」（S38 法 154）、「林業基本法」（S39 法 161）などが制定された。

③ 昭和 40 年代には、高度成長の下で生じた「社会的な歪み・弊害に対処するための対策法」として「公害対策基本法」（S42 法 132）、「消費者保護基本法」（S43 法 78）等が制定された。

④ 近年の「活発な動き」は戦後システムの変革期の時期に当たり、新たな時代に対応し得るような理念やシステムの構築が求められ、また、新たに理念・原則の確立や法的対応を必要とする分野が次々生み出される中で、「新しい社会の形成を目指すための基本法」[8]の相次ぐ制定のほか、改革を進めるための基本法も現れ[9]、①から③までの時期に制定された基本法の改正も活発に行われてきた[10]。

Ⅱ　平成以降の基本法の特徴

平成以降に制定された基本法についてもう少し詳しく見ると、先述したと

---

(6)　川﨑政司「基本法再考（一）基本法の意義・機能・問題性」『自治研究』81 巻 8 号、2005.8、pp. 56-58 等。

(7)　塩野　前掲注（5）、pp. 3-4.

(8)　例えば、環境分野では、それまで行われていた公害対策と自然環境保全施策では対応が困難となり、新たな環境政策の枠組みを示すことが求められる中、「公害対策基本法」が廃止され「環境基本法」が制定された。

(9)　「中央省庁等改革基本法」（H10 法 103）;「特殊法人等改革基本法」（H13 法 58）;「国家公務員制度改革基本法」（H20 法 68）

　　　　　　　　　　　　　　　　　　　　　第1節　基本法制定の状況

おり、平成 10 年以降に、特に、議員立法による新規の基本法の制定が大幅
に増えている（表 4－1 及び表 4－2）。内閣立法の基本法は平成 10 年から
19 年の間にピークを迎えているが、議員立法の基本法は、平成 20 年以降
も増えている。これは、「議員立法の活性化」が指摘される時期[11]と重なっ
ている。そして、これらの背景には、1990 年代以降の社会経済情勢や国際
情勢の大きな変化への対応をめぐり、「官僚主導」の限界が指摘され、その
一方で生じた「政治主導」を目指す動きがある。これまでにも述べてきたと
おり、「政治主導」を求める動きは、「首相主導」・「内閣主導」を目指す改革
へつながった一方で[12]、「議員主導」による議員立法の活性化につながった。
議員立法による基本法の制定が増えていることは、この流れの中に位置付け
ることができる。

　また、平成以降の基本法の制定については、「議員主導」という意味の
「政治主導」である議員立法が多いということだけでなく、内閣立法の基本
法についても、「官僚主導ではなく、内閣総理大臣が主導し、プロジェクト
方式等によりいわばトップダウンの形で立案され提出されたものや、与党の
動き・対応が大きく作用したものなどもみられ」、「基本法の場合には、政治
の側のかかわりの度合いが一般の法律の場合に比べ強いケースが多い」ので

---

(10)　川﨑　前掲注 (6)、p. 57. 本文中の②の時期に産業保護的な観点から制定された「農業基本法」は廃
　　止され「食料・農業・農村基本法」が制定され、農業基本法と同時期に同趣旨で制定された「中小企業基
　　本法」（S38 法 154）は、平成 11（1999）年に抜本的な改正が行われている。同じく、「林業基本法」も、
　　抜本的な政策の見直しに基づき平成 13 年に改正され、題名も「森林・林業基本法」となった。また、③
　　の時期に制定された「心身障害者対策基本法」は、平成 5 年に、題名、目的の改正を含む見直しが行わ
　　れ「障害者基本法」となり、更に、平成 16 年には、「社会経済情勢の変化等に対応し」「障害者の自立と
　　社会参加の一層の促進を図るため」、基本的理念の追加を含む改正が行われ、平成 25 年にも、障害者の
　　権利に関する条約の批准に向け、国際的な動向等を踏まえた見直しが行われた。同じく、「消費者保護基
　　本法」も、平成 16 年に抜本的な見直しが行われ、「保護の対象」から「権利の主体」へと政策の転換が
　　図られ、題名も「消費者基本法」へと改正された。なお、「災害対策基本法」（S36 法 223）は、上述の②
　　の時期に制定された基本法であるが、災害関連施策について、実施法に委ねず自ら規定を置いている点で
　　他の基本法とは異なっており、そのような法の内容から、見直しについても、主として、大きな災害の発
　　生時に、その際の教訓などを踏まえた実質的な制度改正等が行われている。
(11)　第 2 章第 1 節 I 2（4）参照。
(12)　「首相」、「内閣」は、議院内閣制を採る我が国において、国会によって選出された政治の領域に属する
　　（第 1 章第 2 節 II 2 参照）。

第 4 章　基本法に見る議員立法の役割

はないか[13] と指摘されている。特に近年の内閣立法の基本法で特徴的なのは、複数の省庁が関わる分野であったり、新たな政策分野に国を挙げて取り組んだりする場合に、「首相主導」、「内閣主導」で基本法の制定が行われていることである[14]。一方、昭和 45 年までに制定された内閣立法の基本法の制定過程を見ると、複数の省庁に関わる分野の基本法の制定において、取りまとめが難航する中、与党内の検討や与野党の法律案提出などの政治的な動きが影響したことが紹介されている。当時は、「首相主導」、「内閣主導」が確立される前のことであり、「政治主導」の発揮の仕方は異なるものの、その頃から、内閣立法の基本法には「政治主導」の影響があったことが窺える。㉕

　更に、基本法は、「計画的・体系的に、あるいは何らかの統一的基準や考え方に基づいて整備されてきているものではな」く、近年の基本法の数の増加、多様化の状況は、「基本法」の位置付け・性格等を分かりにくいものとしているとも評されている。そして、このことが「基本法の妥当性に関する疑問や議論を強めることにもつながっているようにも思われる」との懸念が示されている[15]。また、最近の基本法は、「かなり個別・専門的対象に的を絞った」立法になっているとの指摘[16] があり、特に、平成 20 年前後からそのような例が増えているように思われる。

Ⅲ　類型から見る変化

　基本法の類型としては、以下のような 4 つの分類が行われている[17]。

---

(13)　川﨑　前掲注 (6)、pp. 54-55、66.

(14)　「首相主導」、「内閣主導」の例としては、「中央省庁等改革基本法」（H10 法 103）、「高度情報通信ネットワーク社会形成基本法」（H12 法 144）、「知的財産基本法」（H14 法 122）等が挙げられる。一方、「循環型社会形成推進基本法」（H12 法 110）については、平成 11 年 10 月の自民党・自由党・公明党による連立政権の発足の際の政策合意文書に「基本的枠組みとしての法律の制定を図ることが明記されたことがきっかけ」となったと紹介されている（同上、p. 66.）。

(15)　同上、pp. 53-54.

(16)　亀岡鉱平「農業基本法の法運用－「基本法」論序論－」『早稲田法学会誌』60 巻 1 号、2009、p. 162.

(17)　川﨑　前掲注 (6)、pp. 59-61.

内閣立法の基本法の立法過程―今昔―

　複数の省庁に関わる法律案の作成については、各省庁とも、いつの時代にも、その調整に苦労するが、特に、取りまとめに当たる役所が必ずしも「強い」役所でない場合には、調整には困難が伴うことになる。そのようなとき、政治の後押しは、法律の制定に向けた大きな推進力として働くことになる。

【災害対策基本法の場合】
　"昔"という程前ではないかもしれないが、半世紀以上前の立法例として「災害対策基本法」（S36 法 223）の制定に至る経緯を紹介したい。当時、災害対策としては、災害救助法、気象業務法、水防法、消防法など、個々の法制は整備されても、各省庁が縦割りの所掌の中でバラバラな災害対応が行われており、昭和 20 年代から、災害対策の欠陥が指摘されるとともに、いろいろな提案が行われていた。しかし、具体的に施策が講じられないまま、昭和 34 年の伊勢湾台風を迎えることになり、基本法制定の機運は急速に高まった。当時の岸信介首相も、国会において早期の基本法制定に言及し、政府部内（内閣審議室）で法律案の準備を進めたが「諸般の事情から提案にいたらなかった」（今井）。その後、自民党の災害基本法制定準備小委員会で各省等の意見を聴きながら作業が行われ、自治省が作成した案を基に、自民党案が決定され、「政府をして提案せしめることとなった」（今井）。

【交通安全対策基本法の場合】
　「交通安全対策基本法」（S45 法 110）については以下のような経緯をたどっている。昭和 39 年 3 月に、内閣総理大臣の諮問機関である「交通基本問題調査会」が、陸上交通に関する総合的施策の在り方についての答申の中で、基本法の制定について強く要望し、総理府においても検討が進められたが、関係省庁との意見調整等で法律案の提出には至らなかった。その一方では、各党の活発な法律案の提出等の動きがあり、第 58 回国会（S42.12.27 召）においては、4 党（自民、社会、民社、公明）からそれぞれ基本法案が提出されることとなった。その後、4 党間の協議の結果、交通安全対策特別委員会において、各党の案を踏まえ、政府から、より良い交通安全基本法案を提出すべきとの決議が行われた。それを受け、総理府から交通安全基本法案が提出され、一度の廃案を経て、昭和 45 年 5 月に成立に至った。

【IT 基本法の場合】
　これらに対し、「首相主導」、「内閣主導」への転換が明らかになって以降に制定された内閣立法の基本法である、いわゆる「IT 基本法」（高度情報通信ネットワーク社会形成基本法（H12 法 144））の立法過程を紹介する。「政治主導」の違いを比較していただきたい。
　平成 12 年 4 月に発足した森喜朗内閣の下で開催された 7 月の沖縄サミットは、「IT サミット」ともいわれた。議長として IT 憲章をとりまとめた森首相は、第 150 回国会

第4章　基本法に見る議員立法の役割

（H12.9.21 召）における所信表明演説において、IT 革命の推進への決意を表明し、今国会に IT 基本法を提出すると言明した。IT 革命によって日本の経済・社会構造をプラス方向に改革していくという首相の確固たる思いがあったものと推察されているが、その背景には、IT が最重要視されている世界の趨勢を見ても、その時点での日本の状況は、かなり遅れをとっているという危機意識があったのではないか、と指摘されている。

　森首相のトップダウンの指示により IT 基本法の制定に向けて動き出し、平成 12 年9 月には、内閣官房に 10 省庁 14 人から成るプロジェクトチームが結成され、法案化の作業が開始された。急な作業ながら、国民の関心の高さに配慮してパブリックコメントもかけたといわれる。平成 12 年 10 月 24 日に、第 150 回国会に提出され（150 回閣 14）、衆議院において修正が行われ、平成 12 年 11 月 29 日に成立した（「高度情報通信ネットワーク社会形成基本法」（H12 法 144））。

（今井實「災害対策基本法について（一）」『自治研究』第 37 巻第 12 号、1961.12、pp. 87–91；五十嵐耕一「交通安全対策基本法について」『自治研究』46 巻 8 号、1970.8、pp. 81、85–87；武田博之「IT 基本法の立法過程について」『北大法学論集』Vol. 53 No. 3、2002、pp. 764–771.）

① 「理念型」又は「宣言型」（制度・政策についての基本・理念・原則を定めることを眼目としたもの：（例）教育基本法）

② 「政策型」（それぞれの行政分野における国の政策の目標、方向、在り方、大綱等を示し、それを踏まえて政府に対して施策の推進を促すもの：（例）農業基本法 [18]）

③ 「対策型」（一定の行政上の対策の基本を定め、社会秩序の維持、福祉の向上、被害の予防・救済などを図る対策立法としての性格を有するもの [19]：（例）災害対策基本法）

---

(18)　農業基本法は、「基本法」の「型」、「形式」において「先導的役割」を果たし（菊井康郎「基本法の法制上の位置づけ」『法律時報』vol. 45. no. 7、1973、p. 18.）、それ以後の基本法はその形式を基本的に踏襲しているといわれる（川﨑　前掲注 (6)、p. 56.）。その農業基本法の制定過程においては、「諸外国の立法例が影響を与え、また、参考とされた。」新しい農政を求める要求が基本法の制定の要望につながる契機となったのは西ドイツの農業法（1955 年制定）であり、農業基本法の法律のスタイルについて参考とされ、内容的にも示唆を受けたのはフランスの「農業の方向づけに関する法律」（1960 年）であるとされる（中西一郎「農業基本法の解説」『自治研究』第 37 巻第 7 号、1961.7、pp. 92-93、94-96.）。

(19)　具体的な措置を定める災害対策基本法、食品安全基本法等が典型例とされる（川﨑　前掲注 (6)、p. 60.）。

④ 「改革推進型」（国政上の重要課題となっている特定の改革を確実に推進す
　　るためにあえて法律の形を用いるもの：（例）中央省庁等改革基本法）

　その上で、基本法は、複数の性格を併せ持つものもあり、評価も異なり得
るので、①から④までの分類は「どの性格が比較的強いのかといった程度の
1つの目安にとどまり、それほど厳格なものではない」と付言されている[20]。

　そのように相対的な類型ではあるが、多くの基本法は「政策型」に属し、
「「基本法」といえばこの型の基本法を想定したかたちで議論されることが少
なくない」といわれる[21]。

　また、ここに紹介した分類を参考に、①「対策型」（(a)「産業対策型」、
(b)「社会問題対応型」に区分）、②「推進型」、③「行政組織改革型」の3類
型の分類も提示されている[22]。これによると、①が (a) から (b) へと広が
り、(b) に区分できる多くの基本法が成立している、として、「何らかの社
会問題が政治的対処を要する重大性を有すると考えられる場合には、基本法
制定という選択肢」へと向かうとされる[23]。あわせて、「一定の分野におけ
る社会の積極的発展を目指すものや特定の産業分野の積極的推進を内容とす
る」「推進型」の増加が近年の基本法の特徴ともされており、「①以上になぜ
その分野が基本法の対象となったのかについて、政治的判断という以上の説
明のしにくいものが多い」と評される[24]。このように、基本法において、
①の (b) の類型（「社会問題対応型」）が増えていることは、議員立法の類型
として「問題即応型」[25] といわれる立法例が増加していることと呼応して

---

(20)　同上、pp. 59-61.

(21)　同上、p. 60.

(22)　毛利透「基本法による行政統制」『公法研究』第 72 号、2010.10、pp. 88-89.

(23)　同上、p. 89.

(24)　同上　そのような基本法の例として、「科学技術基本法」、「ものづくり基盤技術振興基本法」、「循環型
　　　社会形成推進基本法」、「高度情報通信ネットワーク社会形成基本法」、「知的財産基本法」、「地理空間情報
　　　活用推進基本法」、「バイオマス活用推進基本法」が挙げられており、議員立法、内閣立法共通の傾向と捉
　　　えられているようである。

(25)　橘幸信「議員立法の実際」大森政輔・鎌田薫編『立法学講義　補遺』商事法務、2011、pp. 153-156.
　　　近年の社会経済情勢の変化の中で、新たに様々な問題が発生し、そのような問題に対して、縦割り行政の
　　　弊害等で行政庁が対応できない場合に、議員の「政治主導」の自負の下、議員立法により法整備が行われ
　　　る例が増えている（第 2 章第 2 節 II 1（6）及び表 2-12 参照）。

第4章　基本法に見る議員立法の役割

　おり、「推進型」が増加していることは、近年、多数の「推進法」が制定されていることと呼応している（COLUMN26 参照）。

第2節 基本法に求められる役割

I 基本法に見る議員立法と内閣立法の役割

　議員立法と内閣立法で、基本法に求められる役割に違いはあるだろうか。「議員立法の基本法」と「内閣立法の基本法」について、基本法の対象とする行政分野という観点から、それぞれの基本法の「守備範囲」について指摘するものがある。「内閣立法の基本法」については、「行政の基本的分野における重要課題に関するもの」（例えば、「教育基本法」（H18法120）、「環境基本法」（H5法91）、「食料・農業・農村基本法」（H11法106））や「行政権の行使を内容とするもの」（例えば、「災害対策基本法」（S36法223））などについては、「行政施策遂行の責務を有する内閣が自ら法律案の提出を行うのが通例」としている[26]。一方、「議員立法の基本法」については、「行政施策の遂行上不可欠とまでいえ」ず「行政府の手が回り切らない」特定の行政分野について、「国会による行政監督ともいうべき権能の行使の一手法として」議員立法によって基本法が制定されているとする[27]。

　例えば、農林・環境分野における基本法の制定状況について表4-1を見ると、内閣立法の基本法としては、「森林・林業基本法」（S39法161）、環境基本法、食料・農業・農村基本法、「循環型社会形成推進基本法」（H12法110）、「水産基本法」（H13法89）及び「食品安全基本法」（H15法48）（以上、制定年順）があり、一方、議員立法の基本法は、「食育基本法」（H17法63）、「生物多様性基本法」（H20法58）、「バイオマス活用推進基本法」（H21

---

(26) 大森政輔「内閣立法と議員立法」前掲注（25）、pp.49、51。ここに示される分野の基本法の改正を議員立法で行うことについて、担当省庁が難色を示したことが紹介されている（宮路和明『みやじ和明 議員立法への挑戦』2010、p.163.）。

(27) 大森 同上、p.51.

第4章　基本法に見る議員立法の役割

法 52)、「水循環基本法」(H26 法 16) 及び「都市農業振興基本法」(H27 法
14)（以上、制定年順）がある。食品安全基本法 28 を除き、内閣立法の基本
法は、農林水産省、環境省の各省の「行政の基本的分野における重要課題に
関するもの」について制定されていることになる。これらの分野の基本法
は、内閣立法の基本法 19 本のうち 6 本を占めており、特に、農林水産省に
ついては、農業、林業、水産業のいずれの分野についても基本法を有してい
る点が特徴的である。「農業基本法」の制定について、政策担当者の立場か
ら、1 つの行政庁所管の特定分野についての施策であれば、本来、行政府に
おいて、目指す施策を講ずればよく、必要であれば基本政策要綱のようなも
のを作って宣明すればよいことになるが、もう少し明確な形で国の意思とし
て方向付けを宣明することが必要との判断で基本法を制定することとなると
の考え方も示されている 29。

　先述したように、近年、「首相主導」、「内閣主導」により、複数の行政庁
に関わる内閣立法の基本法が一定数制定されていることは、内閣立法の基本
法に求められる役割の変化を示すものかもしれない。

　一方、議員立法の基本法について見ると、法制定に至る契機はそれぞれ異
なるが、共通しているのは、いずれも、複数の行政庁が関わる政策分野を対
象としていることである。そのような政策を推進するためには、それらの行
政庁の十分な連携協力が求められるにもかかわらず、行政庁間の調整には困
難を伴う中、「議員主導」により基本法が制定され、その推進方針が示され
たものということができる 30。

---

(28)　我が国初の牛海綿状脳症（BSE）の発生をはじめ、食品の安全性を揺るがす様々な問題が起こる中、農
　　林水産省と厚生労働省の縦割り行政の弊害が問題となったことを機に制定され、食品の安全性の確保に関
　　する施策の策定の基本的な方針を定めるとともに、内閣府にリスク評価機関として食品安全委員会を置く
　　ことを内容とする。

(29)　松元威雄「農業基本法案の概要とその問題点」『ジュリスト』No. 224、1961.4.15、p. 13. なお、農業
　　団体、政党等の基本法制定に向けた機運の高まりの中で、当初、政府は農業基本法の制定には慎重な態度
　　をとったともいわれる（中西　前掲注（18）、pp. 92-93.)。

250

Ⅱ　行政国家化という視点から見る基本法の役割

　次に、視点を変えて、行政国家化との関係で、基本法の役割について考えてみたい。

　現代国家において、行政の活動範囲は広がり、活動内容も多様なものとなった。複雑化した行政活動の担い手である行政機関は、その規模が著しく拡大し、その業務内容は高度に専門化することとなった。その一方で、そのように複雑・多様化し、高度の専門性を持つ行政活動の細部についてまで、議会が、立法を行うこと、あるいは行動をチェックすることは実質的には不可能になってくる。その結果、行政権が議会より相対的に大きな影響力を持つようになってきたといわれる[31]。

　このように議会の立法権に対して行政権が優越的な地位を占める「行政国家」においては、「議会は内閣に対して、そして、更に行政官僚制に対して、政策決定においてかなりの裁量権を委ねざるを得ない」[32] ことになる。しかし、そのこと自体が問題なのではなく、その際に、政治的コントロールを達成できるか否かが問われることになる。基本法は、そのような場面において、立法事実に関する多くの情報を有する政府に対し、「政策内容上の指示」[33] を与えるという意味を含んでいるとともに、行政監視機能を果たしていくための有効な手段のひとつとして位置付けることができる[34]。

---

(30)　例えば、「官民データ活用推進基本法」（H28法108）について見ると、国会における審議において、議員立法で取り組まれたことについて「これだけIT、ICTは、いろいろな省庁にまたがる横串機能であり、各省庁にそれぞれ強力な権限で進めていくな」ければならないときに、「各省の調整というのは大変」であり、「そういう中で、この議員立法を速やかに通す」ことは「非常に意義のあること」と説明されている（192回衆・内閣委・H28.11.25・p.8；中司光紀「官民挙げてデータ活用を推進」『時の法令』2024号、2017.4.30、p.6.）。

(31)　森田朗『新版　現代の行政』第一法規、2017、p.20.

(32)　川人貞史『議院内閣制』東京大学出版、2015、p.178.

(33)　小早川光郎「行政政策過程と「基本法」」松田保彦ほか編『国際化時代の行政と法』良書普及会、1993、pp.66-67. 各府省庁の設置法の規定は、それぞれの政策分野を主にどこが担当するかという枠付けを行うのにとどまるに対して、基本法は、設置法の規定では示されていない「政策内容上の指示」を関係省庁に対して与えるという意味を含む、とされる（同、p.67.）。

(34)　橘　前掲注（25）、pp.40-41.

251

第4章　基本法に見る議員立法の役割

　すなわち、基本法により政策の大きな方向性を示し、細部にわたる具体的な法制度設計は、それぞれの分野の専門的知識と行政の実態を知る職業的行政官に委ねられることとなるが、その実施法の内容や政府の施策の遂行が、基本法によって示された方向性に沿うものとなるよう政治的にコントロールしていくことが求められる[35]。

　これまでにも述べてきたように、近年の基本法は、議員立法か内閣立法かを問わず、「政治的判断」に基づくものが多い。これは、基本法における「政治主導」の表れ、「政」による「官」の統制と見ることができるのではないか。一方で、「基本法を行政の民主的コントロールの手段の1つとしてとらえた場合」、議員立法か内閣立法かによって「意味合いが異なってきうるのでないか」[36] との指摘がある。すなわち、内閣立法の基本法は、「その内容や国会審議の状況によっては、政府の政策を追認し、それに対し白紙委任状を与えるのと同じになりかねず、政府に都合のよいものとなってしまいかねない」[37] ことが危惧されることから[38]、基本法は「議員立法により担われていくべきもの」[39] との見方も示されている。基本法が政府に対する指針としての意味を持つという原点に立ち返ると、議員立法により制定すべきとの考え方は示唆に富む。

---

(35) 「基本法の制定は、あくまで手段であって、目的ではな」く、実施法となる関係法律や政府の施策の運用・具体化について、国会できちんと監視され、コントロールされていかなければならないとされる（川﨑政司「基本法再考（四）基本法の意義・機能・問題性」『自治研究』82巻5号、2006.5、p. 113.）。

(36) 川﨑　前掲注（2）、pp. 79-80.

(37) 同上、p. 80.

(38) 政策担当者にとっての基本法制定の意義は、「基本法」を通じて自ら行う政策を権威付け、政策がいかに正当なものであるかを示そうとすることであり、他の法律より、基本法の方が、その権威づけの意義・期待が増幅すると考えられる、と指摘されている（亀岡　前掲注（16）、p. 169.）。一方、内閣立法か議員立法かを問わず、基本法の傘下に数多くの法律と権限を持ち、予算獲得上も有利になると思われるので「政治・行政にとっては大きな魅力である」との指摘がある（成田頼明「"基本法"形式の課題」『書斎の窓』492号、2000.3、表Ⅱ.）。

(39) 川﨑　前掲注（2）、pp. 79-80. なお、この点については、「やみくもに議員立法の増加をいうのでなく、機能分担という視点から議員立法によって担われるべき分野やケースを確立していくことが重要であるとの認識に立ちつつ、基本法はその1つのケースになりうるとするもの」と付言されている（同p. 79.）。

Ⅲ　求められる議員立法の基本法の在り方

　行政国家化の中で、近年活発に制定されている議員立法の基本法が、現実に、行政をコントロールする手法として有効に機能していくか否かは、今後の展開にかかっている。

　基本法が期待される機能を発揮するためには、まず、その制定時において、「将来に向かって行政政策過程の適切な展開をもたらしうるような」[40]基本法であるかどうかが問われることになる。基本法が、「単にある省庁の既成の政策を擁護し固定するという態様で政策過程の枠付けを行うにとどまるのであれば」高い評価を与えることはできないとされる[41]。また、基本法が、議会の権能の強化や立法の復権につながるという期待される機能を発揮するようにしていくためには、「その制定の必要性と内容が十分検討されることが必要」ともいわれる[42]。

　そして、制定後にあっては、基本法に沿った施策が展開されているか、という点について不断のチェックが行われ、時に是正も必要になるものと思われる。しかし、現実には、議員立法か内閣立法かを問わず、「基本法の多くが行政の広範な裁量を認めたり、お墨付きを与えることで、行政の側に任せ切りにしてしまっており」、国会に期待される基本法による行政のコントロールということが「目論見どおりとはなっていない」との懸念が示されている[43]。㉖

　更に、社会経済情勢・国際情勢の変化の中で、基本法の示す方向性や内容が適切なものであり続けているか、という検証も必要となるだろう。これまでにも、時間の経過とともに、基本法が基本法としての役割を果たさなくなってしまっていた例があった[44]。政策の方向性や方針を示す基本法が短期間で頻繁に改正されることが望ましくないことはいうまでもないが、その

---

(40)　小早川　前掲注 (33)、p. 76.
(41)　同上
(42)　川﨑　前掲注 (35)、pp. 112-113.
(43)　川﨑　前掲注 (2)、pp. 80-81. また、基本法に関する批判があることにも言及されている（同上、pp. 110-112.）。

内容が政策の指針としての意味を喪失すれば、その段階で、基本法としての存在意義が問われることになる。

　一方、基本法は、議員立法か内閣立法かを問わず、縦割り行政の弊害を排し、政府が一体となって総合的に施策の推進を図ることを期待される場合が多いにもかかわらず、「基本法自体が、縦割りの中に巻き込まれ、特定の省庁の所管法律となっているような様相を呈し」ているケースもあると指摘されている[45]。これまで、特に、省庁横断的な分野を対象とすることの多い議員立法の基本法においては、しばしば推進体制の中心となる会議等が内閣府や内閣官房に置かれ、その総合調整機能の発揮が期待されてきたところである。しかし、内閣府・内閣官房に事務が集中する中、第189回国会(H27.1.26召)において、内閣府・内閣官房の機能の見直し、各省等への事務の移管等を内容とする「内閣の重要政策に関する総合調整等に関する機能の強化のための国家行政組織法等の一部を改正する法律」(H27法66)[46]が成立した。今後、政府による施策の遂行についてチェックが行われる際には、基本法の事務を移管された省等が、付与された総合調整機能を適切かつ十分に発揮できているか、という点についてのチェックも求められることになるだろう。

---

(44) 「農業基本法」(昭和36年制定、平成11年廃止)については、社会経済情勢や国際情勢の変化を受けて次々と新しい問題が生じる中で、農業政策の目的・内容は著しく変化し、農業基本法と具体的な諸法との関係が希薄化していったと指摘されている(亀岡　前掲注(16)、pp. 171-193.)。「農業基本法」が役に立たなくなっているから新しい基本法を作るべきとの議論が各界から10年以上前からしばしば出ていたが、「農水省はなかなか腰を上げなかった」(大内力「食料・農業・農村基本法について」『国民と森林』69号、1999.7、p. 29.)。

(45) 川﨑　前掲注(2)、pp. 77、89-90. 環境基本法について、中央環境審議会等が環境省関連の機関とされていることが、「単に機関設置の問題にとどまらず、環境基本法の規律自体が環境省関連だと解釈され」、その解釈は、「環境基本法の規律対象を環境省の守備範囲に限定し、かつ他省庁の守備範囲を環境基本法とは別のところに観念しかねない危険をはらんでいる」と指摘されている(松本和彦「憲法と環境基本法」『阪大法学』54巻4号、2004.11、pp. 965.)。これを受け、「一般的には横断性・総合性が比較的高いと考えられている環境基本法」についても、「そのような問題が指摘されるのであれば、他の基本法は推して知るべしといえるのではなかろうか」と評されている(川﨑　同)。

(46) 中司光紀・新井智広「内閣官房・内閣府が政策の方向付けに専念し、各省等が中心となって強力かつきめ細かく政策を推進」『時の法令』1999号、2016.4.15、pp. 26-28参照。

「基本法」と「推進法」

　平成に入り、議員立法による「基本法」が多数制定されている（第2章第2節Ⅱ1(8)及び第4章第1節Ⅰ参照）。同様に、最近、多数の立法が行われているのが「推進法」である。「推進法」と同様、特定の施策を進めることを目的としている「促進法」を見ると、内閣立法により多数制定されてきており、しかも、内閣立法、議員立法ともに、近年の増加傾向は認められない（表1及び表2）。それに対して、「推進法」は、平成10年代に、新規制定数が増えており、その後も議員立法によるものは伸びが大きい。

【「推進法」と「促進法」】

　まず、「推進法」と「促進法」の違いを見てみると、文字どおり、「推進法」は、国や地方公共団体などが施策を推し進めるものであるのに対し、「促進法」は、進めたい施策の主体となる者の背中を押すように支援したり、誘導したりして、その施策へと促すもので、ある特定の施策を進めるための法律であっても、両者では、若干ニュアンスが異なっている。

　例えば、「津波対策の推進に関する法律」（H23法77）の場合、津波対策を、国及び地方公共団体が主体的に推し進めることを内容とするものであるので、「推進法」となる。それに対し、「成年後見制度の利用の促進に関する法律」（H28法29）の場合、成年後見制度を利用するのは当事者である国民であり、強制はできないが、認知症などの人を支える重要な手段である成年後見制度の利用が適切に進むよう、環境整備を行おうとするものであるので「促進法」となる。

　このように、全ての場合において、線引きができるわけではないが、表1と表2の制定状況の対比からも、立法の現場では、使い分けられていることが窺える。そして、ある施策を、国等が責任を持って進めていくべきとして「推進法」とする場合、施策の方向性などを示して、政府に対して、その施策の推進を指示する「基本法」との線引きが問題となる。

【「基本法」と「推進法」】

　基本法の中にも、「推進基本法」と題するものがあり、また、内容的に「推進型」と分類できる基本法が増えているとも指摘されている（第4章第1節Ⅲ）。「基本法」と「推進法」について、明確な線引きの基準があるわけではなく、立法の現場でも、どちらにするか議論になることがある。ある政策についての「基本」となることを定める法律であれば、直ちに基本法になるわけではない。なんとなく、基本法の方が「格」が高い感じがすることもあり、議員立法の依頼者が、基本法という法形式を希望することもある。

　それぞれの規定する内容を少し詳しく見ると、「基本法」は、政策の方向性を示し、具体的に講じる施策・措置については規定しない場合が多く（「災害対策基本法」のようなタイプは除く。第4章第1節Ⅲ参照）、政策の具体化は政府に委ねられることとな

るため、「法制上の措置等」という「見出し」が付された規定が通常置かれることになる。一方、「推進法」は、推進すべき施策の内容を自ら規定する場合が多く、それを一応の線引きの目安とすることができる時期もあった。しかし、近年は、「推進法」でも施策の方向性などの抽象的な内容を規定し、その具体化のための措置について「法制上の措置等」という規定を置く例が増えている（平成10年代の半ば以降、このような例が増えたが、それまでは、「法制上の措置等」という規定は「基本法」のみに置かれていた。）。

　また、基本法には、政策の方向を示す「基本方針」や、計画的な推進のための「基本計画」等についての規定を置かれることが多く、その場合、複数の府省に関わる政策を政府として一体的に推進するものとされることが多いことから、それらの「案」の作成は一つの省庁が行うとしても、決定は「閣議」で行うこととされ、作成主体は、「政府」となる。その一方で、「推進法」の場合は、主務大臣（複数の場合あり。）が作成することとされている規定がほとんどである。基本的な政策の進め方・内容を、「政府」として決めることがふさわしいか否か、ということは、「基本法」とする1つの目安として考えられるのかもしれない。しかし、この点についても、近年、「推進法」でも、政府を作成主体とするものが見られるようになってきており、基本法と推進法は、法律の内容として接近している。

【「基本法」と「推進法」の接近の背景】

　このような、最近の両者の接近の傾向について、以下のように考えることができるのではないか。

① 表1にあるように、議員立法の「推進法」は、平成10年代になるまで1本しかなかったが、議員立法の活性化や基本法の増加と歩調を合わせるように、平成10年以降に急増している。このような推進法の増加は、基本法の増加とともに、政治主導で、行政庁に一定の政策を進めることを求める場面が増えていることを示すものではないかと思われる。すなわち、府省横断的な、複数の府省に関わる問題に対応する場面が増えていることを示しているのではないか。

② その場合において、施策の推進の「必要性」、その「方向性」については政治的に判断されたものの、その施策の推進のための具体的な方策、取組については、情報も専門的知識も有する行政庁に委ねられることとなったのではないか。しかも、特定の府省だけの対応では困難なので、基本方針等の作成主体は「政府」とされたのではないか。

　このように、推進法の増加の背景は、基本法の増加の背景と共通するように思われるが、近年、基本法や推進法のような抽象的な内容の法律が多数制定されることに対して、批判的な意見もないわけではない。しかし、基本法、推進法の制定が問題なのではなく、問われるべきは、制定後の在り方のように思われる。これらは、具体的な施策を自ら定めていないことから、法律の制定後に、施策の実施状況のチェックや、社会経済情勢の変化に伴う施策の妥当性の確認と必要な見直しが適切に行われることによって、初めて、期待される効果が発揮されることになる。

この点について、最近の推進法のひとつの例として、「子どもの貧困対策の推進に関する法律」（H25法64）の委員会審査における議員の発言を紹介しておきたい。

　この法律は、近年、多くの子どもたちが貧困の状態にあることが明らかになる中、あしなが育英会などの働きかけも受け、超党派の議員の検討・協議を経て成立した法律である。政府が定めることとされている「子どもの貧困対策に関する大綱」には、子どもの貧困率、生活保護世帯の子どもの高校進学率などの子どもの貧困に関する指標と、その改善に向けた施策について定めることとされている（8条2項2号）。この点については、それらの数値によって法律の実効性を検証できることから、「この法律案は成立させて終わりではなく、私たち国会議員に重たい責任、宿題を課したものと言え」との発言が行われた（183回衆・厚生労働委・H25.5.31・pp. 45–46：本法律案の起草の際の発言）。また、併せて、大綱の作成に当たり、貧困の状態にある世帯の者などの当事者などの声も把握することとする決議も行われており、「実効性がある、目に見える結果が出る法律に育て上げていくことをここに皆さんとともに誓い合」うとも述べられた（同）。

　これは、全ての基本法、推進法に共通して求められるものなのではないか。「子どもの貧困対策の推進に関する法律」だけでなく、他の基本法、推進法なども、制定時に目指した目的に向け、育てられていくことに期待したい。

表1　「推進法」の制定の状況

制定された期間	内閣立法	議員立法	合計
昭和22年〜64年	3	0	3
平成元年〜9年	9	1	10
平成10年〜19年	12	12	24
平成20年〜28年	6	28	34
合　計	30	41	71

（注1）「推進法」は、法律の題名が「…推進法」「推進等に関する法律」、「推進に関する特別措置法」等を対象としている。
（注2）「…推進のための…に関する法律」、「…推進基本法」等は対象としていない。

表2　「促進法」の制定の状況

制定された期間	内閣立法	議員立法	合計
昭和22年〜64年	43	20	63
平成元年〜9年	29	2	31
平成10年〜19年	19	9	28
平成20年〜28年	18	7	25
合　計	109	38	147

（注1）「促進法」は、法律の題名が「…促進法」「促進等に関する法律」、「促進に関する特別措置法」等を対象としている。
（注2）「…促進のための…に関する法律」等は対象としていない。

（出典）国立国会図書館「日本法令索引」データベース；衆議院HP「議案情報」等を基に筆者作成。

おわりに

　これまで、いくつかの観点から、「議員立法がどのように行われてきたか」ということを見てきた。本書は、これまで行われてきた議員立法の状況について、平成以降の動きを中心に記したもので、議員立法は、これからもまた、議員の意識を反映して、そして、政治情勢や社会の要請などを背景として変化を見せながら行われていくことになるだろう。

　多くの議員が、政治家としての自負の下、熱心に議員立法に取り組む姿に間近に接してきた。それが、「議員立法の活性化」という言葉で表される現象となり、議員立法の提出件数、成立件数も変化した。その数字の陰には、ひとつひとつのドラマがある。

　議員立法に限らず、近年の法律の増加については、「立法の洪水」、「立法のインフレーション」などといわれ、懸念も示されており、議員立法の基本法や推進法の増加も、そのひとつの要因として挙げられている。基本法について述べたところであるが、基本法や推進法に限らず、全ての法律について、本来は、その法律の必要性、意義、内容の妥当性などについて、制定時に十分精査されるとともに、制定後における適切な運用についてチェックされることが求められる。そのためには、国会において、国民に見える形で十分な議論が行われることが必要になる。

　ねじれ国会の下、東日本大震災からの復旧・復興のため、各党が法律案の提出により議員同士で議論しつつ合意形成を目指した活発な取組は、ねじれ国会でなくとも、国会の審議を活性化させ、国民に議論を見えやすくするとともに、より多くの政党や議員の意見を法律に反映させるために必要なものであるはずである。

　二大政党制の実現を目指した小選挙区制の導入をはじめ、日本が、イギリスのウェストミンスター・モデルを範とした改革を目指すようになった

1990 年代には、イギリスでは、既に、議会の自律性強化の方向への改革など、変化が生じていたともいわれる[1]。また、イギリスを含め、二院制を採る各国においては、それぞれが抱える課題について試行錯誤を繰り返しながら、議会の在り方を模索している[2]。議会制度は、「常に改革を心がけていなければほとんど用なしの代物になってしまうだろう」として、議会運営の在り方自体も根本的に考え直すべきとの指摘もある[3]。

　政権交代により、与党と野党の両方の経験を有する議員も増えた中で、また、現在は、ねじれも解消し、一党優位ともいえる政治状況の下で、今後、どのような国会運営が行われ、どのように合意形成に向けた取組が行われるのか。そして、議員立法はどのように行われていくのか。今後の国会運営と議員立法の動向が注目される。立法の現場で様々な立法過程の歴史が積み重ねられていく中で、真の「政治主導」が実現されるよう、期待と関心を持って見守りたい。

---

(1)　大山礼子『日本の国会―審議する立法府へ―』岩波新書、2011、pp. 125-136；同「「政治主導」実現への処方箋―英国モデル追随を越えて―」『都市問題』Vol. 100 No. 11、2009.11、pp5-7.

(2)　大山　『日本の国会―審議する立法府へ―』、pp. 136-139；岡田信弘編『二院制の比較研究―英・仏・独・伊と日本の二院制―』日本評論社、2014 参照。

(3)　大石眞『議会法』有斐閣、2001、pp. 173-175.

参考資料

- ・別表 1　　国会回次別の法律案提出件数及び法律の成立件数・成立率
- ・別図 1　　通常国会ごとの法律案提出件数及び議員提出法律案の割合
- ・別図 2　　通常国会ごとの法律の成立件数及び議員立法の割合
- ・別図 3　　通常国会ごとの閣法・衆法・参法別の成立件数・成立率
- ・別表 2　　新規制定議員立法一覧（第 1 回国会〜第 193 回国会）〔制定順〕
- ・別図 4　　議員提出・委員会提出別の新規制定議員立法の件数及び
　　　　　　　新規制定議員立法に占める委員会提出の新規制定議員立法の割合
- ・別図 5　　通常国会ごとの議員立法の成立件数に占める委員会提出の議員立法
　　　　　　　の成立件数の割合
- ・別図 6　　通常国会ごとの議員提出・委員会提出別の議員立法の成立件数及び
　　　　　　　委員会提出の議員立法の成立件数に占める新規制定議員立法の件数
　　　　　　　の割合
- ・別表 3　　衆議院法制局立案取扱件数一覧
- ・別表 4　　基本法一覧

別表 1 国会回次別の法律案提出件数及び法律の成立件数・成立率

国会回次	召集日	会期終了日	閣法 提出	閣法 成立	閣法 成立率	閣法 継続提出	閣法 継続成立	閣法 継続成立率	衆法 提出	衆法 成立	衆法 成立率	衆法 継続提出	衆法 継続成立	衆法 継続成立率	参法 提出	参法 成立	参法 成立率	参法 継続提出	参法 継続成立	参法 継続成立率
1 (特)	昭和22年5月20日	昭和22年12月9日	161	150	93.2%	0	0	0	20	8	40.0%	0	0	0	2	0	0.0%	0	0	0
2 (常)	昭和22年12月10日	昭和23年7月5日	225	190	84.4%	0	0	0	21	20	95.2%	0	0	0	10	3	30.0%	0	0	0
3 (臨)	昭和23年10月11日	昭和23年11月30日	40	32	80.0%	8	0	0.0%	5	4	80.0%	0	0	0	3	1	33.3%	0	0	0
4 (常)	昭和23年12月1日	昭和23年12月23日	23	22	95.7%	0	0	0	5	5	100.0%	0	0	0	9	6	66.7%	0	0	0
5 (特)	昭和24年2月11日	昭和24年5月31日	212	198	93.4%	0	0	0	22	14	63.6%	0	0	0	11	7	63.6%	0	0	0
6 (臨)	昭和24年10月25日	昭和24年12月3日	60	51	85.0%	3	2	66.7%	11	10	90.9%	0	0	0	4	2	50.0%	1	0	0.0%
7 (常)	昭和24年12月4日	昭和25年5月2日	196	187	95.4%	0	0	0	32	29	90.6%	0	0	0	11	8	72.7%	0	0	0
8 (臨)	昭和25年7月12日	昭和25年7月31日	20	17	85.0%	0	0	0	14	11	78.6%	0	0	0	2	0	0.0%	1	0	0.0%
9 (臨)	昭和25年11月21日	昭和25年12月9日	43	37	86.0%	2	2	100.0%	11	8	72.7%	2	2	100.0%	3	2	66.7%	1	0	0.0%
10 (常)	昭和25年12月10日	昭和26年6月5日	181	173	95.6%	0	0	0	70	59	84.3%	0	0	0	27	22	81.5%	0	0	0
11 (臨)	昭和26年8月16日	昭和26年8月18日	1	0	0.0%	6	0	0.0%	8	6	75.0%	4	0	0.0%	0	0	0	5	0	0.0%
12 (臨)	昭和26年10月10日	昭和26年11月30日	54	51	94.4%	6	1	16.7%	80	61	76.3%	4	3	75.0%	3	3	100.0%	5	0	0.0%
13 (常)	昭和26年12月10日	昭和27年7月31日	249	236	94.8%	5	5	100.0%	1	0	0.0%	6	0	0.0%	19	11	57.9%	4	0	0.0%
14 (臨)	昭和27年8月26日	昭和27年8月28日	0	0	0	8	0	0.0%	0	0	0	0	0	0	0	0	0	2	0	0.0%
緊急集会	昭和27年8月31日	昭和27年8月31日	0	0	0	0	0	0	0	0	0	0	0	0	0	0	0	0	0	0
15 (常)	昭和27年10月24日	昭和28年3月14日	187	50	26.7%	0	0	0	59	25	42.4%	0	0	0	16	2	12.5%	0	0	0
緊急集会	昭和28年3月18日	昭和28年3月20日	4	4	100.0%	0	0	0	0	0	0	0	0	0	0	0	0	0	0	0
16 (特)	昭和28年5月18日	昭和28年8月10日	169	159	94.1%	0	0	0	88	54	61.4%	0	0	0	20	13	65.0%	0	0	0
17 (臨)	昭和28年10月29日	昭和28年11月7日	15	15	100.0%	2	0	0.0%	13	2	15.4%	12	0	0.0%	0	0	0	5	0	0.0%
18 (臨)	昭和28年11月30日	昭和28年12月8日	10	9	90.0%	2	0	0.0%	3	3	100.0%	18	0	0.0%	1	1	100.0%	5	1	20.0%
19 (常)	昭和28年12月10日	昭和29年6月15日	183	176	96.2%	2	2	100.0%	51	21	41.2%	14	0	0.0%	22	6	27.3%	4	0	0.0%
20 (臨)	昭和29年11月30日	昭和29年12月9日	11	10	90.9%	6	0	0.0%	22	9	40.9%	22	2	9.1%	2	1	50.0%	15	2	13.3%
21 (臨)	昭和29年12月10日	昭和30年1月24日	0	0	0	0	0	0	16	4	25.0%	0	0	0	3	0	0.0%	0	0	0
22 (常)	昭和30年3月18日	昭和30年7月30日	150	135	90.0%	2	1	50.0%	78	35	44.9%	0	0	0	28	6	21.4%	0	0	0
23 (臨)	昭和30年11月22日	昭和30年12月16日	10	10	100.0%	1	0	0.0%	9	5	55.6%	4	0	0.0%	1	0	0.0%	12	0	0.0%
24 (常)	昭和30年12月20日	昭和31年6月3日	172	141	82.0%	0	0	0	71	16	22.5%	6	3	50.0%	13	7	53.8%	13	1	7.7%
25 (臨)	昭和31年11月12日	昭和31年12月13日	10	4	40.0%	21	2	9.5%	10	2	20.0%	26	4	15.4%	1	0	0.0%	9	0	0.0%
26 (常)	昭和31年12月20日	昭和32年5月19日	158	145	91.8%	24	9	37.5%	50	15	30.0%	25	5	20.0%	17	3	17.6%	10	0	0.0%
27 (臨)	昭和32年11月1日	昭和32年11月14日	5	5	100.0%	20	2	10.0%	13	2	15.4%	35	1	2.9%	2	0	0.0%	16	0	0.0%
28 (常)	昭和32年12月20日	昭和33年4月25日	159	144	90.6%	16	1	6.3%	27	12	44.4%	41	3	7.3%	19	4	21.1%	15	1	6.7%
29 (特)	昭和33年6月10日	昭和33年7月8日	5	5	100.0%	0	0	0	16	0	0.0%	0	0	0	0	0	0	0	0	0
30 (臨)	昭和33年9月29日	昭和33年	41	6	14.6%	0	0	0	13	0	0.0%	8	0	0.0%	6	0	0.0%	1	0	0.0%
31 (常)	昭和33年12月10日	昭和34年5月2日	185	171	92.4%	0	0	0	69	12	17.4%	0	0	0	14	0	0.0%	0	0	0
32 (臨)*	昭和34年6月22日	昭和34年7月3日	2	2	100.0%	7	0	0.0%	1	0	0.0%	25	0	0.0%	0	0	0	4	0	0.0%

国会回次	召集日	会期終了日	閣法 提出	閣法 成立	閣法 成立率	閣法 継続提出	閣法 継続成立	閣法 継続成立率	衆法 提出	衆法 成立	衆法 成立率	衆法 継続提出	衆法 継続成立	衆法 継続成立率	参法 提出	参法 成立	参法 成立率	参法 継続提出	参法 継続成立	参法 継続成立率
33 (臨)	昭和34年10月26日	昭和34年12月27日	33	32	97.0%	7	2	28.6%	26	2	7.7%	26	2	7.7%	2	0	0.0%	4	0	0.0%
34 (常)	昭和34年12月29日	昭和35年7月15日	155	124	80.0%	4	1	25.0%	48	9	18.8%	26	4	15.4%	4	2	50.0%	6	0	0.0%
35 (臨)	昭和35年7月18日	昭和35年7月22日	0	0	0	25	4	16.0%	1	1	100.0%	35	0	0.0%	0	0	0	4	0	0.0%
36 (臨)	昭和35年10月17日	昭和35年10月24日	0	0	0	21	0	0.0%	7	0	0.0%	35	0	0.0%	0	0	0	4	0	0.0%
37 (特)	昭和35年12月5日	昭和35年12月22日	25	23	92.0%	0	0	0	7	4	57.1%	2	0	0	1	0	0.0%	0	0	0
38 (常)	昭和35年12月26日	昭和36年6月8日	211	150	71.1%	1	1	100.0%	60	8	13.3%	1	0	0.0%	35	2	5.7%	1	0	0.0%
39 (臨)	昭和36年9月25日	昭和36年10月31日	75	68	90.7%	6	2	33.3%	34	8	23.5%	17	0	0.0%	12	1	8.3%	7	0	0.0%
40 (常)	昭和36年12月9日	昭和37年5月7日	160	138	86.3%	15	8	53.3%	49	7	14.3%	32	1	3.1%	17	0	0.0%	8	0	0.0%
41 (常)*	昭和37年8月4日	昭和37年9月2日	3	3	100.0%	4	1	25.0%	11	2	18.2%	35	0	0.0%	0	0	0	1	1	100.0%
42 (臨)	昭和37年12月8日	昭和37年12月23日	11	2	18.2%	0	0	0	1	0	0.0%	35	0	0.0%	34	2	5.9%	6	0	0
43 (常)	昭和37年12月24日	昭和38年7月6日	185	158	85.4%	0	0	0	53	7	13.2%	0	0	0	0	0	0	0	0	0
44 (臨)	昭和38年10月15日	昭和38年10月23日	36	1	2.8%	0	0	0	7	1	14.3%	0	0	0	1	0	0.0%	0	0	0.0%
45 (常)	昭和38年12月4日	昭和38年12月18日	13	11	84.6%	0	0	0	5	2	40.0%	0	0	0	18	1	5.6%	0	0	0
46 (臨)	昭和38年12月20日	昭和39年6月26日	174	156	89.7%	2	2	100.0%	62	12	19.4%	1	1	100.0%	18	1	5.6%	5	0	0.0%
47 (臨)	昭和39年11月9日	昭和39年12月18日	10	10	100.0%	9	2	22.2%	9	1	11.1%	19	0	0.0%	0	0	0	5	0	0.0%
48 (常)	昭和39年12月21日	昭和40年6月1日	134	124	92.5%	5	1	20.0%	45	10	22.2%	19	0	0.0%	19	4	21.1%	5	0	0.0%
49 (臨)*	昭和40年7月22日	昭和40年8月11日	5	3	60.0%	5	1	20.0%	0	0	0	24	0	0	0	0	0.0%	0	0	0
50 (臨)	昭和40年10月5日	昭和40年12月13日	15	3	20.0%	6	0	0.0%	0	0	0	24	0	0	3	0	0.0%	0	0	0
51 (常)	昭和40年12月20日	昭和41年6月27日	156	136	87.2%	11	2	18.2%	60	11	18.3%	0	0	0	18	0	0.0%	0	0	0
52 (臨)	昭和41年7月11日	昭和41年7月30日	0	0	0	7	1	14.3%	1	1	100.0%	23	0	0.0%	2	0	0	3	0	0.0%
53 (臨)	昭和41年11月30日	昭和41年12月20日	11	11	100.0%	3	0	0.0%	1	1	100.0%	22	2	9.1%	2	0	0.0%	3	0	0.0%
54 (特)	昭和41年12月27日	昭和41年12月27日	0	0	0	0	0	0	2	0	0	20	0	0.0%	0	0	0.0%	2	0	0.0%
55 (特)	昭和42年2月15日	昭和42年7月21日	152	131	86.2%	0	0	0	43	6	14.0%	0	0	0.0%	13	0	0.0%	0	0	0.0%
56 (臨)	昭和42年7月27日	昭和42年8月18日	2	1	50.0%	11	0	0.0%	2	0	0.0%	15	0	0.0%	1	0	0.0%	0	0	0.0%
57 (臨)	昭和42年12月4日	昭和42年12月23日	8	7	87.5%	7	1	14.3%	4	1	25.0%	8	0	0.0%	0	0	0	0	0	0
58 (常)	昭和42年12月27日	昭和43年6月3日	108	90	83.3%	7	5	71.4%	45	7	15.6%	9	0	0.0%	15	2	13.3%	0	0	0.0%
59 (臨)*	昭和43年8月1日	昭和43年8月10日	0	0	0	7	0	0.0%	0	0	0	19	0	0.0%	0	0	0	0	0	0
60 (臨)	昭和43年12月10日	昭和43年12月21日	9	7	77.8%	6	0	0.0%	3	0	0.0%	18	0	0.0%	0	0	0	0	0	0
61 (常)	昭和43年12月27日	昭和44年8月5日	113	63	55.8%	6	3	50.0%	58	4	6.9%	18	0	0.0%	22	0	0.0%	0	0	0.0%
62 (臨)	昭和44年11月29日	昭和44年12月12日	33	26	78.8%	0	0	0	2	1	50.0%	0	0	0	11	0	0.0%	0	0	0
63 (特)	昭和45年1月14日	昭和45年5月13日	109	98	89.9%	0	0	0	39	17	43.6%	0	0	0	22	1	4.5%	0	0	0
64 (臨)	昭和45年11月24日	昭和45年12月18日	27	27	100.0%	4	1	25.0%	5	2	40.0%	6	0	0.0%	0	0	0.0%	0	0	0
65 (常)*	昭和45年12月26日	昭和46年5月24日	105	93	88.6%	3	3	100.0%	35	15	42.9%	4	0	0.0%	19	0	0.0%	0	0	0
66 (臨)*	昭和46年7月14日	昭和46年7月24日	22	14	63.6%	6	1	16.7%	8	4	50.0%	12	0	0.0%	0	0	0.0%	0	0	0
67 (臨)	昭和46年10月16日	昭和46年12月27日										12	0	0.0%	0	0	0	0	0	0

参考資料

国会回次	召集日	会期終了日	閣法						衆法						参法					
			提出	成立	成立率	継続提出	継続成立	継続成立率	提出	成立	成立率	継続提出	継続成立	継続成立率	提出	成立	成立率	継続提出	継続成立	継続成立率
68 (常)	昭和46年12月29日	昭和47年6月16日	115	95	82.6%	13	9	69.2%	48	14	29.2%	8	0	0.0%	10	0	0.0%	0	0	0
69 (臨)	昭和47年7月6日	昭和47年7月12日	0	0	0	11	0	0.0%	0	0	0	16	0	0.0%	0	0	0	1	0	0.0%
70 (臨)	昭和47年10月27日	昭和47年11月13日	9	9	100.0%	11	3	27.3%	4	3	75.0%	16	0	0.0%	0	0	0	1	0	0.0%
71 (特)	昭和47年12月22日	昭和48年9月27日	128	103	80.5%	0	0	0	65	14	21.5%	21	1	4.8%	25	1	4.0%	0	0	0
72 (常)	昭和48年12月1日	昭和49年6月3日	95	79	83.2%	20	15	75.0%	44	13	29.5%	26	0	0.0%	10	0	0.0%	13	0	0.0%
73 (臨)*	昭和49年7月24日	昭和49年7月31日	0	0	0	8	0	0.0%	3	0	0.0%	26	0	0.0%	0	0	0	0	0	0
74 (臨)	昭和49年12月9日	昭和49年12月25日	14	14	100.0%	8	0	0.0%	4	1	25.0%	25	0	0.0%	10	1	10.0%	0	0	0
75 (常)	昭和49年12月27日	昭和50年7月4日	68	43	63.2%	8	5	62.5%	40	19	47.5%	22	0	0.0%	29	0	0.0%	8	0	0.0%
76 (臨)	昭和50年9月11日	昭和50年12月25日	31	30	96.8%	7	0	0.0%	7	1	14.3%	32	0	0.0%	13	0	0.0%	0	0	0
77 (常)	昭和50年12月27日	昭和51年5月24日	69	58	84.1%	7	1	14.3%	24	10	41.7%	31	0	0.0%	20	0	0.0%	6	0	0.0%
78 (臨)	昭和51年9月16日	昭和51年11月4日	9	8	88.9%	15	6	40.0%	5	1	20.0%	41	0	0.0%	6	1	16.7%	22	0	0.0%
79 (臨)○	昭和51年12月24日		0	0	0	0	0	0	0	0	0	0	0	0	0	0	0	0	0	0
80 (常)	昭和51年12月30日	昭和52年6月9日	76	65	85.5%	8	0	0.0%	52	11	21.2%	29	0	0.0%	19	0	0.0%	0	0	0
81 (臨)*	昭和52年7月27日	昭和52年8月3日	0	0	0	8	2	25.0%	7	0	0.0%	29	0	0.0%	0	0	0	0	0	0
82 (臨)	昭和52年9月29日	昭和52年11月25日	13	7	53.8%	8	2	25.0%	7	1	14.3%	26	0	0.0%	1	0	0.0%	1	0	0.0%
83 (臨)	昭和52年12月7日	昭和52年12月10日	8	2	25.0%	4	0	0.0%	3	3	100.0%	26	0	0.0%	0	0	0	0	0	0
84 (常)	昭和52年12月19日	昭和53年6月16日	82	74	90.2%	10	9	90.0%	33	10	30.3%	41	0	0.0%	14	1	7.1%	1	1	100.0%
85 (臨)	昭和53年9月18日	昭和53年10月21日	13	12	92.3%	8	1	12.5%	6	4	66.7%	41	0	0.0%	3	1	33.3%	6	0	0.0%
86 (臨)	昭和53年12月6日	昭和53年12月12日	0	0	0	8	0	0.0%	0	0	0	35	0	0.0%	0	0	0	7	0	0.0%
87 (常)	昭和53年12月22日	昭和54年6月14日	68	42	61.8%	8	3	37.5%	36	7	19.4%	35	1	2.9%	11	0	0.0%	5	0	0.0%
88 (臨)	昭和54年8月30日	昭和54年9月7日	30	3	10.0%	0	0	0	22	0	0.0%	10	0	0.0%	9	0	0.0%	0	0	0
89 (臨)	昭和54年10月30日	昭和54年11月16日	0	0	0	0	0	0	7	0	0.0%	7	0	0.0%	0	0	0	0	0	0
90 (臨)	昭和54年11月26日	昭和54年12月11日	25	15	60.0%	15	9	60.0%	0	0	0	10	0	0.0%	0	0	0	0	0	0
91 (常)	昭和54年12月21日	昭和55年5月19日	92	66	71.7%	10	9	90.0%	58	9	15.5%	10	0	0.0%	17	1	5.9%	0	0	0
92 (特)*	昭和55年7月17日	昭和55年7月26日	2	0	0.0%	2	2	100.0%	0	0	0	0	0	0	0	0	0	0	0	0
93 (臨)	昭和55年9月29日	昭和55年11月29日	31	23	74.2%	2	2	100.0%	18	5	27.8%	10	0	0.0%	2	0	0.0%	0	0	0
94 (常)	昭和55年12月22日	昭和56年6月6日	74	69	93.2%	8	3	37.5%	54	15	27.8%	38	0	0.0%	14	1	7.1%	1	0	0.0%
95 (臨)	昭和56年9月24日	昭和56年11月28日	5	3	60.0%	8	2	25.0%	2	1	50.0%	34	0	0.0%	1	0	0.0%	6	0	0.0%
96 (常)	昭和56年12月21日	昭和57年8月21日	81	77	95.1%	4	2	50.0%	41	17	41.5%	42	1	2.4%	10	1	10.0%	7	1	14.3%
97 (臨)	昭和57年11月26日	昭和57年12月25日	5	4	80.0%	6	1	16.7%	1	0	0.0%	41	2	4.9%	0	0	0	3	0	0.0%
98 (常)	昭和57年12月28日	昭和58年5月23日	58	51	87.9%	5	1	20.0%	0	0	0	47	2	4.3%	0	0	0	3	0	0.0%
99 (臨)*	昭和58年7月18日	昭和58年7月23日	0	0	0	0	0	0	0	0	0	47	0	0.0%	5	0	0.0%	0	0	0
100 (臨)	昭和58年9月8日	昭和58年11月28日	13	13	100.0%	11	8	72.7%	4	1	25.0%	47	2	4.3%	0	0	0	0	0	0
101 (特)	昭和58年12月26日	昭和59年8月8日	84	70	83.3%	0	0	0	45	8	17.8%	24	0	0.0%	18	0	0.0%	9	0	0.0%
102 (常)	昭和59年12月1日	昭和60年6月25日	84	77	91.7%	10	8	80.0%	39	14	35.9%	0	0	0	7	1	14.3%	0	0	0

国会回次	召集日	会期終了日	閣法						衆法						参法					
			提出	成立	成立率	継続提出	継続成立	継続成立率	提出	成立	成立率	継続提出	継続成立	継続成立率	提出	成立	成立率	継続提出	継続成立	継続成立率
103(常)	昭和60年10月14日	昭和60年12月21日	12	10	83.3%	7	6	85.7%	3	3	100.0%	43	0	0.0%	0	0	0.0%	11	0	0.0%
104(常)	昭和60年12月24日	昭和61年5月22日	87	73	83.9%	3	0	0.0%	23	9	39.1%	36	0	0.0%	11	2	18.2%	10	0	0.0%
105(臨)	昭和61年6月2日	昭和61年6月2日	0	0	0	16	0	0	0	0	0	45	0	0	0	0	0	0	0	0
106(特)*	昭和61年7月22日	昭和61年7月25日	0	0	0	0	0	0	0	0	0	0	0	0	0	0	0.0%	0	0	0
107(臨)	昭和61年9月11日	昭和61年12月20日	28	24	85.7%	1	0	0.0%	9	1	11.1%	0	0	0	3	0	0.0%	0	0	0
108(常)	昭和61年12月29日	昭和62年5月27日	100	72	72.0%	22	12	54.5%	21	9	42.9%	4	0	0.0%	4	0	0.0%	2	0	0.0%
109(臨)	昭和62年7月6日	昭和62年9月19日	9	8	88.9%	11	0	0.0%	11	2	18.2%	15	3	20.0%	3	0	0.0%	5	0	0.0%
110(臨)	昭和62年11月6日	昭和62年11月11日	0	0	0	11	3	27.3%	1	0	0.0%	18	0	0.0%	1	1	100.0%	5	0	0.0%
111(臨)	昭和62年11月27日	昭和62年12月12日	5	5	100.0%	8	0	0.0%	0	0	0	18	0	0.0%	3	0	0.0%	5	0	0.0%
112(常)	昭和62年12月28日	昭和63年5月25日	83	75	90.4%	14	7	50.0%	15	9	60.0%	19	0	0.0%	3	0	0.0%	8	0	0.0%
113(臨)	昭和63年5月25日	昭和63年7月19日	17	17	100.0%	7	0	0.0%	8	6	75.0%	22	0	0.0%	0	0	0	8	0	0.0%
114(常)	昭和63年7月19日	昭和63年12月28日	78	60	76.9%	24	17	70.8%	10	4	40.0%	24	0	0.0%	2	0	0.0%	3	0	0.0%
115(臨)*	昭和63年12月30日	平成元年6月22日	8	8	100.0%	6	0	0.0%	0	0	0	27	0	0.0%	14	1	7.1%	0	0	0
116(臨)	平成元年8月7日	平成元年8月12日	5	0	0.0%	0	0	0	10	4	40.0%	27	1	3.7%	2	1	50.0%	0	0	0
117(常)	平成元年9月28日	平成元年12月16日	70	66	94.3%	3	1	33.3%	0	0	0	25	0	0.0%	0	0	0	3	0	0.0%
118(特)	平成元年12月25日	平成2年1月24日	6	1	16.7%	12	6	50.0%	16	8	50.0%	0	0	0	8	0	0.0%	0	0	0
119(臨)	平成2年2月27日	平成2年6月26日	93	83	89.2%	8	0	0.0%	18	10	55.6%	4	0	0.0%	3	0	0.0%	6	0	0.0%
120(常)	平成2年10月12日	平成2年11月10日	14	14	100.0%	8	3	37.5%	9	4	44.4%	9	0	0.0%	1	0	0.0%	6	0	0.0%
121(臨)	平成2年12月10日	平成3年5月8日	84	80	95.2%	9	0	0.0%	4	2	50.0%	9	0	0.0%	6	0	0.0%	6	0	0.0%
122(臨)	平成3年8月5日	平成3年10月4日	10	10	100.0%	9	3	33.3%	12	7	58.3%	10	0	0.0%	5	0	0.0%	6	0	0.0%
123(常)	平成3年11月5日	平成3年12月21日	76	72	94.7%	6	0	0.0%	26	6	23.1%	13	0	0.0%	16	1	6.3%	5	0	0.0%
124(臨)*	平成4年1月24日	平成4年6月21日	20	17	85.0%	0	0	0	0	0	0	13	0	0.0%	0	0	0	0	0	0
125(臨)	平成4年8月7日	平成4年8月11日	75	67	89.3%	3	2	66.7%	11	4	36.4%	15	0	0.0%	6	3	50.0%	0	0	0
126(常)	平成4年10月30日	平成4年12月10日	0	0	0	8	8	100.0%	13	10	76.9%	0	0	0	5	3	60.0%	1	0	0.0%
127(特)	平成5年1月22日	平成5年6月18日	19	19	100.0%	0	0	0	0	0	0	0	0	0	1	0	0.0%	0	0	0
128(臨)	平成5年8月5日	平成5年8月28日	102	102	100.0%	0	0	0	7	4	57.1%	2	0	0.0%	6	2	33.3%	0	0	0
129(常)	平成5年9月17日	平成5年11月29日	0	0	0	0	0	0	13	10	35.0%	5	0	0.0%	0	0	0	1	0	0.0%
130(臨)	平成6年1月31日	平成6年6月29日	17	17	100.0%	0	0	0	0	0	0.0%	4	1	25.0%	0	0	0	0	0	0
131(臨)	平成6年7月18日	平成6年7月22日	99	99	100.0%	0	0	0	7	4	57.1%	1	0	0.0%	0	0	0	1	0	0.0%
132(常)	平成6年9月30日	平成6年12月9日	0	0	0	0	0	0	20	7	35.0%	13	0	0.0%	5	1	20.0%	0	0	0
133(臨)*	平成7年1月20日	平成7年6月18日	0	0	0.0%	0	0	0	13	0	0.0%	2	0	0.0%	0	0	0.0%	0	0	0
134(臨)	平成7年8月4日	平成7年8月8日	0	0	0	0	0	0	22	6	27.3%	0	0	0	0	0	0	1	1	100.0%
135(臨)	平成7年9月29日	平成7年12月15日	0	0	0	0	0	0	16	10	62.5%	0	0	0	0	0	0	0	0	0
136(常)	平成8年1月22日	平成8年1月13日	0	0	0	0	0	0	0	0	0	2	1	50.0%	0	0	0	0	0	0
137(臨)	平成8年6月19日	平成8年6月19日	0	0	0	0	0	0	2	0	0.0%	0	0	0	5	1	20.0%	0	0	0.0%

265

参考資料

国会回次	召集日	会期終了日	閣法						衆法						参法					
			提出	成立	成立率	継続提出	継続成立	継続成立率	提出	成立	成立率	継続提出	継続成立	継続成立率	提出	成立	成立率	継続提出	継続成立	継続成立率
138(特)	平成8年11月7日	平成8年11月12日	0	0	0	0	0	0	0	0	0	0	0	0	0	0	0	0	0	0
139(臨)	平成8年11月29日	平成8年12月18日	12	9	75.0%	0	0	0	18	1	5.6%	0	0	0	2	0	0.0%	0	0	0
140(常)	平成9年1月20日	平成9年6月18日	92	90	97.8%	3	0	0.0%	45	10	22.2%	8	1	12.5%	11	3	27.3%	0	0	0
141(臨)	平成9年9月29日	平成9年12月12日	20	20	100.0%	5	4	80.0%	22	3	13.6%	7	0	0.0%	6	1	16.7%	2	0	0.0%
142(常)	平成10年1月12日	平成10年6月18日	117	97	82.9%	1	1	100.0%	44	6	13.6%	9	4	44.4%	6	1	16.7%	1	1	100.0%
143(臨)*	平成10年7月30日	平成10年10月16日	10	7	70.0%	20	10	50.0%	20	14	70.0%	32	1	3.1%	10	1	10.0%	0	0	0
144(臨)	平成10年11月27日	平成10年12月14日	6	6	100.0%	11	10	90.9%	7	3	42.9%	34	0	0.0%	0	0	0	2	0	0.0%
145(常)	平成11年1月19日	平成11年8月13日	124	110	88.7%	11	10	90.9%	38	13	34.2%	34	1	2.9%	22	5	22.7%	0	0	0
146(臨)	平成11年10月29日	平成11年12月15日	74	74	100.0%	15	6	40.0%	19	5	26.3%	18	1	5.6%	7	2	28.6%	2	0	0.0%
147(常)	平成12年1月20日	平成12年6月2日	97	90	92.8%	9	7	77.8%	35	17	48.6%	23	1	4.3%	20	2	10.0%	2	0	0.0%
148(特)	平成12年7月4日	平成12年7月6日	0	0	0	0	0	0	3	0	0.0%	0	0	0	0	0	0	0	0	0
149(臨)	平成12年7月28日	平成12年8月9日	0	0	0	0	0	0	1	0	0.0%	3	0	0.0%	8	0	0.0%	0	0	0
150(臨)	平成12年9月21日	平成12年12月1日	21	20	95.2%	0	0	0	25	11	44.0%	3	0	0.0%	17	1	5.9%	1	0	0.0%
151(常)	平成13年1月31日	平成13年6月29日	99	92	92.9%	7	7	100.0%	64	17	26.6%	6	1	16.7%	22	1	4.5%	1	0	0.0%
152(臨)*	平成13年8月7日	平成13年8月10日	0	0	0	0	0	0	0	0	0.0%	0	0	0	0	0	0	0	0	0
153(臨)	平成13年9月27日	平成13年12月7日	28	28	100.0%	7	5	71.4%	29	9	31.0%	36	3	8.3%	11	1	9.1%	1	0	0.0%
154(常)	平成14年1月21日	平成14年7月31日	104	88	84.6%	2	1	50.0%	47	12	25.5%	44	3	6.8%	22	1	4.5%	2	0	0.0%
155(臨)	平成14年10月18日	平成14年12月13日	71	71	100.0%	17	7	41.2%	9	5	55.6%	56	4	7.1%	11	0	0.0%	1	0	0.0%
156(常)	平成15年1月20日	平成15年7月28日	121	118	97.5%	5	4	80.0%	51	12	23.5%	41	2	4.9%	18	2	11.1%	2	0	0.0%
157(臨)	平成15年9月26日	平成15年10月10日	6	6	100.0%	4	1	25.0%	3	2	66.7%	59	0	0.0%	5	0	0.0%	0	0	0
158(特)	平成15年11月19日	平成15年11月27日	0	0	0	0	0	0	0	0	0	0	0	0	0	0	0	0	0	0
159(常)	平成16年1月19日	平成16年6月16日	127	120	94.5%	0	0	0.0%	59	14	23.7%	21	0	0.0%	24	1	4.2%	1	0	0.0%
160(臨)*	平成16年7月30日	平成16年8月6日	0	0	0	0	0	0	4	0	0.0%	0	0	0	0	0	0	0	0	0
161(臨)	平成16年10月12日	平成16年12月3日	20	19	95.0%	7	5	71.4%	19	7	36.8%	21	1	4.8%	2	0	0.0%	0	0	0
162(常)	平成17年1月21日	平成17年8月8日	89	75	84.3%	2	1	50.0%	39	17	43.6%	22	2	9.1%	10	1	10.0%	1	0	0.0%
163(特)	平成17年9月21日	平成17年11月1日	24	21	87.5%	0	0	0	25	6	24.0%	0	0	0	3	1	33.3%	0	0	0
164(常)	平成18年1月20日	平成18年6月18日	91	82	90.1%	3	2	66.7%	40	10	25.0%	11	0	0.0%	21	4	19.0%	4	0	0.0%
165(臨)	平成18年9月26日	平成18年12月19日	12	12	100.0%	10	6	60.0%	8	2	25.0%	26	3	11.5%	8	2	25.0%	4	0	0.0%
166(常)	平成19年1月25日	平成19年7月5日	97	89	91.8%	2	1	50.0%	54	19	35.2%	23	1	4.3%	14	3	21.4%	4	0	0.0%
167(臨)*	平成19年8月7日	平成19年8月10日	0	0	0	0	0	0	0	0	0.0%	0	0	0	0	0	0.0%	0	0	0
168(臨)	平成19年9月10日	平成20年1月15日	10	10	100.0%	9	4	44.4%	24	11	45.8%	31	0	0.0%	14	1	7.1%	2	0	0.0%
169(常)	平成20年1月18日	平成20年6月21日	80	63	78.8%	4	4	100.0%	32	14	43.8%	31	0	0.0%	27	3	11.1%	8	0	0.0%
170(臨)	平成20年9月24日	平成20年12月25日	15	10	66.7%	19	4	21.1%	3	1	33.3%	37	0	0.0%	13	0	0.0%	5	0	0.0%
171(常)	平成21年1月5日	平成21年7月21日	69	62	89.9%	14	4	28.6%	55	17	30.9%	36	1	2.8%	29	1	3.4%	11	0	0.0%
172(特)	平成21年9月16日	平成21年9月19日	0	0	0	0	0	0	0	0	0	0	0	0	0	0	0	0	0	0

国会回次	召集日	会期終了日	閣法						衆法						参法					
			提出	成立	成立率	継続提出	継続成立	継続成立率	提出	成立	成立率	継続提出	継続成立	継続成立率	提出	成立	成立率	継続提出	継続成立	継続成立率
173(臨)	平成21年10月26日	平成21年12月4日	12	10	83.3%	0	0	0	13	4	30.8%	0	0	0	4	1	25.0%	0	0	0
174(常)	平成22年1月18日	平成22年6月16日	64	35	54.7%	2	1	50.0%	35	8	22.9%	7	0	0.0%	18	2	11.1%	0	0	0
175(臨)*	平成22年7月30日	平成22年8月6日	0	0	0	17	0	0.0%	3	2	66.7%	23	0	0.0%	1	0	0.0%	0	0	0
176(臨)	平成22年10月1日	平成22年12月3日	20	11	55.0%	17	3	17.6%	17	10	58.8%	24	0	0.0%	10	0	0.0%	1	0	0.0%
177(常)	平成23年1月24日	平成23年8月31日	90	72	80.0%	19	10	52.6%	32	24	75.0%	28	0	0.0%	24	4	16.7%	4	0	0.0%
178(臨)	平成23年9月13日	平成23年9月30日	0	0	0	22	3	13.6%	2	2	100.0%	27	0	0.0%	0	0	0.0%	10	0	0.0%
179(臨)	平成23年10月20日	平成23年12月9日	16	10	62.5%	23	6	26.1%	1	0	0.0%	25	0	0.0%	8	0	0.0%	10	1	10.0%
180(常)	平成24年1月24日	平成24年9月8日	83	55	66.3%	33	2	6.1%	39	24	61.5%	26	0	0.0%	38	7	18.4%	9	0	0.0%
181(臨)	平成24年10月29日	平成24年11月16日	10	5	50.0%	0	0	0	4	1	25.0%	33	1	3.0%	2	0	0.0%	19	1	5.3%
182(特)	平成24年12月26日	平成24年12月28日	0	0	0	0	0	0	0	0	0	0	0	0	2	0	0.0%	0	0	0
183(常)	平成25年1月28日	平成25年6月26日	75	63	84.0%	0	0	0	49	7	14.3%	0	0	0	32	3	9.4%	1	0	0.0%
184(臨)*	平成25年8月2日	平成25年8月7日	0	0	0	8	7	87.5%	0	0	0	27	0	0.0%	0	0	0	0	0	0
185(臨)	平成25年10月15日	平成25年12月8日	23	20	87.0%	8	7	87.5%	29	8	27.6%	27	2	7.4%	16	2	12.5%	16	2	12.5%
186(常)	平成26年1月24日	平成26年6月22日	81	79	97.5%	4	3	75.0%	46	18	39.1%	42	0	0.0%	29	3	10.3%	29	3	10.3%
187(臨)	平成26年9月29日	平成26年11月21日	31	21	67.7%	2	2	100.0%	21	7	33.3%	37	3	8.1%	7	1	14.3%	6	0	0.0%
188(特)	平成26年12月24日	平成26年12月26日	0	0	0	0	0	0	4	0	0.0%	0	0	0	0	0	0.0%	0	0	0
189(常)	平成27年1月26日	平成27年9月27日	75	66	88.0%	0	0	0	46	9	19.6%	4	0	0.0%	26	3	11.5%	0	0	0
190(常)	平成28年1月4日	平成28年6月1日	56	50	89.3%	9	4	44.4%	61	16	26.2%	25	2	8.0%	11	2	18.2%	3	0	0.0%
191(臨)*	平成28年8月1日	平成28年8月3日	0	0	0	11	6	54.5%	0	0	0	54	0	0.0%	0	0	0	0	0	0
192(臨)	平成28年9月26日	平成28年12月17日	19	18	94.7%	11	6	54.5%	13	8	61.5%	54	4	7.4%	113	5	4.4%	0	0	0
193(常)	平成29年1月20日	平成29年6月18日	66	63	95.5%	6	3	50.0%	26	9	34.6%	50	8	16.0%	110	1	0.9%	0	0	0
合計			9899	8424	85.1% [88.7%]	1221	357	29.2%	3928	1331	33.9% [36.2%]	3198	89	2.8%	1743	219	12.6% [13.2%]	502	12	2.4%

(注1)（常）は常会、（臨）は臨時会、（特）は特別会である。
(注2)＊は、参議院議員通常選挙直後の臨時会としている。
(注3)「提出」は当該会期中に新たに提出された法律案の件数を、「成立」は、そのうち成立した法律案の件数を、「成立率」は、「提出」件数に占める「成立」件数の割合を示している。
(注4)「継続提出」は前会期までに提出され継続審査（継続審査）に付された法律案のうち閉会中審査（継続審査）に付された件数を、「継続成立」は、そのうち成立した件数を、「継続成立率」は、「継続提出」件数に占める「継続成立」件数の割合を示している。
(注5)住民投票で過半数の同意が得られたときに成立する地方自治特別法（憲法95条）については、法律案が両議院を通過した会期における「成立」、件数として扱っている。
(注6)合計欄における「成立率」の［ ］内は、「提出」件数に占める「成立」件数と「継続成立」件数の合計の割合を記している。
(注7)割合については、小数点第二位を四捨五入している。
(注8)衆議院議員の任期ごとに太実線で区切っている。

(出典)衆議院・参議院『議会制度百年史 資料編』1990、pp.226-234;『参議院先例諸表 平成22年版』参議院事務局、2010、pp.540-580;「附録 議案経過一覧」『衆議院公報』（各国会回次）、高澤美有紀「主要提出の法律案提出手続及び法律の成立状況（資料）」『レファレンス』791号、2016.12、pp.67-69 等を基に筆者作成。

参考資料

別図1 通常国会ごとの法律案提出件数及び議員提出法律案の割合

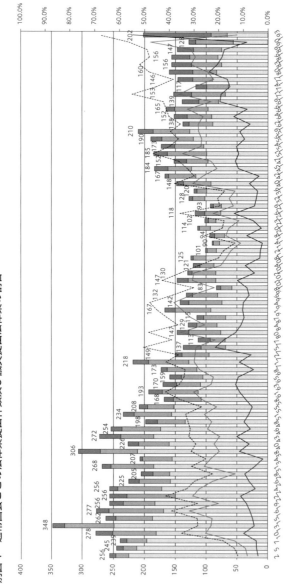

(注1) 通常国会における件数を基としているが、解散により通常国会が短期間で終わった場合や、会期も長く実質的に通常国会と同様の審議が行われた国会の件数等を用いることとした。
(注2) 「提出件数」は、通常国会の会期中に新たに提出された法律案の件数を示している。
(注3) 割合については、小数点第二位を四捨五入している。

(出典) 別表1と同じ。

268

参考資料

別図2 通常国会ごとの法律の成立件数及び議員立法の割合

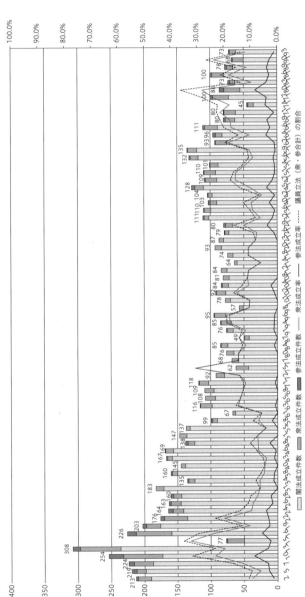

(注1) 別図1の(注1)と同じ。
(注2) 「成立件数」とは、通常国会の会期中に新たに提出された法律案のうち成立した件数を示している。
(注3) 折れ線グラフは、閣法、衆法、参法の成立件数の合計件数に占める①衆法の成立件数の割合、②参法の成立件数の割合、③それらの合計件数の割合について の推移を示している。
(注4) 別図1の(注3)と同じ。

(出典) 別表1と同じ。

269

参考資料

別図3 通常国会ごとの閣法・衆法・参法別の成立件数・成立率

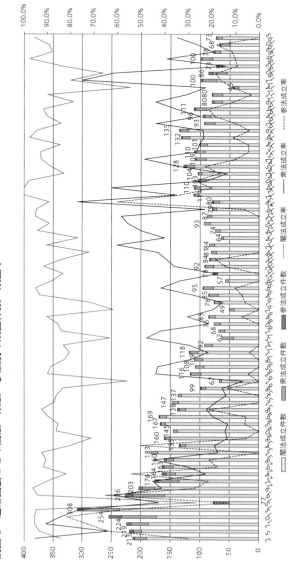

(注1) 別図1の(注1)と同じ。
(注2) 「成立率」は、閣法、衆法、参法、それぞれの「提出件数」（(別図1)の(注2)と同じ。）に占めるそれぞれの成立件数（別図2の(注2)と同じ。）の割合を示し、その推移を折れ線で示した。
(注3) 別図1の(注3)と同じ。

(出典) 別表1と同じ。

270

参考資料

別表2　新規制定議員立法一覧（第1回国会～第193回国会）〔制定順〕

法律名	法律番号	提出時情報		
		回次	番号	提出者
国会議員の特別手当に関する法律	S22法95	1	衆8	浅沼稲次郎君外7名
最高裁判所裁判官国民審査法	S22法136	1	衆12	司法委員長
裁判官弾劾法	S22法137	1	衆10	議院運営委員長
全国選挙管理委員会法	S22法154	1	衆13	政党法及び選挙法に関する特別委員長
議院における証人の宣誓及び証言等に関する法律	S22法225	1	衆16	議院運営委員長
国立国会図書館法	S23法5	2	衆1	図書館運営委員長
国立国会図書館建築委員会法	S23法6	2	衆2	図書館運営委員長
農業協同組合又は農業協同組合連合会が市町村農業会、都道府県農業会又は全国農業会から財産の移転を受ける場合における課税の特例に関する法律	S23法62	2	衆6	内藤友明君外3名
国会閉会中委員会が審査を行う場合の委員の手当に関する法律	S23法89	2	衆21	議院運営委員長
議院法制局法	S23法92	2	衆11	議院運営委員長
優生保護法	S23法156	2	参7	谷口弥三郎君外3名
あん摩、はり、きゆう、柔道整復等営業法に関する特例	S23法176	2	参9	小林勝馬君外4名
国民の祝日に関する法律	S23法178	2	衆14	文化委員長
消防法	S23法186	2	衆5	治安及び地方制度委員長
恩給法臨時特例	S23法190	2	衆16	松原一彦君外65名
政治資金規正法	S23法194	2	衆4	浅沼稲次郎君外43名
選挙運動等の臨時特例に関する法律	S23法196	2	衆12	政党法及び選挙法に関する特別委員長
人身保護法	S23法199	2	参4	伊藤修君
自転車競技法	S23法209	2	衆3	林大作君外47名
引揚同胞対策審議会設置法	S23法212	2	衆15	河野金昇君外30名
特別未帰還者給与法	S23法279	4	参6	岡元義人君外6名
道路の修繕に関する法律	S23法282	4	衆1	建設委員長
飲食営業臨時規整法	S24法52	5	衆3	星島二郎君外6名
年齢のとなえ方に関する法律	S24法96	5	参4	田中耕太郎君外17名
国立国会図書館法第二十条の規定により行政各部門に置かれる支部図書館及びその職員に関する法律	S24法101	5	衆9	図書館運営委員長
国家公務員に対する寒冷地手当及び石炭手当の支給に関する法律	S24法200	5	衆16	人事委員長
農業協同組合等による産業組合の資産の承継等に関する法律	S24法202	5	参7	楠見義男君外18名
弁護士法	S24法205	5	衆6	法務委員長
認知の訴の特例に関する法律	S24法206	5	衆5	古島義英君
家畜商法	S24法208	5	衆21	小笠原八十美君外15名
広島平和記念都市建設法	S24法219	5	衆7	山本久雄君外14名
長崎国際文化都市建設法	S24法220	5	衆8	若松虎雄君外16名
政府契約の支払遅延防止等に関する法律	S24法256	6	衆2	政府支払促進に関する特別委員長
人事官弾劾の訴追に関する法律	S24法271	6	衆10	議院運営委員長
医師国家試験予備試験の受験資格の特例に関する法律	S24法272	6	衆8	大石武一君
国際観光ホテル整備法	S24法279	6	衆5	観光事業振興方策樹立特別委員長
身体障害者福祉法	S24法283	6	衆3	青柳一郎君外10名
一般職の職員の給与に関する法律	S25法95	7	衆13	星島二郎君外4名

271

参考資料

法律名	番号	号	提出	提出者
公職選挙法	S25法100	7	衆6	選挙法改正に関する調査特別委員長
精神衛生法	S25法123	7	参3	中山寿彦君外14名
漁港法	S25法137	7	衆14	水産委員長
罹災都市借地借家臨時処理法第二十五条の二の災害及び同条の規定を適用する地区を定める法律	S25法146	7	衆22	畠山鶴吉君外13名
漁船法	S25法178	7	衆26	水産委員長
社会福祉主事の設置に関する法律	S25法182	7	参10	山下義信君外6名
弁護士法第五条第三号に規定する大学を定める法律	S25法188	7	衆17	法務委員長
つむぎ等の輸入税を免除する法律	S25法192	7	衆24	根本龍太郎君外4名
司法書士法	S25法197	7	衆27	法務委員長
建築士法	S25法202	7	衆15	田中角栄君外6名
クリーニング業法	S25法207	7	衆29	大石武一君外7名
小型自動車競走法	S25法208	7	衆5	栗山長次郎君外41名
文化財保護法	S25法214	7	参6	山本勇造君外17名
商工会議所法	S25法215	7	衆32	星島二郎君外8名
首都建設法	S25法219	7	衆11	井出光治君外37名
旧軍港市転換法	S25法220	7	参2	佐々木鹿蔵君外21名
別府国際観光温泉文化都市建設法	S25法221	7	衆1	永田節君外22名
伊東国際観光温泉文化都市建設法	S25法222	7	衆9	畠山鶴吉君外31名
土地家屋調査士法	S25法228	8	衆4	法務委員長
熱海国際観光温泉文化都市建設法	S25法233	7	衆8	畠山鶴吉君外32名
鉄道公安職員の職務に関する法律	S25法241	8	衆5	法務委員長
歯科医師国家試験予備試験の受験資格の特例に関する法律	S25法246	8	衆13	大石武一君
狂犬病予防法	S25法247	8	衆11	原田雪松君外6名
横浜国際港都建設法	S25法248	8	衆6	三浦寅之助君外102名
神戸国際港都建設法	S25法249	8	衆7	松沢兼人君外102名
奈良国際文化観光都市建設法	S25法250	8	衆3	東井三代次君外15名
京都国際文化観光都市建設法	S25法251	8	衆2	田中伊三次君外16名
漁業用海岸局を開設運用する漁業協同組合及び漁業協同組合連合会に対する水産業協同組合法の適用の特例に関する法律	S25法253	9	衆6	水産委員長
公立学校の教育公務員と地方公共団体の議員との兼職についての臨時措置に関する法律	S26法3	10	参2	荒木正三郎君外10名
行政書士法	S26法4	10	衆2	地方行政委員長
松江国際文化観光都市建設法	S26法7	9	参2	山本利寿君外107名
芦屋国際文化住宅都市建設法	S26法8	9	衆2	原健三郎君外4名
厚生年金保険法特例	S26法38	10	参3	長島銀蔵君外5名
低性能船舶買入法の規定により国が買い入れた船舶の外航船腹需給調整のためにする売払に関する法律	S26法61	10	参9	山県勝見君外4名
積雪寒冷単作地帯振興臨時措置法	S26法66	10	衆11	松浦東介君外140名
国会閉会中委員会が審査を行う場合の委員の審査雑費に関する法律	S26法68	10	衆17	議院運営委員長
北海道開発のためにする港湾工事に関する法律	S26法73	10	衆8	玉置信一君外26名
松山国際観光温泉文化都市建設法	S26法117	9	衆8	川端佳夫君外120名
有線放送業務の運用の規正に関する法律	S26法135	10	衆27	電気通信委員長
農産物検査法	S26法144	10	衆36	河野謙三君外20名
納税貯蓄組合法	S26法145	10	衆37	奥村又十郎君外14名
熱管理法	S26法146	10	衆9	中村純一君外29名
港湾運送事業法	S26法161	10	参15	鈴木恭一君外4名

272

参考資料

法律名	法番号			提出者
家畜伝染病予防法	S26法166	10	衆52	農林委員長
官庁営繕法	S26法181	10	衆53	内藤隆君外15名
公営住宅法	S26法193	10	衆51	田中角栄君外16名
証券投資信託法	S26法198	10	参20	山本米治君外8名
相互銀行法	S26法199	10	衆41	小山長規君外21名
日刊新聞紙の発行を目的とする株式会社及び有限会社の株式及び持分の譲渡の制限等に関する法律	S26法212	10	衆66	法務委員長
住民登録法	S26法218	10	参26	鍛冶良作君外3名
土地収用法	S26法219	10	参23	岩沢忠恭君外6名
土地収用法施行法	S26法220	10	参24	岩沢忠恭君外6名
民事調停法	S26法222	10	衆49	鍛冶良作君外3名
診療エックス線技師法	S26法226	10	参14	谷口弥三郎君外6名
民間学術研究機関の助成に関する法律	S26法227	10	衆60	若林義孝君外8名
産業教育振興法	S26法228	10	衆40	長野長広君外17名
税理士法	S26法237	10	衆38	川野芳満君外4名
信用金庫法	S26法238	10	衆43	水田三喜男君外21名
信用金庫法施行法	S26法239	10	衆44	水田三喜男君外21名
モーターボート競走法	S26法242	10	衆12	神田博君外49名
国有林野法	S26法246	10	参18	片柳真吉君外9名
国有林野整備臨時措置法	S26法247	10	参19	片柳真吉君外9名
森林法	S26法249	10	衆57	野原正勝君外87名
森林法施行法	S26法250	10	衆58	野原正勝君外87名
覚せい剤取締法	S26法252	10	参22	中山寿彦君外4名
軽井沢国際親善文化観光都市建設法	S26法253	10	衆34	黒沢富次郎君外120名
診療所における同一患者の収容時間の制限に関する医療法の特例に関する法律	S26法259	12	衆1	大石武一君外7名
博物館法	S26法285	12	衆4	若林義孝君外9名
水産資源保護法	S26法313	12	衆6	石原圓吉君外14名
罹災都市借地借家臨時処理法第二十五条の二の災害及び同条の規定を適用する地区を定める法律	S27法1	13	衆2	松本一郎君外6名
企業合理化促進法	S27法5	12	衆7	小金義照君外34名
真珠養殖事業法	S27法9	12	衆8	石原圓吉君外14名
昭和二十六年十月の台風による漁業災害の復旧資金の融通に関する特別措置法	S27法18	13	衆3	松田鐵藏君外11名
漁船損害補償法	S27法28	13	衆11	松田鐵藏君外13名
漁船損害補償法施行法	S27法29	13	衆12	松田鐵藏君外13名
昭和二十六年十月の台風による木船災害の復旧資金の融通に関する特別措置法	S27法69	13	衆4	関谷勝利君外1名
十勝沖地震による漁業災害の復旧資金の融通に関する特別措置法	S27法89	13	衆24	松田鐵藏君外11名
特殊土じよう地帯災害防除及び振興臨時措置法	S27法96	13	衆5	瀬戸山三男君外42名
住民登録法施行法	S27法106	13	衆6	鍛冶良作君外3名
主要農作物種子法	S27法131	13	衆23	坂田英一君外23名
補助貨幣損傷等取締法臨時特例	S27法132	13	参2	小野義夫君外7名
十勝沖地震による農林業災害の復旧資金の融通に関する特別措置法	S27法134	13	衆33	宇野秀次郎君外38名
急傾斜地帯農業振興臨時措置法	S27法135	13	衆21	坂本實君外46名
米穀の政府買入価格の特例に関する法律	S27法136	13	衆25	松浦東介君外23名
罹災都市借地借家臨時処理法第二十五条の二の災害及び同条の規定を適用する地区を定める法律	S27法139	13	衆35	稲田直道君外8名

273

参考資料

町村の警察維持に関する責任転移の時期の特例に関する法律	S27法143	13	衆26	河原伊三郎君外5名
木船運送法	S27法151	13	衆29	関谷勝利君外30名
耐火建築促進法	S27法160	13	衆34	鈴木仙八君外13名
宅地建物取引業法	S27法176	13	衆31	瀬戸山三男君外11名
道路法	S27法180	13	衆27	田中角榮君外2名
道路法施行法	S27法181	13	衆28	田中角榮君外2名
道路交通事業抵当法	S27法204	13	参4	植竹春彦君外13名
漁船乗組員給与保険法	S27法212	13	衆66	田口長治郎君外14名
離島航路整備法	S27法226	13	衆58	關谷勝利君外48名
昭和二十六年産米穀の超過供出等についての奨励金に対する所得税の臨時特例に関する法律	S27法227	13	衆75	佐藤重遠君外23名
耕土培養法	S27法235	13	衆62	坂田英一君外23名
旅行あつ旋業法	S27法239	13	参7	石村幸作君外6名
昭和二十三年六月三十日以前に給与事由の生じた恩給の特別措置に関する法律	S27法244	13	衆52	八木一郎君外268名
警察官等に協力援助した者の災害給付に関する法律	S27法245	13	衆60	川本末治君外8名
市の警察維持の特例に関する法律	S27法247	13	衆38	河原伊三郎君外5名
栄養改善法	S27法248	13	参11	中山壽彦君外5名
電源開発促進法	S27法283	13	衆16	水田三喜男君外51名
法廷等の秩序維持に関する法律	S27法286	10	衆47	田嶋好文君外4名
特定中小企業の安定に関する臨時措置法	S27法294	13	衆61	南好雄君外22名
義務教育費国庫負担法	S27法303	13	衆40	竹尾弌君外14名
日本赤十字社法	S27法305	13	衆68	青柳一郎君外14名
一般職の職員等の俸給の支給方法の臨時特例に関する法律	S27法313	15	衆2	有田二郎君外23名
町村の警察維持に関する責任転移の時期の特例に関する法律	S27法333	15	衆7	栗山長次郎君外34名
母子福祉資金の貸付等に関する法律	S27法350	15	衆13	青柳一郎君外25名
昭和二十七年産米穀についての超過供出奨励金等に対する所得税の臨時特例に関する法律	S27法351	15	衆1	坂田英一君外25名
湿田単作地域農業改良促進法	S27法354	15	衆8	青木正君外77名
農林漁業金融公庫法	S27法355	15	衆11	野原正勝君外56名
飼料需給安定法	S27法356	15	衆4	井上良二君外7名
			衆23	小笠原八十美君外12名
オホーツク海暴風浪及びカムチヤツカ沖地震による漁業災害の復旧資金の融通に関する特別措置法	S27法357	15	衆20	水産委員長
農山漁村電気導入促進法	S27法358	15	衆12	松田鐵蔵君外62名
てん菜生産振興臨時措置法	S28法2	15	衆9	野原正勝君外41名
海岸砂地地帯農業振興臨時措置法	S28法12	15	衆31	野原正勝君外99名
海上保安官に協力援助した者等の災害給付に関する法律	S28法33	15	衆34	關谷勝利君外9名
飼料の品質改善に関する法律	S28法35	15	衆42	中馬辰猪君他24名
農業災害補償法の臨時特例に関する法律	S28法45	16	衆1	井出一太郎君外24名
国会における各会派に対する立法事務費の交付に関する法律	S28法52	16	衆22	議院運営委員長
北海道防寒住宅建設等促進法	S28法64	16	衆13	瀬戸山三男君外38名
離島振興法	S28法72	16	衆11	綱島正興君外71名
道路整備費の財源等に関する臨時措置法	S28法73	16	衆7	田中角栄君外29名
町村の警察維持に関する責任転移の時期の特例に関する法律	S28法76	16	衆31	加藤精三君
木材防腐特別措置法	S28法112	16	衆35	首藤新八君外40名
商工会議所法	S28法143	16	衆32	小平久雄君外32名
地方鉄道軌道整備法	S28法169	16	衆9	關谷勝利君外39名

274

昭和二十八年産米穀についての超過供出奨励金等に対する所得税の臨時特例に関する法律	S28法177	16	衆43	内藤友明君外24名
昭和二十八年度における国会議員の秘書の期末手当の支給の特例に関する法律	S28法179	16	衆83	議院運営委員長
国家公務員等退職手当暫定措置法	S28法182	16	衆80	千葉三郎君外24名
学校図書館法	S28法185	16	衆41	大西正道君外24名
理科教育振興法	S28法186	16	衆49	辻寛一君外24名
昭和二十八年台風第二号による被害農家及び被害漁家に対する資金の融通に関する特別措置法	S28法187	16	衆48	水害地緊急対策特別委員長
畑地農業改良促進法	S28法205	16	衆46	金子與重郎君外24名
昭和二十八年六月及び七月の大水害の被害地域における公衆衛生の保持に関する特別措置法	S28法216	16	衆61	水害地緊急対策特別委員長
昭和二十八年六月及び七月の大水害の被害地域における災害救助に関する特別措置法	S28法217	16	衆60	水害地緊急対策特別委員長
昭和二十八年六月及び七月の大水害の被害地域に行われる国民健康保険事業に対する資金の貸付及び補助に関する特別措置法	S28法218	16	衆62	水害地緊急対策特別委員長
昭和二十八年六月及び七月の大水害による被害地域における失業対策事業に関する特別措置法	S28法219	16	衆64	水害地緊急対策特別委員長
昭和二十八年六月及び七月の水害による被害たばこ耕作者に対する資金の融通に関する特別措置法	S28法220	16	衆69	水害地緊急対策特別委員長
昭和二十八年六月及び七月における大水害に伴う中小企業信用保険法の特例に関する法律	S28法221	16	衆70	水害地緊急対策特別委員長
昭和二十八年六月及び七月における大水害による地方鉄道等の災害の復旧のための特別措置に関する法律	S28法222	16	衆75	水害地緊急対策特別委員長
財団法人労働科学研究所に対する国有財産の譲与に関する法律	S28法224	16	衆52	橋本龍伍君外7名
農産物価格安定法	S28法225	16	衆34	足立篤郎君外23名
労働金庫法	S28法227	16	参4	栗山良夫君外13名
昭和二十八年六月及び七月の大水害により被害を受けた公務員等に対する国家公務員共済組合の給付の特例等に関する法律	S28法228	16	参20	矢嶋三義君外13名
昭和二十八年六月及び七月の大水害により被害を受けた地方公共団体の起債の特例に関する法律	S28法229	16	参15	矢嶋三義君外14名
昭和二十八年六月及び七月における大水害による病院及び診療所の災害の復旧に関する特別措置法	S28法230	16	参19	矢嶋三義君外14名
昭和二十八年六月及び七月の大水害による社会福祉事業施設の災害の復旧に関する特別措置法	S28法231	16	参17	矢嶋三義君外14名
昭和二十八年六月及び七月の大水害の被害地域において行う母子福祉資金の貸付に関する特別措置法	S28法232	16	参18	矢嶋三義君外14名
昭和二十八年六月及び七月の水害による被害農林漁業者等に対する資金の融通に関する特別措置法	S28法234	16	衆66	水害地緊急対策特別委員長
昭和二十八年六月及び七月の大水害による被害農家に対する米麦の売渡の特例に関する法律	S28法235	16	衆68	水害地緊急対策特別委員長
高等学校の定時制教育及び通信教育振興法	S28法238	16	衆39	中川源一郎君外17名
昭和二十八年六月及び七月の大水害の被害地域にある事業所に雇用されている労働者に対する失業保険法の適用の特例に関する法律	S28法239	16	衆63	水害地緊急対策特別委員長
社会福祉事業振興会法	S28法240	16	衆45	青柳一郎君外24名
昭和二十八年六月及び七月の大水害による被害中小企業者に対する国の機械等の譲渡等に関する特別措置法	S28法241	16	衆71	水害地緊急対策特別委員長
昭和二十八年六月及び七月における大水害による被害小企業者に対する資金の融通に関する特別措置法	S28法242	16	衆73	水害地緊急対策特別委員長
昭和二十八年六月及び七月の大水害による公立教育施設の災害の復旧事業についての国の費用負担及び補助に関する特別措置法	S28法249	16	参9	山田節男君外5名

参考資料

昭和二十八年六月及び七月の大水害による私立学校施設の災害の復旧に関する特別措置法	S28法250	16	参16	矢嶋三義君外14名
昭和二十八年六月及び七月の大水害により被害を受けた学校給食用の小麦粉等の損失補償に関する特別措置法	S28法251	16	衆65	水害地緊急対策特別委員長
農業機械化促進法	S28法252	16	衆14	平野三郎君外16名
昭和二十八年六月及び七月の大水害による公共土木施設等についての災害の復旧等に関する特別措置法	S28法256	16	衆74	水害地緊急対策特別委員長
昭和二十八年六月及び七月の大水害による災害地域内のたい積土砂の排除に関する特別措置法	S28法257	16	参10	山田節男君外5名
町村合併促進法	S28法258	16	参5	石村幸作君外14名
昭和二十八年六月及び七月の大水害地域における自転車競技法の特例に関する法律	S28法261	16	衆72	水害地緊急対策特別委員長
昭和二十八年台風第十三号による被害農地の除塩事業に対する特別措置法	S28法271	17	衆1	水害地緊急対策特別委員長
昭和二十八年六月から九月までの風水害地域におけるモーターボート競走法の特例に関する法律	S28法278	17	衆2	水害地緊急対策特別委員長
町村の警察維持に関する責任転移の時期の特例に関する法律	S28法289	18	衆1	加藤精三君外7名
北海道における国有の緊急開拓施設等の譲与に関する法律	S29法153	19	衆41	苫米地英俊君外42名
輸出水産業の振興に関する法律	S29法154	19	衆27	水産委員長
自転車競技法等の臨時特例に関する法律	S29法169	19	衆24	大西禎夫君外16名
憲政功労年金法	S29法174	19	衆50	議院運営委員長
奄美群島復興特別措置法	S29法189	19	衆43	保岡武久君外24名
昭和二十九年産米穀についての超過供出奨励金等に対する所得税の臨時特例に関する法律	S29法220	20	衆14	内藤友明君外23名
水稲健苗育成施設普及促進法	S29法223	20	衆4	佐藤洋之助君外24名
昭和二十九年八月及び九月における風水害に伴う中小企業信用保険法の特例に関する法律	S29法224	20	衆18	大西禎夫君外88名
国有の炭鉱医療施設の譲渡及び貸付に関する特例法	S29法227	19	衆47	伊藤卯四郎君外63名
昭和二十九年八月及び九月の台風並びに同年の冷害による被害農家に対する米麦の売渡の特例に関する法律	S29法228	20	衆5	福田喜東君外121名
昭和二十九年八月及び九月の台風並びに同年八月の冷害により被害を受けた地方公共団体の起債の特例に関する法律	S30法1	20	衆7	鈴木幹雄君外4名
地方公共団体の議会の議員及び長の選挙期日等の臨時特例に関する法律	S30法2	21	衆15	公職選挙法改正に関する調査特別委員長
農業協同組合中央会が不動産に関する権利を取得する場合における登録税の臨時特例に関する法律	S30法67	22	衆13	大蔵委員長
財団法人日本海員会館に対する国有の財産の譲与に関する法律	S30法80	22	衆33	大蔵委員長
医師国家試験予備試験の受験資格の特例に関する法律	S30法84	22	衆37	大石武一君外4名
教育公務員特例法第三十二条の規定の適用を受ける公立学校職員等について学校看護婦としての在職を準教育職員としての在職とみなすことに関する法律	S30法85	22	衆38	赤城宗徳君
女子教職員の産前産後の休暇中における学校教育の正常な実施の確保に関する法律	S30法125	22	参23	木村守江君外6名
天災による被害農林漁業者等に対する資金の融通に関する暫定措置法	S30法136	22	衆40	楢橋渡君外272名
昭和三十年六月及び七月の水害による被害農家に対する米麦の売渡の特例に関する法律	S30法137	22	衆68	綱島正興君外7名
戦傷病者等の日本国有鉄道無賃乗車等に関する法律	S30法158	22	衆57	原健三郎君外6名
株式会社科学研究所法	S30法160	22	衆62	小平久雄君外3名
昭和三十年六月及び七月の大水害により被害を受けた地方公共団体の起債の特例に関する法律	S30法176	22	衆77	鈴木直人君外7名

養ほう振興法	S30法180	22	衆30	平野三郎君外4名
罹災都市借地借家臨時処理法第二十五条の二の災害及び同条の規定を適用する地区を定める法律	S30法181	23	衆2	法務委員長
原子力基本法	S30法186	23	衆8	中曽根康弘君外421名
罹災都市借地借家臨時処理法第二十五条の二の災害及び同条の規定を適用する地区を定める法律	S30法192	23	衆6	法務委員長
砂利採取法	S31法1	22	衆43	首藤新八君外6名
罹災都市借地借家臨時処理法第二十五条の二の災害及び同条の規定を適用する地区を定める法律	S31法70	24	衆31	法務委員長
積雪寒冷特別地域における道路交通の確保に関する特別措置法	S31法72	24	衆20	小坂善太郎君外6名
公共企業体職員等共済組合法	S31法134	24	参6	田中啓一君外29名
接収不動産に関する借地借家臨時処理法	S31法138	22	衆54	福井盛太君外6名
憲法調査会法	S31法140	24	衆1	岸信介君外60名
公立養護学校整備特別措置法	S31法152	24	参8	文教委員長
夜間課程を置く高等学校における学校給食に関する法律	S31法157	24	参7	文教委員長
旧軍人等の遺族に対する恩給等の特例に関する法律	S31法177	24	衆55	大平正芳君外11名
北海道における国有の魚田開発施設の譲与等に関する法律	S32法4	24	衆59	佐々木秀世君外1名
昭和三十一年の災害による被害農家に対する米穀の売渡の特例に関する法律	S32法57	25	衆8	笹山茂太郎君外7名
国土開発縦貫自動車道建設法	S32法68	22	衆26	阿左美広治君外429名
国立及び公立の学校の事務職員の休職の特例に関する法律	S32法117	26	衆33	永山忠則君外5名
盲学校、聾学校及び養護学校の幼稚部及び高等部における学校給食に関する法律	S32法118	26	参9	文教委員長
国会議員の秘書の給料等に関する法律	S32法128	26	衆49	議院運営委員長
国会閉会中委員会が審査を行う場合の委員の審査雑費に関する法律	S32法129	26	衆50	議院運営委員長
公立学校の学校医の公務災害補償に関する法律	S32法143	26	参13	文教委員長
農業又は水産に係る産業教育に従事する国立及び公立の高等学校の教員に対する産業教育手当の支給に関する法律	S32法145	26	衆21	赤城宗徳君外7名
南方同胞援護会法	S32法160	26	衆39	床次徳二君外4名
小型船海運組合法	S32法162	26	衆29	木村俊夫君外2名
美容師法	S32法163	26	衆10	野澤清人君外39名
環境衛生関係営業の運営の適正化に関する法律	S32法164	26	衆28	藤本捨助君外39名
医師国家試験予備試験及び歯科医師国家試験予備試験の受験資格の特例に関する法律	S32法165	26	衆44	野澤清人君外8名
角膜移植に関する法律	S33法64	26	衆43	中山マサ君外39名
国会議員互助年金法	S33法70	28	衆13	議院運営委員長
台風常襲地帯における災害の防除に関する特別措置法	S33法72	28	衆17	小澤佐重喜君外91名
衛生検査技師法	S33法76	28	参3	八田貞義君外38名
水洗炭業に関する法律	S33法134	26	衆19	楢橋渡君外26名
たばこ耕作組合法	S33法135	26	衆34	竹山祐太郎君外40名
社会福祉事業等の施設に関する措置法	S33法142	22	参21	小林英三君外3名
けい肺及び外傷性せき髄障害の療養等に関する臨時措置法	S33法143	28	参18	草場隆圓君外6名
調理師法	S33法147	28	参15	草場隆圓君外4名
駐留軍関係離職者等臨時措置法	S33法158	28	衆16	内閣委員長
未帰還者に関する特別措置法	S34法7	31	衆22	海外同胞引揚及び遺家族援護に関する調査特別委員長
皇太子明仁親王の結婚の儀の行われる日を休日とする法律	S34法16	31	衆36	福田赳夫君外462名
九州地方開発促進法	S34法60	31	衆33	小澤佐重喜君外62名

参考資料

法律名	番号	回	提出	提出者
昭和三十四年八月の水害又は同年八月及び九月の風水害を受けた事業協同組合等の施設の災害復旧に関する特別措置法	S34法197	33	衆17	災害地対策特別委員長
四国地方開発促進法	S35法63	34	衆23	前尾繁三郎君外42名
東海道幹線自動車国道建設法	S35法129	34	衆40	遠藤三郎君外55名
同和対策審議会設置法	S35法147	34	衆42	中井一夫君外111名
北陸地方開発促進法	S35法171	37	衆2	田中角栄君外22名
中国地方開発促進法	S35法172	37	衆1	遠藤三郎君外42名
酒に酔つて公衆に迷惑をかける行為の防止等に関する法律	S36法103	38	参16	紅露みつ君外24名
地方議会議員互助年金法	S36法120	38	衆47	地方行政委員長
スポーツ振興法	S36法141	38	衆44	文教委員長
オリンピック東京大会の馬術競技に使用する施設の建設等のための日本中央競馬会の国庫納付金等の臨時特例に関する法律	S36法185	39	衆17	オリンピック東京大会準備促進特別委員長
医師及び歯科医師の免許及び試験の特例に関する法律	S36法231	39	衆20	中野四郎君外10名
医師国家試験予備試験及び歯科医師国家試験予備試験の受験資格の特例に関する法律	S36法232	39	衆21	中野四郎君外10名
豪雪地帯対策特別措置法	S37法73	40	衆29	寺島隆太郎君外100名
商店街振興組合法	S37法141	40	衆39	首藤新八君外44名
都市の美観風致を維持するための樹木の保存に関する法律	S37法142	40	衆45	建設委員長
国土調査促進特別措置法	S37法143	40	衆40	相川勝六君外5名
地方公共団体の長の選挙において使用する選挙運動用ポスターの特例に関する法律	S38法3	43	衆16	公職選挙法改正に関する調査特別委員長
観光基本法	S38法107	43	衆38	福家俊一君外23名
関越自動車道建設法	S38法158	43	衆51	堀内一雄君外14名
戦傷病者特別援護法	S38法168	43	衆53	社会労働委員長
衆議院議員の総選挙に関する臨時特例法	S38法169	44	衆4	公職選挙法改正に関する調査特別委員長
奥地等産業開発道路整備臨時措置法	S39法115	46	衆49	瀬戸山三男君外70名
東海北陸自動車道建設法	S39法131	46	衆55	瀬戸山三男君外18名
工業整備特別地域整備促進法	S39法146	46	衆41	遠藤三郎君外19名
山村振興法	S40法64	48	衆21	農林水産委員長
閉鎖機関令等の規定によつてされた信託の処理に関する法律	S40法85	48	参16	平島敏夫君外1名
九州横断自動車道建設法	S40法92	48	衆38	馬場元治君外61名
地方公共団体の議会の解散に関する特例法	S40法118	48	衆44	三木武夫君外8名
中国横断自動車道建設法	S40法132	48	衆45	野田武夫君外41名
古都における歴史的風土の保存に関する特別措置法	S41法1	51	衆2	田中伊三次君外51名
中部圏開発整備法	S41法102	51	衆43	増田甲子七君外85名
製菓衛生師法	S41法115	51	衆56	社会労働委員長
日本勤労者住宅協会法	S41法133	51	衆49	井原岸高君外30名
昭和四十一年産米穀についての所得税及び法人税の臨時特例に関する法律	S41法148	53	衆1	大蔵委員長
旧勲章年金受給者に関する特別措置法	S42法1	51	衆57	伊能繁次郎君外20名
通学路に係る交通安全施設等の整備及び踏切道の構造改良等に関する緊急措置法	S42法107	55	衆38	大久保武雄君外24名
計理士の名称の使用に関する法律	S42法130	55	衆41	大蔵委員長
土砂等を運搬する大型自動車による交通事故の防止等に関する特別措置法	S42法131	55	衆42	大久保武雄君外10名
消費者保護基本法	S43法78	58	衆21	砂田重民君外24名
社会保険労務士法	S43法89	58	衆36	社会労働委員長
昭和四十三年産米穀についての所得税及び法人税の臨時特例に関する法律	S44法1	61	衆9	大蔵委員長

不動産鑑定士特例試験及び不動産鑑定士補特例試験に関する法律	S45法15	63	衆8	建設委員長
自転車道の整備等に関する法律	S45法16	63	衆9	建設委員長
柔道整復師法	S45法19	63	衆6	社会労働委員長
建築物における衛生的環境の確保に関する法律	S45法20	63	衆7	社会労働委員長
過疎地域対策緊急措置法	S45法31	63	衆20	地方行政委員長
沖縄住民の国政参加特別措置法	S45法49	63	衆25	議院運営委員長
全国新幹線鉄道整備法	S45法71	63	衆26	鈴木善幸君外16名
筑波研究学園都市建設法	S45法73	63	衆35	建設委員長
心身障害者対策基本法	S45法84	63	衆37	社会労働委員長
電気工事業の業務の適正化に関する法律	S45法96	63	衆2	海部俊樹君外7名
昭和四十五年度の米生産調整奨励補助金についての所得税及び法人税の臨時特例に関する法律	S46法3	65	衆3	大蔵委員長
国有農地等の売払いに関する特別措置法	S46法50	65	衆19	農林水産委員長
昭和四十六年度の米生産調整奨励補助金等についての所得税及び法人税の臨時特例に関する法律	S47法4	68	衆3	大蔵委員長
火炎びんの使用等の処罰に関する法律	S47法17	68	衆19	法務委員長
貸金業者の自主規制の助長に関する法律	S47法102	68	衆40	大蔵委員長
飛鳥地方における歴史的風土及び文化財の保存等に必要な資金に充てるための寄附金つき郵便葉書等の発行の特例に関する法律	S47法107	68	衆47	加藤常太郎君外15名
都市モノレールの整備の促進に関する法律	S47法129	70	衆4	運輸委員長
防災のための集団移転促進事業に係る国の財政上の特別措置等に関する法律	S47法132	70	衆2	災害対策特別委員長
昭和四十七年度の米生産調整奨励補助金等についての所得税及び法人税の臨時特例に関する法律	S48法1	71	衆1	大蔵委員長
飼料用米穀等の売渡価格等の臨時特例に関する法律	S48法18	71	衆28	農林水産委員長
活動火山周辺地域における避難施設等の整備に関する法律	S48法61	71	衆49	災害対策特別委員長
中小企業団体の組織に関する法律に基づく命令の規定による織機の登録の特例等に関する法律	S48法74	71	衆48	稲村佐近四郎君外5名
災害弔慰金の支給及び災害援護資金の貸付けに関する法律	S48法82	71	参23	災害対策特別委員長
水銀等による水産動植物の汚染に係る被害漁業者等に対する資金の融通に関する特別措置法	S48法100	71	衆61	農林水産委員長
動物の保護及び管理に関する法律	S48法105	71	衆56	内閣委員長
瀬戸内海環境保全臨時措置法	S48法110	71	衆62	公害対策並びに環境保全特別委員長
昭和四十八年度の米生産調整奨励補助金等についての所得税及び法人税の臨時特例に関する法律	S49法1	72	衆2	大蔵委員長
会社臨時特別税法	S49法11	72	衆10	村山達雄君外1名
伝統的工芸品産業の振興に関する法律	S49法57	71	衆65	左藤恵君外9名
参議院議員の通常選挙に関する臨時特例法	S49法73	72	衆40	松野頼三君外3名
国土利用計画法	S49法92	72	衆39	建設委員長
昭和四十九年度の稲作転換奨励補助金等についての所得税及び法人税の臨時特例に関する法律	S50法2	75	衆1	大蔵委員長
下水道の整備等に伴う一般廃棄物処理業等の合理化に関する特別措置法	S50法31	75	衆18	社会労働委員長
私立学校振興助成法	S50法61	75	衆36	藤波孝生君外4名
義務教育諸学校等の女子教育職員及び医療施設、社会福祉施設等の看護婦、保母等の育児休業に関する法律	S50法62	75	衆37	橋本龍太郎君外23名
昭和五十年度の稲作転換奨励補助金等についての所得税及び法人税の臨時特例に関する法律	S51法4	77	衆1	大蔵委員長

279

参考資料

昭和五十一年度の水田総合利用奨励補助金についての所得税及び法人税の臨時特例に関する法律	S52法3	80	衆2	大蔵委員長
昭和五十一年分所得税の特別減税のための臨時措置法	S52法34	80	衆37	大蔵委員長
国際観光文化都市の整備のための財政上の措置等に関する法律	S52法71	80	衆52	建設委員長
国際協定の締結等に伴う漁業離職者に関する臨時措置法	S52法94	83	衆3	社会労働委員長
特定不況業種離職者臨時措置法	S52法95	83	衆2	社会労働委員長
船員の雇用の促進に関する特別措置法	S52法96	83	衆1	運輸委員長
昭和五十二年度の水田総合利用奨励補助金についての所得税及び法人税の臨時特例に関する法律	S53法3	84	衆1	大蔵委員長
新東京国際空港の安全確保に関する緊急措置法	S53法42	84	衆21	足立篤郎君外11名
昭和五十二年分所得税の特別減税のための臨時措置法	S53法45	84	衆23	大蔵委員長
無限連鎖講の防止に関する法律	S53法101	85	衆3	物価問題等に関する特別委員長
水俣病の認定業務の促進に関する臨時措置法	S53法104	85	衆2	坂田道太君外9名
昭和五十三年度の水田利用再編奨励補助金についての所得税及び法人税の臨時特例に関する法律	S54法1	87	衆1	大蔵委員長
角膜及び腎臓の移植に関する法律	S54法63	90	衆4	社会労働委員長
昭和五十四年度の水田利用再編奨励補助金についての所得税及び法人税の臨時特例に関する法律	S55法2	91	衆1	大蔵委員長
過疎地域振興特別措置法	S55法19	91	衆23	地方行政委員長
地震防災対策強化地域における地震対策緊急整備事業に係る国の財政上の特別措置に関する法律	S55法63	91	衆56	災害対策特別委員長
自転車の安全利用の促進及び自転車駐車場の整備に関する法律	S55法87	93	衆13	交通安全対策特別委員長
昭和五十五年度の水田利用再編奨励補助金についての所得税及び法人税の臨時特例に関する法律	S56法2	94	衆1	大蔵委員長
昭和五十五年度歳入歳出の決算上の剰余金の処理の特例に関する法律	S56法16	94	衆23	大蔵委員長
公衆浴場の確保のための特別措置に関する法律	S56法68	94	衆46	社会労働委員長
昭和五十六年分所得税の特別減税のための臨時措置法	S56法90	95	衆1	大蔵委員長
昭和五十六年度の水田利用再編奨励補助金についての所得税及び法人税の臨時特例に関する法律	S57法3	96	衆4	大蔵委員長
深海底鉱業暫定措置法	S57法64	96	衆27	商工委員長
北方領土問題等の解決の促進のための特別措置に関する法律	S57法85	96	衆28	近藤元次君外18名
国立又は公立の大学における外国人教員の任用等に関する特別措置法	S57法89	96	衆14	石橋一弥君外4名
昭和五十七年度の水田利用再編奨励補助金についての所得税及び法人税の臨時特例に関する法律	S58法3	98	衆1	大蔵委員長
貸金業の規制等に関する法律	S58法32	96	衆31	大原一三君外5名
浄化槽法	S58法43	98	衆8	社会労働委員長
医学及び歯学の教育のための献体に関する法律	S58法56	98	衆11	文教委員長
商業用レコードの公衆への貸与に関する著作者等の権利に関する暫定措置法	S58法76	96	衆37	石橋一弥君外4名
昭和五十八年度の水田利用再編奨励補助金についての所得税及び法人税の臨時特例に関する法律	S59法1	101	衆1	大蔵委員長
昭和五十九年度の水田利用再編奨励補助金についての所得税及び法人税の臨時特例に関する法律	S60法1	102	衆2	大蔵委員長
半島振興法	S60法63	102	衆26	建設委員長
昭和六十年度の水田利用再編奨励補助金についての所得税及び法人税の臨時特例に関する法律	S61法1	104	衆2	大蔵委員長
昭和六十二年分の所得税に係る配偶者控除の臨時特例に関する法律	S61法108	107	衆9	大蔵委員長

昭和六十一年度の水田利用再編奨励補助金についての所得税及び法人税の臨時特例に関する法律	S62法1	108	衆2	大蔵委員長
関西文化学術研究都市建設促進法	S62法72	108	衆21	建設委員長
流通食品への毒物の混入等の防止等に関する特別措置法	S62法103	107	衆6	宮崎茂一君外5名
旅客鉄道株式会社が建設主体とされている新幹線鉄道の建設に関する事業の日本鉄道建設公団への引継ぎに関する法律	S62法104	108	衆20	細田吉蔵君外4名
台湾住民である戦没者の遺族等に対する弔慰金等に関する法律	S62法105	109	衆11	内閣委員長
公文書館法	S62法115	111	参1	内閣委員長
昭和六十二年度の水田農業確立助成補助金についての所得税及び法人税の臨時特例に関する法律	S63法1	112	衆1	大蔵委員長
昭和六十三年分の所得税の臨時特例に関する法律	S63法85	113	衆1	大蔵委員長
国会議事堂等周辺地域及び外国公館等周辺地域の静穏の保持に関する法律	S63法90	113	衆6	議院運営委員長
遊漁船業の適正化に関する法律	S63法99	113	衆3	農林水産委員長
国会に置かれる機関の休日に関する法律	S63法105	113	衆7	議院運営委員長
昭和六十三年度の水田農業確立助成補助金についての所得税及び法人税の臨時特例に関する法律	H1法3	114	衆1	大蔵委員長
臨時脳死及び臓器移植調査会設置法	H1法70	113	衆8	中山太郎君外4名
平成元年四月分から同年七月分までの扶助料に係る加算の年額等の特例に関する法律	H1法88	116	衆6	内閣委員長
平成元年度の水田農業確立助成補助金についての所得税及び法人税の臨時特例に関する法律	H2法1	117	参2	大蔵委員長
過疎地域活性化特別措置法	H2法15	118	衆3	地方行政委員長
出資の受入れ、預り金及び金利等の取締りに関する法律の一部を改正する法律附則第三項の別に法律で定める日を定める法律	H2法42	118	衆13	大蔵委員長
国会議員の秘書の給与等に関する法律	H2法49	118	衆15	議院運営委員長
平成二年度の水田農業確立助成補助金についての所得税及び法人税の臨時特例に関する法律	H3法1	120	衆4	大蔵委員長
国会職員の育児休業等に関する法律	H3法108	122	衆3	議院運営委員長
平成三年度の水田農業確立助成補助金についての所得税及び法人税の臨時特例に関する法律	H4法1	123	衆1	大蔵委員長
ゴルフ場に係る会員契約の適正化に関する法律	H4法53	123	衆9	商工委員長
政治倫理の確立のための国会議員の資産等の公開等に関する法律	H4法100	125	衆5	議院運営委員長
国会等の移転に関する法律	H4法109	125	衆2	海部俊樹君外17名
大阪湾臨海地域開発整備法	H4法110	125	衆3	建設委員長
平成四年度の水田農業確立助成補助金についての所得税及び法人税の臨時特例に関する法律	H5法1	126	衆1	大蔵委員長
民間海外援助事業の推進のための物品の譲与に関する法律	H5法80	128	参1	大蔵委員長
平成五年度の水田営農活性化助成補助金についての所得税及び法人税の臨時特例に関する法律	H6法6	129	衆1	大蔵委員長
中国残留邦人等の円滑な帰国の促進及び永住帰国後の自立の支援に関する法律	H6法30	129	衆6	厚生委員長
農山漁村滞在型余暇活動のための基盤整備の促進に関する法律	H6法46	129	参5	農林水産委員長
政党交付金の交付を受ける政党等に対する法人格の付与に関する法律	H6法106	131	衆5	政治改革に関する調査特別委員長
音楽文化の振興のための学習環境の整備等に関する法律	H6法107	129	衆13	櫻内義雄君外7名
平成六年度の水田営農活性化助成補助金についての所得税及び法人税の臨時特例に関する法律	H7法8	132	衆1	大蔵委員長
緑の募金による森林整備等の推進に関する法律	H7法88	132	参3	農林水産委員長
沖縄県における駐留軍用地の返還に伴う特別措置に関する法律	H7法102	129	衆12	上原康助君外8名
地震防災対策特別措置法	H7法111	132	衆9	災害対策特別委員長

参考資料

臨時大深度地下利用調査会設置法	H7法113	132	参5	野沢太三君外4名
高齢社会対策基本法	H7法129	132	参6	国民生活に関する調査会長
科学技術基本法	H7法130	134	衆16	尾身幸次君外8名
接収刀剣類の処理に関する法律	H7法133	134	衆21	文教委員長
平成七年度の水田営農活性化助成補助金についての所得税及び法人税の臨時特例に関する法律	H8法1	136	衆1	大蔵委員長
特定住宅金融専門会社が有する債権の時効の停止等に関する特別措置法	H8法98	136	衆3	保岡興治君外5名
まぐろ資源の保存及び管理の強化に関する特別措置法	H8法101	136	衆13	農林水産委員長
平成八年度の新生産調整推進助成補助金等についての所得税及び法人税の臨時特例に関する法律	H9法2	140	衆1	大蔵委員長
株式の消却の手続に関する商法の特例に関する法律	H9法55	140	衆25	保岡興治君外8名
小学校及び中学校の教諭の普通免許状授与に係る教育職員免許法の特例等に関する法律	H9法90	140	衆31	田中眞紀子君外9名
臓器の移植に関する法律	H9法104	139	衆12	中山太郎君外13名
平成九年度の新生産調整推進助成補助金等についての所得税及び法人税の臨時特例に関する法律	H10法6	142	衆1	大蔵委員長
特定非営利活動促進法	H10法7	139	衆18	熊代昭彦君外4名
土地の再評価に関する法律	H10法34	142	衆7	大原一三君外5名
優良田園住宅の建設の促進に関する法律	H10法41	142	衆9	建設委員長
オウム真理教に係る破産手続における国の債権に関する特例に関する法律	H10法45	142	衆13	法務委員長
スポーツ振興投票の実施等に関する法律	H10法63	140	衆21	島村宜伸君外12名
被災者生活再建支援法	H10法66	142	参3	清水達雄君外6名
債権管理回収業に関する特別措置法	H10法126	143	衆1	保岡興治君外3名
金融機関等が有する根抵当権により担保される債権の譲渡の円滑化のための臨時措置に関する法律	H10法127	143	衆2	保岡興治君外3名
特定競売手続における現況調査及び評価等の特例に関する臨時措置法	H10法129	143	衆4	保岡興治君外4名
金融再生委員会設置法	H10法130	143	衆6	菅直人君外12名
金融機能の再生のための緊急措置に関する法律	H10法132	143	衆5	菅直人君外12名
金融機能の早期健全化のための緊急措置に関する法律	H10法143	143	衆15	保岡興治君外3名
破綻金融機関等の融資先である中堅事業者に係る信用保険の特例に関する臨時措置法	H10法151	144	衆3	商工委員長
平成十年度の緊急生産調整推進対策水田営農確立助成補助金等についての所得税及び法人税の臨時特例に関する法律	H11法1	145	衆1	大蔵委員長
ものづくり基盤技術振興基本法	H11法2	145	参12	経済・産業委員長
特定融資枠契約に関する法律	H11法4	145	参9	塩崎恭久君外6名
児童買春、児童ポルノに係る行為等の処罰及び児童の保護等に関する法律	H11法52	145	参14	林芳正君外6名
国立公文書館法	H11法79	145	参15	総務委員長
ダイオキシン類対策特別措置法	H11法105	145	参22	国土・環境委員長
国会審議の活性化及び政治主導の政策決定システムの確立に関する法律	H11法116	145	衆29	議院運営委員長
民間資金等の活用による公共施設等の整備等の促進に関する法律	H11法117	145	衆21	建設委員長
政治倫理の確立のための仮名による株取引等の禁止に関する法律	H11法126	145	衆34	政治倫理の確立及び公職選挙法改正に関する特別委員長
国家公務員倫理法	H11法129	145	衆36	内閣委員長
自衛隊員倫理法	H11法130	145	衆37	内閣委員長

特定破産法人の破産財団に属すべき財産の回復に関する特別措置法	H11法148	146	衆3	与謝野馨君外5名
良質な賃貸住宅等の供給の促進に関する特別措置法	H11法153	145	衆35	保岡興治君外9名
特定債務等の調整の促進のための特定調停に関する法律	H11法158	146	衆5	亀井久興君外6名
平成十一年度の緊急生産調整推進対策水田営農確立助成補助金等についての所得税及び法人税の臨時特例に関する法律	H12法2	147	衆3	大蔵委員長
過疎地域自立促進特別措置法	H12法15	147	衆5	地方行政委員長
ストーカー行為等の規制等に関する法律	H12法81	147	参16	地方行政・警察委員長
児童虐待の防止等に関する法律	H12法82	147	衆28	青少年問題に関する特別委員長
国等による環境物品等の調達の推進等に関する法律	H12法100	147	衆24	環境委員長
平和条約国籍離脱者等である戦没者遺族等に対する弔慰金等の支給に関する法律	H12法114	147	衆29	虎島和夫君外4名
老人医療受給対象者に対する臨時老人薬剤費特別給付金の支給に関する法律	H12法115	147	衆32	安倍晋三君外4名
公職にある者等のあっせん行為による利得等の処罰に関する法律	H12法130	150	衆1	亀井善之君外17名
人権教育及び人権啓発の推進に関する法律	H12法147	150	衆12	熊代昭彦君外8名
原子力発電施設等立地地域の振興に関する特別措置法	H12法148	150	衆15	細田博之君外14名
マンションの管理の適正化の推進に関する法律	H12法149	150	衆17	山本有二君外7名
平成十二年度の水田農業経営確立助成補助金等についての所得税及び法人税の臨時特例に関する法律	H13法1	151	衆1	財務金融委員長
配偶者からの暴力の防止及び被害者の保護に関する法律	H13法31	151	参16	共生社会に関する調査会長
特殊法人等改革基本法	H13法58	150	衆16	太田誠一君外4名
ハンセン病療養所入所者等に対する補償金の支給等に関する法律	H13法63	151	衆47	厚生労働委員長
特定製品に係るフロン類の回収及び破壊の実施の確保等に関する法律	H13法64	151	衆46	環境委員長
文化芸術振興基本法	H13法148	153	衆12	斉藤斗志二君外15名
子どもの読書活動の推進に関する法律	H13法154	153	衆18	河村建夫君外7名
平成十三年度の水田農業経営確立助成補助金等についての所得税及び法人税の臨時特例に関する法律	H14法2	154	衆3	財務金融委員長
特定電子メールの送信の適正化等に関する法律	H14法26	154	参10	総務委員長
身体障害者補助犬法	H14法49	153	衆28	山本幸三君外6名
牛海綿状脳症対策特別措置法	H14法70	154	衆24	農林水産委員長
エネルギー政策基本法	H14法71	153	衆6	亀井善之君外6名
東南海・南海地震に係る地震防災対策の推進に関する特別措置法	H14法92	154	衆39	災害対策特別委員長
入札談合等関与行為の排除及び防止に関する法律	H14法101	154	衆30	山内貞則君外8名
ホームレスの自立の支援等に関する特別措置法	H14法105	154	衆42	厚生労働委員長
有明海及び八代海を再生するための特別措置に関する法律	H14法120	154	衆23	古賀誠君外9名
北朝鮮当局によって拉致された被害者等の支援に関する法律	H14法143	155	衆5	厚生労働委員長
自然再生推進法	H14法148	154	衆46	谷津義男君外6名
平成十四年度の水田農業経営確立助成補助金等についての所得税及び法人税の臨時特例に関する法律	H15法2	156	衆1	財務金融委員長
酒類小売業者の経営の改善等に関する緊急措置法	H15法34	154	衆45	谷津義男君外7名
性同一性障害者の性別の取扱いの特例に関する法律	H15法111	156	参17	法務委員長
母子家庭の母の就業の支援に関する特別措置法	H15法126	156	参15	厚生労働委員長
環境の保全のための意欲の増進及び環境教育の推進に関する法律	H15法130	156	衆39	環境委員長
少子化社会対策基本法	H15法133	151	衆53	中山太郎君外8名
平成十五年度の水田農業経営確立助成補助金等についての所得税及び法人税の臨時特例に関する法律	H16法2	159	衆2	財務金融委員長
日本海溝・千島海溝周辺海溝型地震に係る地震防災対策の推進に関する特別措置法	H16法27	159	衆8	災害対策特別委員長

参考資料

法律名	番号	会期	提出	委員長等
コンテンツの創造、保護及び活用の促進に関する法律	H16法81	159	衆39	内閣委員長
特定船舶の入港の禁止に関する特別措置法	H16法125	159	衆44	国土交通委員長
犯罪被害者等基本法	H16法161	161	衆11	内閣委員長
特定障害者に対する特別障害給付金の支給に関する法律	H16法166	159	衆58	大野功統君外5名
発達障害者支援法	H16法167	161	衆17	内閣委員長
平成十六年度の水田農業構造改革交付金等についての所得税及び法人税の臨時特例に関する法律	H17法2	162	衆2	財務金融委員長
二千五年日本国際博覧会への外国人観光旅客の来訪の促進に関する法律	H17法3	162	衆3	国土交通委員長
公共工事の品質確保の促進に関する法律	H17法18	162	衆9	国土交通委員長
携帯音声通信事業者による契約者等の本人確認等及び携帯音声通信役務の不正な利用の防止に関する法律	H17法31	162	衆11	菅義偉君外13名
食育基本法	H17法63	159	衆49	村田吉隆君外6名
文字・活字文化振興法	H17法91	162	衆24	文部科学委員長
偽造カード等及び盗難カード等を用いて行われる不正な機械式預貯金払戻し等からの預貯金者の保護に関する法律	H17法94	162	衆23	江﨑洋一郎君外5名
出入国管理及び難民認定法第二条第五号ロの旅券を所持する外国人の上陸申請の特例に関する法律	H17法96	162	衆34	法務委員長
高齢者虐待の防止、高齢者の養護者に対する支援等に関する法律	H17法124	163	衆25	厚生労働委員長
平成十七年度の水田農業構造改革交付金等についての所得税及び法人税の臨時特例に関する法律	H18法6	164	衆6	財務金融委員長
探偵業の業務の適正化に関する法律	H18法60	164	衆25	内閣委員長
自殺対策基本法	H18法85	164	参18	内閣委員長
拉致問題その他北朝鮮当局による人権侵害問題への対処に関する法律	H18法96	164	衆38	北朝鮮による拉致問題等に関する特別委員長
海外の文化遺産の保護に係る国際的な協力の推進に関する法律	H18法97	164	衆36	文部科学委員長
がん対策基本法	H18法98	164	衆37	厚生労働委員長
ドミニカ移住者に対する特別一時金の支給等に関する法律	H18法103	165	参1	外交防衛委員長
有機農業の推進に関する法律	H18法112	165	参8	農林水産委員長
観光立国推進基本法	H18法117	165	衆4	国土交通委員長
平成十八年度の水田農業構造改革交付金等についての所得税及び法人税の臨時特例に関する法律	H19法2	166	衆2	財務金融委員長
海洋基本法	H19法33	166	衆11	国土交通委員長
海洋構築物等に係る安全水域の設定等に関する法律	H19法34	166	衆12	国土交通委員長
日本国憲法の改正手続に関する法律	H19法51	164	衆30	保岡興治君外5名
			衆31	枝野幸男君外3名
国等における温室効果ガス等の排出の削減に配慮した契約の推進に関する法律	H19法56	166	参1	愛知治郎君外3名
地理空間情報活用推進基本法	H19法63	166	衆31	内閣委員長
映画の盗撮の防止に関する法律	H19法65	166	衆26	経済産業委員長
カネミ油症事件関係仮払金返還債権の免除についての特例に関する法律	H19法81	166	衆35	農林水産委員長
救急医療用ヘリコプターを用いた救急医療の確保に関する特別措置法	H19法103	166	参3	厚生労働委員長
エコツーリズム推進法	H19法105	166	衆36	環境委員長
厚生年金保険の保険給付及び国民年金の給付に係る時効の特例等に関する法律	H19法111	166	衆37	石崎岳君外4名
住宅確保要配慮者に対する賃貸住宅の供給の促進に関する法律	H19法112	166	衆46	国土交通委員長
厚生年金保険の保険給付及び保険料の納付の特例等に関する法律	H19法131	168	衆5	大村秀章君外6名
犯罪利用預金口座等に係る資金による被害回復分配金の支払等に関する法律	H19法133	168	衆13	財務金融委員長

284

鳥獣による農林水産業等に係る被害の防止のための特別措置に関する法律	H19法134	168	衆17	農林水産委員長
特定フィブリノゲン製剤及び特定血液凝固第IX因子製剤によるC型肝炎感染被害者を救済するための給付金の支給に関する特別措置法	H20法2	168	衆23	厚生労働委員長
宇宙基本法	H20法43	169	衆17	内閣委員長
介護従事者等の人材確保のための介護従事者等の処遇改善に関する法律	H20法44	169	衆16	厚生労働委員長
生物多様性基本法	H20法58	169	衆19	環境委員長
研究開発システムの改革の推進等による研究開発能力の強化及び研究開発等の効率的推進等に関する法律	H20法63	169	参20	内閣委員長
青少年が安全に安心してインターネットを利用できる環境の整備等に関する法律	H20法79	169	衆30	青少年問題に関する特別委員長
オウム真理教犯罪被害者等を救済するための給付金の支給に関する法律	H20法80	169	衆24	内閣委員長
障害のある児童及び生徒のための教科用特定図書等の普及の促進等に関する法律	H20法81	169	参26	文教科学委員長
ハンセン病問題の解決の促進に関する法律	H20法82	169	衆29	厚生労働委員長
厚生年金保険の保険給付及び国民年金の給付の支払の遅延に係る加算金の支給に関する法律	H21法37	171	衆19	厚生労働委員長
公共サービス基本法	H21法40	171	衆25	総務委員長
バイオマス活用推進基本法	H21法52	171	衆26	農林水産委員長
水俣病被害者の救済及び水俣病問題の解決に関する特別措置法	H21法81	171	衆45	環境委員長
美しく豊かな自然を保護するための海岸における良好な景観及び環境の保全に係る海岸漂着物等の処理等の推進に関する法律	H21法82	171	衆46	環境委員長
肝炎対策基本法	H21法97	173	衆7	厚生労働委員長
原爆症認定集団訴訟の原告に係る問題の解決のための基金に対する補助に関する法律	H21法99	173	参4	厚生労働委員長
PTA・青少年教育団体共済法	H22法42	174	衆19	文部科学委員長
口蹄疫対策特別措置法	H22法44	174	衆26	農林水産委員長
戦後強制抑留者に係る問題に関する特別措置法	H22法45	174	参9	総務委員長
平成二十二年四月以降において発生が確認された口蹄疫に起因して生じた事態に対処するための手当金等についての個人の道府県民税及び市町村民税の臨時特例に関する法律	H22法49	176	衆2	総務委員長
平成二十二年四月以降において発生が確認された口蹄疫に起因して生じた事態に対処するための手当金等についての所得税及び法人税の臨時特例に関する法律	H22法50	176	衆1	財務金融委員長
平成二十三年東北地方太平洋沖地震等による災害からの復旧復興に資するための国会議員の歳費の月額の減額特例に関する法律	H23法11	177	衆7	議院運営委員長
お茶の振興に関する法律	H23法21	177	衆6	農林水産委員長
海外の美術品等の我が国における公開の促進に関する法律	H23法15	177	衆1	文部科学委員長
東日本大震災に伴う相続の承認又は放棄をすべき期間に係る民法の特例に関する法律	H23法69	177	衆18	法務委員長
東日本大震災復興基本法	H23法76	177	衆13	東日本大震災復興特別委員長
津波対策の推進に関する法律	H23法77	177	衆14	災害対策特別委員長
スポーツ基本法	H23法78	177	衆11	奥村展三君外16名
障害者虐待の防止、障害者の養護者に対する支援等に関する法律	H23法79	177	衆16	厚生労働委員長
平成二十三年原子力事故による被害に係る緊急措置に関する法律	H23法91	177	参9	佐藤正久君外9名
歯科口腔保健の推進に関する法律	H23法95	177	参13	厚生労働委員長
東日本大震災により生じた災害廃棄物の処理に関する特別措置法	H23法99	177	衆26	東日本大震災復興特別委員長
運輸事業の振興の助成に関する法律	H23法101	177	衆27	総務委員長

参考資料

法律名	番号			委員会
東日本大震災による被害を受けた合併市町村に係る地方債の特例に関する法律	H23法102	177	衆28	総務委員長
東日本大震災関連義援金に係る差押禁止等に関する法律	H23法103	177	参20	災害対策特別委員長
平成二十三年三月十一日に発生した東北地方太平洋沖地震に伴う原子力発電所の事故により放出された放射性物質による環境の汚染への対処に関する特別措置法	H23法110	177	衆29	環境委員長
東京電力福島原子力発電所事故調査委員会法	H23法112	178	衆2	議院運営委員長
株式会社東日本大震災事業者再生支援機構法	H23法113	177	参12	片山さつき君外6名
国家公務員の給与の改定及び臨時特例に関する法律	H24法2	180	衆1	稲見哲男君外4名
東日本大震災の被災者に対する援助のための日本司法支援センターの業務の特例に関する法律	H24法6	180	衆4	法務委員長
国会議員の歳費及び期末手当の臨時特例に関する法律	H24法29	180	衆11	議院運営委員長
死因究明等の推進に関する法律	H24法33	180	衆12	内閣委員長
警察等が取り扱う死体の死因又は身元の調査等に関する法律	H24法34	180	衆13	内閣委員長
原子力規制委員会設置法	H24法47	180	衆19	環境委員長
東京電力原子力事故により被災した子どもをはじめとする住民等の生活を守り支えるための被災者の生活支援等に関する施策の推進に関する法律	H24法48	180	参22	東日本大震災復興特別委員長
劇場、音楽堂等の活性化に関する法律	H24法49	180	参11	文教科学委員長
国等による障害者就労施設等からの物品等の調達の推進等に関する法律	H24法50	180	衆8	厚生労働委員長
消費者教育の推進に関する法律	H24法61	180	参26	島尻安伊子君外5名
社会保障制度改革推進法	H24法64	180	衆24	長妻昭君外5名
大都市地域における特別区の設置に関する法律	H24法80	180	衆28	逢坂誠二君外8名
古典の日に関する法律	H24法81	180	衆30	文部科学委員長
カネミ油症患者に関する施策の総合的な推進に関する法律	H24法82	180	衆31	厚生労働委員長
移植に用いる造血幹細胞の適切な提供の推進に関する法律	H24法90	180	参35	厚生労働委員長
母子家庭の母及び父子家庭の父の就業の支援に関する特別措置法	H24法92	180	衆38	厚生労働委員長
再生医療を国民が迅速かつ安全に受けられるようにするための施策の総合的な推進に関する法律	H25法13	183	衆4	厚生労働委員長
子どもの貧困対策の推進に関する法律	H25法64	183	衆24	厚生労働委員長
死刑再審無罪者に対し国民年金の給付等を行うための国民年金の保険料の納付の特例等に関する法律	H25法66	183	衆34	法務委員長
いじめ防止対策推進法	H25法71	183	衆42	馳浩君外13名
国会職員の配偶者同行休業に関する法律	H25法80	185	衆6	議院運営委員長
首都直下地震対策特別措置法	H25法88	185	衆7	災害対策特別委員長
強くしなやかな国民生活の実現を図るための防災・減災等に資する国土強靱化基本法	H25法95	183	衆18	二階俊博君外11名
東日本大震災における原子力発電所の事故により生じた原子力損害に係る早期かつ確実な賠償を実現するための措置及び当該原子力損害に係る賠償請求権の消滅時効等の特例に関する法律	H25法97	185	衆23	文部科学委員長
アルコール健康障害対策基本法	H25法109	185	衆19	内閣委員長
消防団を中核とした地域防災力の充実強化に関する法律	H25法110	185	衆26	総務委員長
がん登録等の推進に関する法律	H25法111	185	参11	尾辻秀久君外7名
水循環基本法	H26法16	186	参3	国土交通委員長
雨水の利用の推進に関する法律	H26法17	186	参4	国土交通委員長
地域自然資産区域における自然環境の保全及び持続可能な利用の推進に関する法律	H26法85	186	衆31	環境委員長
介護・障害福祉従事者の人材確保のための介護・障害福祉従事者の処遇改善に関する法律	H26法97	186	衆21	厚生労働委員長
アレルギー疾患対策基本法	H26法98	186	衆23	厚生労働委員長

参考資料

法律名	法令番号	回次	番号	提出者
国民が受ける医療の質の向上のための医療機器の研究開発及び普及の促進に関する法律	H26法99	186	衆24	厚生労働委員長
過労死等防止対策推進法	H26法100	186	衆25	厚生労働委員長
養豚農業振興法	H26法101	186	衆29	農林水産委員長
花きの振興に関する法律	H26法102	186	衆30	農林水産委員長
内水面漁業の振興に関する法律	H26法103	186	衆37	農林水産委員長
サイバーセキュリティ基本法	H26法104	186	衆35	内閣委員長
私事性的画像記録の提供等による被害の防止に関する法律	H26法126	187	衆17	総務委員長
空家等対策の推進に関する特別措置法	H26法127	187	衆11	国土交通委員長
都市農業振興基本法	H27法14	189	参5	農林水産委員長
公認心理師法	H27法68	189	衆38	文部科学委員長
労働者の職務に応じた待遇の確保等のための施策の推進に関する法律	H27法69	189	衆22	井坂信彦君外5名
琵琶湖の保全及び再生に関する法律	H27法75	189	衆35	環境委員長
国会議事堂、内閣総理大臣官邸その他の国の重要な施設等、外国公館等及び原子力事業所の周辺地域の上空における小型無人機等の飛行の禁止に関する法律	H28法9	189	衆24	古屋圭司君外5名
戦没者の遺骨収集の推進に関する法律	H28法12	189	衆40	厚生労働委員長
成年後見制度の利用の促進に関する法律	H28法29	190	衆20	内閣委員長
有人国境離島地域の保全及び特定有人国境離島地域に係る地域社会の維持に関する特別措置法	H28法33	190	衆18	谷川弥一君外15名
合法伐採木材等の流通及び利用の促進に関する法律	H28法48	190	衆29	農林水産委員長
平成二十八年熊本地震災害関連義援金に係る差押禁止等に関する法律	H28法67	190	衆44	災害対策特別委員長
本邦外出身者に対する不当な差別的言動の解消に向けた取組の推進に関する法律	H28法68	190	参6	愛知治郎君外2名
国外犯罪被害弔慰金等の支給に関する法律	H28法73	190	衆46	内閣委員長
真珠の振興に関する法律	H28法74	190	衆49	農林水産委員長
民間公益活動を促進するための休眠預金等に係る資金の活用に関する法律	H28法101	190	衆43	山本ともひろ君外3名
官民データ活用推進基本法	H28法103	192	衆8	内閣委員長
再犯の防止等の推進に関する法律	H28法104	192	衆6	法務委員長
義務教育の段階における普通教育に相当する教育の機会の確保等に関する法律	H28法105	190	衆34	丹羽秀樹君外8名
部落差別の解消の推進に関する法律	H28法109	190	衆48	二階俊博君外8名
民間あっせん機関による養子縁組のあっせんに係る児童の保護等に関する法律	H28法110	192	参53	島村大君外8名
建設工事従事者の安全及び健康の確保の推進に関する法律	H28法111	192	参54	国土交通委員長
無電柱化の推進に関する法律	H28法112	192	衆9	国土交通委員長
自転車活用推進法	H28法113	192	衆10	国土交通委員長
特定複合観光施設区域の整備の推進に関する法律	H28法115	189	衆20	細田博之君外7名
平成三十一年六月一日から同月十日までの間に任期が満了することとなる地方公共団体の議会の議員及び長の任期満了による選挙により選出される議会の議員及び長の任期の特例に関する法律	H29法34	193	衆14	政治倫理の確立及び公職選挙法改正に関する特別委員長
商業捕鯨の実施等のための鯨類科学調査の実施に関する法律	H29法76	193	参106	徳永エリ君外6名

（注1） 本表において「回次」とは、当該法律案が提出された国会回次を示す。
（注2） 「番号」の項中、「衆」は「衆法」を、「参」は「参法」を示しており、1、2、3…の数字は、提出された国会における「提出番号」を示す。
（注3） 法律名等の記述に際しては、適宜旧字体を新字体に改めた。なお、「提出者」の項は、提出時における提出者名を記述している（審議継続中に提出者が変更される場合がある。）。
（注4） 委員会提出（衆・参）及び調査会提出（参）の新規制定議員立法については網掛けをしている。
（出典） 古賀豪・桐原康栄・奥村牧人「帝国議会および国会の立法統計―法案提出件数・成立件数・新規判定の議定立法―」『レファレンス』718号、2010.11、pp. 143-155.、衆議院法制局『衆議院における議員立法の記録（第一回国会―第一七〇回国会）』、2009.1；参議院法制局『参議院法制局五十年史』1998.10等を基に筆者作成。

287

参考資料

別図4 議員提出・委員会提出別の新規制定議員立法の件数及び新規制定議員立法に占める委員会提出の新規制定議員立法の割合

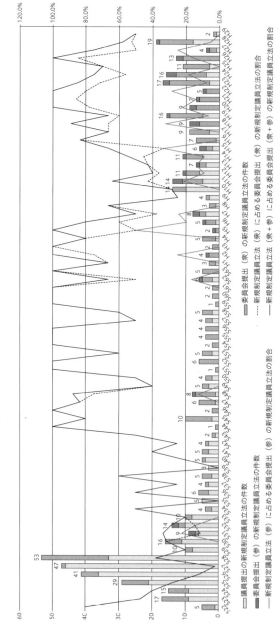

(注1) 棒グラフは、別表2を基に、制定年ごとに、議員提出の新規制定議員立法の件数（衆・参別）、委員会提出の新規制定議員立法の件数（衆・参別）を示している。
(注2) 折れ線グラフは、別表2を基に、制定年ごとに、新規制定議員立法の件数に占める委員会提出の新規制定議員立法の件数の割合（衆・参・衆参合計）を示している。

参考資料

別図5　通常国会ごとの議員立法の成立件数に占める委員会提出の議員立法の成立件数の割合

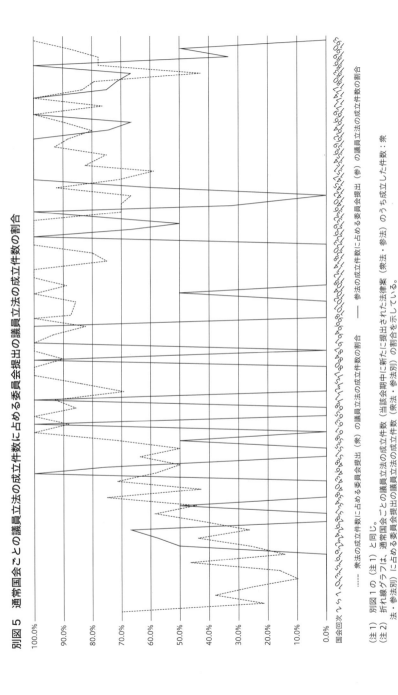

------ 衆法の成立件数に占める委員会提出（衆）の議員立法の成立件数の割合 ―― 参法の成立件数に占める委員会提出（参）の議員立法の成立件数の割合

(注1)　別図1の（注1）と同じ。
(注2)　折れ線グラフは、通常国会ごとの議員立法の成立件数（当該会期中に新たに提出された法律案（衆法・参法）のうち成立した件数（衆法・参法別）に占める委員会提出の議員立法の成立件数（衆法・参法別）の割合を示している。

(出典)　別表1、衆議院法制局『衆議院における議員立法の記録（第一回国会〜第一七〇回国会）』2009.10等を基に筆者作成。

289

参考資料

別図6 通常国会ごとの議員提出・委員会提出別の議員立法の成立件数及び委員会提出の議員立法の成立件数に占める新規制定議員立法の件数の割合

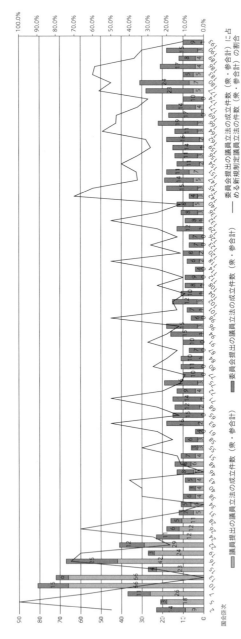

(注1) 別図1の(注1)と同じ。
(注2) 棒グラフは、通常国会ごとの、議員提出・委員会提出別の議員立法の成立件数(当該会期中に新たに提出された法律案のうち成立した件数)を示している。
(注3) 折れ線グラフは、(注2)の委員会提出の議員立法の成立件数に占める新規制定議員立法の件数の割合を示している。
(出典) 衆議院法制局『衆議院における議員立法の記録(第一回国会―第一七〇回国会)』2009.10 等を基に筆者作成。

290

参考資料

別表3　衆議院法制局立案取扱件数一覧

国　会　回　次	衆　法	提出された修正案			小計	未提出法律案	未提出修正案	小計	合計
		衆法に対するもの	閣法に対するもの	参法に対するもの					
第 1 回（特別会）	20	1	35		56				
第 2 回（常　会）	21	2	41		64				
第 3 回（臨時会）	5		5		10				
第 4 回（常　会）	5		2		7				
第 5 回（特別会）	22	2	56	2	82				
第 6 回（臨時会）	11		5		16				
第 7 回（常　会）	32	3	34	1	70				
第 8 回（臨時会）	14	4	1	1	20				
第 9 回（臨時会）	11		5		16				
第 10 回（常　会）	70	8	21	1	100				
第 11 回（臨時会）									
第 12 回（臨時会）	8		6	1	15				
第 13 回（常　会）	80	19	63	4	166	47	31	78	244
第 14 回（常　会）	1				1				
第 15 回（特別会）	59	4	14	1	78	62	28	90	168
第 16 回（特別会）	88	12	53	2	155	46	19	65	220
第 17 回（臨時会）	13	4	3		20	18	2	20	40
第 18 回（臨時会）	3		8		11	10	2	12	23
第 19 回（常　会）	51	8	59	2	120	30	10	40	160
第 20 回（臨時会）	22	5	2		29	21	6	27	56
第 21 回（常　会）	16				16	3		3	19
第 22 回（特別会）	78	15	47	2	142	48	18	66	208
第 23 回（臨時会）	9		1		10	25		25	35
第 24 回（常　会）	71	6	27	1	105	72	31	103	208
第 25 回（臨時会）	10				12	15	7	22	34
第 26 回（常　会）	50	3	42		95	42	19	61	156
第 27 回（臨時会）	13		1		14	6	2	8	22
第 28 回（常　会）	27	5	55		87	47	20	67	154
第 29 回（特別会）	16		2		18	3		3	21
第 30 回（臨時会）	13		4		17	31	10	41	58
第 31 回（常　会）	69	2	35		106	50	10	60	166
第 32 回（臨時会）	1				1	2		2	3
第 33 回（臨時会）	26		12		38	27	11	38	76
第 34 回（常　会）	48	2	30		80	50	22	72	152
第 35 回（臨時会）	1				1	3		3	4
第 36 回（臨時会）	7				7	20		20	27

参考資料

国　会　回　次	衆　法	提出された修正案			小計	未提出法律案	未提出修正案	小計	合計
		衆法に対するもの	閣法に対するもの	参法に対するもの					
第 37 回（特別会）	7		5		12	17		17	29
第 38 回（常　会）	60	1	42		103	54	27	81	184
第 39 回（臨時会）	34		15		49	26	7	33	82
第 40 回（常　会）	49	2	38		89	31	16	47	136
第 41 回（臨時会）	11		6		17	10	3	13	30
第 42 回（臨時会）	1	1	4		6	19	3	22	28
第 43 回（常　会）	53	1	43		97	51	24	75	172
第 44 回（臨時会）	7				7	5		5	12
第 45 回（特別会）	5		2		7	5	1	6	13
第 46 回（常　会）	62		61		123	38	18	56	179
第 47 回（臨時会）	9				9	7		7	16
第 48 回（常　会）	45	2	35		82	35	7	42	124
第 49 回（臨時会）			1		1	1		1	2
第 50 回（臨時会）						18	4	22	22
第 51 回（常　会）	60		46		106	27	16	43	149
第 52 回（臨時会）						2		2	2
第 53 回（臨時会）	1		1		2	1		1	3
第 54 回（常　会）									
第 55 回（特別会）	43	1	21		65	29	8	37	102
第 56 回（臨時会）	2		1		3				3
第 57 回（臨時会）	4		2		6	5	2	7	13
第 58 回（常　会）	45	1	28		74	31	4	35	109
第 59 回（臨時会）									
第 60 回（臨時会）	3		5		8	6	4	10	18
第 61 回（常　会）	58		33		91	30	9	39	130
第 62 回（臨時会）	2		2		4	4	2	6	10
第 63 回（特別会）	39		22		61	11	3	14	75
第 64 回（臨時会）	5		18		23	8	7	15	38
第 65 回（常　会）	35		17		52	20	9	29	81
第 66 回（臨時会）						1		1	1
第 67 回（臨時会）	8		3		11	6	2	8	19
第 68 回（常　会）	48		43		91	19	5	24	115
第 69 回（臨時会）									
第 70 回（臨時会）	4		1		5				5
第 71 回（特別会）	65		55		120	18	8	26	146
第 72 回（常　会）	44	1	45		90	20	7	27	117
第 73 回（臨時会）	3				3	4		4	7

第 74 回(臨時会)	4		5		9	4	1	5	14
第 75 回(常　会)	40		26		66	30	8	38	104
第 76 回(臨時会)	7		4		11	18	5	23	34
第 77 回(常　会)	24		31		55	19	4	23	78
第 78 回(臨時会)	5		6		11	5	2	7	18
第 79 回(臨時会)									
第 80 回(常　会)	52		25		77	26	15	41	118
第 81 回(臨時会)									
第 82 回(臨時会)	7		5		12	13		13	25
第 83 回(臨時会)	3		3		6		2	2	8
第 84 回(常　会)	33		28	1	62	25	10	35	97
第 85 回(臨時会)	6	1	5		12	6	2	8	20
第 86 回(臨時会)									
第 87 回(常　会)	36		20		56	28	15	43	99
第 88 回(臨時会)	22				22	8	2	10	32
第 89 回(特別会)	7				7	5		5	12
第 90 回(臨時会)	4		10		14	10	2	12	26
第 91 回(常　会)	58		34		92	27	10	37	129
第 92 回(特別会)									
第 93 回(臨時会)	18		12		30	11	8	19	49
第 94 回(常　会)	54	2	31		87	22	2	24	111
第 95 回(臨時会)	2		1		3	12	2	14	17
第 96 回(常　会)	41	2	25	2	70	19	13	32	102
第 97 回(臨時会)	1				1	3		3	4
第 98 回(常　会)	18	4	19		41	8	8	16	57
第 99 回(臨時会)									
第 100 回(臨時会)	4	1	9		14	10	2	12	26
第 101 回(特別会)	45		29		74	23	20	43	117
第 102 回(常　会)	39	1	34		74	29	14	43	117
第 103 回(臨時会)	3		5		8	7	6	13	21
第 104 回(常　会)	23	1	13		37	16	5	21	58
第 105 回(臨時会)									
第 106 回(特別会)						2		2	2
第 107 回(臨時会)	9		3		12	11	9	20	32
第 108 回(常　会)	21		22		43	8	2	10	53
第 109 回(臨時会)	11	1	11		23	4	2	6	29
第 110 回(臨時会)						1		1	1
第 111 回(臨時会)	1				1	3		3	4
第 112 回(常　会)	15		25		40	7	3	10	50
第 113 回(臨時会)	8		11		19	3	4	7	26
第 114 回(常　会)	10		12		22	12	2	14	36

国　会　回　次	衆　法	提出された修正案			小計	未提出法律案	未提出修正案	小計	合計
		衆法に対するもの	閣法に対するもの	参法に対するもの					
第 115 回（臨時会）						2		2	2
第 116 回（臨時会）	10		13		23	11	2	13	36
第 117 回（常　会）						10		10	10
第 118 回（特別会）	16		14		30	11	8	19	49
第 119 回（臨時会）						4	1	5	5
第 120 回（常　会）	18		11		29	2	3	5	34
第 121 回（臨時会）	9		4		13	4	5	9	22
第 122 回（臨時会）	4		4		8	1	1	2	10
第 123 回（常　会）	12		17		29	29	4	33	62
第 124 回（臨時会）									
第 125 回（臨時会）	12				12	6		6	18
第 126 回（常　会）	26		17		43	10	11	21	64
第 127 回（特別会）									
第 128 回（臨時会）	11		14		25	18	1	19	44
第 129 回（常　会）	13		10		23	23	3	26	49
第 130 回（臨時会）									
第 131 回（臨時会）	7	1	12		20	8	1	9	29
第 132 回（常　会）	20	1	7		28	17	2	19	47
第 133 回（臨時会）	13				13	2		2	15
第 134 回（臨時会）	22	1	1		24	10	1	11	35
第 135 回（臨時会）									
第 136 回（常　会）	16	1	13		30	37	3	40	70
第 137 回（臨時会）	2				2				2
第 138 回（特別会）						1		1	1
第 139 回（臨時会）	18	2	1		21	24		24	45
第 140 回（常　会）	45	3	26	1	75	24	23	47	122
第 141 回（臨時会）	22		2		24	35	2	37	61
第 142 回（常　会）	44		10	2	56	43	18	61	117
第 143 回（臨時会）	20	9	13		42	29	17	46	88
第 144 回（臨時会）	7		1		8	16		16	24
第 145 回（常　会）	38		27		65	46	31	77	142
第 146 回（臨時会）	19	4	7		30	43	2	45	75
第 147 回（常　会）	35	2	14		51	29	1	30	81
第 148 回（特別会）	3				3	6		6	9
第 149 回（臨時会）	1				1	18		18	19
第 150 回（臨時会）	25	2	8		35	36	5	41	76
第 151 回（常　会）	64	1	25		90	55	13	68	158
第 152 回（臨時会）									

第 153 回 (臨時会)	29	2	14		45	50	3	53	98
第 154 回 (常　会)	47	2	15		64	74	23	97	161
第 155 回 (臨時会)	9	3	15		27	52	10	62	89
第 156 回 (常　会)	51	5	33		89	66	23	89	178
第 157 回 (臨時会)	3		1		4	9		9	13
第 158 回 (特別会)						10		10	10
第 159 回 (常　会)	59		19		78	34	15	49	127
第 160 回 (臨時会)	4				4	4		4	8
第 161 回 (臨時会)	19	1	4		24	14	3	17	41
第 162 回 (常　会)	39	2	20		61	39	9	48	109
第 163 回 (特別会)	25				25	13	4	17	42
第 164 回 (常　会)	40		17		57	23	13	36	93
第 165 回 (臨時会)	8	3	4		15	27	3	30	45
第 166 回 (常　会)	54	5	5		64	24	10	34	98
第 167 回 (臨時会)									
第 168 回 (臨時会)	24	2	3		29	20	4	24	53
第 169 回 (臨時会)	32		13		45	55	8	63	108
第 170 回 (臨時会)	3		5		8	30	1	31	39
第 171 回 (常　会)	55	2	27		84	34	10	44	128
第 172 回 (特別会)						2		2	2
第 173 回 (臨時会)	13				13	15	2	17	30
第 174 回 (常　会)	35		14		49	38	11	49	98
第 175 回 (臨時会)	3				3	4	1	5	8
第 176 回 (臨時会)	17	1	7		25	18		18	43
第 177 回 (常　会)	32	1	25	1	59	65	10	75	134
第 178 回 (臨時会)	2				2	5	1	6	8
第 179 回 (臨時会)	1		15	1	17	19	2	21	38
第 180 回 (常　会)	39	1	28		68	65	23	88	156
第 181 回 (臨時会)	4	1	3		8	18	2	20	28
第 182 回 (特別会)						2		2	2
第 183 回 (常　会)	49	2	19		70	59	10	69	139
第 184 回 (臨時会)						1		1	1
第 185 回 (臨時会)	29	2	16		47	24	14	38	85
第 186 回 (常　会)	46	2	25		73	41	7	48	121
第 187 回 (臨時会)	21		4		25	31	10	41	66
第 188 回 (特別会)	4				4	4		4	8
第 189 回 (常　会)	46	2	20		68	56	6	62	130
第 190 回 (常　会)	61		11	1	73	30	9	39	112
第 191 回 (臨時会)									
第 192 回 (臨時会)	13	1	5		19	26	5	31	50
第 193 回 (常　会)	26		19		45	28	7	35	80

（出典）　衆議院法制局調べ

参考資料

別表4　基本法一覧　　　　　　　　　　　　　　　　　（平成29年9月30日現在）

┌───┐
│ ①法律名   ④規定される会議体等   ⑤策定が規定される大綱、計画、指針│
│ ②議立立法によるもの又は内閣提出に   ○特別の機関　●重要政策に関す   等   │
│　よるものの別（議／閣）   る会議   ⑥国会に対する年次報告等   │
│ ③主たる所管府省（設置法、組織令、各   ☆閣僚レベルの会議体　★審議会   │
│　府省のウェブサイト等を確認し、主と   等　※その他   │
│　して、④の事務を行っている府省等を   *印を付したものは、他の法令に主   │
│　記載した。）   たる設置根拠を有するものを示す。   │
└───┘

①法律名	②提出	③所管府省	④会議体等	⑤大綱、計画等	⑥年次報告等
原子力基本法(S30法186)	議	一義的には内閣府	※原子力規制委員会（環境省の外局）* ☆原子力防災会議 ★原子力委員会	―	原子力規制委員会年次報告（原子力規制委員会設置法(H24法47)に基づく。）
災害対策基本法(S36法223)	閣	内閣府	●中央防災会議 ☆非常災害対策本部(臨時) ☆緊急災害対策本部(臨時)	防災基本計画【中央防災会議決定】	防災白書
中小企業基本法(S38法154)	閣	経済産業省（中小企業庁）	★中小企業政策審議会	―	中小企業白書
森林・林業基本法(S39法161) ▲平成13年に林業基本法の題名を改正	閣	農林水産省（林野庁）	★林政審議会	森林・林業基本計画【閣議決定】	森林・林業白書
消費者基本法(S43法78) ▲平成16年に消費者保護基本法の題名を改正	議	消費者庁（④は内閣府本府に置かれる。）	○消費者政策会議 ★消費者委員会*	消費者基本計画【閣議決定】	消費者白書
障害者基本法(S45法84) ▲平成5年に心身障害者対策基本法の題名を改正	議	内閣府	★障害者政策委員会	障害者基本計画【閣議決定】	障害者白書
交通安全対策基本法(S45法110)	閣	国家公安委員会・国土交通省	○中央交通安全対策会議	交通安全基本計画【中央交通安全対策会議決定】	交通安全白書
土地基本法(H1法84)	閣	国土交通省	★国土審議会*	土地利用計画	土地白書
環境基本法(H5法91)	閣	環境省	★中央環境審議会 ○公害対策会議	環境基本計画【閣議決定】	環境白書(注3)
高齢社会対策基本法(H7法129)	議	内閣府	○高齢社会対策会議	高齢社会対策大綱【閣議決定】	高齢社会白書
科学技術基本法(H7法130)	議	内閣府	●総合科学技術・イノベーション会議*	科学技術基本計画【閣議決定】	科学技術白書
中央省庁等改革基本法(H10法103)	閣	(内閣官房)	☆中央省庁等改革推進本部 (H13.6.22に廃止)	―	―

296

参考資料

①法律名	②提出	③所管府省	④会議体等	⑤大綱、計画等	⑥年次報告等
ものづくり基盤技術振興基本法(H11法2)	議	経済産業省	―	ものづくり基盤技術基本計画【閣議決定】	製造基盤白書(ものづくり白書)
男女共同参画社会基本法(H11法78)	閣	内閣府	●男女共同参画会議	男女共同参画基本計画【閣議決定】	男女共同参画白書
食料・農業・農村基本法(H11法106)	閣	農林水産省	★食料・農業・農村政策審議会	食料・農業・農村基本計画【閣議決定】	食料・農業・農村白書
循環型社会形成推進基本法(H12法110号)	閣	環境省	★中央環境審議会*	循環型社会形成推進基本計画【閣議決定】	循環型社会白書(注3)
高度情報通信ネットワーク社会形成基本法(H12法144)	閣	内閣官房	☆高度情報通信ネットワーク社会推進戦略本部(IT総合戦略本部)(H25年3月呼称変更)	高度情報通信ネットワーク社会の形成に関する重点計画【IT総合戦略本部決定】	適時に、目標の達成状況を調査し、その結果をインターネットの利用その他適切な方法により公表する。
水産基本法(H13法89)	閣	農林水産省(水産庁)	★水産政策審議会	水産基本計画【閣議決定】	水産白書
文化芸術基本法(H13法148)▲平成29年に文化芸術振興基本法の題名を改正	議	文部科学省(文化庁)	★文化審議会*※文化芸術推進会議	文化芸術推進基本計画【閣議決定】	―
エネルギー政策基本法(H14法71)	議	経済産業省(資源エネルギー庁)	★総合資源エネルギー調査会*	エネルギー基本計画【閣議決定】	エネルギー白書
知的財産基本法(H14法122)	閣	内閣府(④は内閣に置かれる。)	☆知的財産戦略本部	知的財産の創造、保護及び活用に関する推進計画【知的財産戦略本部決定】	適時に、目標の達成状況を調査し、その結果をインターネットの利用その他適切な方法により公表する。
食品安全基本法(H15法48)	閣	内閣府(④は内閣府本府に置かれる。)	★食品安全委員会★消費者委員会*	食品安全基本法第21条第1項に規定する基本的事項【閣議決定】	―
少子化社会対策基本法(H15法133)	議	内閣府	○少子化社会対策会議	少子化社会対策大綱【閣議決定】	少子化社会対策白書
犯罪被害者等基本法(H16法161)	議	国家公安委員会	○犯罪被害者等施策推進会議	犯罪被害者等基本計画【閣議決定】	犯罪被害者白書
食育基本法(H17法63)	議	農林水産省	○食育推進会議(有識者等を含む。)	食育推進基本計画【食育推進会議決定】	食育白書
住生活基本法(H18法61)	閣	国土交通省	★社会資本整備審議会*	住生活基本計画(全国計画)【閣議決定】	施策の実施状況に関する報告をとりまとめ概要を公表する。
自殺対策基本法(H18法85)	議	厚生労働省	○自殺総合対策会議	自殺総合対策大綱【閣議決定】	自殺対策白書
がん対策基本法(H18法98)	議	厚生労働省	★がん対策推進協議会	がん対策推進基本計画【閣議決定】	適時に、目標の達成状況を調査し、その結果をインターネットの利用その他適切な方法により公表する。

参考資料

①法律名	②提出	③所管府省	④会議体等	⑤大綱、計画等	⑥年次報告等
観光立国推進基本法(H18法117)▲観光基本法(S38法107)の全部改正	議	国土交通省(観光庁)	★交通政策審議会*	観光立国推進基本計画【閣議決定】	観光白書
教育基本法(H18法120)▲教育基本法(S22法25)の全部改正	閣	文部科学省	―	教育振興基本計画【閣議決定】	―
海洋基本法(H19法33)	議	内閣府(④は内閣に置かれる。)	☆総合海洋政策本部	海洋基本計画【閣議決定】	海洋の状況及び政府が海洋に関して講じた施策に関する資料を作成し、適切な方法により随時公表する。
地理空間情報活用推進基本法(H19法63)	議	内閣官房	※地理空間情報活用推進会議*(内閣官房副長官、関係行政機関の職員等で構成。)	地理空間情報活用推進基本計画【閣議決定】	適時に、目標の達成状況を調査し、その結果をインターネットの利用その他適切な方法により公表する。
宇宙基本法(H20法43)	議	内閣府(④は内閣に置かれる。)	☆宇宙開発戦略本部★宇宙政策委員会*	宇宙基本計画【閣議決定】	適時に、目標の達成状況を調査し、その結果をインターネットの利用その他適切な方法により公表する。
生物多様性基本法(H20法58)	議	環境省	★中央環境審議会*	生物多様性国家戦略【閣議決定】	生物多様性白書(注3)
国家公務員制度改革基本法(H20法68)	閣	(内閣官房)	☆国家公務員制度改革推進本部(H25.7.10廃止)	―	―
公共サービス基本法(H21法40)	議	総務省		―	―
バイオマス活用推進基本法(H21法52)	議	農林水産省	※バイオマス活用推進会議(関係行政機関の副大臣、政務官)※バイオマス活用推進専門家会議(有識者等)	バイオマス活用推進基本計画【閣議決定】	適時に、目標の達成状況を調査し、その結果をインターネットの利用その他適切な方法により公表する。
肝炎対策基本法(H21法97)	議	厚生労働省	★肝炎対策推進協議会	肝炎対策基本指針【厚生労働大臣決定】	―
東日本大震災復興基本法(H23法76)	議	復興庁	☆東日本大震災復興対策本部(復興庁の設置の際に廃止)	―	―
スポーツ基本法(H23法78)▲スポーツ振興法(S36法141)の全部改正	議	文部科学省(スポーツ庁)	★スポーツ審議会※スポーツ推進会議(関係行政機関の職員)	スポーツ基本計画【文部科学大臣決定】	―
交通政策基本法(H25法92)	閣	国土交通省	★交通政策審議会*★社会資本整備審議会*	交通政策基本計画【閣議決定】	交通政策白書

参考資料

①法律名	②提出	③所管府省	④会議体等	⑤大綱、計画等	⑥年次報告等
強くしなやかな国民生活の実現を図るための防災・減災等に資する国土強靱化基本法(H25法95)	議	内閣官房	☆国土強靱化推進本部	国土強靱化基本計画【閣議決定】	—
アルコール健康障害対策基本法(H25法109)	議	厚生労働省	※アルコール健康障害対策推進会議（関係行政機関の職員）★アルコール健康障害対策関係者会議（有識者等）	アルコール健康障害対策推進基本計画【閣議決定】	適時に、目標の達成状況を調査し、その結果をインターネットの利用その他適切な方法により公表する。
水循環基本法(H26法16)	議	内閣官房	☆水循環政策本部	水循環基本計画【閣議決定】	水循環白書
小規模企業振興基本法(H26法94)	閣	経済産業省（中小企業庁）	★中小企業政策審議会*	小規模企業振興基本計画【閣議決定】	小規模企業白書
アレルギー疾患対策基本法(H26法98)	議	厚生労働省	★アレルギー疾患対策推進協議会（有識者等）	アレルギー疾患対策基本指針【厚生労働大臣決定】	適時に、対策の効果に関する評価を行い、その結果をインターネットの利用その他適切な方法により公表する。
サイバーセキュリティ基本法(H26法104)	議	内閣官房	☆サイバーセキュリティ戦略本部(有識者等を含む。)	サイバーセキュリティ戦略【閣議決定】	—
都市農業振興推進基本法(H27法14)	議	農林水産省・国土交通省	食料・農業・農村政策審議会*社会資本整備審議会*	都市農業振興基本計画【閣議決定】	—
官民データ活用推進基本法(H28法103)	議	内閣官房	☆官民データ活用推進戦略会議（有識者等を含む。)	官民データ活用推進基本計画【閣議決定】(注4)	—

(注1) 「基本法」とは、題名中に「基本法」という語を含む法律をいう。

(注2) これまでに制定された基本法のうち、失効し、又は廃止された基本法（表中で全部改正されたものとして掲げたものを除く。）は以下のとおりである。
・農業基本法（S36法127。食料・農業・農村基本法附則2条の規定により廃止）
・公害対策基本法（S42法132。環境基本法の施行に伴う関係法律の整備等に関する法律（H5法92）第1条の規定により廃止）
・特殊法人等改革基本法（H13法58。附則2項の規定により、平成18（2006）年3月31日に失効）

(注3) それぞれの基本法に根拠があるが、平成19年版からは環境白書と循環型社会白書が合冊となり、平成21年版からは、環境白書・循環型社会白書・生物多様性白書が合冊となっている。

(注4) 平成29年5月30日に「世界最先端IT国家創造宣言・官民データ活用推進基本計画」（IT総合戦略本部決定・閣議決定）が定められた。

(出典) 西川明子「基本法の意義と課題」『レファレンス』769号、2015.2、pp.52-54等を基に、筆者作成。

299

あとがき

　議員立法については、これまで、多くの労作が著されており、本書は、その先輩方の優れた業績に負うところが大きい。社会人となって、最初に、霞が関の仕事を経験し、その後、国会の職員として、衆議院法制局で、四半世紀にわたり議員立法の補佐を務めさせていただいた。この間、55年体制の崩壊、行財政改革、地方分権改革、2度の選挙による政権交代とその前後のねじれ国会など、政治・社会・経済情勢の大きな変化の中で、議員立法も大きく変化することになり、貴重な体験をさせていただいた。

　本書は、そのような近年の議員立法の変化について、筆者が議員立法の現場で体験したことを基に、筆者なりの分析・評価を試みたものである。現時点までの議員立法の変化についてまとめたものであるが、議員立法は、これからもまた変化しながら行われていくことになるだろう。

　本書の冒頭には、鈴木正典衆議院法制局長から「発刊に寄せて」をご寄稿いただいた。過分なお言葉をいただき、心からの感謝の意を表したい。また、本書の執筆に当たっては、鈴木正典法制局長、橘幸信法制次長、伊藤和子法制主幹はじめ、衆議院法制局の皆様から、様々な形で、ご指導、ご支援、ご協力をいただいた。本書がこのような形で出来上がったのは、衆議院法制局の皆様のおかげである。お一人お一人のお名前を記すことはできないが、この場を借りて厚く御礼を申し上げたい。

　内閣立法と政治主導に関する記述については、旧厚生省の先輩である元内閣総務官・元厚生労働審議官の原勝則氏に貴重なご指摘をいただいた。また、国会内における議事手続や委員会運営等についての記述は、衆議院事務局の元予算調査室長で議事部副部長もされた石﨑貴俊氏、衆議院事務局委員部の梶田秀副部長、日高孝一課長補佐のご教示によるところが大きい。ここに記して、お世話になった皆様に心より御礼を申し上げたい。もちろん、文責は筆者にある。

　本書は、筆者が国立国会図書館調査及び立法考査局在席中に執筆した「議

あとがき

員立法序説」等の３本の論稿を基に加筆・再構成したものであり、これら
の論稿なくして本書はない。膨大な資料が身近にあるという恵まれた環境の
下で、議員立法について書くことを応援していただき、親身に論文執筆につ
いてご指導いただいた。これらの論稿を取りまとめることができたのは、網
野光明国立国会図書館副館長、元総合調査室主任の金箱秀俊氏はじめ、国立
国会図書館の皆様のおかげである。ここに、心よりの謝意を表したい。

　筆者が今、こうして、本書の「あとがき」を書くことができるのは、ひと
えに、第一法規株式会社の倉田浩亮氏と石川智美氏のおかげである。国立国
会図書館の『レファレンス』に「議員立法序説」が掲載されたときから気に
かけていただき、本書の出版に漕ぎつけて下さった。執筆に当たっては、
数々の貴重なアドバイスをいただき、また、パソコン操作の苦手な筆者に代
わって図表の作成もお手伝い下さり、多くの資料を掲載することができた。
お二人のこれまでのご尽力とお心遣いに、厚く御礼を申し上げたい。

　娘が小学生だったころ、お父さん、お母さんの仕事を説明する、という宿
題が出て、法制局の仕事の説明は難しい、と嘆かれたことがある。一般的に
「立法過程」への関心は高くなく、したがって、「議員立法」そのものについ
ても、あまり知られていない。国会議員が、国民からは見えにくいところ
で、苦労しながら、様々な問題の解決のために議員立法に取り組んでおられ
ることを、本書で少しでもお伝えすることができれば望外の幸せである。ま
た、併せて、議院法制局が行う「議員立法の補佐」という仕事についてもお
伝えできたら、遅すぎたかもしれないが、娘の宿題に答えることになり、仕
事に追われた母親からの謝罪にもなるのではないか、と心密かに思ってい
る。

　　　平成 29 年 10 月

　　　　　　　　　　　　　　　　　　　　　　　茅野　千江子

参考文献

　本書の執筆に当たり参考にさせていただいた主な文献として、以下の文献を挙げさせていただく。

・浅野一郎・河野久編著『新・国会事典　第3版』有斐閣、2014.
・飯尾潤『日本の統治構造』中央公論新社、2007.
・石村健『議員立法－実務と経験の中から－』信山社出版、1997.
・岩井奉信『立法過程』東京大学出版会、1988.
・上田章『議員立法五十五年』信山社出版、2005.
・上田章・五十嵐敬喜『議会と議員立法－議員立法についての元衆議院法制局長との〈対論〉－』公人の友社、1997.
・大石眞『議会法』有斐閣、2001.
・大森政輔・鎌田薫編『立法学講義　補遺』商事法務、2011.
・大山礼子『国会学入門　第2版』三省堂、2003.
・大山礼子『日本の国会－審議する立法府へ－』岩波書店、2011.
・川人貞史『日本の国会制度と政党政治』東京大学出版会、2005.
・小島和夫『法律ができるまで』ぎょうせい、1979.
・竹中治堅監修、参議院総務委員会調査室編『議会用語事典』学陽書房、2009.
・谷勝宏『現代日本の立法過程－一党優位制議会の実証研究－』信山社出版、1995.
・谷勝宏『議員立法の実証研究』信山社出版、2003
・中島誠『立法学－序論・立法過程論－　第3版』法律文化社、2014.
・中村睦男編『議員立法の研究』信山社出版、1993.
・中村睦男・大石眞編『立法の実務と理論－上田章先生喜寿記念論文集－』信山社出版、2005.
・中村睦男・前田英昭編『立法過程の研究－立法における政府の役割－』信山社出版、1997.

索 引　🔍:KEY WORD 記事掲載ページ

あ

アリーナ型議会	129,231
アリーナ機能	164
委員会修正	50
委員会中心主義	40,43🔍,58,59
委員会提出法律案	33,48,54,166
委員派遣	48
意見表明	170
一事不再議の原則	154,155🔍
NPO法	106,110
お経読み	47
お土産法案	36,37,99

か

会期	55
会期制度	43
会期独立の原則	55
会期不継続の原則	55,74
会議録の公開	49
会派	39
回付	60🔍
回付案未了	56
閣議決定	15
閣議請議	15
確認的質疑	170
閣法	39,95
官僚主導	4,78,243
議院運営委員会	40,45
議員主導	4,89,91,141,152,243,250
議員提出法律案	18
議院内閣制	43,76,80,96
議院法制局	21,27
議員立法	5,177,178
議員立法の活性化	36,74,105,115,133,153,161,237,243,256,258
議員連盟	25🔍,107,114,150
議員連盟型	151
議会基本条例	24
機関承認	38🔍,100
議決不要	53,56
議長主導	41
基本法	20,140,212,237,239,255,258
基本法的な法律	142
行政監視機能	251
行政国家	251
行政国家化	95,131,141,237,253
行政府監視機能	72

業法・士（サムライ）法	135
緊急集会	61
金融国会	103,106
継続審査	54,55
経費文書	21,37
決議	54
権限争い	9,19
検討条項	51,177,192,203,204,207,228,233
憲法改正手続	63
憲法審査会	66
合意形成	51,153,154,160,161,163,165
後議の議院	45,58
公聴会	48
合同審査会	48
公布	61
国対	45,77,122
国対政治	45,74,104
国民代表機能	72
国民に開かれた国会	74,166
国民発案制度（イニシアティブ）	145
国立国会図書館調査及び立法考査局	21
55年体制	11,76,77,101,102,231
国会改革	3,72,105
国会改革に関する私的研究会	106
国会審議活性化法	3,47🔍
国会審議の活性化	74,76,77,150,154,175
国会審議の形骸化	3,12,45,47,72,131
国会対策委員会	39,45
国会対策委員長	38

さ

再議決	58
採決	51
参議院制度改革検討会	106
参議院調査室	21
賛成者	34
賛成者要件	37,50,75,100,101
参法	39,95
施行	61
自粛三法	37
自粛立法	36
自然消滅	56
事前査査	11,13,74,76,131,153
実施法	140,212
市民立法	106,114
市民立法型	145,150,151
衆議院議会制度協議会	75

索引

衆議院調査局‥‥‥‥‥‥‥‥‥‥‥‥ 21	
修正‥‥‥‥‥‥‥‥‥‥‥‥‥‥ 77,177	
修正案‥‥‥‥‥‥‥‥‥‥‥ 48,53,154	
衆法‥‥‥‥‥‥‥‥‥‥‥‥‥‥ 39,95	
趣旨説明‥‥‥‥‥‥‥‥‥‥‥‥‥ 46	
趣旨説明要求（吊るし）‥‥‥‥‥‥ 44🔍	
首相主導‥‥‥‥4,82,84,85,237,243,244,245,250	
小委員会‥‥‥‥‥‥‥‥‥‥‥‥‥ 48	
常任委員会‥‥‥‥‥‥‥‥‥‥‥‥ 43	
条例制定権‥‥‥‥‥‥‥‥‥‥‥‥ 23	
処分的法律‥‥‥‥‥‥‥‥‥‥‥ 216🔍	
審議‥‥‥‥‥‥‥‥‥‥‥‥‥‥‥ 46	
審議過程‥‥‥‥‥‥‥‥‥‥‥‥ 3,5	
審議機能‥‥‥‥‥‥‥‥‥‥‥‥‥ 72	
審議の形骸化‥‥‥‥‥‥‥‥‥‥ 153	
審議未了‥‥‥‥‥‥‥‥‥‥‥‥‥ 55	
審査‥‥‥‥‥‥‥‥‥‥‥‥‥‥‥ 46	
審査未了‥‥‥‥‥‥‥‥‥‥‥ 54,55	
推進法‥‥‥‥‥‥‥‥‥‥‥ 255,258	
政権交代‥‥‥‥‥12,15,77,87,104,118, 120,121,153,154,178,231	
政策先取型‥‥‥‥‥‥ 101,102,144,150	
政策実現型‥‥‥‥‥‥‥‥‥‥ 143,150	
政策担当秘書‥‥‥‥‥‥‥‥‥‥‥ 20	
政策表明型‥‥‥‥‥‥‥‥‥‥‥ 144	
政策法務‥‥‥‥‥‥‥‥‥‥‥‥‥ 23	
政治改革‥‥‥‥‥‥‥‥‥‥‥‥ 102	
政治主導‥‥‥‥‥‥ 4,78,115,220,226, 237,243,256,259	
政府委員‥‥‥‥‥‥‥‥‥‥‥ 47,74	
政府依頼型‥‥‥‥‥‥‥‥‥‥‥ 146	
政府依頼立法‥‥‥‥‥‥‥‥ 99,100🔍	
政府参考人‥‥‥‥‥‥‥‥‥‥‥‥ 47	
政府特別補佐人‥‥‥‥‥‥‥‥‥‥ 47	
政府・与党一体の政策決定システム‥‥ 12	
政務官‥‥‥‥‥‥‥‥‥‥‥‥‥‥ 47	
政務調査会‥‥‥‥‥‥‥‥‥‥‥‥ 13	
先議の議院‥‥‥‥‥‥‥‥‥‥ 15,45	
全部修正‥‥‥‥‥‥‥‥‥‥‥‥ 181	
臓器移植法‥‥‥‥‥‥‥‥ 106,107,138	
総合調整‥‥‥‥‥‥‥‥‥‥‥‥‥ 81	
総合調整機能‥‥‥‥‥‥‥‥‥‥ 254	
争点明示機能‥‥‥‥‥‥‥‥‥‥‥ 73	
送付‥‥‥‥‥‥‥‥‥‥‥‥‥ 58,60🔍	
総務会‥‥‥‥‥‥‥‥‥‥‥ 13,100	
族議員‥‥‥‥‥‥‥‥‥‥ 12,25,79,83	

た

対案‥‥‥‥‥‥‥‥‥ 48,53,154,177,179	
対案型‥‥‥‥‥‥‥‥‥‥‥‥ 144,150	
縦割り‥‥‥‥‥‥‥‥‥‥‥‥‥‥ 19	
縦割り行政‥‥‥‥‥‥‥‥‥ 12,81,220	
縦割り行政の弊害‥‥‥‥‥‥‥‥‥ 254	
地方自治特別法‥‥‥‥‥‥‥‥ 60,135	
地方分権改革‥‥‥‥‥‥‥‥‥‥‥ 23	
中間報告‥‥‥‥‥‥ 58,59,108,109,127	
超党派‥‥‥‥‥‥‥‥‥‥‥‥‥ 257	
超党派型‥‥‥‥‥‥‥‥‥ 145,150,151	
吊るし‥‥‥‥‥‥‥‥‥‥‥‥‥‥ 43	
吊るしをおろす‥‥‥‥‥‥‥‥‥‥ 43	
撤回‥‥‥‥‥‥‥‥‥‥‥‥‥ 53,56	
天皇の退位等に関する皇室典範特例法‥‥‥ 41	
党議拘束‥‥‥‥‥‥‥ 11,12🔍,32,58,74,76, 108,138,162,164	
党内手続‥‥‥‥‥‥‥‥‥‥‥‥‥ 30	
討論‥‥‥‥‥‥‥‥‥‥‥‥‥ 50,52	
特別委員会‥‥‥‥‥‥‥‥‥‥‥‥ 44	
特別養子縁組‥‥‥‥‥‥‥‥‥‥ 209🔍	

な

内閣意見‥‥‥‥‥‥‥‥‥‥‥ 37,52	
内閣修正‥‥‥‥‥‥‥‥‥‥‥‥‥ 51	
内閣主導‥‥‥‥‥‥ 4,82,84,85,131,237, 243,244,245,250	
内閣創出機能‥‥‥‥‥‥‥‥‥‥‥ 72	
内閣提出法律案‥‥‥‥‥‥‥‥‥‥ 7	
内閣法制局‥‥‥‥‥‥‥‥‥‥ 10,217	
内閣立法‥‥‥‥‥‥‥‥‥ 7,177,178	
ねじれ‥‥‥‥‥‥‥‥‥‥‥‥‥‥ 77	
ねじれ国会‥‥‥‥‥ 51,60,102,103,118,153	

は

廃案‥‥‥‥‥‥‥‥‥‥‥‥‥‥‥ 55	
秘密会‥‥‥‥‥‥‥‥‥‥‥‥ 48,49	
副大臣‥‥‥‥‥‥‥‥‥‥‥‥‥‥ 47	
附帯決議‥‥‥‥‥‥‥‥‥‥‥ 51,54	
閉会中審査‥‥‥‥‥‥‥‥‥‥ 54,55	
併合修正‥‥‥‥‥‥‥‥‥‥‥‥ 190	
変換型‥‥‥‥‥‥‥‥‥‥‥‥‥ 163	
変換型議会‥‥‥‥‥‥‥‥ 128,129,231	
変換機能‥‥‥‥‥‥‥‥‥‥‥‥ 164	
返付‥‥‥‥‥‥‥‥‥‥‥‥‥‥ 60🔍	
法制執務‥‥‥‥‥‥‥‥‥‥‥‥‥ 11	
傍聴‥‥‥‥‥‥‥‥‥‥‥‥‥‥‥ 49	

305

法律事項………………………………… 11
法令協議………………………… 8,10🔍,29
本会議修正……………………………… 54
本会議中心主義………………………… 43

ま

3つの宿題……………………………… 65
見直し条項…………………………… 51,192
未付託未了……………………………… 55
問題即応型…………… 139,145,149,150,247

や

予算関係法律案………………………… 17,18🔍
予算を伴う法律案……………………… 35🔍
与党審査………………………………… 15,100
与党政策責任者会議…………………… 15,30

ら

利権法案………………………………… 36,37,99
理事会…………………………………… 45
理事懇談会……………………………… 46
立案過程………………………………… 3,5
立案の依頼……………………………… 22,25
立法機能………………………………… 72
立法事実………………………………… 8,20
立法補佐機関…………………………… 20
緑風会…………………………………… 99🔍
連合審査会……………………………… 47
連立政権………………………………… 102

著者紹介

茅野　千江子（かやの　ちえこ）

〔略歴〕
昭和 55 年東京大学法学部卒業。同年厚生省入省。衆議院法制局参事、
千葉県流山市福祉部次長、衆議院法制局法制企画調整部調査課長、第 3
部第 2 課長、第 4 部副部長、第 2 部副部長、第 1 部副部長、第 4 部長、
法制主幹を経て、国立国会図書館専門調査員。平成 28 年退職。

サービス・インフォメーション

―――――――――――――――――――――――通話無料――――

①商品に関するご照会・お申込みのご依頼
　　　　TEL 0120 (203) 694／FAX 0120 (302) 640
②ご住所・ご名義等各種変更のご連絡
　　　　TEL 0120 (203) 696／FAX 0120 (202) 974
③請求・お支払いに関するご照会・ご要望
　　　　TEL 0120 (203) 695／FAX 0120 (202) 973

●フリーダイヤル（TEL）の受付時間は、土・日・祝日を除く
　9:00～17:30です。
●FAXは24時間受け付けておりますので、あわせてご利用ください。

議員立法の実際
―議員立法はどのように行われてきたか―

2017年11月5日　　初版第1刷発行
2021年1月15日　　初版第2刷発行

著　者　　茅　野　千江子

発行者　　田　中　英　弥

発行所　　第一法規株式会社
　　　　　〒107-8560　東京都港区南青山 2-11-17
　　　　　ホームページ　https://www.daiichihoki.co.jp/

議員立法　ISBN978-4-474-05911-5　C0032（3）